帕拉玛罕撒·瑜伽南达

（1893 年 1 月 5 日－1952 年 3 月 7 日）

"普莲阿瓦塔"（Premavatar），即"爱的化身"（见第三十五章注 24）

一个瑜伽行者的自传

Autobiography of a Yogi

作 者

帕拉玛罕撒 · 瑜伽南达
Paramahansa Yogananda

序 者

伊文思 · 温兹
W. Y. Evans-Wentz
文学硕士、文学博士、理学博士

―――――

"若不看见神迹奇事，你们总是不信。"
——约翰福音第四章 48 节

帕拉玛罕撒·瑜伽南达的精神遗产

其完整著作、演讲，及开示谈话

帕拉玛罕撒·瑜伽南达于一九二〇年成立ＳＲＦ (Self-Realization Fellowship)[1] 以传播其教理至世界各地，同时保存其纯净度与完整性以流传后代。这位著作等身的作家及演说家在抵美后的最初几年，即创立一套著名且庞大的作品体系，探讨有关瑜伽静坐科学、平衡生活的艺术，以及所有重要宗教的基础一致性。今日，此独特且影响深远的精神遗产，持续启发千百万来自世界各地的真理追求者。

ＳＲＦ依据这位伟大上师的明确愿望，继续进行出版工作，以让帕拉玛罕撒·瑜伽南达的完整作品能永久持续印刷。这些不仅包含他生前出版的所有书籍的最后版本，也包括许多新的出版品——在他一九五二年圆寂前未及出版的作品，或多年来以不完整形式、系列刊载于ＳＲＦ杂志的文章，或已记录下来但未能在他生前付梓的千百篇深具启发性的演讲与开示。

帕拉玛罕撒·瑜伽南达亲自挑选并训练那些负责ＳＲＦ出版事务会的亲近弟子，并给予他们在筹划及出版其教理的明确守则。ＳＲＦ出版事务会的会员（立誓终身放弃世俗名利并提供无私服务的男女僧修士），将该指导守则视为神圣托付，祈使这位受敬爱的世界明师的普世讯息，能以原有的影响力及真实性流传后世。

ＳＲＦ徽章（见上图）由帕拉玛罕撒·瑜伽南达所指定，以识别他所建立的非营利组织乃其教理之授权出处。所有ＳＲＦ的出版品及影音资料都印有该名称及徽章图案，以确保读者此作品源自帕拉玛罕撒·瑜伽南达所创建的组织，并依照作者本人的初衷忠实传达其教理。

Self-Realization Fellowship

---

1 中文字义为"自悟同修会"。帕拉玛罕撒·瑜伽南达尊者解释 Self-Realization Fellowship 意为"透过自性的领悟与上帝交谊，并与所有追寻真理之灵为友"。同时请参阅"ＳＲＦ宗旨与理想"（第560页）。

谨以此书纪念

路德·柏班克 (Luther Burbank)

"一位美国圣者"

致 谢

我深深感激普拉特(L. V. Pratt)女士（泰拉·玛塔［Tara Mata］）长期为编辑此书手稿所付出的辛劳，也感谢李察·莱特(C. Richard Wright)先生同意我节录他的印度旅游日记。我还感谢伊文思·温兹(W. Y. Evans-Wentz)博士为此书作序，并提供建言及鼓励。

帕拉玛罕撒·瑜伽南达

一九四五年十月二十八日

【目录】

【推荐序】

瑜伽南达的自传是少数几本有关印度智者的英文著作之一，它是由一位来自相同种族及训练背景的人所著，而非出自记者或外人，简言之，这是一本由瑜伽行者所写的有关瑜伽行者的书——该事实大大提升了这本自传的价值。本书描述作者对现代印度圣者们不平凡生平及能力的亲身见闻，其重要地位兼具时势性及永恒意义。我有幸与这位卓越的作者相识于印度及美国，但愿每一位读者皆能对作者表示赞赏与感激，他不寻常的生平传记，无疑是最能表露印度人心灵纵深与印度精神财富的西方出版品之一。

我十分荣幸能遇见书中述及生平事迹的圣者之一——圣育克铁斯华·吉利，这位受人敬重的圣者肖像收录在我的著作《西藏瑜伽及密法》[1]卷首插图中。我在位于孟加拉湾奥瑞萨邦 (Orissa) 的普里市 (Puri) 与他相遇，当时他在靠近海边的一座宁静修道院住持，多数时间致力于一群年轻弟子的灵性训练。他对美国、全美洲，还有英国人民的福祉深表关切，并询问我有关他的大弟子帕拉玛罕撒·瑜伽南达在远地的活动，特别是在加州。瑜伽南达是他深爱的弟子，也是他于一九二〇年派往西方国家的特使。

圣育克铁斯华神色和悦，举止言谈温和平静，不愧其追随者对他由衷而生之尊崇。不论是否属于同一社群，每个认识他的人都对他抱持最高敬意。我清楚记得他高大挺直、修道者模样的身形，站在静修院门口欢迎我；当时他穿着象征抛弃世俗追求的橙黄色僧袍，长发微鬈，脸上蓄着胡须，身体肌肉结实，体形修长而匀称，步伐充满活力。他选择圣城普里作为其在世居处，该地每天都有广大的虔诚印度教徒，代表印度各省邦前来著名的贾甘寺（Temple of Jagannath〔Jagannath 意为宇宙之主〕）朝圣。同样在普里，圣育克铁斯华于一九三六年肉眼长合，告别这段短暂的住世情景而往生，当他知道这个转世身份已圆满告终。

能够见证记录圣育克铁斯华的崇高品格及神圣风范确实令我欢喜。圣育克铁斯华满足于远离群众的生活，他恬静而无保留地过着理想的生

1　一九五八年牛津大学出版社。

活。现在，这样的理想已由他的弟子帕拉玛罕撒·瑜伽南达记述下来以流传后世。

伊文思·温兹　W. Y. Evans-Wentz

◎牛津大学耶稣学院(Jesus College，Oxford)文学硕士、文学博士、理学博士

◎许多有关瑜伽及东方传统智慧经典著作之作者及译者，包括《西藏瑜伽及密法》(Tibetan Yoga and Secret Doctrines)、《西藏伟大瑜伽士密勒日巴》(Tibet's Great Yogi Milarepa)及《西藏度亡经》(The Tibetan Book of the Dead)。

【出版序】

> "与帕拉玛罕撒·瑜伽南达会晤的经历深深铭刻在我的记忆里，是我生命中难以忘怀的事件之一……当我凝望他的面容，他的光辉几乎令我眩目——那是由他身上散发的灵性光辉。他的无限温柔，他的和蔼可亲，像和煦的阳光围绕着我……即使他为圣灵的证悟者，我也可以察觉他的理解及洞察力仍扩及最平凡的世俗问题。在他身上，我看到一位传承印度古老智慧本质，并将其传播至世界各地的真正印度大使。"
>
> —— 宾内·兰江·森博士 (Dr. Binay Ranjan Sen)，前印度驻美大使

对于那些曾经亲自结识帕拉玛罕撒·瑜伽南达的人而言，他的存在与一生为他所呈现给世界的古老智慧的力量及真实性，做了具信服力的见证。在过去的逾半个世纪里，无数读过其自传的人都证明书页中处处展现他生前所散发的那股深具威信的灵性光辉。六十多年前英文初版问世时，该书被誉为罕见杰作而受到广大回响，书中不仅是对伟大无误生命的描述，并为东方精神思想——尤其是个人与神交流的独特科学——作了引人入胜的介绍，为西方大众开启一个迄今仅有少数人进入的知识领域。

今日《一个瑜伽行者的自传》已被世界公认为宗教文学经典之作，我们希望于此前言与读者分享一些有关此书的不寻常历史。

◆ ◆ ◆

很久以前就有撰写此书的预言。近代瑜伽复兴的创始性人物之一，十九世纪受尊敬的拉悉利·玛哈夏上师，即曾预言："我身后大约五十年，由于西方对瑜伽产生高度兴趣，我的生平将被记录下米。瑜伽讯息将会环绕全球，有助于四海一家理想的实现——一个基于人类直接觉照唯一天父的结合。"

多年后，拉悉利·玛哈夏的杰出弟子圣育克铁斯华尊者 (Swami Sri Yukteswar) 告诉瑜伽南达尊者这个预言。他表示："你必须尽你之责传播该讯息并写下他神圣的一生。"

一九四五年——正是拉悉利·玛哈夏圆寂后第五十年——帕拉玛罕撒·瑜伽南达完成《一个瑜伽行者的自传》，充份实现其古鲁的两项训谕：提供首部详述拉悉利·玛哈夏非凡生平的英文文献，并将印度古老的灵魂科学介绍给全世界读者。

◆　◆　◆

《一个瑜伽行者的自传》的创作是帕拉玛罕撒·瑜伽南达进行多年的大计划。他最早期也是最密切的弟子之一达雅·玛塔尊者(Sri Daya Mata)[1] 回忆道：

"一九三一年我刚到华盛顿山 (Mount Washington) 时，帕拉玛罕撒尊者已经开始进行自传的撰写。有一次当我在他的书房处理一些秘书工作时，有幸看到他最初写作的几个章节之一，那是有关'老虎尊者'的故事。他要我把它存放好，并解释那是要编进他正在写的书里。这本书大部份的内容是后来于一九三七至一九四五年间写成的。"

一九三五年六月至一九三六年十月之间，瑜伽南达尊者返回印度（途经欧洲及巴勒斯坦）最后一次拜访其古鲁圣育克铁斯华尊者。他在印度期间为这本自传收录了许多真实资料，也编汇了一些旧识圣哲的故事，并准备于书中描绘他们难忘的生命事迹。"我从没忘记圣育克铁斯华对于我撰写拉悉利·玛哈夏生平的要求，"后来他写道。"我在印度停留期间，把握每一个可以联系这位瑜伽化身直属弟子及亲戚的机会，以大量笔记存录他们的对话，查证事实及日期，并收集照片、旧信函及文件等。"

一九三六年底返回美国后，他开始在茵欣尼塔静修院渡过多数时间，这所位于南加州海岸的静修院是弟子们在他离开美国时为他所建，证实为一个可供他专于写作的理想场所，以完成这本多年前即开始进行的书。

"我仍旧清楚记得在海边那所静修院的宁静日子，"达雅·玛塔尊者回忆道。"由于担负许多其它的责任及义务，他并无法每天撰写这本

1　达雅·玛塔尊者于一九三一年加入帕拉玛罕撒·瑜伽南达建立的修道团体，该灵修团体位在俯瞰洛杉矶市的华盛顿山顶。她自一九五五年起担任ＳＲＦ会长直至她于二〇一〇年过世。

自传，但一般而言，他利用晚上以及任何空闲时间致力于该书的写作。从大约一九三九或一九四〇年，他开始能够以全部时间专注于该书，而'全部时间'是指从清晨到隔日清晨！我们几个弟子——泰拉·玛塔 (Tara Mata)、我的妹妹阿南达·玛塔 (Ananda Mata)、斯拉塔·玛塔 (Sraddha Mata)，还有我自己——在旁协助他。每一个部份的打字完成后，他会交给负责编辑的泰拉·玛塔。

"多么珍贵的回忆！他在撰写时，神圣的经验由内涌现而流于笔尖。他神圣的意旨在于分享与圣者及伟大上师们为伴，以及亲身领悟神性时，所获得的喜悦与启示。他经常会暂停一段时间，双眼向上凝望，身体静止不动，沉醉于深深与上帝交流的三摩地 (samadhi) 定境，此时整个房间会充满圣洁大爱的浓厚氛围。对我们弟子而言，单是在此时身处现场都能提升我们的意识至更高境界。

"一九四五年该书完成，那个令人欢腾的日子终于到来。帕拉玛罕撒尊者写下最后这段话，'主啊，祢给了这个出家人一个大家庭！'，然后搁笔欢呼：

"'全部完成，都写好了！这本书将会改变千百万人的生命。我走后，它将成为我的使者。'"

◆ ◆ ◆

接着由泰拉·玛塔负责找出版商。一九二四年帕拉玛罕撒·瑜伽南达在旧金山举行一系列演说及课程时遇见泰拉·玛塔，她因具备罕有的灵性洞察力而成为上师少数最资深精进的弟子之一。他对泰拉·玛塔的编辑能力高度推崇，曾说她是他所见过最聪慧的人之一。他赞赏她对印度经典智慧的渊博知识和了解，曾在某个场合中如此评论："除了我的伟大古鲁圣育克铁斯华尊者之外，我与任何人谈论印度哲学都不曾如此尽兴。"

泰拉·玛塔带着原稿到纽约市，然而寻找出版商并非易事。一部伟大作品真正的深度难以被习于固有思考框架的人一眼识出，这是普遍可见的现象。仅管新生的原子时代让人们对物质、能量、思想的微妙相连渐有体会而扩大了人类的集体意识，但那时出版界几乎还无法接受诸如"在喜马拉雅山化现一座宫殿"及"有两个身体的圣人"这样的章回！

有一整年的时间，泰拉·玛塔住在一间无热水设备的简陋公寓，她四处探寻出版商，最后终于能够发出一封宣告成功的电报，备受敬重的纽约出版商——哲学图书馆 (The Philosophical Library)——同意出版这本自传。"她为这本书所做的一切我甚至无法下笔形容……"瑜伽南达尊者说道。"没有她，这本书不可能完成。"

一九四六年圣诞节前不久，这本期待已久的书终于抵达华盛顿山。

◆ ◆ ◆

读者及全球报刊评论对这本书的欣赏与赞扬排山倒海而来。"从来没有任何以英文或其它欧洲语言撰写的瑜伽著作能与这本书比拟，"哥伦比亚大学出版社在其《宗教评论》(Review of Religions) 中写道。《纽约时报》声明此书为"稀世著作"。《新闻周刊》报导："瑜伽南达的书与其说是一本人的自传，其实更像是一本灵的自传……它是一部探讨虔诚生活方式的论著，不仅令人着迷而且注解清楚，写作笔法坦率，饶富东方苍翠繁茂之趣。"

以下摘录其它书评的部份内容：

《旧金山纪事报》(San Francisco Chronicle)："瑜伽南达以生动易读的写作风格……提出令人信服的瑜伽论证，前来'嘲笑者'可能从此变成'祈祷者'。"

《合众通讯社》(United Press)："瑜伽南达以极为坦率且幽默的笔调阐述所谓的东方奥秘教义。他的书描述充满灵性冒险经历的一生，值得一读。"

《印度时报》(The Times of India)："这位贤哲的自传令读者流连忘返。"

《星期六评论》(Saturday Review)："……不得不令西方读者印象深刻且深感兴趣。"

《葛兰地书评会》(Grandy's Syndicated Book Reviews)："引人入胜、激励人心，一部罕见杰作！"

《西海岸书评》(West Coast Review of Books)："无论你属于何种宗教信仰，你会发现《一个瑜伽行者的自传》是一部欣然肯定人类灵魂力量的书。"

印第安那州佛特威恩市《新闻前哨报》(News-Sentinel，Fort Wayne，Indiana)：“具高度启示性……极度人性化的纪实……将有助于人类更进一步了解自己……自传中最佳之作……赞叹不绝……笔调充满令人心悦诚服的机智与诚挚……如小说般吸引人。”

英格兰《雪费德电讯报》(Sheffield Telegraph，England)：“……一部永垂不朽的作品。”

此书被译成其他语文出版后，世界各地报章期刊陆续出现更多的书评。

罗马《周一时报》(Il Tempo del Lunedi)：“句句吸引读者，唤醒沉睡在每个人心中的抱负与热望。”

上海《中国每周评论》(China Weekly Review)：“该书内容非比寻常……尤其对习于将神迹贬抑为旧时代产物的一些当代天主教或基督教徒而言……书中探讨哲学之处引人入胜。瑜伽南达站在超越一切宗教异同的精神平面上……此书深具阅读价值。”

荷兰报刊 Haagsche Post：“处处可见深度智慧，令读者出神入迷，深受永恒的感动。”

德国文学月刊 Welt und Wort：“予人极深刻之印象……《一个瑜伽行者的自传》独特的价值在于首次有瑜伽行者打破缄默，透露其灵修经验。如此著作在以往会受到质疑，但今日世局迫使人类认知此书的价值……作者主要目的不在于提出印度瑜伽以反对基督或天主教义，而在于与其结盟，促使彼此携手迈向共同的崇高目标。”

希腊报刊 Eleftheria：“这是一本能令读者……思想范围无限扩展的书，并了解无论肤色或种族，他的心跳与全人类呼吸相连。可以说此书是一本受启发的作品。”

奥地利报刊 Neue Telta Zeitung：“本世纪最深远且最重要的讯息之作。”

玻利维亚报刊 La Paz：“当代读者很少会看到像《一个瑜伽行者的自传》如此美丽、深刻，而真实的书……充满知识和丰富的个人亲身经验……其中最令人惊叹的几个章节之一是有关超越肉体死亡的生命奥秘……”

德国报刊 *Schleswig-Holsteinische Tagespost*："此书以无可比拟的力量及清晰度，揭露一个令人神往的人生及前所未闻的伟大人格，令读者从头至尾屏息凝神……我们不得不相信这本重要自传的力量足以引发心灵革命。"

第二版很快就绪，一九五一年第三版相继出版。除了修改及更新部份内容以及删除一些不再适合的组织活动与计划的段落外，帕拉玛罕撒·瑜伽南达再加上最后、也是全书最长的章节之一，以涵括一九四〇至一九五一的年代。他在此章注解中写道："第四十九章里的许多新资料已加入此书第三版（一九五一年），因应前两版部份读者的要求，我在此章回答了各种有关印度、瑜伽及吠陀哲学的问题。"[2]

◆ ◆ ◆

"收到数千名读者的来信令我深受感动，"瑜伽南达尊者在一九五一年版"作者的话"中写道。"他们的评论及此书已被译成多种语言的事实使我深信，对于'古老瑜伽科学对现代人的生活是否有任何

---

[2] 第七版（一九五六年）包含帕拉玛罕撒·瑜伽南达所作的一些修改，如该版编按所言：

"此一九五六年美国版内容包括帕拉玛罕撒·瑜伽南达于一九四九年为英国伦敦版所做的修改，加上作者于一九五一年所做的其它修改。在一九四九年十月二十五日撰写的伦敦版注文里，帕拉玛罕撒·瑜伽南达写道：'此书伦敦版的编排让我有机会修订正文并稍做补充。除了最后一章节的新资料之外，我还附加一些注解，借此回答美国版读者们提出的一些问题。'

"作者于一九五一年所做的修改，原计划并入美国第四版（一九五二年），当时《一个瑜伽行者的自传》版权为纽约出版社所有。一九四六年在纽约，该书每一页内容都被制成电铸板，因此即使只是加上一个逗号都需要先将铸有整页内容的金属板切开，再将包含逗号的新字行重新焊接上去。基于多页重焊的费用考量，纽约出版商并没有将作者一九五一年所做的修改放进第四版。

"一九五三年底前，ＳＲＦ向纽约出版商购买《一个瑜伽行者的自传》的所有版权。ＳＲＦ于一九五四年及一九五五年分别再版该书（第五及第六版），但这两年期间ＳＲＦ编辑部因其它任务而无法进行将作者修改内容并入电铸板的艰钜工程。这项工作终于在第七版问世前及时完成。"

一九五六年后，编辑部根据泰拉·玛塔于帕拉玛罕撒·瑜伽南达生前所作的指示，而做进一步的编辑修订。

《一个瑜伽行者的自传》最初几版中作者的头衔为 Paramhansa，孟加拉语中省略无声或接近无声的 a 字母是常见用法。为确保传达这个吠陀头衔的神圣意义，后来的版本皆改用标准梵文译法 Paramahansa，中文译为"帕拉玛罕撒"，其中"帕拉玛"(parama) 意为最高或至上，"罕撒"(hansa) 意为天鹅，象征对真实神圣自性以及自性与圣灵合一已臻最高证悟境界。

价值？"这个问题，西方世界已在此书中找到肯定的答案。"

"数千名读者"已随岁月倍增为千百万名读者，《一个瑜伽行者的自传》永久而普遍的吸引力愈渐明显。本书于首次出版后六十年，仍然出现在形上学及心灵励志畅销书籍排行榜上——一个罕见的现象！已有多种译本在世界各地被用于大专院校的各类课程中，从东方哲学与宗教到英国文学、心理学、社会学、人类学、历史学，甚至商业管理。正如拉悉利·玛哈夏一百多年前所预言，瑜伽讯息及其古老静坐传统确实已经环绕全球了。

"也许这部启发全球无数读者的《一个瑜伽行者的自传》最著名之处，"形上学期刊《新疆域》(*New Frontier*) 一九八六年10月刊中写道，"在于帕拉玛罕撒·瑜伽南达——如同甘地——把精神生活带入社会主流。可以合理地说，在将'瑜伽'一词引进生活字汇这方面，瑜伽南达比任何人做得更多。"

美国吠陀研究学院 (American Institute of Vedic Studies) 院长，倍受尊敬的学者大卫·弗若利博士 (Dr. David Frawley) 在《瑜伽国际》双月刊 (*Yoga International*) 一九九六年10、11月刊上写道："瑜伽南达可以说是西方瑜伽之父——并非指现已流行的单纯体位瑜伽，而是精神瑜伽，亦即自悟科学，此为瑜伽真义。"

加尔各达大学文学及哲学博士阿绪多士·达斯 (Ashutosh Das) 声称："《一个瑜伽行者的自传》被视为新时代的《奥义书》……它满足了全世界真心求道者的灵性渴望。我们在印度着迷又不可思议地目睹这本关于印度圣者与哲学的书惊人地流行普及，我们感到非常满足与自豪，印度的永恒真理法则已如不朽甘露般储存在《一个瑜伽行者的自传》这个黄金圣杯里。"

即使在前苏联，相对少数能在共产体系下取得此书的人显然对其留下深刻印象。印度最高法院前任法官克里希那·艾耶 (Justice V. R. Krishna Iyer) 说起他造访圣彼得堡（当时的列宁格勒）附近一个小镇时，询问当地一群教授"是否曾经想过人死后会如何……其中一位教授静静地入内取出一本书——《一个瑜伽行者的自传》。我十分惊讶，在这个由马克思与列宁唯物主义哲学统治的国家里，一个任职于政府机构的官员竟能当场拿出帕拉玛罕撒·瑜伽南达的书！'请您明白，印度精神对我们而言并不陌生，'他说，'我们同意书中所写一切的真实性。'"

"在每年成千上万的出版书籍当中，"《印度期刊》(*India Journal*)在一九九五年四月二十一日的一篇报导结论道，"有些属于娱乐性质，有些是指导用途，有些则具教化作用，读者若能找到一本三者兼具的书算相当幸运。《一个瑜伽行者的自传》更加难能可贵——它是一本能打开心灵之窗的书。"

近年，该书广受书商、评论家及读者推崇，被视为是当代最具影响力的灵修经典著作之一。一九九九年美国哈珀柯林斯出版社(HarperCollins)由作家、学者组成的评审团将《一个瑜伽行者的自传》评选为"本世纪百大灵修经典"之一。汤姆·巴特勒—鲍登 (Tom Butler-Bowdon) 并将该书列入二〇〇五年发表的"前五十大灵修经典之作"，他写道：该书"实至名归地被赞颂为所写过、最具娱乐性与启发性的灵修著作。"

◆ ◆ ◆

在此书最后一章里，帕拉玛罕撒·瑜伽南达写下古今中外所有宗教圣哲都曾深刻证实的一段话：

"上帝是爱，祂创造宇宙万物的计划全根源于爱。此纯然的想法，不是比博学的论理更能抚慰人心吗？ 每一个参透实相核心的圣者皆证实，神圣的宇宙计划不仅存在，而且美丽并充满喜悦。"

在《一个瑜伽行者的自传》继续迈向它的第二个五十年之际，我们希望这部启迪人心之作的所有读者——无论是第一次接触或是已将此书视作人生道路上长久珍惜的伴侣——都能发现自身的灵性，而对藏在生命奥秘深处的超凡真理产生更深的信心。

Self-Realization Fellowship
加州洛杉矶
二〇〇七年七月

一个瑜伽行者的自传

Autobiography of a Yogi

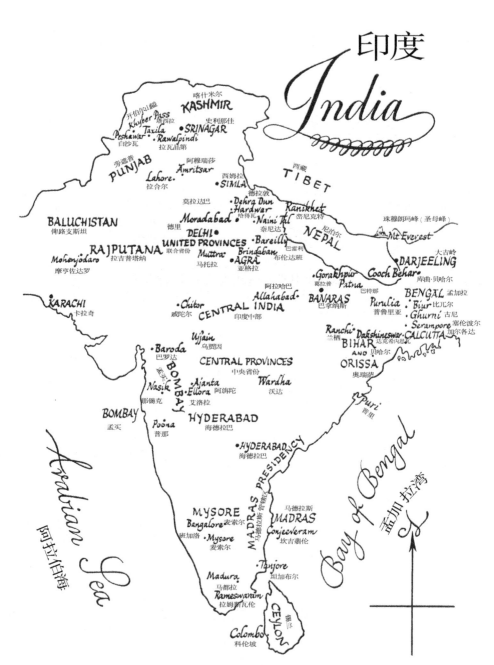

印度
India

KASHMIR 喀什米尔
Khyber Pass 开伯尔山隘
塔西拉
Peshawar Taxila
白沙瓦
SRINAGAR 史利那佳
Rawalpindi 拉瓦品第

PUNJAB 旁遮普
Lahore 拉合尔
Amritsar 阿穆瑞莎
SIMLA 西姆拉

TIBET 西藏

BALUCHISTAN 俾路支斯坦

Dehra Dun 德拉敦
Hardwar 哈得瓦
Moradabad 莫拉达巴
Naini Tal 奈尼达
德里
DELHI 德里
UNITED PROVINCES 联合省份
Bareilly 巴雷利
Brindaban 布伦达班
Muttra 马托拉
AGRA 亚格拉

RAJPUTANA 拉吉普塔纳
Mohenjodaro 摩亨佐达罗

NEPAL 尼泊尔
Ranikhet 岚尼克特

珠穆朗玛峰(圣母峰)
Mt Everest

KARACHI 卡拉奇

Chitor 威陀尔
CENTRAL INDIA 印度中部
Allahabad 阿拉哈巴
BANARAS 巴拿纳斯
Gorakhpur 葛拉普
Patna 巴特那

Purulia 普鲁里亚

大吉岭
DARJEELING
Cooch Behar 库曲·贝哈尔
BENGAL 孟加拉
Biur 比尔
Ghurni 古尼
Serampore 塞伦波尔
CALCUTTA 加尔各达

Baroda 巴罗达
Ujjain 乌贾因
CENTRAL PROVINCES 中央省份

Ranchi 兰栖
Dakshineswar 达克希内思瓦
BIHAR 贝哈尔
AND
ORISSA 奥瑞萨

BOMBAY
Nasik 那锡克
Ajanta 阿旃陀
Ellora 艾洛拉
Wardha 沃达

HYDERABAD 海德拉巴
Poona 普那

Puri 普里

HYDERABAD 海德拉巴

Arabian Sea 阿拉伯海

MYSORE 麦索尔
Bangalore 班加洛
Mysore 麦索尔

MADRAS PRESIDENCY 马德拉斯省辖区
MADRAS 马德拉斯
Conjeeveram 坎吉�伦

Bay of Bengal 孟加拉湾

Tanjore 坦加布尔
Madura 马都拉
Rameswaram 拉姆斯瓦伦

CEYLON 锡兰

Colombo 科伦坡

(此为一九四七年印、巴分治前的地图。该图的西北边现属于巴基斯坦，东北边则属于孟加拉人民共和国。)

第一章　我的父母亲及童年生活

对最终真理的追求及随之而生的古鲁[1]与弟子关系，长久以来一直是印度文化的特质。

这条追寻真理的道路一路引领我，直到我与一位如基督般的圣者相遇。他崇高美丽的一生是千古不朽的模范；他是印度伟大的圣者之一，这些圣者是印度最珍贵的资产。他们出现在每个世代，捍卫着这块土地，不让它重蹈古埃及与巴比伦尼亚的命运。

在我最早期记忆中蕴藏着时空交错的前世经验。当时，我清楚地记得，在很久以前的某一世，我曾经是一名在喜马拉雅山雪地上修行的瑜伽行者[2]。些前世记忆的短暂出现，藉由某种跨越时空的连结，也让我得以预先瞥见未来。

我还记得婴儿时期无助的羞辱。对于无法行走与自由表达想法，我清楚地感受到当时真是气恼。当我意识到自己肉体的无能时，内心开始涌现对上苍的祈求，强烈的情绪在内心用各种语言的字汇表达。虽然内在处于纷乱的语言世界，但我慢慢地开始习惯于听自己家乡人的孟加拉语调。惊人的婴儿心智程度瞒惑成年人，常被认为只能耍弄玩具和脚趾头！

心理的骚动和不相称的肢体能力，令我嚎啕大哭无数回。我仍记得，家人经常被我莫名的沮丧弄得不知所措。当然，也有一些快乐的记忆，譬如像母亲疼爱地抱抚；第一次牙牙学语及跌跌撞撞地学走路。这些早期的胜利经验，通常很快就被人

1　灵性导师。《古鲁诗篇》(Guru Gita) 第十七节适切地解释古鲁字义为"黑暗的驱逐者"。

2　以瑜伽法门修行的人，瑜伽意为"合而为一"，是对神冥想的一种古老科学。（见第二十六章"科里亚瑜伽科学"。）

遗忘，却是建立自信心的自然磐石。

我这种无远弗届、穿越时空的记忆并不独特，许多瑜伽行者以能保存自我意识，不受生死急遽转变的阻碍而著称。若人只是个躯体，死亡的确意谓身份的结束；但若千年来先知们所言属实，那么，人本质上是灵魂，没有形体且无所不在。

听起来令人匪疑所思，但具有婴儿时期清晰记忆的人并非罕见。在我旅行过的无数国家里，亲自从许多值得信赖的人们口中听到他们对非常早期的记忆。

我是一八九三年一月五日出生在印度东北边靠近喜马拉雅山的葛拉普 (Gorakhpur)，八岁前都住在那儿。父母亲有八个小孩：四个男孩及四个女孩。我叫慕昆达·拉尔·果栩 (Mukunda Lal Ghosh)[3]，是次子，排行第四。

父母亲是孟加拉人 (译注：文中提到的孟加拉，不是指现在的孟加拉共和国，而是指印、巴分治以前在印度境内的孟加拉邦。) 属于刹帝利种性阶级[4]。父母都有圣人般的情操，他们对彼此的爱恬静而高贵，从不用轻率的方式表达。双亲的和睦融洽，提供八个喧闹不已的年轻生命一个喘息平静的温暖归巢。

父亲名为巴各巴提·查伦·果栩 (Bhagabati Charan Ghosh)，他很仁慈，较严肃，有时候很严格。我们这群孩子，即使由衷地敬爱父亲，也不忘保持一个敬畏的距离。由于他是一个卓越的数学家及逻辑学家，他是个主要以理智行事的人。而母亲则有一颗最美丽的心，她教养我们的方式全出自于爱。母亲过世后，父亲较常展露出他内在的温柔；从他的眼神中，我经常看到母亲慈爱的眼光。

---

3 我在一九一五年进入古代修行尊者僧团 (Swami Order) 时，法名为"瑜伽南达"。一九三五年我的古鲁进一步授予我"帕拉玛罕撒"的宗教头衔。（见第257及449页。）

4 Kshatriya，种性制度第二阶级，原属于统治者或战士。

小时候，从母亲那儿，我们这群孩子开始对经文有苦乐参半的初学经验。母亲总能够从《摩诃婆罗多》(Mahabharata) 及《罗摩耶纳》(Ramayana) 等史诗[5]中引经据典，在迫切的当下，适时引用恰当的故事来管教孩子。在这些情况下，训斥与教导是同步进行的。

为了表示对父亲的尊敬，下午时分，母亲总会细心地打点我们的仪容来迎接下班的父亲。父亲在印度一家很大的公司"孟加那普铁路公司"(Bengal-Nagpur Railway) 上班，职衔相当于副总裁。父亲常须要被调动至不同的地方工作，因此，我在几个不同的城市度过我的童年。

母亲对于穷困者总是很乐意提供协助。父亲虽然个性也很善良，但是他对经济预算的严谨，就像他对遵守法律及秩序的态度一样。有一次，母亲在两周内用在救济穷人的钱，超过父亲一个月的收入。

"我只不过是希望你的慈善能够有些合理节制。"父亲这样说。即使只是丈夫一句轻声责备，对母亲而言都是痛心的。她没对孩子提起争论的事，叫了辆马车。

"再见！我回娘家了！"——古代的最后通牒！

我们吓得哭成一团，舅舅刚好适时抵达，他在父亲耳边说了些无疑是古代圣哲的睿智话语，在父亲对母亲说了些安抚的话后，母亲开心释怀地将马车退回。就这样，结束一场我看过的父母亲相处时唯一的一次磨擦。另外，我还记得一次典型的讨论：

"请让我拿十卢比给一个刚到我们家的不幸妇人。"母亲的笑容自有它的说服力。

"为什么十卢比？一卢比就够了。"父亲说着他的道理：

5　这些古代史诗包涵了印度的历史、神话和哲学。

葛露（嘉娜·帕荷）·果栩
（1868－1904）
瑜伽南达上师的母亲；拉悉利·玛哈夏的弟子

"当我的父亲及祖父母突然撒手人寰，我第一次尝到贫穷的滋味。在走好几哩路到学校前，我唯一的早餐是一根小香蕉。后来在大学里，我在急需的情况下，向一位富有的法官申请一个月一卢比的援助，他拒绝了，说即使一卢比也很重要。"

"你现在回想被拒绝那一卢比是如此难堪！"母亲的内心有个立即演绎的逻辑："难道你希望这个急需十卢比的妇人，因为你的拒绝，日后也勾起痛苦的回忆吗？"

"你赢了！"父亲以自古以来丈夫被征服时的姿态，将皮夹打开。"这是十卢比纸钞，拿去给那个妇人同时传递我的祝福。"

对于任何新的提议，父亲倾向于先予拒绝，像对待这位很容易就博取母亲同情的陌生妇人，父亲就表现了惯有的谨慎态

巴各巴提·查伦·果栩
(1853－1942)
瑜伽南达上师的父亲；拉悉利·玛哈夏的弟子

度。不马上接受请求的习惯，是为了要恪遵他"适当的深思熟虑"原则。但我发现父亲总是有合理和中庸平衡的裁判评定，如果在我无数个请求里能有一两个好的支撑论点——不管是一趟旅游或是一辆新摩托车，他总是会协助我达到觊觎的目标。

小时候，父亲对我们的家教非常严格，但是他对自己的要求更是完全斯巴达式的严谨。譬如，他从来不到电影院，但是以参与各种灵性活动及阅读薄伽梵歌[6]作为休闲。平常避开所有奢华享受，他会把一双旧鞋穿到完全不能穿才丢弃。他的儿子们在汽车开始流行后也买了汽车，但是父亲仍然每天甘之如饴地搭乘公共电车上班。

---

6 Bhagavad Gita，这本崇高的梵文诗篇是《摩诃婆罗多》史诗的一部份，是印度教的圣经。甘地曾写道："任何以此诗篇进行冥想的人，每天都可从此诗篇获得喜悦及新的意义。"没有任何灵性上的困惑是此诗篇无法解开的。

父亲对于为权势而累积财富一点兴趣也没有。有一次，在设立加尔各答都市银行的工作完成之后，他不愿意持有任何股票来利益自己。他只想在空闲时间尽个公民的责任。

在父亲领了退休金离职之后多年，一个从英国来印度稽核"孟加那普铁路公司"的会计师很惊讶地发现，父亲竟然从来没有申请过加班津贴。

"他一个人作了三个人的工作啊！"那位稽核师向公司报告。"帐上他还有十二万五千卢比（相当于美金四万一千两百五十元）的应领津贴。"出纳随即将这张支票寄给父亲。父亲没把这事放在心上，甚至忘了对家人提起。很久之后，还是我最小的弟弟毕胥努 (Bishnu) 从银行帐单中注意到钜额存款，才问起父亲怎么一回事。

"得到物质的利益有什么好兴高采烈的？"父亲回答。"一个追求平常心生活的人，不会因有所得而雀跃，也不会因有所失而沮丧；因为他知道人都是空手而来，空手而去。"

父母婚后不久，就成为巴拿纳斯 (Banaras) 一位大师拉悉利·玛哈夏 (Lahiri Mahasaya) 的信徒。这样的接触更加深了父亲平日克制欲望的自然性情。母亲曾经很不平常地向我大姐萝玛透露："你父亲和我一年只有一次像夫妻般地睡在一起，而这一年一次，目的是为了有孩子。"

父亲是透过"孟加那普铁路公司"一个支线的员工阿比那煦先生 (Abinash Babu)[7] 而认识拉悉利·玛哈夏。在葛拉普，阿比那煦先生在我童年的耳边讲了许多引人入胜的印度圣人的故事。故事讲完，他总是以赞颂他古鲁的荣耀功德作为结语。

那是一个慵懒的夏日午后，阿比那煦和我坐在我家院子里，他问我这个很有趣的问题："你听过你父亲是在怎样特殊的情

7　Babu（先生）放在孟加拉名字的后面。

形下成为拉悉利·玛哈夏的信徒吗？"我微笑地摇摇头，期待他告诉我。

"在很多年以前，当时你还没出生，我向我的上司，也就是你的父亲，请求一个星期的假，好让我去拜访在巴拿纳斯的师父。你父亲对我的计划嗤之以鼻。

'你打算成为一个狂热的宗教份子吗？'你父亲问我。'如果你想要有所成就，好好专心在你的工作吧！'

"那天，我难过地沿着林边小路回家，路上遇见你父亲坐在轿子上。他看到我，即将轿伕遣回，下来与我走在一起。为了要安慰我，他指出取得世俗成就的各种利益。"但是我对这些话一点也提不起劲。当时我内心不断呐喊：'拉悉利·玛哈夏！见不到你，我真是活不下去啊！'

"我们两个沿路走到一片宁静的草原，夕阳余晖照耀在一波波高耸的野草上。我们驻足欣赏了一会儿，就在这时候，离我们几码远的前方草地上，我伟大古鲁的身形突然出现[8]。

"'巴各巴提，你对你的属下太严苛了！'他的声音在我们惊吓的耳朵里回荡。语毕，他即如同出现时一般神秘地消失。我当场跪下来，不断呼唤'拉悉利·玛哈夏！拉悉利·玛哈夏！'有好一阵子，你父亲也因为过度恍神而无法动弹。

"'阿比那煦，我不但准你的假，也要准自己的假，明天就和你启程前往巴拿纳斯。我必须认识这位伟大的拉悉利·玛哈夏。为了要帮你说情，他竟然能随意志现身！我将带我内人一起去，并请师父传法给我们。你可以带路吗？'

"'当然可以。'当我的祈祷得到奇迹般的回应，而且事情快速地转变成我所希冀的情况时，我的内心欢喜极了。

"第二天傍晚，你的父母亲就和我一同搭火车前往巴拿纳

8　第三十章"奇迹法则"中对大师们拥有的非凡能力有详细解释。

斯。我们在第二天抵达当地，然后换搭马车走一段路途，再徒步穿过几个小巷，最后来到师父隐居的家。进入他的小会客室，我们向师父鞠躬致敬，他正以惯常的莲花姿势盘坐着。师父眨了下具洞察力的眼，然后将眼光落在你父亲身上。'巴各巴提，你对你的属下太严苛了！'他的话与两天前在草原上说的一模一样。他继续：'我很高兴你准许阿比那煦来看我，而且你和你妻子也陪他一起来。'

"师父将'科里亚瑜伽'(Kriya Yoga)[9]传法给你的父母亲，令他们满心欢喜。你父亲与我成为师兄弟，自从那次难忘的草原际遇之后，我们即成为很要好的朋友。拉悉利·玛哈夏对你的出生特别关注，你的一生确定将与他有所连结，师父的祝福从来不会有差错的。"

在我出生后不久，拉悉利·玛哈夏就离开这个世界。在父亲陆续迁移到各个城市工作的那段日子里，师父镶了边的照片总是跟着我们，照亮每一个跟着搬迁的家庭圣坛。有无数个早晚，母亲和我在临时设立的圣坛前静坐，我们以沾了檀香油膏的鲜花作供养。以乳香、没药，加上我们的虔敬，向拉悉利·玛哈夏完美体现的神性献上最深的敬意。

他的照片对我的人生有超乎想像的影响力。随着我的成长，我对师父的思念也与日俱增。在静坐中，我经常看到他的形象从小相框中走出来，变成真人的形体，坐在我面前。当我尝试去触摸他那发光身体的脚时，它又会改变，再次成为照片。从童年到少年时代，我发现拉悉利·玛哈夏在我心中从一个框架中的小形象，转变成鲜活、具启发性的真实存在。在我痛苦或困惑的时刻，我经常对着他祈祷，而在内心感到他抚慰的指引。

9　拉悉利·玛哈夏所教一种瑜伽法门；借由感官纷扰的息止，人得以逐渐达到与宇宙意识合而为一。（见第二十六章。）

刚开始我很悲伤，因为他的肉身不再存在。但当我开始发现他秘密地遍满虚空时，我就不再悲叹。以前，对于迫不及待要见他的弟子，他经常写信开示他们："何必来看我这骨肉之躯？我不是一直都在你们灵眼境观的范围里吗？"

大约在我八岁时，透过拉悉利·玛哈夏照片的庇护而有一次令人惊叹的痊愈，这个经验更加深我对他的爱。在孟加拉邦的宜佳浦尔家乡，我感染了亚洲型霍乱。我的生命垂危，医生们束手无策。在我床边，母亲着急地示意我看头顶墙上拉悉利·玛哈夏的照片。

"在心里向他礼拜！"她知道当时的我虚弱到无法举手致意。"如果你真的表现你的虔诚，并在心里向他跪拜，你的命会被救回来的！"

当我注视着他的照片，一片刺眼的强光围绕着我的身体及整个房间。这时原来感到恶心及其它无法控制的症状都消失了；我复原了。我立刻感觉自己强壮到可以弯腰去触摸母亲的双脚，以感念她对古鲁无比的信心。母亲不断把头靠在那张小照片上：

"噢！无所不在的师父，感谢您，是您的光治愈了我的儿子！"

这时，我知道母亲同样也见证到让我从致命疾病里迅速复原的那一片光。

那张照片是我最珍贵的所有物之一。拉悉利·玛哈夏亲自将那张照片交给父亲，因此，它充满神圣的能量。那张照片的来源非常神奇，我从父亲的师兄卡里·库玛·洛依 (Kali Kumar Roy) 口中听到这个故事。

师父似乎不喜欢被拍照。有一次，在师父的反对下，还是有人拍了一张师父与一群弟子的合照，卡里·库玛·洛依也在里面。稍后这个摄影师吃惊地发现，底片里，所有弟子的影像都非常清楚，但是中间原本是拉悉利·玛哈夏的位置却是空白一片。这个现象让大家议论纷纷。

有一名学生刚葛·达先生 (Ganga Dhar Babu) 是个摄影专家，他自夸地表示，这难以捉摸的形象逃不过他的镜头。第二天早上，古鲁盘腿坐在一张木凳上，后面是一扇帘子。刚葛·达先生带了他的器材抵达。为求成功，他小心翼翼，还贪心地拍了十二张底片。但是，他很快就发现每一张照片都有那张木凳和那扇帘子，却独缺师父的身影。

带着泪水及受挫的自尊，刚葛·达先生找到了古鲁。经过好几个小时后，拉悉利·玛哈夏才打破沉默，语意深长地说：

"我是**灵**，你的相机能照出无所不在、眼睛看不见的灵吗？"

"我现在知道它不能！但是，圣洁的老师，我真的希望为您身体的圣殿，拍下一张照片。我的视野一直都太狭隘，直到今天我才了解到圣灵在您的身体里长驻。"

"那么，明早过来吧，我摆个姿势让你拍照。"

那位摄影师又再一次对准焦距。这次，圣洁的形体不再被无法感知的神秘所遮掩，底片上的影像清晰可见。师父不曾再摆姿势被拍照，至少我不曾见过。

那张照片经复制收录在这本书中 [10]，拉悉利·玛哈夏美好的容貌，普世的气质，很难看出他是属于哪个种族。从他谜一样的笑容中可以窥见他与神亲密交流的喜乐。他的双眼半睁，意味对世间外物淡薄的兴趣；又半合着，说明了他沉浸于内在的

10　第 337 页。照片的拷贝可向ＳＲＦ取得（译注：ＳＲＦ为 Self-Realization Fellowship 的缩写简称，字义为自悟同修会。另请参阅第 004 页注 1）。另请见第 367 页——拉悉利·玛哈夏的肖像。在一九三五至一九三六年期间，帕拉玛罕撒·瑜伽南达尊者请一位孟加拉艺术家依据原始相片而描画出来，并在后来指定此肖像为ＳＲＦ出版品的正式使用肖像。这张肖像挂在帕拉玛罕撒·瑜伽南达位于华盛顿山 (Mt. Washington) 的会客室内。（编按）

极喜。虽然对世间种种粗糙的诱惑不放在心上，但对前来祈请赐福的求道者，他总是非常清楚他们在灵修上遇到的障碍。

在透过师父照片的能量而复原后不久，我又经历了一次对我影响深刻的灵眼观。一天早上，坐在床上，我进入一个很深的境界。

"当眼睛合起，这片黑暗的后面是什么？"这个探究的想法强烈地在我脑海里涌现。顿时，一片巨大的光芒从我的灵眼观中显现。许多圣者的神圣形象，以静坐的姿势坐在山洞里，形成一部迷你电影，投射在我前额亮光中的大萤幕上。

"你们是谁？"我大声地问。

"我们是在喜马拉雅山修行的瑜伽行者。"很难描述那种来自天上的声音，当时我的内心非常震撼。

"啊，我好想去喜马拉雅山跟你们一样！"景象消失了，但是银色的亮光圈不断扩大至无极。

"这个奇妙的光辉是什么呢？"

"我是'伊诗瓦喇'[11]，我是光。"那个声音就像喃喃低语的云朵般。

"我想与祢合而为一！"

我的极喜逐渐褪去，但在心中遗留了一份全心追寻神的永久灵感。"祂是永恒、永远如新的喜悦！"这个记忆在那天极喜的经验之后，还持续留存很久。

另外，有一个早期记忆也很突出，就字面上来讲也是如此，因为，至今我的身上还留了一个疤。有一天清晨，我的姐姐梧玛和我坐在葛拉普家院子里的一棵苦楝树下，她正在协助我读孟加拉语入门，我几乎很难将目光自旁边鹦鹉啄食熟果的景象

11　Ishwara，梵文中上帝作为宇宙统治者的名称；源于字根 *is*，"统治"之意。印度教经典中，上帝有一千个名字，每个名字皆有不同层次的哲学意含。上帝为伊诗瓦喇，即借由祂的意志，所有宇宙以规律的周期被创造及瓦解。

瑜伽南达上师六岁所摄

移开。

梧玛抱怨她脚上长了一个疮，拿了一瓶药膏来。我也涂了一些药膏在自己的前臂上。

"你为什么在健康的手臂上涂药啊？"

"嗯，姐姐，我觉得明天我会长一个疮。我现在试试你的药膏，先涂在会长疮的地方。"

"你这小鬼真会撒谎！"

"姐姐，等明天一早你看发生什么事，再说我撒谎还不迟！"我义愤填膺地说。

梧玛不把我的话放在心上，数次重覆她的嘲弄。我以坚定的语气，徐缓地告诉她：

"以我内在的意志力，我说明天就在我手臂上的这一个区域，将会长出一个相当大的疮；还有，你的疮将会肿成现在的两倍大！"

早上一起来，就发现我手臂上的那个位置，扎扎实实地长了一个疮，而梧玛的疮的面积则变成两倍大。姐姐尖叫了一声，慌张地冲向母亲那儿。"慕昆达变成巫师了！"母亲很严肃地告诫我绝对不可以用言语的力量去作伤害性的事。长久以来，我一直都记得并且谨遵母亲的告诫。

我的疮是经外科手术治好的。一直到今天，医生手术留下的疤痕还明显可见。我的右前臂持续提醒我，人言语中有惊人的力量。

我对梧玛说的那些简单、明显无恶意的几句话，藉由深度的专注力说出口，就像炸弹一样，暗藏着巨大的爆发力，足以产生绝对的、具伤害性的效果。之后，我才了解，言语中爆发性的振动能量，可以被智慧地导向成为解放人生苦难的力量，而不留下任何伤痕或责难[12]。

我们家搬到旁遮普省 (Punjab) 的拉合尔 (Lahore)。在那里我获得一张以卡莉女神形象[13]表现的圣母照片，它圣化了我家阳台上一个非正式的小祭坛。我坚信，我在那神圣地方所作的任何祷告都会实现。有一天，与梧玛站在那里，我看着两个男孩在

12　具有无穷潜能的原创音"嗡"(Aum) 是所有原子能背后的宇宙振动力。任何字在彻底的明白与深度的专注下说出，皆具有实现的力量。大声或静默地复诵启发性字眼，已被发现可在心理咨询中作有效的治疗，其秘诀在于增加心灵的振动频率。(译注：Aum 音近"嗡"，但在收音时双唇闭合。)

13　卡莉象征上帝永恒母性的一面。

两幢房子的屋顶上放风筝，距离我们家只隔一条窄巷。

"你怎么那么安静？"梧玛嬉戏地推着我。

"我只是在想，我要求什么圣母都给我，真是太好了。"

"我猜她会给你那两个风筝吧！"姐姐嘲笑地说。

"怎么不会？"我开始默自祈祷得到那两个风筝。

在印度的风筝比赛，线上会涂上黏胶及玻璃粉，每位参赛者都试图割断对手紧握的风筝线，当断线风筝滑越屋顶时，去抢抓风筝乐趣十足。由于梧玛和我是站在有顶的内嵌式阳台上，松绑的风筝似乎不可能飘到我们手里，风筝线应该会自然地飘悬在屋顶上。

巷子对面的参赛者开始比赛。有一条线被割断了，风筝立即朝着我的方向飘来。因为风突然减弱，风筝停止了片刻，此时，风筝线稳固地缠绕在对面屋顶的仙人掌上，形成一个既长又完美的环圈，让我足以抓住风筝。我把战利品交给梧玛。

"这只是特殊的意外，并不是你祷告的结果。如果另一个风筝也让你拿到，那我就相信。"姐姐深黑的眼睛比她的言语流露出更多的惊奇。我持续迫切地祷告。另一位参赛者在强力拉扯下突然失去他的风筝，随风起舞的风筝向我飞来。我的好帮手——那株仙人掌，又再一次稳稳缠住风筝线，形成一个可以让我构得着的适当环圈。我把第二个战利品交给梧玛。

"看来，圣母真的听你的！这对我来说太不可思议了！"姐姐像一只受惊吓的小鹿狂奔而去。

第二章　母亲之死及神秘的守护石

母亲最大的愿望就是大哥能早日成婚。"啊！只要看到阿南塔 (Ananta) 妻子的容貌，我就见到人间天堂了！"我经常听母亲这么说。印度强烈的家族延续使命在母亲言语间表露无遗。

阿南塔订婚的时候，我大约十一岁。当时，母亲在加尔各达欢喜地指挥婚礼的筹划。我和父亲独自留在印度北部巴雷利 (Bareilly) 的家中，父亲在拉合尔两年后被调任到此。

在这之前，我已经见识过萝玛和梧玛两个姐姐的壮观婚礼。但是，由于阿南塔是长子，要准备的细节格外繁多。母亲每天招待远地来到加尔各达的众多亲戚，将他们舒适地安置在阿姆赫斯特街 (Amherst) 五十号，一栋新买的大房子内。一切准备就绪：盛宴佳肴、用来载哥哥到准新娘家的华丽轿子、一排排色彩鲜艳的灯、巨硕纸板做的大象和骆驼，以及英式、苏格兰和印度管弦乐团、专业表演者，及前来举行古老仪式的祭司们。

父亲和我高兴地准备在举行典礼时赴宴；但就在接近这大日子之际，我有个不祥的预兆。

在巴雷利家阳台上的一个午夜里，我睡在父亲身旁，床上蚊帐一阵怪异的飘动把我吵醒。这时，轻薄的蚊帐打了开来，出现我亲爱的母亲身影。

"叫醒你父亲！"她轻声说道，宛如耳语。"搭今天早上四点钟的第一班火车。如果你们要见我的话，赶紧到加尔各达来！"幽灵般的形影消失了。

"父亲！母亲快要死了！"我惊恐的语气瞬间将父亲吵醒，我哭诉着这个噩耗。

"那只是你的幻觉，不要放在心上。"父亲表现出对新状况惯有的否定。"你母亲非常健康，如果我们接到任何坏消息的话，明天就启程。"

"如果现在不马上走，你将永远不会原谅你自己！"悲痛使我愤怒地加上一句："而且将来我也永远不会原谅你！"

哀凄的早晨传来字字清楚的讯息："母病危，婚礼延期，速来。"

父亲和我心慌意乱地出发，我一位叔叔在途中转车点与我们碰头。一列火车轰隆隆地驶向我们，声音越来越大。在我杂乱的思绪里突然起了一个念头，决意将自己扔到火车轨道上。我觉得我已经失去母亲了，我不能忍受世界突然变得空无。我深爱母亲，她是我全世界最要好的朋友。小时候，她那安慰人的黝黑眼睛，一直是我童年小苦难的避难所。

"她还活着吗？"我停下来问叔叔最后一个问题。

他一眼就看出我脸上的绝望，"她当然还活着啊！"但我很难相信他。

当我们抵达加尔各达的家门，迎面而来的正是叫人震惊不解的死亡噩耗，我崩溃到几无生气的地步。多年后，我的心才平息下来。我以哭喊猛叩天堂之门，终于呼唤到圣母出现，她的话治愈了我化脓的伤口：

"是我，化作无数个母亲的温柔，生生世世看顾着你！看着我目光中的黝黑双眼，那正是你最想寻找的——消逝的美丽明眸啊！"

在挚爱母亲的火化仪式结束后不久，父亲和我返回巴雷利。每天清晨，我带着忧伤，走到屋前一棵高大茂密、遮荫着绿油油草地的娑佛力树下思念母亲。有时候，我会诗意地想像那些白色娑佛力花恣意地散布在绿色祭坛上，以表达它们对上苍的虔诚敬意。热泪夹杂着露水，我经常见到一片来自另一界域的奇妙光芒从曙光中出现。渴求上帝的强烈痛苦打击着我，我深深感受到喜马拉雅山的殷切呼唤。

刚从圣山旅行回来的一位堂兄到巴雷利来拜访我们。我兴致高昂地倾听他的故事，叙述那瑜伽行者和尊者们[1]居住的高山。

"我们离家到喜马拉雅山去吧！"有一天我对巴雷利家房东的小儿子杜瓦卡·帕萨 (Dwarka Prasad) 的提议，落入一对无情的耳朵里，他把我的计划泄漏给刚来探望父亲的大哥。阿南塔并未对这个小男孩不切实际的计划一笑置之，反而特别藉此嘲弄我一番。

"你的橘色僧袍呢？要当一个尊者你可少不了它喔！"

他的话却令我感到莫名的激荡，并让我看到一个清晰的画面：我成为一个在印度游方的僧侣。可能那些话唤醒我的前世记忆；无论如何，我了解到穿上渊源已久的僧团袈裟对我会是多么轻易自然。

一天早上，我正与杜瓦卡·帕萨闲聊时，突然感到我对神的爱如雪崩骤降。我滔滔不绝地抒发情感，虽然我的伙伴心不在焉地听着，但我却是全副心神地专注在自己所说的话里。

那天下午我离家出走，目标是喜马拉雅山脚下的奈尼达 (Naini Tal)。阿南塔决心追到我，我伤心地被迫返回巴雷利。之后，我唯一被允许去朝圣的地方，就是黎明时分固定去拜访的那棵娑佛力树。我的心为着失去两个母亲而哭泣：一个属人间，一个属天上。

母亲过世是我们家无可弥补的缺憾，父亲在往后近四十年的余生未曾再娶。面对这群年幼的孩子，父亲挑起父兼母职的重责，他明显变得更加温柔，也更容易亲近。他以冷静及洞察，

---

[1]　尊者 (swami) 的梵文原意为"与自我 (Swa) 合一的人"。（见第二十四章。）

解决家中大小问题。下班之后他像隐士般遁入自己的小房间，恬静地练习科里亚瑜伽。母亲去世很久之后，我尝试雇用一位英国护士来照料父亲的生活细节，好让他可以过得舒适一些，但是父亲摇头拒绝。

"服侍我的人只到你母亲为止。"他的目光遥寄远方，眼神中流露出毕生忠诚的决心。"我不会再接受任何女子的服侍照料。"

母亲过世十四个月后，我得知她曾留了一个重要的遗言给我。母亲临终时，阿南塔在母亲身边记录下她的遗言，虽然母亲交代一年后要告诉我，大哥却迟未转达。他即将离开巴雷利到加尔各达迎娶母亲为他选择的妻子时[2]，一天傍晚他把我叫到他身边。

"慕昆达，我一直很迟疑让你知道一些奇怪的讯息。"阿南塔无可奈何地说。"我怕点燃你离家的欲望，但不论如何你的求道热忱始终不减。我最近在你前往喜马拉雅山的半途中拦截你时，就已经下定决心，我认真许下的承诺，不应该再延迟兑现。"哥哥交给我一个小盒子并传述母亲的遗言。

"我的爱儿慕昆达，这些话是我最后的祝福！"母亲在遗言中说。"该是我说出自你出生之后所发生的一连串特殊事件的时候了。我第一次知道你的天命时，你还只是我怀里的襁褓婴孩。我带你到我古鲁在巴拿纳斯的家，我几乎是没入一大群弟子后面，只能隐约看到在深度冥想中的拉悉利·玛哈夏。

"那时我轻轻拍哄着你，心里祈祷伟大的古鲁能注意到并赐福给你。就在我虔诚的默祷益发殷切之际，他张开眼睛示意我过去。众人让出一条通道，我走到前面顶礼师足。拉悉利·

---

2 父母为子女选择终身伴侣的印度习俗，已经历漫长的时间考验；印度婚姻幸福的比例很高。

【左上图】瑜伽南达上师（立者）高中时代，前面为哥哥阿南塔

【右上图】大姐萝玛（左）及小妹娜里妮（右）与帕拉玛罕撒·瑜伽南达摄于加尔各达童年的家，1935年

【右图】瑜伽南达上师的姐姐梧玛年幼时摄于葛拉普

玛哈夏把你放在他的膝上，将手按在你的额前为你作灵性的加持。

"'小母亲，你的儿子将会成为一位瑜伽行者。身为灵修的领航者，他会引渡众生到神的国度。'

"当我明白无所不知的古鲁应允了我的默祷，内心欢欣不已。在你出生前不久，他就已经告诉我，你将会追随他的道路。

"孩子，后来你体验了伟大的圣光 (Great Light)，姐姐萝玛和我都知道，当时我们从隔壁房间看到你坐在床上动也不动，你的小脸蛋上闪烁着光辉；你说要到喜马拉雅山朝圣的声音回响着钢铁般的决心。

"亲爱的孩子，我由这些方面知道，你人生的路将会远离世俗的欲望。尤其在经历我生命中最特殊的一次事件之后，更加确定了这样的信念。我的临终遗言必须从这件事情说起。

"那是在旁遮普与一位圣者的会面。当时我们住在拉合尔，一天早上，仆人到我的房间禀报：'夫人，有一位陌生的隐修者[3]坚持要"见慕昆达的母亲。"'

"简单几个字触动我的心弦，我立即起身去迎接这位访客。顶礼于他的足下，我感觉面前的这位圣者是神的具相化身。

"'母亲，'他说。'大师们希望你能明白你在世上的日子不多了。你下一次生的病将是你人生的最后一次[4]。'我们沉默了一会儿，当时我并没有恐惧，只是感到非常平静。他接着又说：

"'你将会保管一块银制守护石，但今天我不会给你，为了证明我所言属实，守护石会在你明天静坐时显化在你的手中。

3　原文 sadhu，指奉行苦行主义、严格遵守戒律的隐士。

4　当我从这些话中得悉母亲早知自己寿命不长的秘密时，我才首次领会到为什么她一直急着安排阿南塔的婚礼。虽然她仍在婚礼前去世，身为母亲，她自然盼望亲眼见到婚礼仪式。

临终时，你必须交代你的长子阿南塔保管这块守护石，一年之后再交给你的二儿子。慕昆达会从圣者那儿明了这块守护石的意义。当他得到这块守护石，也就是他准备好舍弃所有世俗企望，并开始他专心一意追寻神的时候了。这块守护石在受他保管几年后，会在其使命完成时自行消失；即使保存在最隐密的地方，它还是会回到它的来处。'

"我向那位圣者献上供养[5]，并十足恭敬地对他顶礼。他没有接受供养，在祝福我之后即离去。第二天晚上，当我合掌静坐时，一块银守护石如圣者承诺般在我双手间显现。摸到冰冰滑滑的表面，我知道它出现了。两年多以来我小心翼翼地保护着它，现在交给阿南塔保管。不要为我悲伤，伟大的古鲁会引领我回到无极的怀抱。再见了，我的孩子，宇宙慈母将会守护你。"

手握着守护石，我看到一道光芒，唤醒许多沉睡的记忆。这块圆形守护石古典雅致，上面刻着梵文。我知道它来自累世的明师，他们在冥冥中引领我的脚步。它的确还有更深层的含意，但守护石的核心意义是无法被完全了解的[6]。

5　对隐修士表示敬意的一种习俗。

6　这块守护石是星灵界产物，结构上无法久存，最终还是会从地球上消失。（见第四十三章。）

　　守护石上刻着类似经咒或神圣诗歌的文字。没有一个国家像印度一样对声音及人声(vach)的潜在力量有过如此深度的研究。在宇宙间回响的"嗡"（Aum，即圣经上所说的"话"〔Word〕或"诸水之音"〔voice of many waters〕）有三种表现形式(manifestations 或 gunas)：即创造、保存、毁灭（见《奥义书》台提里雅篇〔Taittiriya Upanishad〕第一章八节）。每次人发出一个字音，都会运作到"嗡"的三种表现形式中的其中一种。这也是所有经典皆奉劝人要说真话的律法依据。

　　若能正确发音，这块守护石上的梵文经咒，拥有一种对灵性有益的振动能量。梵文是由五十个字母巧妙架构而出，每一个字母皆有一个固定不变的发音。萧伯纳(George Bernard Shaw)曾写过一篇睿智且诙谐的短文，评论以拉丁文为基础的英文字母的语音不适当性，认为二十六个英文字母不足以表达包罗万象的各种声音。他以惯有的直言不讳（"如果采用一套新式英文字母系统的代价是打一场内战，我也无怨无悔"），提倡采用一套由四十二个字在本章中不会提及这块守护石最后如何在我生命中最不快乐的时候消失，以及它的遁形如何预示我与古鲁的相遇。

但这个一心向往喜马拉雅山却屡屡受挫的小男孩，日日乘着守护石的翅膀，云游天际。

母组成的新系统（参考他为威尔逊〔Wilson〕著作《语言的奇妙诞生》〔*The Miraculous Birth of Language*〕所写的序文；纽约哲学类藏书），这一套新字母系统约可比拟语音完美的梵文，其五十个字母的使用可避免发音的疏漏错误。

自从在印度河流域发现印鉴，一群学者便推翻了梵文字母是向闪语族"借"来的理论。最近在摩罕吉达罗（Mohenjo-Daro）及哈拉帕（Harappa）挖掘出土的几个古代印度大城，证明了"在印度土地上，必定曾经有过一段很长时间的繁荣文明，是现代人无法一窥全貌的。"（参考约翰·马歇尔〔John Marshall〕所著《摩罕吉达罗及印度河文明》〔*Mohenjo-Daro and the Indus Civilization*，1931〕。）

如果印度在地球上的文明历史极其久远的推测是正确的，那么也就不难解释为何全世界最古老的语言——梵文，也是世界上最完美的（见第十章有关 Sanskrita 的注解）。"亚洲协会"(Asiatic Society)的创办人威廉·琼丝爵士(Sir William Jones)曾说："不论其古老，梵文是一种具有极佳结构的语文，比希腊语完整，比拉丁语丰富，也比二者更绝妙精炼。"

《大美百科全书》(*Encyclopedia Americana*)上记载："自从古典研究复苏以来，在人类文化历史上，没有任何事件比在十八世纪末（由西方学者）发现梵文一事来得重要。语言学、比较文法、比较神话、宗教学等学术的存在，要归功于梵文的发现；或者说，深受梵文研究的影响。"

第三章　有两个身体的圣人

"父亲，如果我保证不必人催促，就会主动回家，那么我可以去巴拿纳斯旅行吗？"

父亲很少阻挡我对旅行的热爱，从小父亲就让我造访过很多城市和圣地。通常我会有一两位或更多朋友同行，我们舒适地搭乘父亲提供的头等车厢旅游。父亲在铁路局的高层职位，完全能够满足家里头喜爱游历的成员。

父亲同意会慎重考虑我的请求。隔天他唤我过去，递给我一张巴雷利到巴拿纳斯的来回车票、几张卢比钞票和两封信。

"我有件工作上的事，要和在巴拿纳斯的朋友基达·纳斯先生 (Kedar Nath Babu) 讨论，可惜我找不到他的地址了，但我想你可以透过我们共同的朋友，普罗那班南达尊者 (Swami Pranabananda)，将这信交给他。那位尊者是我的师兄，灵修境界很高，跟他相处你会获益匪浅。第二封则是你的介绍信。"

父亲眼睛亮了一下，接着说："记得，不准再逃家！"

我怀着十二岁少年的热情出发了（虽然时间从未磨灭我对新景点和陌生面孔的兴趣）。到达巴拿纳斯后，我立刻前往尊者的家。前门敞开着，我走上二楼一个长形大厅般的房间，一个只穿着腰布的壮汉，以莲花姿势盘坐在一个矮平台上。他的头和毫无皱纹的脸刮得十分乾净，嘴角上挂着一抹愉快的笑容。他像老朋友一样招呼我，驱散了我原本以为打扰到他的想法。

"巴巴阿南得（愿您法喜充满）！"他以孩子般的声音由衷欢迎我。我跪下来顶礼圣足。

"您是普罗那班南达尊者吗？"

他点点头。"你是巴各巴提的儿子吗？"在我还来不及从口袋里掏出父亲的信之前，他已经先问了这个问题。我吃惊地递上那封介绍函，不过，现在看来已经没有这个必要了。

"当然我可以帮你找到基达·纳斯先生。"这位圣人天眼般的洞察力再次让我吓了一跳。他瞄了那封信一眼，然后亲切地提起父亲。

"你知道吗，我享有两笔退休金。一笔来自你父亲的推荐，我曾在铁路局为你父亲工作过；另外一笔来自天父的推荐，因为我为祂尽心尽力地完成在人间的责任。"

这话叫我不解："先生，您从天父那儿领到什么样的退休金呢？祂让钱掉到您的膝上吗？"

他笑了笑："我说的退休金是一种无止境的宁静——这是多年深度冥想的报酬。我现在不再渴望金钱，我最基本的物质需求，已有充足的供应。以后你也会了解第二笔退休金的含意。"

圣人突然中断谈话，变得完全严肃不动，谜样的气氛笼罩着他。一开始，他的眼睛闪闪发亮，彷佛在观察一件令他感兴趣的事，然后渐渐滞缓下来。他的沉默令我局促不安，他还没有告诉我如何见到父亲的朋友呢。我有点焦虑不安，四处看了一下这个空荡荡的房间，除了我们两人以外，空无一物。我不经意地看到他放在平台座位下的木拖鞋。

"小师兄[1]，别担心，你要见的人半小时后就会跟你在一起。"这位瑜伽行者看出我的心思——不过以当时情况看来，此技并不困难！

他又陷入一阵深不可测的静默。当我的表告诉我已经过了三十分钟时，尊者此时从沉静中起身。

他说："我想，基达·纳斯先生已经快到门口了。"

1　原文 Choto Mahasaya，意为"小师兄"(little sir)，是一些印度圣人对我的称呼。

　　我听到有人上楼的声音，一时之间百思莫解，越想越不明白："父亲的朋友怎么可能在没有信差的情况下，被叫唤到这里来？自从我抵达后，尊者除了我以外没有跟任何人说过话啊！"

　　没打招呼，我迳自离开房间走下楼去，走到一半就碰到一位瘦削、皮肤白皙、中等身高的先生，他一副匆忙的样子。

　　"你是基达·斯先生吗？"我激动地问。

　　"是啊，你不是一直在这儿等着见我——巴各巴提的儿子？"他友善地笑着说。

　　"先生，您怎么正好也到这儿来？"对于他费解的出现，我困惑到有些生气了。

　　"今天每一件事都很神奇！不到一个小时前，我刚在恒河边沐浴完，就看到普罗那班南达尊者向我走来。我完全不明白他怎么知道我当时会在那儿。

　　"'巴各巴提的儿子在我的住处等你，'他说。'要跟我来吗？'我欣然同意。我们手牵手走着，虽然尊者穿着木拖鞋，而我穿的是牢固的步行鞋，但奇怪他就是能走在我前面。

　　"'你到我家要多少时间？'普罗那班南达尊者突然停下来问我这个问题。

　　"'大约半小时。'

　　"'我现在还有些事要处理，'他神秘地看了我一眼，'我得先走了，到我家跟我会面，我和巴各巴提的儿子会在那儿等你。'

　　"我还来不及反应，他已经箭步离去，消失在人群里。我是用最快速度走到这儿来的。"

　　这个解释只是增加我的疑惑。我问他认识尊者多久了。

　　"去年我们见过几次面，不过最近并没见面。我很高兴今天在河边石梯沐浴时能再见到他。"

"我不敢相信自己的耳朵！我是不是精神错乱了？你是在幻觉中看到他，还是真的见到他本人、摸到他的手，也听到他的脚步声呢？"

"我不知道你要表达什么！"他气愤地涨红了脸。"我没有骗你，难道你不明白，只有透过尊者，我才可能知道你在这儿等我吗？"

"怎么会！自从我到这儿一个小时以来，普罗那班南达尊者不曾片刻离开过我的视线啊！"我脱口而出整个经过，并且重述我和尊者的谈话内容。

他张大眼睛。"我们是活在这真实的物质世代里，还是在作梦啊？我从来没想到这辈子能目睹这样的奇迹！我还以为尊者只是个普通人，现在我才知道，他能够分身工作！"我们一起进入圣人的房间。基达·斯先生指着在平台下的那双鞋说：

"你看，这就是他在河边石梯穿的那双拖鞋。"他低声地说："当时他只穿着一条腰布，正如我现在看到的一样。"

当这位访客在他面前鞠躬时，圣人转向我，露出幽默的微笑。他说：

"为什么这一切令你那样吃惊呢？现象界微妙的一致性，躲不过真正瑜伽行者的洞察。我可以即时看到远在加尔各达的弟子并与他们交谈；同样的，他们也能随意志超越一切物界的障碍。"

或许为了激起我年轻胸怀中求道的热衷，尊者降尊纡贵地告诉我他的星灵界通讯及透视能力[2]。但是，我不但对此没有感

2　对于瑜伽行者透过精神科学所发现的法则，自然科学以它自己的方式证明其效度。例如，一九三四年十一月二十六日在罗马皇家大学 (Royal University of Rome) 示范的人类透视能力。"神经心理学教授朱塞佩·卡里佳利斯 (Giuseppe Calligaris) 博士按住一个受试者的某些身体部位，这个受试者即能详细地描述隔墙另一边的人及物。卡里佳利斯博士告诉其他的教授，当皮肤上的某些部位

到特别热切，反而产生一种敬畏性的恐惧。由于我的修行道路注定要跟随一位特别的古鲁——尚未谋面的圣育克铁斯华 (Sri Yukteswar)，当时我并没有接受普罗那班南达作我导师的意思。我怀疑地瞄了他一下，心想在我面前的到底是本人还是他的分身。

普罗那班南达尊者
巴拿纳斯"有两个身体的圣人"

受到刺激，受试者因此产生超感官知觉，能看见他平时无法觉察的东西。为了让受试者辨察墙壁另一边的事物，卡里佳利斯博士在受试者胸部右侧一处按压十五分钟。卡里佳利斯博士表示，一旦身体某些部位受到刺激，受试者可以看到任何距离外的东西，不管他们是否曾经见过那些东西。"

为了驱散我的不安，这位大师以唤醒灵魂的目光注视我，并说了些有关他古鲁的励志话语。

"拉悉利·玛哈夏是我所知道最伟大的瑜伽行者，他是以肉身形式呈现的圣灵。"

当时我想，如果弟子都能以意念变出分身，那他的上师还有什么奇迹办不到呢？

"我告诉你得到古鲁的帮助是多么可贵。我曾经和另一名弟子每晚静坐八个小时，白天我们必须在铁路局上班，当时我对继续从事办事员的职务感到困难，而希望能把全部时间奉献给上帝。八年来，夜晚有一半的时间我都在静坐，从未间断。我得到丰硕的收获，深入的灵性觉照亮澈了我的心灵；但是，一层薄纱却始终存在于我与无极之间，即使我怀着超出常人的热忱，也无法达到与天地永恒合一的最高境界。有一天晚上，我去拜访拉悉利·玛哈夏，请求他为我向天父求情。我整晚不停地央求他：

"'天使般的古鲁，我的心灵是这般痛苦，我再也无法忍受没有与**伟大至爱**相遇的生命了！'

"'我能做什么呢？你静坐要更深入啊。'

"'我请求您，噢，上帝啊我的师父！我看见您在我面前化身为肉体；请赐福给我，好让我看见您无极的形体！'

"拉悉利·玛哈夏伸出手，比个慈爱的手势：'你现在可以离开去静坐了。我已经替你向梵天神[3]求情。'

"带着无比振奋的心情，我回到家中。那晚静坐时，我一生热切追求的目标终于实现。现在我能够无尽地享有这份灵性

---

3 梵天神 (Brahma) 是上帝为"造物主"的形象，来自梵文字根 brih，扩展之义。一八五七年，当爱默生的诗"梵天神"刊登在《大西洋月刊》(Atlantic Monthly) 时，大多数读者都茫然不解。爱默生笑着表示："告诉他们，用'耶和华'取代'梵天神'，这样他们就不会觉得困惑了。"

的退休金。从那天起，极喜的造物主不再藏身于幻相世间的萤幕背后了。"

普罗那班南达脸上溢满圣洁的光辉。来自另一个世界的宁静平和渗入我的心中，所有的恐惧消散无踪。

圣人进一步透露："几个月之后我回去见拉悉利·玛哈夏，感谢他恩赐的那份'无极'礼物。然后我提到另一件事情。

"'圣洁的古鲁，我无法再工作了，请让我能离开，梵天神令我迷醉不已。'

"'那就向你的公司申请退休金吧。'

"'这么早申请退休，能提出什么理由呢？'

"'直接说出你的感受。'

"第二天我提出申请。医生问我提早要求退休的理由。

"'工作时，一种难以抑制的感觉由我的脊椎窜起，穿透全身，使我不适合再从事这份工作[4]。'

"医生没再多问，而强烈建议我需要一笔退休金，我很快就取得。我知道拉悉利·玛哈夏的神意透过医生和包括你父亲在内的铁路局长官默默运作着。他们自然而然地遵循伟大古鲁的灵性指引，让我离开职场，开启了我与至爱永不间断交流的人生。"

4　在深度冥想时，灵性的体验首先出现在脊椎圣坛上，接着是在脑部。即使内在法喜充盈，瑜伽行者仍知道如何控制它的外在表现。

　　我们见面时，普罗那班南达尊者其实已是一位悟道的上师。但在那之前许多年，他快退休时，他还无法完全进入"非细考三摩地"(nirbikalpa sama-dhi) 的境界（见第二十六章注 12 及第四十三章注 1）。在那完美且不动摇的意识状态中，瑜伽行者可以毫无障碍地从事任何凡间任务。

　　普罗那班南达在退休之后写了一本对薄伽梵歌深入评注的书 Pranab Gita，以印度文和孟加拉文出版。

　　在帕坦加利(Patanjali)的《瑜伽经》（Yoga Sutras，见第二十四章注 12）里，将分身的法力称为"徙地意"（siddhi，意为瑜伽力）。自古以来，很多圣人皆具有分身的能力。在《泰瑞莎纽曼的故事》(The Story of Therese Neumann) 一书中，辛柏格 (A. P. Schimberg) 描述，这位天主教圣徒，曾经多次现身在遥远的地方，与需要她帮助的人谈话。

在透露这些特别的经 之后，普罗那班南达尊者再度退隐至静默状态良久。当我恭敬地礼触圣足准备离去时，他祝福我说：

"你的一生将会是舍弃世俗的瑜伽修道士。以后我会再见到你，连同你的父亲。"这两项预言几年后全都实现[5]。

天色渐黑，基达·纳斯先生和我并肩走着。我交给他父亲的信，他在街灯下读了起来。

"你父亲建议我到他铁路公司在加尔各达的分部上班，如果能得到至少一笔像普罗那班南达尊者享有的退休金，是多么愉快的事啊！但那是不可能的，我不能离开巴拿纳斯。唉，我还没有练就两个身体呢！"

5　见第二十七章。

第四章　受阻的喜马拉雅山之旅

"随便找个理由离开教室，再叫一辆马车，停在我家人看不到的巷子里。"这是我给阿玛·米特 (Amar Mitter) 的最后指示。他是我高中时代的朋友，计划跟我一同到喜马拉雅山去，我们约好隔天出发。由于我哥哥阿南塔时时监视我的行动，谨慎行事是必要的，他早有怀疑而且决心要破坏我心心念念的逃家计划。这块守护石就像灵性的发酵剂，静静地在我的心里发挥作用。我希望能在喜马拉雅山的雪地中，找到经常出现在我的灵眼观的上师。

当时我们住在加尔各达，父亲被永久调派至此。按照印度家族习俗，阿南塔带着新娘来与我们同住。每天我都在阁楼上的小房间静坐，为神国的追寻而铺路。

那个难忘的早晨下起一阵预兆不祥的雨。听到路上传来阿玛的马车轮声，我急忙捆扎行李：一条毯子、一双凉鞋、两条腰布、一串念珠、拉悉利·玛哈夏的照片，和一本薄伽梵歌。我将绑成一包的行李从三楼的窗口丢出，然后赶紧跑下楼，在楼下门口与正在买鱼的叔叔擦身而过。

"什么事那么兴奋？"他以怀疑的目光上下打量着我。

我给他一个不作答覆的微笑，就往巷子走去。拿到包袱后，我小心翼翼地与阿玛会合。我们先驱车到昌德尼超客购物中心 (Chandni Chauk)。为了要买英式服装，几个月来我们一直省午餐钱，因为我聪明的哥哥实在太适合当侦探，我们打算用欧式装扮骗过他。

在前往车站的途中，我们停下来接我的堂兄乔登·果栩 (Jotin Ghosh)，我叫他贾丁达 (Jatinda)。他是个新皈依者，也渴望在喜马拉雅山找到一位古鲁。他换上我们为他准备好的新衣服，我们应该是掩饰得很成功吧，希望如此！兴奋之情占据我们的心。

"现在我们只差帆布鞋了。"我带领同伴到一家展示橡胶底鞋的商店。"真皮做的东西是透过屠杀动物而取得，不应该出现在这趟神圣的旅程中。"说着，我在街上停步，拆下薄伽梵歌的皮封套和英制盔帽上的皮带。

我们在车站买了前往柏德望 (Burdwan) 的车票，准备在那儿换车前往喜马拉雅山脚下的哈得瓦 (Hardwar)。如同我们奔放的心情般，火车轰隆隆开始奔驰时，在车上我发表了我的伟大愿景。

"想想看！"我满腔抱负地说，"我们就要得到师父的传法，而且体验宇宙意识的超觉境界。我们身体将会充满磁力，那时候喜马拉雅山上的野生动物都会温驯地接近我们，老虎也会像柔顺的家猫般，等着我们去抚摸！"

这番发表，不论是就字义或暗喻上，我认为都生动地勾画出令人陶醉的前景，阿玛也难掩兴奋的笑容。但贾丁达则刻意回避，将目光移至窗外急驰的风景。

"我们把钱分成三份吧。"贾丁达打破许久的沉默，提出这个建议。"我们应该在柏德望各自买车票，这样在车站才不会有人猜疑我们是一起逃家的。"

我不疑有他地同意。火车在黄昏时抵达柏德望，贾丁达去售票处，阿玛和我则坐在月台上。我们等了十五分钟之后，开始起疑，找遍了整个车站，却一无所获。情急之下，我们大声叫喊贾丁达的名字，但他早就消失在小车站外、未知的夜色中。

刹时间，我勇气尽失，震惊到呆愣在那。没想到上帝竟然让我们遇上这种令人沮丧的事！我第一次为了追寻祂而精心筹划的浪漫行程就这样残忍地被破坏！

"阿玛，我们必须回家了。"我哭得像个小孩子。"贾丁达无情的离去是个不祥预兆，这趟行程注定要失败了。"

"这就是你对上帝的爱吗？你难道经不起一个背叛你的同伴给你的小考验吗？"

听到阿玛说是上天的考验，我的心稳定了下来。我们吃了些柏德望有名的甜点：西塔哈格（sitabhog，"女神的圣餐"）和摩提朱儿（motichur，"珍珠甜饼"）来提振精神。几个小时后，我们坐上经巴雷利到哈得瓦的火车。第二天，在蒙沪尔·塞瑞（Moghul Serai）等候换车时，我们在月台上讨论到一件重要的事情。

"阿玛，我们可能很快就会被铁路人员盘问，我不会低估我哥哥的聪明才智。不论结果如何，我都不会说一句谎话。"

"慕昆达，我只要求你保持镇静。我说话的时候，你不要笑出声，也不可以窃笑。"

就在这个时候，一位欧洲站长走过来向我问话。他挥着手上的一封电报，我立刻知道事态严重。

"你们是不是负气逃家的？"

"不是！"我很高兴他的措辞让我可以作明确答覆。我知道自己这种不寻常的行为并非出于愤怒，而是来自"最神圣的忧思"。

然后这位站长转向阿玛，接下来的机智交锋差点儿让我难以保持沉着。

"第三个男孩在那里？"他语带权威地问。"现在给我说出实话！"

"先生！我注意到您有戴眼镜，您难道看不出来我们只有两个人吗？"阿玛带着笑容、放胆地说。"我又不是魔术师，我可没有办法变出第三个男孩喔。"

这位站长显然对他的无礼十分不悦，决定重新出击。

"你叫什么名字？"

"人家叫我汤玛斯。我母亲是英国人，父亲是改信基督教的印度人。"

"你的朋友叫什么名字？"

"我叫他汤普生。"

此时我忍住不笑的耐力，已达到最高极限，我赶紧走向快开的火车，这时上天保佑鸣笛声适时响起。阿玛跟着站长走，他不但轻易相信我们，而且还热心地安排我们到欧洲人专属的车厢里。想到两个有一半英国血统的男孩要坐在当地人的车厢旅行，显然让他心痛。在他礼貌地告辞后，我靠在椅背上大笑起来。能骗过老练的欧洲站长，阿玛颇有得意满足之色。

在月台上我试图去看那封电报，阿南塔如此写道："三名身着英式服装的孟加拉男孩逃家，经由蒙沪尔·塞瑞前往哈得瓦，请留住他们，待我抵达。重金酬谢。"

"阿玛，我跟你说过，不要把作了记号的火车时刻表留在家里！"我的眼神充满责备。"大哥一定找到时刻表了。"

我的朋友惭愧地接受责难。我们在巴雷利短暂停留，杜瓦卡·帕萨[1] 已收到阿南塔的电报，早在那儿等候我们。杜瓦卡力图阻挠我们，我说服他，我们的离家不是草率的决定。像上次一样，杜瓦卡拒绝了与我们同往喜马拉雅山的邀请。

那天晚上，火车停靠在一个车站，我还在半睡半醒之间，阿玛被另外一个前来盘查的车站职员叫醒。他也为"汤玛斯"和"汤普生"的混合魅力所骗。黎明时，火车载着我们凯旋抵达哈得瓦。远方巍耸的山脉隐隐动人，我们冲出车站混入杂沓

1　此人在第 037 页出现过。

的城市人群中。阿南塔既已识破我们用欧洲服装掩饰的计谋，我们要做的第一件事就是换回本地服装。但此时一种会被逮到的预感压上我的心头。

认为马上离开哈得瓦才是明智之举，我们买了车票打算前往北方的里希克虚 (Rishikesh)，那是一处长久以来留下许多上师足迹的圣地。当时我已经坐上火车，而阿玛还在月台上逗留。他突然被一个警察大声叫住，这个警察像个不受欢迎的监护人，把我们带进一间平房式的警察局并收管我们的钱。他客气地解释，他有义务留住我们直到我哥哥抵达。

得知我们逃家的目的地是喜马拉雅山，警察说了一个奇特的故事。

"我看得出你们对圣人的狂热，你们绝对不会碰到比我昨天才见过更伟大的圣人了。我和我同事五天前第一次遇见他，当时我们在恒河边巡逻，正严密警戒追缉一名杀人犯。他擅于乔装成隐修者，对朝圣者行抢，我们奉命不论死活都要逮捕到他。当时就在我们前方不远处，我们探出有个人长相符合那名罪犯的描述。我们喝令他站住，但他不予理会，我们跑向前打算制伏他。当我靠近他的背后时，我用斧头全力一挥，他的右臂几乎完全从身体上被砍下来。

"没有一声叫喊，也没有看那骇人的伤口一眼，这个陌生人叫人吃惊地继续他快捷的步伐。当我们一个箭步挡到他面前时，他平静地说：

"'我不是你们在找的杀人犯。'

"看到自己误伤了一个相貌清高的圣人，我感到万分愧疚。我拜倒在他的脚下，恳求他的原谅，并用我的头巾帮他止住大量喷出的血。

"'孩子，你的失误是可以理解的。'这位圣人仁慈地看着我。'快走吧，不要责备自己了，慈爱的圣母会照顾我的。'他把垂悬的手臂往断处一推，就这样，黏回去了！血流也奇妙地止住。

"'三天后到远处的那棵树下见我，你会看到我完全恢复，这样你就不会自责了。'

"昨天，我和同事迫不及待地到约定地点。那位圣人也在那儿，还让我们检视他的手臂，完全没有疤痕或受过伤的痕迹！

"'我路过里希克虚，是为了到喜马拉雅山去隐居。'圣人祝福我们之后就快速离去。我感觉他的圣洁提升了我的生命。"

最后，这位警察法喜充满地说，这个经历很显然将他带到一个新的境界。令我印象深刻的是，他给了我一份关于这个奇迹的剪报。煽动性质的报纸通常会加油添醋（唉！即使在印度也不例外），记者的报导稍嫌夸张，报上说圣人的头几乎被砍断！

错过这位能如基督般原谅自己的迫害者的伟大瑜伽行者，阿玛和我都深感惋惜。尽管印度在过去两个世纪物质贫乏，但是来自上天的财富却是取之不竭；纵使是俗世者，像这位警察，都有可能在路边巧遇修行境界犹如摩天楼的圣者。

我们谢谢这位警察告诉我们这么精彩的故事，为我们打发这等待的沉闷。也许他是在暗示他比我们幸运多了：他毫不费力就遇见证悟的圣人；而我们苦苦追寻的结果，却不是在大师足下，而是落在粗陋不堪的警局里！

喜马拉雅山就近在咫尺，但对行动受到限制的我们，却是那么遥远，我告诉阿玛我加倍渴望自由的心情。

"一有机会我们就溜走，我们可以步行到里希克虚圣城。"我很有信心地笑着说。

但自从我们的钱被没收以后，便失去有力的后盾，我的同伴变得十分悲观。

"如果我们艰辛跋涉危险丛林地，最后的结果，可能不是到达圣城，而是进入老虎的肚子里！"

阿南塔和阿玛的哥哥在三天后抵达。阿玛见到亲人，如释重负，开怀地上前迎接；而我却一点也不妥协，阿南塔从我这儿只得到严苛的责怪。

"我了解你的感受。"哥哥安抚地说。"我只要求你跟我到巴拿纳斯去见一位圣人，再回加尔各达探望伤心的父亲几天，然后你就可以来这里继续你对上师的追寻。"

这时候，阿玛插话说他不想再跟我回哈得瓦了，他沉浸在家庭的温暖；但我知道我永远都不会放弃对古鲁的追求。

我们一起搭火车到巴拿纳斯。在那里，我的祷告得到奇妙且即时的回答。

阿南塔早就设计一个聪明的计划。在到哈得瓦与我碰面之前，他已经先到巴拿纳斯，与一位经典的权威约好会见我。这位梵文学家还有他的儿子答应阿南塔会试图劝我打消成为"山雅士"[2]的出家念头。

阿南塔带我到他们家。那位梵文学家的儿子是个朝气十足的年轻人，他在院子里迎接我后，谈论起长篇哲理。他自称有预知能力，能够看到我的未来，否定我出家的想法。

"如果你坚持规避世俗的责任，你将会遇到接二连三的祸事，而且也找不到上帝！没有担当凡间任务的磨练，你是无法消除累世业障的[3]。"

2　原文 sannyasi，即遊方者，字意为"舍弃世俗"，由梵文动词字根而来，意为"抛弃"。

3　原文 karma，今生或前世所作行为的后果。来自梵文动词 kri，意为"做"。

我脱口回答薄伽梵歌里的不朽名言[4]："'凡不断冥思于我的人，即使业障深重无比，仍得以迅速脱离过去罪业的恶果。成为一个灵性高尚者，他迅即获得永恒的平静。确信此言：相信我的弟子永不枯灭！'"

但是，经这位年轻人强力的预言，让我的信心稍微有些动摇。我开始全神贯注向上帝默祷："请祢就在此地此刻解开我的疑惑并回答我，祢是要我出家，还是作一名凡夫？"

这时，我注意到一位神态高贵的隐士就站在这位学者家的庭院外面。他叫我过去，显然他已在无意中听到这个自称的先知和我之间的针锋对话。我感觉到一股巨大的能量从他平静的双眼中散发出来。

"孩子，不要听那个愚痴者的话。上帝听到你的祷告，要我来跟你确定一件事：出家是你今生唯一的路。"

我既惊讶又感激，听到此决然肯定的讯息，我欢喜地展开笑颜。

"快过来，远离那个人！"那位"愚痴者"在院子里叫我。这位圣人般的指引者举手祝福我后，即缓步离去。

"那个隐士跟你一样疯狂。"这位头发斑白的梵文学家说出这个令人欣悦的观察结论，他们父子俩用一种悲哀的眼神看着我。"我听说，他也是离家盲目地追寻上帝。"

我转头对阿南塔说我不想再跟他们谈下去。泄气的哥哥同意即刻离开，很快地，我们坐上火车前往加尔各达。

"侦探先生，你是怎么发现我跟两个同伴离家的？"回家途中，我忍不住好奇地问阿南塔，他得意地笑一笑。

"我从学校里得知，阿玛离开教室后就没有再回来。隔天早上我去他家时发现一张作了记号的火车时刻表。阿玛的父亲

---

4 第九章三十至三十一节。

刚好要坐马车离开，正与车夫交谈着。

"'我儿子今天早上不会跟我一起坐车去学校，他失踪了！'他的父亲悲叹地说。

"'我听一个车夫朋友说，你的儿子和另外两个同伴，穿着欧洲服装在豪拉(Howrah)车站搭火车，'这个人说道。'他们还把皮鞋当作礼物送给了车夫。'

"我因此有了三个线索——火车时刻表、三人组的男孩、还有英式服装。"

我听着阿南塔述说这个过程，觉得又好气又好笑。看来我们对车夫的慷慨稍微用错地方！

"在阿玛的时刻表上，有些城市被划了线，我当然立刻发电报给那些城市的车站人员。他在巴雷利站打了勾，所以我发电报给你在那儿的朋友杜瓦卡。在加尔各达家附近探听后，我得知堂弟贾丁达也失踪了一晚，但隔天早上即穿着欧洲服装回家。我去找他并请他吃晚饭，我的友善态度让他毫无警戒地接受了我的邀请，在他没有怀疑的情况下，我一路引导他走进警察局。他被几个我事先选好、看来特别凶悍的警察包围住。在他们恐怖的眼神逼视下，贾丁达同意和盘托出他神秘行径的过程。

"'我满怀虔诚憧憬朝喜马拉雅山出发。'他解释道。'一想到可以见到那些上师，我的内心饱受鼓舞。但是当慕昆达说：'我们在喜马拉雅山的洞穴中享受极喜时，老虎会被迷惑住，变成温顺的小猫般，坐在我们身旁。'听到这儿，我的兴致冻结了，一颗颗汗珠从额头上冒出。'然后呢？'我心想：'如果本性凶猛的老虎没有被我们极喜的磁场感化，到时候它们还会像家猫一样温柔对待我们吗？'我已经可以想见自己被迫落在老虎的肚子里——还不是整个身体被一口吞进去，而是一块块地被咬扯啊！'"

我对贾丁达无故消失的怒气转为大笑。在火车上听到的这段有趣解释，足以消抵他带给我的所有苦恼。我必须承认：当我知道贾丁达也落入警察手中时，我内心是感到一丝满意的。

"阿南塔[5]，你是个天生的侦探！"我的打趣暗讽，多少带点恼怒。"我也会告诉贾丁达，我很高兴他不是如外表所见受到背叛心的驱使，而是出于谨慎的自保本能。"

回到加尔各达家中，父亲爱怜地要求我停歇云游的脚步，

帕拉玛罕撒·瑜伽南达在加尔各达的家；他在1915年发愿出家成为古僧团制度下的"山雅士"（僧人）前居住于此。

---

5 我通常称呼他"阿南塔—答"(Ananta-da)。在印度，"答"(da)加在名字后面表示弟妹对大哥的敬称。

直到至少完成高中学业。在我离家期间，他慈爱地作了一项安排，就是聘请一位圣人般的梵文学者，可巴兰南达尊者 (Swami Kebalananda) 定期来家里。

"这位圣人将是你的梵文家庭教师。"父亲很有信心地说。

父亲希望这位博学思想家的教导，能满足我在宗教上的渴望；不过情况却有巧妙的转变：我的新老师不但没有给我枯燥乏味的学术课程，反而煽起我渴求上帝的火苗。父亲并不知道，可巴兰南达尊者是拉悉利·玛哈夏的杰出弟子。这位无与伦比

可巴兰南达尊者
瑜伽南达上师最敬爱的梵文家庭教师

的古鲁以他无法抵挡的神圣磁场，悄悄地吸引数以千计的弟子。后来我才得知拉悉利·玛哈夏经常以"先知"(rishi) 或是"觉证的圣人"[6] 来形容可巴兰南达。

浓密的卷发围绕老师俊秀的脸庞，纯真无邪的黑眸像孩子的眼睛般澄澈。他身躯瘦小，举止从容，永远都是那样温柔慈爱，时刻都融入在无限的宇宙意识中。我们在科里亚瑜伽深度静坐中一同渡过许多快乐的时光。

可巴兰南达是著名的古代圣典 (shastras) 权威，他的博学为他赢得"圣典之最"的头衔，人们也经常如此称呼他。可是，我在梵文的学习上并没有显著进步，我总是想尽办法抛开枯燥无味的文法练习，一有机会就找老师谈论瑜伽和有关拉悉利·玛哈夏的事。有一天，老师在我的央求下，答应告诉我一些他与上师相处的经历。

"我很难得能幸运地待在上师身边十年。他在巴拿纳斯的家，是我每晚的朝圣地。古鲁总是在一楼前面的小客厅，以莲花座姿势坐在一个无背木台上，弟子半圆形地围坐在他身旁。他的眼睛闪耀着天国的喜悦，永远半合的双眼，透过灵眼观凝视永恒极喜的宇宙。他很寡言，偶尔目光会集中在需要帮助的学生身上，然后灵疗的话语会像灵光涌现般，倾泄而出。

"上师的目光带给我内心难以言喻的宁静。他的圣洁芬芳渗透我，犹如来自天上的莲花。跟上师在一起，纵使数日未交谈，这样的经验也会让整个人改变。若我在专注的道上出现无形障碍，我就到古鲁跟前打坐；在那儿，连最幽微的状态，也能被轻易地掌握。这些是我在其他修行境界较浅的老师身上不

---

6 我与可巴兰南达见面时，他尚未加入僧团，一般人称他为 Shastri Mahasaya，意为"圣典之最"。为避免与拉悉利·玛哈夏以及玛哈夏大师（见第九章）混淆，我用老师日后的法名"可巴兰南达尊者"来区别我的梵文老师。他的孟加拉文传记已出版。可巴兰南达在一八六三年出生于孟加拉邦的库尔纳 (Khulna) 区，六十八岁时在巴拿纳斯辞世。俗名为亚绪多·查特吉 (Ashutosh Chatteji)。

曾有过的体验。上师的法身是上帝的活殿堂，透过虔诚，其奥秘之门为所有弟子敞开。

"拉悉利·玛哈夏从来不依字义解经，他可以毫不费力就进入'神国图书馆'。他的珠玑妙义，宛如从他全知的喷泉飞溅出来的美丽水花与缤彩泡沫。他有神奇之钥能解开长久以来暗藏在吠陀经[7]里的深奥哲理。当被问到经典里提及的各种意识层级，他都很乐意解答。

"'我会亲历那些境地，然后立刻告诉你我的体验。'他是如此别树一格，不似其他著重在经文背诵的老师，只能给学生不曾觉悟过的模糊概念。

"'请阐述你对这段经文的了解。'寡言的古鲁经常这样指示近旁弟子。'我会引导你的思路，让正确的诠释被说出来。'拉悉利·玛哈夏对经文的观点，即是以此方式，随着不同学生的大量论述而被记录下来。

"上师从不鼓励盲信。'文字只是外壳，'他说。'经由你自己静坐时与上帝接触的欢喜觉受来确信祂的存在。'

"不论弟子有什么疑难问题，古鲁总是建议科里亚瑜伽为解决之道。

"'当我不再在此肉身指导你时，这把瑜伽之钥并不会因此失效。这个法门不能用理论教化的方式加以装订、归档，然后被束之高阁而遗忘。透过科里亚瑜伽，持续不断地在解脱之道上前进；科里亚瑜伽的力量，即在于练习。'

7　现存典藏的四部吠陀经 (Vedas) 有逾一百多册。爱默生曾经在日记中歌咏吠陀经的精神："它升华净化人性，像热气、像夜晚，也像扣人心弦的海洋。它包容所有宗教情怀，伟大的情操轮番造访每一个高尚的诗魂……即使将书搁置一旁亦同；当我发现自己在林中驻足或在湖面船只上停歇，那刻，大自然将我变为婆罗门：永恒的必然，永恒的平衡，深不可测的力量，绝对静寂……这是她的信条。她对我说，和平、纯净和全然舍弃——这些万灵丹能赎清所有罪恶，并且带你到八神 (Eight Gods) 祝福的净地。"

"我个人认为，科里亚瑜伽是人类自追求无极以来，所发展出以自我努力超脱生死最有效的方法。"可巴兰南达以此真诚的见证作结论。"经由科里亚瑜伽法门的练习，潜藏于每个人身上的全能上帝，有形化身在拉悉利·玛哈夏以及他的一些弟子身上。"

拉悉利·玛哈夏曾在可巴兰南达眼前行使一件如基督般的神迹。有一天，我圣人般的导师暂时搁下我们面前桌上的梵文课本，目光遥视远方，叙述起这个故事。

"有一位眼盲的弟子拉姆（Ramu），令我十分同情。如此一位忠心服侍我们圣光盈溢上师的弟子，难道他的眼睛注定要看不见光亮吗？一天早晨，我去找拉姆谈话，但他拿着一把手制的棕榈扇，很有耐心地一坐几小时为古鲁扇凉。当这位弟子终于离开房间时，我跟随他。

"'拉姆，你眼盲多久了？'

"'打从我出生，先生。我从来没这福气看过太阳一眼。'

"'我们无所不能的古鲁可以帮助你，向他祈求吧。'

"第二天，拉姆羞怯地走向拉悉利·玛哈夏。对于自己灵性收获已如此丰饶，还进一步要求肉体上的富足，这位弟子羞惭到几乎无法开口。

"'师父，宇宙光明的源头就在您身上，弟子请求您将祂的圣光带进弟子双眼，让我可以看见太阳的一小线光辉。'

"'拉姆，有人存心要让我难堪吧，我没有治病的能力啊。'

"'师父，您内在的**无极**一定会治病的。'

"'那的确不同，拉姆。上帝是没有极限的！祂能用神奇的生命之光点燃星辰并赋予肉体细胞生命力，也必定能令光辉灿烂的美景入你眼帘。'

"上师手触拉姆前额眉心处[8]。

"'将心念专注于此处，七天内持续不断持诵先知罗摩[9]的圣名。太阳的光辉将准备一道特别的曙光给你。

"一个星期之后，果真如此！拉姆第一次见到大自然美丽的风貌。全知全能的上师，准确无误地指示弟子持诵他最崇敬的圣者罗摩名号。古鲁深具治愈力的灵疗种子，在拉姆虔诚耕耘的信念泥土中，萌芽滋长。"可巴兰南达沉默片刻后，进一步称颂他的古鲁。

"从拉悉利·玛哈夏所行的各种奇迹，很明显地，上师从来不让'自我意识'[10]认为是自己的力量促成这些奇迹。由于上师完全臣服于**初始灵疗能量**(Prime Healing Power)，因此他能够让这份能量自由无阻地流经他。

8　第三眼的位置。临终时，人的意识往往集中于此神圣关口，这说明了亡者眼球朝上的现象。

9　Rama，梵文史诗《罗摩耶纳》中的圣人，也是书中的主要人物。

10　自我意识（ego-principle，梵文 ahamkara，字义上为"我做"），是二元论或人与造物主看似分离的起因。"自我意识"使人类受到"摩耶"（maya，宇宙幻相）的支配，由于此幻相，主体（自我意识）误以客体意识存在；被创造者想像自己是创造者。（见第五章注 3、第 306 至 307 页，及第三十章注 16。）

> "非我己身能行！"
> 于是他思索着：谁掌握了真理中的真谛……
> 要坚信："这是感官世界与感官游戏。"(V:8-9)
> 虽他所视，天地万物早已生成，为真我衍化所依；
> 虽他所行，非源自假体。(XIII:29)
> "我"——无生、无灭、无毁的万灵主宰；
> 一切皆因想像，我踏在浮幻泡影间，
> 在最初始的虚空中——
> 我来、我去，然后我复来。(IV:6)
> 隔着天国的帷幕，是祂所导的戏，
> "我"藏身幕后，
> 看见"我"，着实不易；
> 但敬拜"我"的，将与"我"相遇，
> 然后向前超越，孜孜不息。(VII:14)
> ——摘自薄伽梵歌（译自亚诺〔Arnold〕的英文翻译）

"虽然拉悉利·玛哈夏惊人的力量治愈过无数个肉身,这些肉体最终还是要送进火葬场。但是在他潜移默化之下,多少灵魂因他而觉醒,又多少弟子被他造就成像基督般的圣人,这些才是他不朽的奇迹。"

我从未成为梵文学者;可巴兰南达教我的,是更庄严殊圣的文法。

第五章　"芳香圣人"展奇术

"太阳底下，凡事皆有时，万物皆有期。"[1]

我没有所罗门王的智慧可以安慰自己；每次离家外出时，我总是四处搜寻，试图认出我命中注定的古鲁。但在我高中学业完成之前，我走的路从不曾与他的有过交集。

从我和阿玛逃家到喜马拉雅山，到圣育克铁斯华进入我生命的重要日子，两年时间滑逝。期间我遇到几位圣人——"芳香圣人"、"老虎尊者"、那真达·纳斯·巴都利 (Nagendra Nath Bhaduri)、玛哈夏大师 (Master Mahasaya) 和著名的孟加拉科学家加格底斯·川达·伯斯 (Jagadis Chandra Bose)。

我与芳香圣人相遇前，经过两段序曲。一段是和谐，另一段则是诙谐。

"上帝是简单的，其余尽皆复杂。不要在相对的自然世界中，寻找绝对的价值。"

当我静静地站在卡莉[2]神像前，这段贤明精要的法音温柔地流进我的耳朵。转过头，在我面前站着一位高大男子，他极其简单的装束显示他是一位游方的隐修者。

"你的确看透我困惑不解的念头！"我感激地笑着说。"卡莉女神象征自然界善恶并存的形象，不知困惑了多少比我聪明的人！"

"能解开她谜底的人微乎其微，善与恶是生命用来考验所

1　传道书第三章一节。

2　原文 Kali，卡莉代表自然界的**永恒原则**。传统上她被描绘成一位具有四只手臂的女性，站在横卧的希瓦神 (Shiva) 或是**无极**像上，因为自然界或现象界的一切活动起源于潜在的**灵** (Spirit)。四只手臂象征四个主要特性：两个代表恩惠，两个代表毁灭，即物质或宇宙万物根本的二元特性。

有智者如谜语般的难题。多数人无心寻找答案，因而赔上他们的生命价值，这样的处罚和当时底比斯城 (Thebes) 的日子无异；但偶尔可见昂扬的孤单身影，从不放弃。从二元娑婆的摩耶[3]，他撷取绝无二致的一致真理。"

"先生，您说的话很有道理。"

"长久以来，我一直诚实自省，这是通往智慧之门异常艰苦的道路。我不留情地自我观照、省察思想，过程极其严格辛苦，彻底粉碎最顽固不化的我执。但真正的自我分析会像精确运作的数学程式般，终能产生先知；'自我表达'与个人彰显的路径，则造成自我主义者确信自己有权用私人方式诠释上帝和宇宙。"

"当傲慢现身时，无庸置疑，真理也就谦虚隐退。"我很享受这样的讨论。

"人必先彻底放下自负虚伪，才得见永恒的真理。人心经过数多世纪的污泥沾染，充满大千幻境的憎陋。相较于人们与内在敌人的初次斗争，一般战场的厮杀逊色多了。这些内在敌人不是有形生命，无法以阵容强大的武力击败；这些象征无明欲望的敌军，即使在睡眠中，仍然四面埋伏、片刻不休，敏锐地负枪荷弹，俟机撂杀我们。对于抛弃理想、甘愿向命运低头的软弱人们，难道不能说他们无能愚钝、卑躬屈膝吗？"

"尊敬的先生，对于疑惑的众生，您不感到同情吗？"

3　原文 maya，宇宙幻相，字义上为"测量者"之意。"摩耶"是宇宙中神奇的力量，它使**无可限量**和**无可分离**以"有限"和"分离"的外观呈现。
　　爱默生写了以下有关摩耶的诗：
> 幻相捉摸不透，
> 织网密不可数；
> 她的艳丽图像未曾黯淡，
> 环环情节，层层帷幕，
> 魅力迷人的她总能蛊惑
> 那渴望受骗的人。

圣人静默了一会儿，然后用另一个方式回答这个问题。

"同时爱万德具备的无形上帝与一无所有的凡夫俗子，确实是令人感到困惑的事。但智慧能够化解难题，透过内在的探寻，可发现人心的共同特性：即自私动机的顽强性。至少从这个角度而言，四海之内皆兄弟。伴随此平等的发现是惊人的谦卑力量，此谦卑发展成熟时，转成对同类的悲悯心——那些等待灵命探索、却无知于灵魂复元力量的同伴。"

"先生，历代圣人和你一样，都有悲天悯人的情怀。"

"只有浅薄的人，才会对其他生命的苦难无动于衷，因为他自己也陷在狭隘的痛苦深渊。"隐修士严峻的表情明显变得较为温柔。"懂得自我剖析的人，将会明白宇宙慈悲的意义。他能够从自我震天价响的汲汲追求中得到解放，上帝的爱会在此心田绽放。最后，被创造的众生终将转向造物主，痛苦地质问：'为什么？主啊，为什么？'在苦难的无情鞭笞下，人们终将被永恒的存在吸引，那儿的美远胜世间一切诱惑。

这位圣人和我是在加尔各达卡利加神殿 (Kalighat Temple) 前相遇，我原是来此参观它著名的辉煌建筑。但这位萍水相逢的同伴摆摆手，对这些华丽的装饰不以为然。

"砖头水泥无法唱出有声的调，只有人们对生命的歌咏才能敞开你我的心灵。"

我们散步走到出口处，温煦的阳光照在我们身上，信徒人潮络绎不绝。

"你还年轻，"圣人端视我一会儿之后说道："印度也还年轻，古代的先知[4]奠定了根深蒂固的灵修模式，他们古老的名言至今仍然适用。这些纪律格言非但不过时，且切合实际，足

4　先知——原文 rishis，字义为"预言家"——指吠陀经 (Vedas) 的作者们，年代久远已不可考。

以应付物质世界的狡诈，至今仍在影响着印度。数千年来——时间之久远，连学者都惭愧于无法推算！——岁月早已验证吠陀经的价值。好好珍惜这份资产！"

我恭敬地向这位善于言辞的隐修士告别，他预言道：

"今天你离开这儿后，将有一个不寻常的际遇。"

我离开卡利加神殿区后，漫无目标地逛了一下。转角时，我碰到一位旧识，他是那种说起话来完全忘记时间、拥抱"永恒"的人。

"我很快就会让你走，不过你得告诉我，咱们分开这几年内所有发生的事情。"

"真是莫名其妙！我得走了。"

但是他抓住我的手，硬是要我透露一点讯息。我好笑地想，他就像一只饿坏了的狼，我讲得愈久，他就愈渴望听到更多讯息。我在内心向卡莉女神祈求，希望有个好方法让我脱身。

我的朋友突然离开。我松了一口气并加快脚步，唯恐再被这位说话狂绊住。听到身后急促的脚步声，我加快速度，不敢回头。但他一下就追上来，高兴地抓住我的双肩。

"我忘了跟你提起甘达·巴巴（Gandha Baba，'芳香圣人'），那屋子因他而生辉。"他指着几码外的一间房子。"你一定要去见他，这个人挺有意思的。也许你会有个不寻常的经历，再见喽！"然后，这次他真的离开。

这时我突然想起，在卡利加神殿前那位隐士也用过类似字眼预言。我好奇地走进那间房子，被接待到一间宽敞的会客厅。一群人面朝东方，散坐在一块厚厚的桔色地毯上。有人凑近我耳边，敬畏地说：

"注意坐在豹皮上的甘达·巴巴。他能让没有香味的花制造出任何天然花香，也能使枯萎的花朵复活，还可以让人的皮肤散发出令人愉悦的香味。"

我直视这位圣人，他的目光很快停留在我身上。他长得圆圆胖胖，留着胡子，皮肤黝黑，大眼睛炯炯有神。

"孩子，我很高兴见到你。告诉我你想要什么，你要一些香味吗？"

"作什么用呢？"我觉得他的提议有点幼稚。

"体验一下用神奇的方式享受芳香啊。"

"利用上帝制造气味？"

"有何不可？无论如何上帝也制造香味。"

"没错，但祂也设计让人趁鲜使用、用完即丢的脆弱花瓣。您也能变出花朵来吗？"

"可以的，小朋友，但是通常我制造香味。"

"那么香水工厂迟早要关门了。"

"我不会让他们的生意停掉，我的目的只是为了展示上帝的力量。"

"先生，有必要去证明上帝吗？祂不是无时无刻都在展现奇迹了吗？"

"是的，但是我们也应该显示祂一些无穷的创造力。"

"您花了多少时间精通这技艺？"

"十二年。"

"只是为了用星灵界的方法来制造香味！可敬的圣人，看来您把十二年的光阴，浪费在只要用几个卢比就可以在花店买到的花香上。"

"花香会随着花朵的凋零而消失。"

"香气随着死亡而消失。为什么我该追求这种只让肉体舒适的东西？"

"哲学先生，你让我很欢喜。现在，伸出你的右手。"他作了一个祝福的手势。

我距离甘达·巴巴有几呎远，没有其他人近到足以触及我的身体。我伸出手，这位瑜伽士完全没有与我碰触。

"你想要什么香味？"

"玫瑰。"

"如你所愿！"

一阵强烈迷人的玫瑰花香顿时从我的掌心飘散出来，令我万分惊讶。我笑着从近旁的花瓶中拿起一朵没有香味的大白花。

"这朵没有香味的花能有茉莉花香吗？"

"如你所愿！"

茉莉花香立即从花瓣里散发出来。我向这位奇术表演者道谢之后，坐到他一个学生身旁。他告诉我甘达·巴巴的法号是维绪达南达 (Vishudhananda)，他曾经跟西藏一位大师学习许多惊人的瑜伽密法。他很肯定地告诉我，那位西藏的瑜伽大师已经超过一千岁了。

"他的徒弟甘达·巴巴通常不会像你刚才所见那样，简单几句话就开始表演香气法术。"从这学生谈话中，他对他的上师显然十分引以为傲。"根据不同性情气质，他的施教方法也有很大的不同。他真是了不起！许多加尔各达的知识份子都是他的信徒。"

我暗自决定不让自己成为他们其中一员，一位太过"了不起"的古鲁不是我想要的。在礼貌地谢过甘达·巴巴之后，我即离开。散步回家的路上，我一直想着当天所发生的三件奇遇。

一进家门，遇见姐姐梧玛。

"你变得真时髦，还擦香水呢！"

我一句话没说，示意她过来闻我的手。

"好迷人的玫瑰香喔！香味好浓，跟平常不一样耶！"

想到"跟平常不一样"，我不发一语地把那朵用星灵法力变出香味的花放到她的鼻前。

"噢，我最爱茉莉了！"她拿走花。那是一种她熟知没有香味的花，她不断地闻着花朵散发出的茉莉香，脸上浮现出不解的表情。她的反应让我不再怀疑甘达·巴巴，我原以为是他诱导我进入自我暗示的状态，只有我能闻到那些香味。

后来，我从一位朋友阿拉卡南达 (Alakananda) 那儿听说"芳香圣人"具有一种特殊能力，我多希望世上千千万万的饥民也能够有这种本领！

"有一次我跟一百多位客人在甘达·巴巴位于柏德望的家，"阿拉卡南达告诉我。"那是在一场庆祝宴会中。因为盛传这位瑜伽士能凭空取物，我笑着要求他变出一些非季节的桔子。话一说完，蕉叶盘上用来招待宾客的一个个乳吉士面包[5]突然膨胀起来，而且每个面包经证实都包着一颗剥了皮的桔子。我吃惊地咬起我自己的那份，发现它出乎意料地美味。"

多年后，经过内在的领悟我明白甘达·巴巴是如何让物体化现。此方法，唉！终究不是世界上无数饥民能力所及的。

人类对不同的感官刺激——色、声、香、味、触——作出反应，这些刺激是经由电子和质子以不同方式振动而产生，这些振动又受到"普拉那"（prana，"生命粒子"[lifetrons]）的调节控制。"普拉那"是精微的生命力，比原子能量更微细，它灵巧地蕴藏五种不同的知觉概念物质 (idea-substance)。

甘达·巴巴藉由某种瑜伽方法，使自己的意识融入"普拉那"力量，进而引导生命粒子重新排列其振动结构，以物化出想要的东西。他的香气、水果和其它奇迹，确实是世间物质的振动结构被化现出来的结果，而不是催眠所产生的内在知觉。

---

5 原文 luchis，是印度一种扁平的圆形面包。

催眠术被医生用来充当心理麻醉剂，应用于可能不适用麻醉剂病人的小手术上。但经常处于催眠状态对人是有害的，它产生的负面心理效果，假以时日将对脑细胞造成扰乱。催眠术侵入他人的意识领域[6]，所产生的暂时现象与悟道者所行的奇迹完全无法相提并论。彻底证悟的真圣人，藉由调和其意志，与具创造力的宇宙造梦者 (Creative Cosmic Dreamer)[7]和谐交融，而能在此梦境世界里造成改变。

"芳香圣人"展示的这种奇术表演，虽蔚为奇观，但对灵性并无助益，除了娱乐效果外，几乎没有任何意义。对一心追寻上帝的人，那是一条脱离正轨的岔路。

上师们贬抑那些炫耀特异功能的行为。波斯神秘主义者阿布·赛得 (Abu Said) 曾经嘲笑一些以操控水、空气及空间等神奇力量为傲的伊斯兰术士 (fakirs)。

"青蛙在水里也一样自在！"阿布·赛得温和地讽刺着："乌鸦和秃鹰也能轻易在空中飞翔；魔鬼同时存在于东方和西方！一个具真理的人，在众人中行为正义，即使作买卖，也不会片刻忘记上帝！"[8]另有一次，这位伟大的波斯老师发表对宗教生

6　西方心理学家对意识的研究，多数局限于对潜意识及心理疾病的探讨，其治疗普遍透过精神病学及心理分析。但对于正常心理状态的起源及基本成因，及它们的情绪与意志表达却极少有研究；印度哲学不曾忽视这个真正基本主题。在数论 (Sankhya) 及瑜伽 (Yoga) 系统里，对正常心理状态改变时的不同连结，以及菩提（buddhi，辨识能力）、我慢（ahamkara，自我意识），及末那识（manas，心智或感官意识）的独特功能，皆有明确分类。

7　"宇宙相当于它的每个微小粒子，万物也各由其内含的物质组成。圆圆的地球起自那一小滴露水……真正的无所不在教义是，上帝遍存于祂所造的一切，如青苔如蜘蛛网。"——出自爱默生的《报偿》(Emerson，*Compensation*)

8　"作买卖，也从不忘记神！"(To buy and sell，yet never to forget God!) 该语的理想是：心与手该和谐并行。某些西方作家曾批评印度教的宗旨表现出一种遁世的逃避心态，是消极的，也是反社会退缩的。然而，四部吠陀经对人的生活有四阶段策画，教导众生过一种均衡的生活：一生中，分配一半的时间于读书及世间职责，另一半的时间则用于思考及静坐。（见第二十七章注1。）

　　为求证解，离开人群的独处是必须的；但上师们在证悟后还是回到人群里服务。纵使是没有参与外在活动的圣人，透过他们的念力及圣洁磁场带给

活的观点："把你脑袋里的东西放一边（自私的欲望和野心）；把你手上有的慷慨捐出去；面对逆境打击绝不退缩！"

不论是卡利加神殿前那位无私的圣人，还是西藏训练出来的瑜伽士，都不能满足我心中对古鲁的企求。我的心不需要特别指导自会辨识，经过长久的寂静等待，一旦出现那罕见的召唤，它将会自然地呼喊喝采。当我最后终于遇到我的上师时，从他高贵庄严的行仪示范，我明白了怎样的人才堪称为具真理的人。

世界的福祉，比未觉证的俗世者所奋发操持的人道活动能给予的还要珍贵。那些伟大圣者各以不同方式，且经常是在无情的抨击下，无私地为启发及提升世人而竭尽心力。印度宗教或社会理想都不会只有消极面，在《摩诃婆罗多》（Mahabharata）里，被称为"道德完备"（sakalo dharma）的戒条——"不伤害"（ahimsa），即是正面的告诫，因为在观念上，一个人若不帮助他人，就某方面来说，这个人已是伤害了他人。

薄伽梵歌（第三章四至八节）里指出，行动力是人类与生俱来的，即使懒散也只是"错误的行动"。

"无人能避免行动，即使设法逃避。
不，为达到完美而舍弃一切，
无事会到来。
自古至今，人类不曾有过那么一丁点时间，
处于寂然不动；他的宇宙律法迫使他行动，即使他不愿意。
（因为思考是行动的自由奇想。）
……具强健身体及服务精神的人，
为更高福祉而放弃有限力量，
不为一己之利，阿朱那！这样的人是可敬的。
为上天赋予你的任务，付出行动吧！"
——摘自薄伽梵歌（引用亚诺〔Arnold〕的英文翻译）

第六章　老虎尊者

"我找到老虎尊者的住处了，我们明天就去拜访他吧！"

我高中同学川弟 (Chandi) 提出这个令人兴奋的建议。我很想认识这位圣者，他在出家前曾徒手捕捉老虎并与其搏斗。当时我对这种英勇事迹，怀有一股强烈的少年热情。

第二天清晨，寒风凛凛，但川弟和我兴高采烈地启程。我们在加尔各达近郊的包瓦尼普 (Bhowanipur) 区找寻良久，终于抵达正确的住所。大门上的一对铁环在我的敲击下发出刺耳声响，一个仆人无视我们的吵闹，缓步走来。他出人意外的笑容似乎在暗示：喧闹的访客对圣者住处的安宁起不了一丝干扰作用。

感受到对方沉默的责备，同伴跟我因此很感谢能被邀请进客厅。在那儿漫长的等待着实令我们心神不安。印度有个不成文的规定：真理追寻者必须具备耐心，上师可能故意试探一个人渴望见他的程度；而在西方，擅用这种心理策略的当属医师和牙医了！

仆人终于传唤川弟和我进入一间卧房，名闻遐迩的苏弘尊者[1]就坐在床上。见到他那庞大的身躯，我们内心震撼不已。我们瞪着眼直视、不发一语地站着。我们从没见过这样的胸膛和长得像橄榄球的二头肌，在粗大颈项的上方，一绺绺平顺的头发衬托着尊者勇猛而沉着的面孔，他的脸上蓄着山羊胡和一对八字须，深邃的双眼流露出如鸽又似虎的性情。除了强壮的腰际围着一张虎皮外，没有其他装束。

待我们回过神后，朋友和我向尊者致意，表达我们对他骁

1　苏弘 (Sohong) 是他的法名，"老虎尊者"是他为人熟知的称号。

勇驯虎不凡技艺的仰慕。

"可不可以请您告诉我们，您是如何徒手降伏最凶猛的丛林野兽孟加拉虎？"

"孩子们，对我来说，跟老虎搏斗不算什么。如果必要的话，今天我也可以这么做。"他如孩子般地笑了起来。"你们把老虎当作老虎，我倒把老虎当小猫。"

"尊者，我想我可以让我的潜意识把老虎想成只是小猫；但是，我能让老虎也这么想吗？"

"当然力气也是必要的！你不能期待小婴儿把老虎想像成家猫就能获胜！强武有力的双手即是我完备的武器。"

他要我们跟着他到院子。他一拳就打掉墙壁的一角，一块砖头碎落在地，一大片天空从墙上"掉了颗牙"的裂口处透出来。我吓得跟跄了几步，心想，一个人能一拳敲下坚实墙壁牢固的水泥砖块，他一定也能轻易让老虎的牙齿异位！

"不少人有像我这样的体能，但却缺乏冷静的自信心。那些体格强壮但没有勇气的人，发现自己光是看到在丛林里自由跳跃的野兽就要昏倒。老虎在自然环境中的凶猛个性迥然不同于以鸦片喂养的马戏团动物！

"许多力大无比的人面对孟加拉虎猛袭时，还是会被吓得不知所措；如此一来，老虎将这个人的心理转变为小猫般胆怯。但一个身体强壮且决心超强的人是有可能扭转情势的，他可以令老虎变成像一只没有抵抗力的小猫，我这样做不知多少回了！"

我完全相信在我面前的这位巨人可以作这种将老虎变小猫的演出。他似乎有心教导我们，川弟和我恭敬地聆听。

"心为肌肉之主。铁锤的敲击力在于施力的大小；人的身体工具所展现的力量，则在于他积极的意志力和勇气。身体实际上是由心所制造及维持；前世累积的天性驱使人的优弱点逐渐渗进他的人类意识中，并以习性表现出来，进而呈现出一个理想或不理想的身体。外表的脆弱源于心理原因；恶性循环下，受习性约束的身体也阻碍心灵的发展。当一个主人让自己任凭仆人差遣，仆人必然专横；心也是如此听命于身体的命令而受其奴役。"

在我们恳求下，这位令人钦佩的尊者同意告诉我们一些他自己的故事。

"我最早的野心是向老虎挑战。我有强大的意志力，但身体却很孱弱。"

我惊讶地叫出声来。实在难以想像，眼前这位"拥有巨人亚特拉雷肩膀、能肩挑巨重"的大汉，竟也有过虚弱的时候！

"藉着对健康及力量屹立不摇的坚定信念，我得以克服我的缺陷。我要盛赞这沛之难挡的心灵力量，这才是孟加拉虎真正的克星。"

"敬爱的尊者，您认为我也能向老虎挑战吗？"这是第一次，也是最后一次，这个不寻常的野心出现在我脑海里。

"可以的。"他露出微笑。"但老虎有很多种，有些漫步在人类欲望的丛林里。把野兽击昏并不能积累灵性利益，还不如战胜暗藏人心的内贼呢。"

"先生，我们能否知道，您是如何由野生老虎的驯服者转变为杂乱欲望的征服者？"

老虎尊者陷入一阵沉默。他的目光投向远方，似在追忆往日情景。我察觉到，对于是否要答应我的要求，他内心起了些挣扎。最后他微笑同意。

"当时我的声望达到巅峰，自己也开始沉醉于这些成就。我决定不只斗虎，还要表演各种招数，我的野心是要迫使这些凶猛的野兽变成乖驯的动物。我开始公开演出，我的武艺获致令人满意的成果。

"一天晚上，我的父亲神情忧郁地走进我的房间。

"'儿子，我有些话要提醒你，希望免除你即将面临的灾厄，这是因果循环下的结果。'

"'父亲，您是宿命论的人吗？难道我的辉煌成就可以被迷信给抹煞吗？'

"'儿子，我不是个宿命论者，但是我相信经典中所教导的公平果报法则。丛林的动物族群对你积怨已深，时机一到，会要你付出代价的。'

"'父亲，您真令我惊讶！您十分清楚老虎的习性，美丽但残忍！谁知道，说不定我的拳头还可以在它们厚实的头上注入一些同情心呢。我是森林礼仪学校的校长，来教它们学点礼让规矩！

"'父亲，请视我为驯虎师，而非杀虎者。我的善行怎么可能为我带来灾厄？我请您不要再想尽办法要我改变生活方式。'"

川弟和我全神倾注，我们很能了解他当时的为难。在印度，子女不会随便忤逆父母的心愿。老虎尊者续道：

"在严肃的沉默下，父亲静静听我解释。接着他神情凝重地透露：

"'儿子，你让我不得不说出一位圣者亲口告诉我的不祥预言。就在昨天，我像平常一样在阳台上静坐时，他向我走来。

"'亲爱的朋友，我给你那好斗的儿子带来讯息。让他停止他那凶残的行为；否则，他将会在下一次的虎斗中严重受伤，接着病危六个月。然后他会放弃他的打虎事业，出家为僧。'

"我没有将这些话放在心上，只觉得父亲总是过于轻信蛊

惑的宗教狂热者 。"

老虎尊者作这段告白时略显不耐，好像在说一件蠢事般。他黯然静默了很长一段时间，似乎忘了我们的存在；突然间，他降低声调，重新接续快断线的话题。

"在父亲的警告后不久，我到库曲·贝哈尔 (Cooch Behar) 的首府旅游。第一次来到这风景如画的地方，我希望在此作充份休息的调整。一如往常般，街上总有一群好奇的民众跟着我，我不时听到他们窃窃细语：

"'这就是那个和野虎打斗的人耶！'

"'那是他的脚还是树干啊？'

"'你看他的脸！他自己一定是虎王来投胎的！'

"你知道村里那些顽童就像最新一期的报纸，再加上妇女挨家挨户以有声公告栏般的神奇速度传播，几个小时内，整个城市因我的到访为之兴奋不已。

"傍晚当我正安静休息时，听到门外奔驰的马蹄声。他们在我的住所前停住，几个身材高大、戴着头巾的警察走进来。

"我吓了一跳。'这些人类法律的傀儡，什么事都做得出来，'我想。'我怀疑他们是否要拿我全然不知情的事来为难我。'但这些警察异常恭敬地向我鞠躬。

"'尊敬的大人，我们代表库曲·贝哈尔王子欢迎您。他很高兴邀请您明早莅临他的宫殿。'

"对此邀请，我思索了一会儿。不知何故，对这趟静谧旅途中出现干扰，我感到很失望。但警察的诚意恳求感动了我，我答应前往。

"第二天，我还没弄清楚状况，他们已殷勤地把我从门口护送到一辆由四匹马所拉的豪华马车上，一位仆人撑起一把华丽阳伞为我遮挡烈阳。马车行经市区及近郊树林，一路上舒适怡人。王子亲自在皇宫门口迎接我，他让出自己金色织锦的座椅，微笑地坐到一张样式简单的椅子上。

"'所有这些殷勤招待肯定是要让我付出什么代价！'我愈想愈怀疑。几句轻松的谈话后，王子的动机浮上台面。

"'我的城市现在盛传着有关你赤手打虎的事，那是真的吗？'

"'的确如此。'

"'很难相信！你是来自加尔各达的孟加拉人，是吃白米长大的都市人。坦白说，你打的是不是那些吃鸦片、没有骨气的懦弱动物？'他的声音大声且语气尖酸，言词带着地方口音。

"我没有回应他这无礼的问题。

"'我挑战你和我最近捉到的老虎，罗杰·比甘[2]对打。如果你可以成功对抗它，用链条拴住它，并且意识清楚地离开它的笼子，你不但可以拥有这只皇室孟加拉虎，还会得到数千卢比及许多礼物的赏赐。但如果你拒绝与它决斗，那我将在邦境各处宣告你是一个骗子。'

"他傲慢的每一句话，就像连发子弹对我扫射，我一气之下表明接受挑战。他兴奋地正要从座椅上起身时，突然露出阴险的笑容又坐了回去。这使我想起古罗马帝王喜欢将基督徒放进野兽竞技场内，并以此取乐。他说道：

"'竞赛将在一周后展开，很抱歉我不能让你事先看这只老虎。'

"王子是否担心我会试图催眠这只野兽，或偷喂它鸦片，我不得而知。

"我离开皇宫时，有趣地注意到御用遮阳伞及装饰华丽的

---

2 Raja Begum，意为"王子·公主"——这样称呼的用意是要突显这只野兽兼具公虎与母虎的凶猛残暴。

马车都不见了。

"接下来的一周，为这场即将到来的考验，我将自己的心灵及身体状态作了最佳准备。从仆人那儿我听到一些捕风捉影的流言蜚语，圣者告诉我父亲的那段可怕预言，不知怎地传开来并且像雪球般愈滚愈大。很多简单的村民相信有一个受到诸神诅咒的恶灵投胎转世成为老虎，晚上会变成各种妖魔鬼怪，白天又变回一只有条纹的动物。这只恶魔老虎被认为是要来制伏我的。

"另一个富想像力的版本是：罗杰·比甘是动物们向'虎神'祈祷所得到的回应，它将被用来惩罚我——这个大胆的两足莽夫，如此公然侮辱整个老虎族群！一个无皮毛、无尖牙的人胆敢向张牙舞爪的猛虎挑战！村人宣称，这个令所有老虎蒙羞的耻辱已积怨深重，足以启动暗藏宇宙的律法，准备击倒这位狂妄的驯虎师。

"我的仆人进一步告诉我，王子可说是此次人兽竞赛的经理，他监督搭建了一座可容纳数千人、能防暴风雨的大帐篷。帐篷中央是关着罗杰·比甘的巨大铁笼，外围环绕着安全室。被监禁的老虎不断发出令人毛骨悚然的怒吼。它被少量喂食，以激起它暴怒的胃口，也许王子希望我成为它饱餐一顿的奖赏吧！

"随着击鼓声四处宣传这个难得一见的竞赛，来自城市和郊区的人群争相购票。比赛当天有数百人因为没有位子而被迫离去；许多人冲破帐篷缝隙，或挤进观众座席下的任何空间。"

老虎尊者的故事逐渐进入高潮，我兴奋之情也随之上涨，川弟更是着迷到说不出话来。

"在罗杰·比甘震耳欲聋的吼叫声以及群众的惊声尖叫中，我静静走出场。除了一小件腰布，我没有其它装束保护。我打开安全室的门栓，镇定地从我身后把门锁上。老虎一闻到血腥味，猛然跃起，猛烈撞击铁笼栏杆而发出雷鸣巨响，好一个狰狞凶猛的欢迎仪式！全场观众在怜悯及恐惧的气氛下鸦雀无声，我在那只嗔怒的野兽面前就像只待宰的羔羊。

"转瞬间我已经在笼子里，就在我用力关上门之际，罗杰·比甘突然向我扑来，我的右手被严重撕裂。老虎最爱的人血，顿时令人胆战心惊地大量涌出。圣者的预言似乎就要实现。

"我立刻从生平第一次受如此重伤的冲击中振作起来。我将血淋淋的手指头插进腰布下不去看它，我挥出左臂，使出足以令人粉身碎骨的一拳。那只猛兽被击退了几步，在笼内后方盘旋后，转身朝我的方向纵身一扑，这时我知名的飞拳如磅礴雨点重重地落在它头上。

"但是尝到鲜血让罗杰·比甘变得发狂，就像长期被禁酒的酒鬼啜饮到第一口美酒般。随着不时发出的灌耳怒吼，这只野兽的攻击变得更加猛烈。在尖牙利爪前，我不恰当的单手防御使我很难抵抗，但是我仍奋力还击。双方血迹斑斑，为生死搏斗。笼内一片混乱，鲜血四处飞溅，野兽的喉咙里爆发出痛楚夺命的咆哮。

"'射死它！''杀了那只老虎！'观众大声尖叫。人与兽的移动太快，警卫的子弹因此偏离目标。我集中所有意志力，发出一声巨吼，使出最后、具震撼性的一击，老虎倒下，它静静地躺着。"

"就像只小猫！"我插口说道。

尊者发出会心的微笑，继续精彩的故事。

"罗杰·比甘终于被击倒。它王者的自尊被进一步的挫败：我用重伤的手大胆地撑开它的嘴巴，在那戏剧性的一刻，我把头伸进那口张得大大的死亡陷阱。我四周找了一下，在地上一堆铁链中拉出一条链子，圈住老虎的脖子，将它绑在铁笼栏杆上。我带着胜利的骄傲走向出口。

"但罗杰·比甘，这魔鬼的化身，使出恶灵原有的力气，一个猛扑，它扯断铁链跳到我的背上。它的下颚紧扣住我的肩膀，我重重地摔到地上；但一瞬间，我又马上把它压倒在下。我毫不留情地对它一阵痛打，这只狡诈叛逆的野兽终于陷入半昏迷状态。这次我加倍谨慎地把它绑好，然后慢慢步出笼子。

"异于上次的喧嚣，我发现这时自己处于一片欢声雷动中。观众的喝采声好像发自一个巨大的喉咙。虽然身受重伤，但这场竞赛中我还是达成三个要件——打昏老虎、链锁住它，并在没有要求帮助的情况下离开它。而且，我还重创并吓倒这只极凶猛的野兽，即使我的头在关键时刻送进它口里作犒赏，它也都甘愿放弃！

"伤口处理好之后，我被套上花环表扬，无数金块如雨点般洒落在我跟前。整个城市放假庆祝，到处都在讨论我如何打败那只有史以来最大最凶猛的老虎。如先前所承诺，罗杰·比甘被送到我面前来，但是我并不感到兴奋，我的心灵已有所转变。似乎当我最后步出笼子那一刻，我也从此关上追求世俗名利的那扇门。

"接下来是一段悲惨的日子。由于败血症，我有六个月时间处于濒死状态。当我的身体恢复到可以离开库曲·贝哈尔时，我回到我的故乡。

"'我现在知道我的老师就是那位给我智慧警告的圣者。'我谦卑地向父亲认错。'啊，要是能找到他就好了！'我的切盼很诚恳，有一天这位圣者突然来到我家。

"'驯虎的日子已经够了！'他明确、平静地说：'跟我来，我会教你驯服漫步在人类心灵丛林里的无明野兽。你已经习惯

有观众掌声的日子，让它成为成千上万的天使，在你瑜伽术的精湛演出中，为你加油喝采！'

"后来，我神圣的古鲁传法给我，他开启我久已生锈、堵塞未用的灵性之门。手携手，我们很快展开我在喜马拉雅山的训练。"

川弟和我顶礼尊足，感谢尊者叙述他大风大浪的一生。我和朋友都觉得那段在寒冷客厅被试探的漫长等待确实非常值得。

第七章　悬浮空中的圣人

"昨晚在一场聚会中，我看到一位瑜伽行者悬浮在空中，离地几呎高耶！"我的朋友乌潘达·默汉·乔得里 (Upendra Mohun Chowdhury) 表情生动地说。

我兴致盎然地笑答："也许我可以猜出他的名字。是不是在上环路 (Upper Circular Road) 的巴都利·玛哈夏 (Bhaduri Mahasaya)？"

乌潘达点点头，有些气馁不能成为第一个报信者。我的朋友们都知道我对圣人的探寻好奇，也很乐意向我提报新门路。

"这位瑜伽行者的住处离我家很近，我经常去拜访他。"乌潘达对我的话表现高度兴趣，我进一步透露自己的经历：

"我看过他很不寻常的神妙技艺。他精通多项'生命能量控制法'[1]，这些方法记载于帕坦加利[2]概述的古瑜伽八步功法。有一次，巴都利·玛哈夏在我面前以惊人力量示范'风箱式生命能量控制法'(Bhastrika Pranayama)，当时房间里就好像真的刮起了风暴！然后他停止如雷的呼吸，不动地停留在超觉意识[3]

---

1 pranayamas，借由调节呼吸来控制生命能量 (prana) 的方法。风箱式生命能量控制法 (Bhastrika Pranayama) 能稳定心性。

2 Patanjali，古代解说瑜伽最主要的代表人物。

3 索班 (Sorbonne) 学院的儒勒—伯瓦 (Jules-Bois) 教授于一九二八年发表，经过研究调查，法国心理学家们对超觉意识达成共识：他们认为，从宏观看来，超觉意识"与佛洛伊德构思的潜意识完全相反，而且，超觉意识所含的特性使人成为真正的人而不只是超级动物。"这位法国学者解释，更高层意识的觉醒是"不能与自我暗示 (Couéism) 或催眠相混淆的。长久以来，超觉意识的存在仅以哲学角度探讨，如爱默生提及的'超灵'(Over-Soul) 观念，直到最近才被科学界承认"。（见第十二章注 18。）

爱默生在"超灵"(The Over-Soul) 一文里写到：人是所有智慧及善德殿堂的正面。我们一般所称的人，那种吃吃喝喝、忙于耕种、汲汲算计的形象，并不代表他真实的模样，反而遮掩了他原来的面貌。我们不尊敬他，而是尊的高层状态中。风暴后，平静的氛围深刻鲜明，令人难忘。"

"我听说这位圣人从不出家门。"乌潘达的语气带着些怀疑。

"的确是那样！过去二十年来他都在屋子里，只有在宗教节庆时，他才会稍微放松他自我约束的惯例，但最远也只走到门前的人行道！乞丐们会在那儿聚集，因为圣人巴都利的慈悲是出了名的。"

"他如何抵抗地心引力而停留在空中呢？"

"瑜伽行者在运用某些生命能量控制法后能令身体的重力消失，因此能浮在空中或像青蛙般四处跳跃。甚至有些没有修习过正式瑜伽的圣人，也以在对神无比虔诚的状态中飘浮于空中而闻名。"

"我想进一步认识这位圣人。你参加他晚上的聚会吗？"乌潘达的眼神充满好奇。

"是啊，我常去。他诙谐的智慧总是让我非常愉悦，有时候我笑太久，破坏会中的严肃气氛，圣人没有不悦，倒是他的弟子们会目光如剑地瞪着我呢！"

那天下午我从学校回家途中，经过巴都利·玛哈夏的修道院，决定进去拜访他。这位瑜伽行者平时不会客，一名弟子单独守在楼下，保护他上师的隐私。这个弟子看起来像是严格的军纪官，他很正式地问我是否"事先有约"，此时他的古鲁适时出现，免去我被请出门的命运。

"只要慕昆达想来，就让他进来。"圣人的眼睛炯炯有神。"我离群索居的通则不是为了自己的舒适，而是考虑到其他人。世人不喜欢粉碎他们迷梦幻境的坦白正直；圣人不仅少见，他

敬这个灵魂；人是"灵魂"的器官，他让灵魂透过行动表现出来，使我们能够弯曲膝盖鞠躬礼拜……。另一方面，对灵性深处及上帝所有神性，我们全然开放。

们的真实语也让人不安无措。即使在经典里，他们的教谕也经常教人难堪！"

我跟随巴都利·玛哈夏到他顶楼设备简朴的寝室，他很少离开此处。大师们通常无视世俗纷扰的走马灯般的景象，偏离焦点的凡间事只有在推移的岁月中才会找到焦距。与圣人同时代的人物并不局限于当前狭隘的时空。

"伟大的圣人[4]，您是我所知道第一个足不出户的瑜伽行者。"

"上帝有时会将祂得圣的子民栽植在最意想不到的土壤，免得我们将祂简化为法则而已！"

这位神采奕奕的圣人以莲花坐姿盘腿不动。虽然已逾七旬，他一点儿也没有露出年迈或嗜坐的不适迹象。他身体健壮、腰背挺直，各方面都很理想。他的面孔就像古代文献描述的先知那样，容貌高尚、茂密胡须，总是笔直端坐，平静的双眼凝注于无所不在的上帝。

圣人和我进入静坐状态。一小时后，他柔和的声音唤醒我。

"你经常进入寂静状态，但你有没有朝'真确觉受上帝'[5]的境界发展呢？"他提醒我要爱上帝更甚于静坐，"不要误把方法当目标。"

他给了我一些芒果。我发现在他严肃的性情里有令人愉快的幽默睿智，他说："人们通常喜欢'加拉瑜伽'（Jala Yoga，与食物合一）更甚于'静坐瑜伽'（Dhyana Yoga，与神合一）。"

他的瑜伽双关语令我开怀大笑。

"你笑得真开心！"他的眼神充满慈爱的光芒。他总是带着严肃表情，但嘴角的一抹微笑却流露出内在的极喜。那一对

4　原文 Maharishi，意为"伟大的圣人"。

5　原文 anubhava，指对神的真正认知体悟。

如莲花般的大眼睛里，蕴藏着神性的诙谐。

　　"这些信件是从遥远的美国寄来的。"圣人指着桌上几个厚厚的信封。"我与一些对瑜伽有兴趣的团体通信，他们重新发现印度了，而且比哥伦布更具方向感！我很乐意协助他们，瑜伽的学问就像日光般，想得到的人都可以免费获得。

　　"过去先知所体悟的人类救赎的精华要义，不需要为适用于西方而作稀释。灵魂都是一样的，虽然外在经历各有不同，如果没有练习某种有纪律的瑜伽，不论东方西方都无法兴盛。"

　　圣人静谧的双眼注视着我，当时我并不明白他的话隐含预

那真达·纳斯·巴都利
"悬浮空中的圣人"

言性的引导。直到现在，当我写下这些话，我才完全了解他常不经意地暗示着：未来有一天，我将把印度的教导带到美国去。

"伟大的圣人，真希望您能写一本关于瑜伽的书，以嘉惠世人。"

"我训练弟子，这些弟子以及日后接续下去的学生将会是活教材，不会随时间而瓦解，也禁得起评论家不自然的诠释。"

我独自伴着这位瑜伽行者，直到傍晚他的弟子抵达。巴都利·玛哈夏开始他别树一格的课程，他的话语如一股平静水流一扫听者心灵尘埃，将学生推渡至上帝彼岸。他以无瑕的孟加拉语传达那些扣人心弦的经典寓言。

当晚巴都利阐述有关密拉贝(Mirabai)一生的各种哲学观点。她是中世纪拉吉普塔尼(Rajputani)的公主，为了与圣人为伍而抛却皇室生活。一位伟大的"山雅士"（Sannyasi，僧人）撒纳塔那·葛斯宛密(Sanatana Goswami)因她是女性拒绝接见她；她的回答令这位僧人谦卑地向她顶礼足下。

"告诉大师，"她说，"除了上帝，我不知道宇宙中还有什么属于男性，在祂面前，我们不都是女性吗？"（经典上的一个概念认为唯有神是**主动的创造本源**，祂所创造的万物只不过是被动的摩耶）。

密拉贝写了许多极喜的诗歌，至今在印度仍被重视。我在此翻译一首：

> "如果每日沐浴就能澈悟上帝，
> 我愿早日成为深海中的鲸鱼；
> 如果啃食根茎果实就能认识祂，
> 我愿欢喜变成山羊；
> 如果数念珠就能发现祂，

我愿握着最长串的念珠向祂祈祷；

如果跪拜石像就能揭露祂，

我愿谦卑地膜拜最高耸的石山；

如果喝乳汁就能酣饮神，

许多乳牛和小孩都将认识祂；

如果抛弃妻子就能召唤上帝，

多少人宁可被去势？

密拉贝知道要找到唯一的神，

那独不可缺的是——爱。"

当巴都利以瑜伽姿势端坐着，几个学生把卢比放到他身旁的拖鞋里。依照印度习俗，弟子将物质的东西放在古鲁足下供养以表敬意。感恩的朋友实为上帝乔装，来照顾祂**自己**。

"师父，您真是太好了！"一位正要离开的学生神情炽烈地注视着这位令人尊敬的圣人。"为了要追寻上帝并教导我们智慧，您舍弃了财富和舒适的生活！"如众所知，巴都利·玛哈夏自幼放弃庞大家产，一心一意步上瑜伽之道。

"你正好说反了！"圣人的脸色略为一沉。"我是丢下没价值的几块卢比和不足取的娱乐，为的是追求整个宇宙无穷尽的喜乐！我哪有舍弃什么呢？我知道分享财富的喜悦。这是牺牲吗？只有短视的凡夫才真的是舍弃一切的人！他们放弃至高无上的天国财富，只为尘世间区区几个玩具！"

听到这个对"舍弃世俗"的颠覆观点，我不觉笑了起来——这个新观念让圣人般的乞讨者戴上大富豪的冠冕，而自傲的百万富翁则成为不自觉的牺牲者。

"神的旨意比任何保险公司更妥善安排我们的未来。"大师的这句结语是他经过体悟而坚信不疑的信条。"这世上到处是追求外在安全感但内心焦虑不安的人，他们苦涩的思想就像是额头上的疤。从我们开始呼吸起就供给我们空气和乳汁的上帝，知道如何日复一日地哺育祂的信徒。"

我继续在放学后前往圣人住所朝圣，他在静默中热忱地帮助我达到"真确觉受上帝"的境界。有一天，他搬到离我家很远的兰·摩汉·罗伊路 (Ram Mohan Roy Road)，忠诚的弟子们在那里为他盖了一所新的修道院，称为"那真达精舍"[6]。

虽然这在故事时间上跳跃了好几年，我在此叙述巴都利·玛哈夏送给我的最后几句话。在登船前往西方前，我去找他并谦卑地跪在他面前，请他为我临别祝福：

"孩子，到美国去吧。以古老印度的尊严作你的盾牌。胜利写在你的额上，远方尊贵的人们将会至诚迎接你。"

6　Nagendra Math。他的全名是"那真达·纳斯·巴都利"。Math 严格来说，意指僧院，但这个字也应用在"修道院"或"隐士的居处"。

　　在天主教世界"悬浮空中的圣者"中，十七世纪古柏提诺的圣约瑟夫 (St. Joseph of Cupertino) 也名列其中。他的凌空飘浮技艺经过多位目击者证实。圣约瑟夫对世俗心不在焉实为内在神性的展现，修道院的弟兄无法让他在膳堂餐桌边服务，以免他和端着的陶瓷餐具一起浮到天花板上去。这位无法长时间在地面停留的圣人——的确很独特地不适合担任世俗任务！通常，只看神像一眼就足以令圣约瑟夫垂直飘升，那时候就可见到两个圣人——一个石像、一个肉身，同时在上空旋绕。

　　灵性高超的阿维拉圣女德瑞莎 (St. Theresa of Avila) 对其肉体经常飘到空中感到十分困扰。为了从事繁重的道务，她努力尝试着让自己不要"上升"却徒劳无功。她写道："如果神另有打算，无论如何留心亦无用。"

　　圣德瑞莎的遗体放在西班牙阿尔巴 (Alba) 的教堂里，经过四个世纪，仍无腐坏迹象，而且还散发出一股花香。这块圣地见证了无数神迹。

第八章　印度大科学家
——加格底斯·川达·伯斯

"加格底斯·川达·伯斯(Jagadis Chandra Bose)的无线电发明比马可尼还早。"

无意中听到这段令人振奋的评论，我凑近那群聚在人行道上讨论科学的教授身边。如果我加入他们的动机是基于民族的骄傲，我很抱歉。对印度不仅在宇宙哲学上，而且在物理科学上亦能担当领导地位的证据，我无法否定内心的高度兴趣。

"先生，请问这是什么意思呢？"

教授很亲切地解释："伯斯是世上第一个发明无线电'金属屑检波器'和电波折射显示仪器的人，但这位印度科学家没有将发明商业化，很快将其注意力从无机世界转向有机世界。他以植物生理学家身份所提出的革命性发现，远凌驾于他以物理学家身份所达到的卓越成就。"

我礼貌地向这位良师道谢。他补充道："这位伟大的科学家是我在普士登学院(Presidency College)的教授同事。"

第二天我去拜访这位贤哲，他住的地方离我家不远，我隔着尊敬的距离景仰他已久。这位庄重谦逊的植物学家亲切地欢迎我。他五十多岁，英挺健拔、粗发宽额，有一对梦想家凝神思索的眼睛，精确的语调显露出他毕生的科学习惯。

"我最近刚从西方几个科学团体考察回来，他们的成员对我发明的精密仪器展现浓厚兴趣，这些仪器能证明所有生命是不可分割的一体[1]。'伯斯生长测量仪'放大倍率高达千万倍，

---

[1] "所有科学都是超越经验的，否则就会消逝。植物学正在发展正确理论——梵天神将成为自然历史的教科书。"——爱默生

显微镜放大到数千倍就为生物科学带来关键性影响，生长测量仪更开启无可限量的远景。"

"先生，藉着客观的科学方法，您对加速东、西方结合作了很大的贡献。"

"我在剑桥接受教育，西方人以实验审慎求证每个理论是值得钦佩的！这种实证的作法加上东方文化赋予我的内省能力，使我能打破长久以来自然界无沟通的沉默。对那些极度怀疑者，生长测量仪[2]上的曲线图是植物有敏锐神经系统及各种情绪生命的证据。植物与动物一样，对不同的刺激也能产生爱、恨、喜悦、恐惧、欢愉、痛苦、兴奋、麻木，及其他无数反应。"

"教授，在您出现以前，万物特有的生命律动似乎只出现在诗歌意境里！我曾认识一位从不摘花的圣人，'我岂应该掠取玫瑰丛引以为傲的美？我怎能因自己无礼的剥夺而侵犯它的尊严？'他这段同情感言透过您的发现得到见证。"

"诗人总是亲近真理，而科学家则别扭地接近。找一天来我的实验室看生长测量仪上那些明确的证据吧！"

我感激地接受邀请后即离开。后来我听说这位植物学家离开普士登学院，计划在加尔各达成立研究中心。

当伯斯研究院揭幕时，我去参加开幕式，千百位热情的支持者在现场走动。我对这座科学新家充满艺术与精神的象征意义醉心不已，它的大门是一个远方圣殿的百年遗物；莲花[3]池后，一座手持火炬的女性雕像表达印度对妇女作为永恒光明使者的尊重。花园里一座小神祠供奉着超越现象界的**本体**，空无神像的祭坛暗示神性的无形。

2　crescograph 源自拉丁字根 *crescere*，意为"增加"。伯斯因生长测量仪和其它发明，在一九一七年被封为爵士。

3　莲花在印度自古就是圣洁象征，它张开的花瓣代表灵性的扩展，出淤泥而不染则象征灵性的良善应许。

伯斯在此盛会的演说,如同出自古代受到天启的圣哲口中。

"今天我献上这个机构,不仅作为实验室,同时也是神殿。"他的肃穆庄严无形中像件斗篷罩住挤满人群的会场。"在从事研究过程中,我无意间被带引到物理和生理学的交界处。令我惊讶的是,我发现两者之间的界线消失了,生物界与无生物界的交集逐渐浮现。无机物质绝对不是没有活动力的,它们会在不同力量作用下出现颤动反应。

"金属、植物和动物所产生的普遍性反应似乎让它们被归属在共同的法则下:它们都会呈现本质上相同的疲劳及消沉现象,都有复原及亢奋的可能,也会如死亡般永无反应。这个惊人的归纳令我心生敬畏,我充满希望地在皇家协会(Royal Society)前宣布我的发现——实验呈现的结果,但在场的生理学家建议我将研究范围局限在我的成就已获肯定的物理学上,不要侵犯到他们的地盘;我无意间闯入一个陌生的阶级制度里,且冒犯了它的成规。

"其中也有对神学不自觉的偏见,将无知与信念混为一谈。人们经常忘记,以幻化无穷的万物围绕着我们的上帝,同时也在我们心中植入疑问及了解真相的欲望。经过人们多年的误解,我逐渐了解到,献身科学的生活不可避免地会有无尽的挣扎。他须无视得失成败,甘用生命做为无上的奉献。

"逐渐地,世界居领导地位的科学团体接受我的理论和成果,且认同印度对科学的重要贡献 [4]。任何小格局或画地自限的事物岂能满足印度的心灵?藉由连绵不断的鲜活传统及再生的

---

4 "我们相信……除非聘有在印度学科领域受过相当训练的专家,否则没有任何一所主要大学的系所——特别是人文科学——会是充份完整的。我们也相信,致力于培训毕业生成为社会高知识份子的每一所大学,须有一名具足印度文明知识的学者为教员。"——摘自宾夕法尼亚大学诺曼·布朗 (W. Norman Brown) 教授的文章,刊登于华盛顿特区"美国学术团体协会"一九三九年五月会报 (*Bulletin* of the American Council of Learned Societies)。

生命活力，这块土地在历经无数转变后已重新调整自己。印度人总是会再站起来，为寻求生命中最高理想的领悟，抛弃当下诱人的利益——非消极舍弃，而是透过积极的努力。拒绝挑战的胆怯者既不曾拥有什么，也没什么可舍弃的；只有经过苦斗挣扎而获胜的人，才能以其胜利之果丰富这世界。

"伯斯实验室对物质反应所作的研究及对植物生命的意外发现，已经在物理学、生理学、医学、农业，甚至心理学上开拓了极其广阔的探索，迄今认为无法解决的问题，现在已被带进实验研究的范围内。

"但没有严格的精密度是无法获得高度成功的，因此我设计一系列超感仪器和装置，就放在入门大厅你们面前的那些盒子里。它们诉说了穿透虚假帷幕以揭开未知真相的漫长努力，并提醒我们以持续不断的奋斗坚持与才智策略来克服人为限制。所有富创造力的科学家都知道，真正的实验室在人心；在那里，科学家们自虚幻的背后发现真理的法则。

"这里的讲演将不会只是二手知识的重述，我们会宣布新发现，并在这些大厅作首次展示。透过学院定期发表研究成果，印度的这些贡献将传到全世界，它们将成为公共资产，绝不申请专利权；我们国家文化的精神要求我们永远不要为私利而亵渎了知识普传的圣意。

"我还希望，本院的设施尽可能地让世界各国的工作人员前来使用。这么做是希望将我们国家的文化传统传承下去，就像远溯至两千五百年前，印度欢迎世界各地的学者前来位于那烂陀 (Nalanda) 及塔西拉 (Taxila) 的古老大学。

"虽然科学的普遍性是跨国际的，并不专属东方或西方，但是印度尤其适合做出重大贡献[5]。印度人能从一堆明显矛盾的

---

5 物质的原子结构早已为古印度人所熟知。印度哲学六大系统之一的胜论派

事实中强行牵引出新秩序，这份高度活泼的想像力又受到专注习惯的约制；此种专注的严谨约制，赐给印度一种以无限耐心追求真理的力量。"

听完这位科学家的结语，我泪水盈眶。"耐心"不正是印度让历史和史学家同感困惑的一个同义词吗？

研究中心开幕后不久我再度造访。这位伟大的植物学家一直记得他的承诺，他带我到他安静的实验室。

"我要将生长测量仪连接到这株蕨类植物上，它的放大倍数是很惊人的。若蜗牛的爬行也用同等比例放大，它的移动会看起来像快速火车般。"

这株蕨类植物的影子经过放大后投射到一个萤幕上，我目不转睛地盯着它看，原本微小的生命活动现在可以看得非常清楚，这株植物在我深受吸引的双眼前以十分缓慢的速度生长。科学家用一小根金属棒碰触蕨类植物的叶端，进行中的默剧突然停止；金属棒一移开，它立刻恢复流畅的律动。

"你可以看到任何轻微的外来干扰是如何损伤敏感的组

(Vaisesika)，原文来自梵文字根 *visesas*，意为"原子个体"(atomic individuality)。胜论派最主要的解说者之一是奥卢其亚 (Aulukya)，又称为卡那达 (Kanada)，意为"食原子者"，约生于二千八百年前。

泰拉·玛塔 (Tara Mata) 在一九三四年四月的《东方与西方》(*East-West*) 期刊发表一篇文章，将胜论派的科学知识摘要如下："虽然一般认为近代的'原子理论'是科学的新进展，其实在很久以前'食原子者'卡那达就作过精辟的解释。梵文 anus 可适当地翻译成'原子'，在希腊文里的字面意义为'不可切'或'不可分割'。在纪元前胜论派的科学论述还包括：(1)针向磁铁移动；(2)植物内的水循环；(3)无活性且无结构的以太 (ether，或梵文 akash) 是传输细微力量的基础；(4)太阳火焰是所有其它热能的来源；(5)热是分子改变的原因；(6)地心引力定律是由于地球原子固有的吸引力或向下拉力的特性；(7)所有能量皆具有动态本质，因果律始终根源于能量的消耗或运动的重分配；(8)解体普遍经由原子的瓦解；(9)热和光的辐射是无限小粒子以无法想像的速度射向四面八方（近代'宇宙射线'理论）；(10)时间和空间的相对性。

"胜论派认为世界的起源为原子，其本质，即其终极特性，是永恒的，这些原子的振动从不间断……最近发现原子是一个小太阳系，这对古胜论派学者早已不是新闻，他们把时间缩到最终的数学概念：将时间（梵文称 kala）的最小单位定义为一个原子穿过它本身单位空间所需的时间。"

织，"伯斯评论道。"注意看，我现在要加上氯仿麻醉剂，然后再给它解药。"

氯仿麻醉剂的药效中断了一切生长活动，解药又使它恢复生机。萤幕上进化发展的姿态比电影情节更令我着迷。我的同伴（在此扮演反派角色）以尖锐器具刺进这株植物的一处，它的疼痛以痉挛性的颤动显现出来。当他用刀刃穿过部分的茎，影子出现剧烈的震荡，接着静止不动，划上死亡休止符。

"藉着事先使用氯仿麻醉，我曾经成功移植了一棵巨木，通常这种森林巨木在移植后很快就会死亡。"加格底斯谈到他如何巧妙地挽救生命时，笑得十分开怀。"从我精密仪器上显示的曲线图证明树木具有循环系统，树液的移动相当于动物身体的血压。树液的上升无法用一般机械原理如毛细管作用来解释，但生长测量仪已显示这个现象是来自活细胞的活动。树中向下延伸的圆柱状管会发出蠕动波，就好像动物的心脏般！我们越深入观察，越能明显地证实有个均匀一致的计划串连着变化多端的自然界的一切形体。"

加格底斯·川达·伯斯
印度伟大物理学家及植物学家，也是"生长测量仪"的发明者。

这位伟大的科学家指向另一台伯斯仪器。

"我用锡片做实验给你看。金属的生命力会对刺激作出正面或负面的反应，墨水痕迹将会记录各种反应。"

我屏气凝神地看着那张曲线图，上面记录了原子结构的特有波形。当教授在锡片上加上氯仿麻醉剂时，笔针顿时停止振动；当金属慢慢恢复至正常状态时，笔针才又开始记录。我的同伴加了一种有毒的化学物质，在锡片临终颤抖的同时，笔针也戏剧性地在图上画下死亡符号。

这位科学家说："伯斯仪器已经证明，像剪刀和机器所用的钢铁也会产生疲劳现象，但定期休息能使它恢复效能。对金属施加电流或高压，它的生命脉动会受到严重伤害甚至消失。"

我环顾室内无数的创造发明，有力地见证他孜孜不倦的发明才能。

"先生，很可惜这些不可思议的机械仪器没有充分地被用来加速大规模农业发展。应用这些仪器来快速研究测试各种肥料对植物生长的影响，难道不是件很可能的事吗？"

"你说的没错，未来世代对伯斯仪器的使用将会不胜枚举。科学家很少得到同时代的报酬，能够拥有以创意服务的乐趣就足够了。"

我对这位永不倦怠的贤哲表达诚挚由衷的谢意后离开。"这位天才丰富过人的创造力会有枯竭的一天吗？"我心想。

岁月不曾减损他的创造力。他发明"共振心电仪"(Resonant Cardiograph)的精密仪器，并对无数的印度植物进行广泛研究，从而发现前所未知、具实用药材的庞大药典。心电图的精确度可以无误地达百分之一秒，心电仪的共振纪录可测量植物、动物和人体结构中极微小的脉动。这位伟大的植物学家预测，他的心电仪将会被用来做植物而非动物的活体解剖。

"同时施药在动植物身上并同步记录其药效反应，结果显示出惊人的一致性。"他指出。"在人类身上的一切现象皆可在植物身上找到，以植物做实验将有助于减轻动物及人类的痛苦。"

多年后，伯斯在植物学方面的创新发现得到其他科学家的证实，《纽约时报》报导了哥伦比亚大学在一九三八年的研究成果：

> 过去几年中，我们发现当神经在大脑和身体其它部位间传递讯息时，会产生微量电脉冲。这种脉冲已被精密的检流计测出，并用现代放大仪器放大至数百万倍。由于这种脉冲的传递速度极快，直到现在还没有令人满意的方法可以研究它在活体动物或人体内，沿着神经纤维传递的行径。
>
> 柯尔 (K. S. Cole) 和柯帝斯 (H. J. Curtis) 博士报告，他们发现金鱼缸中常见的一种淡水丽藻 (nitella)，其长形单细胞与单一神经纤维的细胞几乎相同。他们更进一步发现除了速度以外，丽藻纤维受到刺激时传递的电波，在各方面都与动物及人类神经纤维的电波类似。植物的神经电脉冲比动物的要慢许多，哥伦比亚大学的研究人员因此得以拍下电脉冲在神经内传输的慢动作照片。
>
> 这些丽藻也许会变成像"罗塞塔石"(Rosetta stone) 般，将被用来解开心灵与物质交界处被严密看守的秘密。（译注：罗塞塔石为解释古埃及象形文字的重要线索。）

诗人罗宾卓纳斯·泰戈尔是这位印度理想主义科学家坚定不移的至交。这位可爱的孟加拉诗人为他写了以下诗句[6]：

---

6 由曼摩汉·果栩 (Manmohan Ghosh) 从泰戈尔的孟加拉原文翻译成英文，取自《整体印度季刊》(The Visvabharati Quarterly)。

泰戈尔诗中提到的"娑摩古诗"是四部吠陀的其中一部娑摩吠陀 (Sama)，另外三部为梨俱吠陀 (Rig)、夜柔吠陀 (Yajur)，及阿闼婆吠陀 (Atharva)。这部圣典阐述梵天 (Brahma)——造物主上帝——的本质，当祂表现在个体身上时称为 atma，即"灵魂"(soul)。梵天的动词字根为 brih，有"扩充"之意，传达自发性生长的神圣力量及不断迸发创造的吠陀观念；犹如蜘蛛网的宇宙被认为衍生发展自神体。灵魂 (soul/atma) 与圣灵／梵天神 (Spirit/Brahma) 意识

隐士啊，请您以娑摩 (Sama) 古诗的真言

呼唤："起来吧！觉醒吧！"

唤醒那些卖弄经典的狂妄之徒，

走出无益的吹嘘争论；

唤醒那些无知的自夸者，

跳出界限、放眼世界之辽阔；

召唤跟随您的精英，

以您奉献的热情为中心，

让他们团结一起。愿我们印度，

重现她古老的风貌，

再次坚定工作吧，

尽责、奉献，

在深度冥思中体验极喜；让她

再次平静、无欲、无争、无染，

重登她昔日崇高地位吧，

再次成为世界导师！

的交融可以说是整部吠陀经的重点。

整部吠陀的精华《吠檀多》，给予西方伟大的思想家无数灵感。法国历史学家维克多·卡森 (Victor Cousin) 曾说："当我们专注阅读东方不朽的哲学作品，特别是印度的作品，我们发现许多真言是如此深奥，教人不得不对东方哲学肃然起敬，并在此人类摇篮中，见到最高哲理的发源地。"诗勒格 (Schlegel) 曾评述："纵使欧洲最崇高的哲理，由希腊哲学家所提出的理性理想主义，相较于东方理想主义丰富的生命与活力，就像普罗米修斯微弱的火花难与倾泻的阳光相比。"（译注：普罗米修斯是希腊神话里从天庭盗火给人类，而遭宙斯用锁链拴住折磨的巨人。）

在印度浩瀚的文学里，只有吠陀（Vedas，字根 vid 意为了解）的内容作者不详。梨俱吠陀（Rig Veda X:90，9）记载，赞美诗源于神，并告诉我们（III:39，2）它们来自"古老的时代"，重新披上语言的新衣，一代代地圣传给先知——"预见未来的人"；吠陀被认为拥有"永恒的最终真理"(nityatva)。

吠陀经是借声音传递的启示录，由先知们"直接听到"(shruti)，基本上是吟唱及朗诵的文学。几千年来，吠陀经里十万偈句不曾以文字传递，而由婆罗门 (Brahmin) 祭司口语相传。纸和石头会随光阴而磨损；但吠陀却通过时间考验，因为先知知道，心灵是比物质更为优越的传输工具，有什么比得上"心灵刻写板"呢？

按照吠陀字语出现的特殊顺序 (anupurvi)，加上音声合并及字母关系 (sanatana) 的音韵规则，并借某种计算方式确认背诵内容的精确性，婆罗门长者自久远的古代即独特地保存吠陀经的原始真义。吠陀经每个字的音节 (ak-shara) 都有其特殊含意及功能。（见第 374 页。）

第九章　极喜信徒及其宇宙罗曼史

"小师兄，请坐。我正在跟我的圣母说话。"

我带着敬畏的心安静地走进房间，玛哈夏大师 (Master Mahasaya) 天使般的面容令我惊叹目眩。银白的胡须和明亮的大眼，他彷如纯洁的化身。上扬的下巴和交迭的双手暗示着，我的初次造访打扰到他的静坐了。

他简单的招呼产生至目前为止我所经验过最剧烈的影响。我原以为没有任何苦难比得上丧母之痛，现在才意识到与圣母的分离，是一种更难以言喻的精神折磨。我伤心地哭倒在地。

"小师兄，安静下来！"圣人同情地忧虑着。

如同被遗弃在荒凉大海，我紧抓住他的双脚像是唯一的救生筏。

"神圣的先生，请代我求情！问问圣母，在**她**眼里我到底是不是受恩宠的孩子？"

代为向上天祈请不是能够轻许的承诺，大师沉默了下来。

毫无置疑，我深信玛哈夏大师正与宇宙圣母亲密交谈。当我了解到圣人无瑕的双眸里此刻有圣母的身影，而我却什么也看不到时，我感到莫大羞愧。我厚颜抓住他的脚，对他温柔的劝告置若罔闻，一次次地恳求他赐与我恩典，为我向圣母求情。

"我会让慈爱的圣母听到你的请求。"上师温和慈悲地笑着，表示投降。

短短一句话，却带来巨大力量，让我从风暴放逐中得到解放。

"先生，记得您的誓言喔！我会很快回来听**她**的讯息。"稍早前还悲痛欲绝的我，此时声调扬着欢喜的期待。

走下漫长的阶梯，我跌入往日回忆中。玛哈夏大师住在加尔各达阿姆赫斯特街五十号的这栋房子，曾经是我的家，也是母亲去世的地点。在这里，我曾为失去母亲而心碎；而今日在此，因为见不到圣母，我的灵魂就像被钉在十字架上。神圣的墙面默默地见证了我的悲伤及最终的痊愈。

我返家的步伐是那样急切。在僻静的小阁楼里，我持续静坐至晚上十点。印度温暖的黑夜突然亮起一个奇妙的景象。

站在我面前的正是光环耀眼的圣母，她温柔的笑容像美的化身。

"我一直都爱你！我也会永远爱你！"

天籁般的声音回荡在空中，**她**消失了。

早晨太阳几乎还未上升到适合访客的角度，我已前来再度拜访玛哈夏大师。重返这个充满深刻记忆的房子，我上楼直奔他四楼的房间。关着的房门手把上裹着块布，我觉得那是圣人不希望受干扰的暗示。当我站在那儿举棋不定之际，圣人突然推开门，伸出欢迎的手。我跪拜圣足，淘气地装出一副严肃的表情，想要藏住灵性的喜悦。

"先生，我来了——来得很早，我承认！我是来听取消息的。亲爱的圣母有提起我吗？"

"你这个小调皮！"

他没再说别的话，显然他不相信我假装的严肃。

"为什么这样神秘，这样让人捉摸不着？难道圣人从不明讲吗？"也许我有点儿受到刺激。

"你一定要测试我？"他平静的眼神了然一切。"昨晚十点美丽圣母亲自给你的保证，今早还需要我多说什么吗？"

玛哈夏大师掌握了我每一个念头的起灭，我再度拜倒在他足下；但这次泪水泉涌是出自内心的极喜，有别于过去强忍的悲痛。

"你想你的虔诚没有感动无限慈悲的上苍吗？你所敬爱、同时以人性与神性并存的上帝母性光辉，从未忘记回应你孤独的哭泣。"

这位纯真善良的圣人是谁，他对宇宙圣灵微小的请求能获得这样甜美的默许？他在世上的角色并不起眼，也适如其份地是我所认识当中最谦逊的人。在阿姆赫斯特街的这栋房子里，玛哈夏大师[1]办了一所小型男子高中。人们未曾从他口中听过斥责，他也不用规则及惩罚来维持纪律。在这几间不算大的教室里，确实教导高等数学及教科书缺乏的爱的化学变化。

他藉由性灵的薰染而非一成不变的教条传播智慧。出于对圣母纯粹的爱慕，圣人就像个孩子，不需要别人给予更多外在形式的尊敬。

"我不是你的古鲁，他不久会出现。"圣人告诉我："经由他的引导，你对爱与虔诚的神性体验将被他转化为深不可测的智慧。"

每天傍晚我都会前往阿姆赫斯特街，渴慕玛哈夏大师那个溢满祝福、让我每天沐浴其中的圣杯。以前我从未以绝对的尊敬对人鞠躬；现在即使重履玛哈夏大师走过的圣地，我都觉得是无上恩典。

"先生，请戴上我特别为您制作的金香木花环。"一天晚上，我带来一串鲜花项圈；但是他羞怯地躲开，一再推辞这项荣耀。察觉我感到受伤，他才欣然同意。

"既然我俩都是圣母的信徒，你可以将花环戴在这个身体的圣殿，就像是供奉给住在里面的祂一样。"他开阔的性情无

1　这些是一般人对他的尊称。他的名字是玛汉卓·纳斯·古达 (Mahendra Nath Gupta)，他在其文学作品署名时只签一个"M"字。

任何私念立足的空间。

"我们明天去达克希内思瓦 (Dakshineswar) 的卡莉神庙 (Temple of Kali) 吧，那个地方永远留有我古鲁的圣迹。"玛哈夏大师拜有如基督般的圣罗摩克里希那·帕拉玛罕撒 (Sri Ramakrishna Paramahansa) 为师。

隔天早上，我们乘船沿恒河行了四英哩，进入有九个圆顶的卡莉神庙，圣母和希瓦神的雕像安座于亮银色的莲花上，千片莲花瓣精雕细琢。玛哈夏大师笑得非常灿烂，沉浸在他与**至爱**永不枯竭的罗曼史中。当他吟颂**她**的圣名时，我欢喜的心也像千片莲花瓣一样绽放开来。

随后我们漫步穿过这个圣域，驻足在柽柳丛里。这种树渗出特有的蜜露，象征玛哈夏大师赐予我天国的食物。他神圣的祈愿持续进行着，我则静坐在草地上不动，周围尽是柽柳树羽绒般的粉红色花朵。我短暂离开躯体往上飘升，造访了超凡的境界。

这是我与这位圣师多次到达克希内思瓦神庙朝圣的第一次。从他身上我学到上帝以**母亲**或**神圣慈悲**表现祂甜美温柔的一面；如赤子般的圣人对上帝以**父亲**或**神圣公义**展现的另一面没有太大共鸣。严厉、精准及理性的判决并不适合他温和的性情。

有一天，看见他在祈祷，我深情地想："他真可作为天使在人间的典型呢！"从未有过批评或谴责的口气，他用其长久以来熟悉原始圣洁的目光观察世界，身、口、意、行，毫不费力地与他纯真的性灵相融和。

"我的上师这么告诉我。"圣人经常用这赞辞作为他睿智忠告的结语，以回避个人主张。他将自我如此深切地融入圣罗摩克里希那·帕拉玛罕撒的思维里，这让玛哈夏大师不再认为他的想法是自己的。

有天傍晚，圣人和我手牵手在他的校区散步。我的欢喜心因一个自负的旧识到来而被黯然破坏，他冗长的谈论令我们不胜其扰。

"看来这个人不怎么讨你欢喜。"那个自我中心的人没听到圣人对我的耳语，继续沉迷于自己的独角戏。"我跟圣母说了，她了解我们难过的困境。一旦我们走到那间红色屋子，她答应提醒他还有更紧急的事要办。"

我的眼睛紧盯着那块拯救之地。我们一走到红色大门，这人突然无缘由地转身离去，话都还没说完，也没有一声再见，被破坏的气氛终于又恢复宁静。

另有一天，我独自走在近豪拉火车站的路上。我在一间庙宇旁站了一会儿，心里对一小群敲钹打鼓、粗鲁地唱颂圣歌的人颇不以为然。

"他们机械化地重覆上帝的圣名多不虔敬啊！"我心想。

玛哈夏大师
"极喜的信徒"

突然间，我很讶异看到玛哈夏大师快步向我走来。

"先生，您怎么会在这儿？"

圣人没有理会我的问题，直接回答我的想法："小师兄，上帝的名字出自任何人口中，无论愚痴或聪明，听起来不都是一样甜美吗？"他伸出手臂深情地环抱我，我发现自己彷佛被他的魔毯带到**慈悲之境**。

"你想不想看放映片 (bioscope)？"一天下午这个问题出自隐遁的玛哈夏大师口中，让我感到神秘难解，印度那时用"放映片"来表示"电影"。我答应前往，只要能在他身边，到哪儿都开心。我们踏着轻快的步伐走到加尔各达大学前面的花园，我的同伴指着靠近水池旁的长板凳。

"我们在这坐几分钟！我的上师要我看到一片辽阔的水域就打坐，它的平静提醒我们上帝无边的宁静。如同所有事物都可以在水面反映出来，整个宇宙也透过**宇宙心湖**投射出来。我的圣师[2]常这么说。"

我们随即进入一间正在进行演讲的大学讲堂。演讲极其枯燥，虽然偶尔穿插幻灯图片，还是一样乏味。

"这就是大师要我看的放映片！"虽已甚感不耐，但我不希望形于色而伤害到圣人；这时他秘密地俯身过来。

"小师兄，我看你不喜欢这部放映片。我已经向圣母提过了，她非常同情我们，她告诉我，电灯现在会熄灭，等到我们一有机会离开讲堂，灯光才会重新点亮。"

他的耳语一说完，大厅马上陷入一片黑暗。这位教授刺耳的声音在惊愕中静了一会儿，接着他说："这间大厅的电力系统看来有问题。"此时，玛哈夏大师和我早已踏出门槛。我从

2　原文 gurudeva，意为"神圣的导师"，梵文里习惯用此来尊称灵性的导师。deva 意为"神"，guru 意为"证悟的老师"，合起来有极高崇敬及尊重之意。作者的英文原文里多以 Master（上师）称呼。

走廊回头一望，大厅又是一片明亮。

"小师兄，你对那部放映片很失望，但我想你会喜欢看点不同的。"圣人和我站在学校大楼前的人行道上，他轻轻拍了我胸口靠心脏之处。

紧接着四周变成一片寂静。就好像现代的有声电影，当音响故障时变成无声影片一样；藉着不可思议的奇迹，上帝之手冻结了尘世的喧嚣。行人及行驶中的电车、汽车、牛车及铁轮马车都在无声世界中移动。我彷佛拥有了千里眼，可以轻易看到后面及两侧景象，就如同它们在我眼前般。加尔各达这一小区域内的所有活动场景，全在我面前悄然无声地通过；就像一层薄灰烬下隐然若现的炽热火焰，整个景观弥漫着一片柔和的光。

我的身体似乎只是众多影像中的一个，它静止不动，其他人则轻快无声地往返穿梭。有几个男孩，是我的朋友，接近我却又擦身而过；虽然眼睛直视我，却没认出我来。

这个独一无二的默剧带给我难以名状的极喜，我如此畅饮着喜乐之泉。突然间我的胸口又被玛哈夏大师轻拍了一下，世间的喧闹在我不情愿的耳朵旁爆开来。我摇摇晃晃地彷佛从轻忽飘渺的梦境被粗鲁地唤醒，我再也构不着那超凡的琼浆玉露。

"小师兄，看来你喜欢第二部放映片[3]，"圣人微笑地说。我正要感激地跪在他面前。"现在你不能对我如此做了，"他说，"你知道上帝也在你的殿堂里！我不会让圣母经由你的手来触碰我的脚！"

如果任何旁观者看到谦卑的大师和我缓慢步出拥挤的人行道，肯定会怀疑我们醉了。我觉得连黄昏的暮色也有同感，一

---

3 原文 bioscope，《新韦氏国际辞典》(*Webster's New International Dictionary* 〔1934〕) 罕见地将此字定义为："生命的景观；提供此景观之物"。玛哈夏大师当时选用此字特别恰当。

圣母

圣母代表活跃于宇宙万物之间的神的面向——上帝的超凡能力(shakti)。根据所展现的不同质性，她有许多不同名称。此图中圣母举起单手象征普世的祝福，另外几只手象征地握着念珠——代表虔诚奉献，经文笺——象征学习与智慧，另外一坛圣水象征净化。

同醉倒在上帝怀抱里！

我有限的字汇无法充分表达他对我的恩惠。我想，玛哈夏大师以及那些与我的生命有过交集的圣人们，是否知道多年后，在西方土地上，我将写下这些圣徒奉献的故事。他们的预知能力不会让我讶异；一路随我到此的读者，想必也不会感到意外！

所有宗教的圣人都藉由单纯对**宇宙挚爱**的信仰而证悟上帝。因为**唯一绝对**是没有质相且超越想像的，是人的思想和渴望将祂拟人化而成为宇宙之母。此观念综合个人化的有神论及**唯一绝对**的哲学，在吠陀经及薄伽梵歌里有深入阐释，也是古印度的思想成就。这种"调和对立性"的见解同时满足心灵与大脑；"虔诚"(bhakti)与"智慧"(jnana)在本质上是一体的。向神"寻求庇护"(prapatti)以及"仰赖神的悲悯"(sharanagati)确为通往最高知识的道路。

玛哈夏大师及其他圣人的谦卑，源自他们对神的完全信靠，并视神为唯一的生命及裁决者。上帝的本质是极喜，将自己融入"神识"的人因此能体验最原始无边的喜悦，"灵魂及意志的最初始情感是喜悦"[4]。

自古以来，以赤子之心接近圣母的信徒，见证"祂"一直与他们嬉戏同在。在玛哈夏大师的生活中，神剧随处显化在重要或不重要的场合；在上帝眼里，事无大小。如果不是祂的天工巧夺，如何能构造出微细的原子，天空又如何能穿戴出壮丽如织女星和大角星的宏观？上帝的确不知"重要"及"不重要"之别，否则，光是少根扣针，宇宙都要塌下来呢！

---

4 此语出自"十字架圣徒约翰"。这位可爱的基督教圣人于一五九一年过世，一八五九年发掘出土时，仍呈现不腐坏的状态。

　　法兰西斯·杨赫斯本爵士 (Sir Francis Younghusband) 曾在一九三六年十二月份的《亚特兰大月刊》(*Atlantic Monthly*) 中描述他的宇宙喜乐经验："我所感受到的远超出'欢欣'或'愉快'所能形容，我就在自己旁边，欢喜充盈。随着这种难以形容且几乎无法承受的喜悦，我看到世界善美的本质。我一扫先前的怀疑，确信人心本善，邪恶仅是粗浅的外相。"

第十章　我与上师圣育克铁斯华相遇

"全心仰望神能产生任何奇迹——除了不读书就通过考试以外。"我不以为然地合上这本空闲时刻拾起的"励志"书。

"作者的这个例外表示他根本没有全心信靠神，"我想。"可怜的家伙，他对午夜的油灯倒是多些尊敬！"

我答应父亲会完成高中学业。我不能自称用功，过去几个月，我待在教室的时间比在加尔各达沐浴石阶的僻静角落少多了。邻近的火葬场到了晚上特别阴森，但对瑜伽行者却极具吸引力。参透**不灭本质**的人不会因几个赤裸裸的骷髅头而惊慌，身处各种人骨的阴暗地，更能洞察人性的不足。我通宵达旦的守夜也因此不同于挑灯夜战的学子。

印度高中的毕业考周即将来临，口试期间就像身处鬼魂出没的坟场，激起广为周知的恐惧；但我的心却很平静。无畏于鬼魂，我挖掘的是讲堂上找不到的知识，可惜我缺乏普罗那班南达尊者可以轻易在两个地方同时现身的本事。虽然对许多人可能不合逻辑，但我仍推想，上帝看到我的困境将会伸出援手。这信徒不合常理的推论，实有来自千百个无法解释、上帝在急难中立即显化的事迹为依据。

"嗨，慕昆达！这阵子我几乎都没看到你！"一天下午，一位同学在嘎帕路 (Garpar Road) 上跟我打招呼。

"嗨，南杜 (Nantu)！没有在学校现身好像让我目前处境十分艰难。"见到他友善的眼神，我一吐心中烦忧。

南杜是个很优秀的学生，他开怀地笑了起来，我的困境有其滑稽诙谐的一面。

"你完全没有准备毕业考啊！就看我能不能帮上你的忙

喽！"

听到这简单几句话，就像得到上帝的允诺，我赶紧到朋友家。他很热心列出他觉得老师可能会出的各类题目的答案。

"这些都是陷阱题，很多老实的学生会落入圈套。记住我的答案，你就可以毫发无伤地躲开。"

我离开时已是深夜，脑袋塞满许多临时恶补的知识。我虔诚祷告，希望接下来的关键日子能记住这些答案。南杜帮我恶补很多科目，但由于时间紧迫，漏掉梵文这一科。我迫切地提醒上帝这项遗漏。

翌晨我出门散步，随着摆动的步伐消化新知识。当我抄捷径穿过转角的野草地时，看到几张松散、印了些字的纸，我一个箭步抓住，发现手里握的竟是梵文诗句！我找到一个梵文学家修正我别扭的解释，他用浑厚、响彻云霄的声音吟唱出无瑕、甜蜜美妙的古代韵律[1]。

"这些特别的诗节不可能对你的梵文考试有帮助。"学者怀疑地把纸张递还给我。

但正因熟悉那首诗篇，使我通过隔天的梵文考试。有了南杜的猜题帮忙，我其它科目也都达到最低及格分数。

父亲很高兴我信守诺言顺利完成高中学业；我则是感谢上帝一路引我到南杜家，并带我走到那条充满废弃物、平常鲜少经过的路线。祂玩兴十足地两次及时拯救我。

我刚好又看见那本被搁置一旁的书，该作者不认为上帝在考场有优先权，我不禁暗自笑起自己内心的评论：

"如果我告诉这位老兄，在尸体堆中静坐是取得高中文凭

1　梵语 Sanskrita 意为"精炼的、完整的"。梵文是所有印欧语系的老大姊，其字体称为"天城体"(Devanagari)，字义是"神的住所"。"认识我文法的人认识上帝！"古印度伟大的语文学家潘倪尼(Panini)如此称颂梵文在数学及心理学的完美。一个对语文发展追根究底的人，最终必能无所不知。

的捷径，大概只会增加他的困惑！"

有了新的尊严，我开始公开计划离家。与我一起的还有一位年轻朋友吉天卓·玛祖达 (Jitendra Mazumdar)[2]，我决定加入巴拿纳斯[3]的印度教法共修会 (Sri Bharat Dharma Mahamandal) 静修院，在那儿领受灵性戒律。

有一天，即将与家人分离的孤独忧伤啃噬着我的心。自从母亲过世后，我对两个弟弟萨南达 (Sananda)、毕胥努，还有小妹昙慕 (Thamu) 格外爱护。我冲到我的闭关处，这小阁楼曾经见证我在汹涌澎湃的灵修路[4]上的各种景象。在泪如泉涌两个小时后，我觉得好像被炼金剂神奇地净化，所有执着[5]皆消失，我想寻找上帝这个"所有朋友中的朋友"的决心，坚定无比。

"这是我最后一次的请求。"当我站在父亲面前请他为我祝福时，他神情黯然地说："不要抛下我还有你那些悲伤的兄弟姐妹。"

"敬爱的父亲，我如何才能表达我对您的爱？只是我对天父有更深的爱，祂给了我一个完美父亲的世间礼物。让我走吧，有一天我会带着更深的灵性体悟回来。"

父亲勉强点头，于是我出发前往巴拿纳斯与已经在修道院的吉天卓会合。当我抵达时，年轻的院长戴亚南达 (Dayananda) 亲切地招呼我。他高高瘦瘦、举止沉稳，给我很好的印象；他

---

2 他与读者先前读过的那位及时躲开老虎的贾丁达（Jatinda，乔登·果栩 [Jotin Ghosh]）是不同人。

3 印度独立之后，许多印度字都从英国统治期间的英式拼音法恢复成原来的拼法。因此巴拿纳斯 (Banaras) 现多拼为瓦拉那西 (Varanasi)，或以更古老的地名卡希 (Kashi) 称呼。

4 原文 sadhana，通往上帝之道或最初之路。

5 印度经典教导，对家庭的牵恋是一种迷惑——如果它阻碍信徒追寻一切恩惠的"施予者"，这些恩惠包括亲爱的家人，更不用提生命本身。耶稣也有类似教导："那爱父母或子女胜过我的，不配跟从我。"—— 马太福音第十章三十七节

白皙的面孔有着佛陀般的庄严。

我很高兴我的新家有个阁楼，我设法在黎明和早晨待在那儿。修道院的人对静坐了解有限，认为我应该将所有时间用在道务上。我午后到他们办公室里工作会得到称许。

瑜伽南达尊者与吉亚纳南达尊者(Swami Gyanananda)，戴亚南达尊者的上师，于一九三六年二月七日摄于巴拿纳斯印度教法共修会静修院。瑜伽南达尊者依照传统习俗坐在静修院住持吉亚纳南达尊者足前以示敬意。当瑜伽南达尊者还是个少年时曾在此地接受灵性训练，那是在他于一九一〇年找到他的古鲁圣育克铁斯华尊者之前。

"不用那么急着见上帝吧！"一天清早我正要往阁楼方向走去，一个道院的同僚揶揄地说。我去找戴亚南达，当时他正在俯视恒河的小圣所里忙着。

"尊者吉[6]，我不明白我在这儿要做什么。我追求直接体悟上帝，没有祂，只是加入道院、遵守教条或行道务是不能满足我的。"

6　"吉"(ji) 惯用在尊称的字尾，特别是用于直接称呼，譬如尊者吉(swamiji)、古鲁吉(guruji)和圣育克铁斯华吉(Sri Yukteswarji)。

穿着橘黄色僧袍的院长温柔地拍拍我，以假装责备的语气，告诫身旁几个弟子："不要去烦慕昆达，他会学会我们的方式。"

我礼貌地藏住我的怀疑。学生们走出房间，对于被责备似乎并不服气。戴亚南达进一步对我说：

"慕昆达，我知道你的父亲定期寄钱给你。请你把钱寄还给他，在这你什么都不缺。第二个要提醒你的纪律是关于食物，即使你觉得饿，也不要说出来。"

也许我的眼神流露饥饿，我只知道，我是真的饿。修道院的第一餐总是在中午十二点才开饭，而我早已习惯家里上午九点即备好的丰盛早餐。

这三小时之差使每一天变得更加漫长。过去在加尔各达，迟十分钟开饭我就可以斥责厨师的日子已经远去；现在，我试着控制食欲，在完成二十四小时的禁食后，我加倍期盼第二天中午的到来。

"戴亚南达尊者的火车延迟了，在他回来以前我们不能用餐。"吉天卓带来这灾难性的消息。尊者离开了两周，为了迎接他归来，我们准备许多佳肴。空气中充满了令人垂涎的饭菜香；没有任何东西供应，除了昨天断食成功的骄傲外，还有什么能吞下肚的？

"上帝啊，让火车跑快一点吧！"我想，**神圣供应者**(Heavenly Provider) 应该没有包括在戴亚南达要我不能说出饥饿的禁令里。然而上帝的注意力却在别处，时钟拖着缓慢的步伐走了几个小时，院长进门时天色已黑，我满心欢喜地迎接他归来。

"戴亚南达尊者要先沐浴及静坐，然后我们才用餐。"吉天卓像只带来恶兆的鸟，再度靠近我说道。

我几乎要昏厥。我那年轻、从没被饿过的胃，已经发出严重抗议声。以前我所见过的饥荒灾民景象，一幕幕像幽灵般地从我眼前飘过。

"下一个在巴拿纳斯饿死的人即将出现在这所修道院里！"我心里想着。临头的厄运终于在九点时逆转，天赐美食的召唤！记忆中，当天晚餐就像人生中完美的时刻之一，鲜明难忘。

尽管全神贯注在用餐，我仍注意到戴亚南达心不在食物上；他显然无视于我狼吞虎咽的粗鄙乐趣。

"尊者，您不饿吗？"快乐地饱餐一顿后，我与院长在他的书房内独处。

"喔，是啊！过去四天我完全没进食、也滴水不沾。我从不在火车上吃东西，里面尽是凡夫混乱的磁场。我严格遵守经典上[7]要出家人恪遵的特定戒律。

"我心里挂念着院里一些道务问题，所以今晚在家我疏忽了晚餐。有什么好急的？明天我会好好吃一餐。"他笑得十分开心。

我羞愧到快窒息，但我没有那么容易忘记白天的折磨，我大胆地说出进一步的想法。

"尊者吉，对于遵照您的指示我有些困惑。假设我从不要求食物，也没有人给我一些，那样我会饿死！"

"那就死吧！"这句警语破空而来。"如果必要，就死吧，慕昆达！永远不要以为你是靠食物而不是上帝的力量存活！祂既创造每一种营养物质，赐予我们食欲，也必然让祂的子民能

---

7 原文 shastric，指有关圣典（shastras，字义为"圣书"）的。其中包含四类经典："天启"（*Shruti*）、"传承"（*Smriti*）、"往世书"（*Purana*）及"密续"（*Tantra*）。这些广泛的论著涵括宗教及社会生活各个层面，以及法律、医药、建筑、艺术等。"天启"是"直接听到"或"受启示"的经典，如吠陀。"传承"或是"被记住"的知识，自远古时期即被写下来，为世上最长史诗，如《摩诃婆罗多》和《罗摩耶纳》。"往世书"共十八部，字义为"古老的"寓言。"密续"字义为"仪式"或"礼仪"，这些经典以详细的符号象征传达深奥的真理。

维持下去！不要以为是稻米在维系你的生命，也不要以为是金钱或人在支持你！如果上帝中断你的呼吸，他们还能帮上忙吗？他们只是上帝的工具。你有什么技能让食物在你胃中消化？用你的智慧之剑辨识，慕昆达！斩断那些媒介的锁链，认清那**唯一起因** (Single Cause) 吧！"

他精辟的言辞刻骨铭心。"身体的命令胜过灵魂"的陈年妄念顿时消失，我当下感到灵性的充裕。在我日后马不停蹄的旅途中拜访的许多陌生城市里，好几次都证明在巴拿纳斯修道院学到的这堂课是多么实用！

我从加尔各达带来的唯一随身宝物是隐修士嘱咐母亲遗赠给我的银色守护石。经过几年的守护，现在我小心地把它藏在我修道院的房间里。一天早上，为了重温护身信物带给我的喜悦，我打开上锁的盒子。密封的盒盖没被动过；但是，一瞧，守护石不见了！我伤心地撕开封套，再度确认无误。它消失了，正如从以太中召唤它的隐士所预言的，它返回来处了。

我与戴亚南达追随者的关系不断恶化。整个院里因我坚定的离群态度，感到疏离和受伤。我离家且断除所有世俗野心，是为了严守静坐习惯，以沉思于完美圣洁 (the Ideal)，但这行为却招致各方浅薄的批评。

我的心灵痛苦煎熬。一天黎明，我进入阁楼，决心祷告至上天赐予答案。

"宇宙慈母，让我得见祢的指示，或透过祢派来的古鲁！"

有好几个小时我啜泣着恳求上苍却没有得到回应；突然间我觉得身体好像浮升到一个无边的境域。

"你的上师今天会来！"神圣的女性声音从四处、又从无处飘荡而来。

这神性体验突然被来自某处的叫喊声粉碎，一位绰号哈布

(Habu) 的年轻僧人在楼下厨房叫唤我。

"慕昆达，你打坐够久了！有差事给你！"

平常我可能会不耐烦地回答；现在我擦擦哭肿的眼，温顺地听从召唤。哈布和我一起前往一个远在巴拿纳斯孟加拉区的市场。我们在市集购物时，印度炙热的太阳尚未升到最高点。我们穿梭在色彩缤纷的家庭主妇、导游、僧人、简朴寡妇、尊贵婆罗门，及无处不在的圣牛之间。和哈布边走着，我突然转头去端睨一条不显眼的窄巷。

一位像基督般、穿着赭黄色僧袍的尊者在巷尾一动不动地站着。我立刻感到一种久远的熟悉，瞬间我的目光饥渴地盯着他。接着，我心里起了一阵怀疑。

"你把这位游方僧人看成你认识的人了，"我想。"别作梦了，走吧！"

十分钟后，我觉得双脚有种沉重的僵硬感，彷佛变成石头般，举步维艰。我费力转身，双脚又恢复正常；但当我转向相反方向时，奇怪的重量再度压迫我。

"那位圣人正磁性地吸引我过去！"这念头一起，我把东西往哈布的胳臂里塞。他早诧异地注意到我古怪的的步伐，现在忍不住大笑起来。

"你中什么邪了？你疯啦？"

激动的情绪使我无法反驳，我安静地迅速离开。

彷佛踏上风火轮，我飞快折返窄巷。我一眼就看见那个恬静的身影，坚定地朝我的方向注视着。我急切地往前几步，拜倒在他足下。

"古鲁！"这个圣洁的面孔，正是我千百次在灵眼观中看到的。他的双眼静谧，头型如狮子般威严，蓄了尖长的胡须及垂着几绺鬈发，经常隐现在我夜半朦胧的冥想中，给了一个当时我未能完全理解的承诺。

"喔，我的孩子！你终于来了！"我的古鲁用孟加拉语一遍遍地重覆，高兴到声音有些颤抖。"我等你好多年了！"

我们沉浸在合一的静默中，言语似乎已是多馀。千言万语透过无声的吟诵，自上师的性灵流入弟子的心房。我以无法辩解的直觉天线，感知我的古鲁认识上帝并且会带领我到祂那儿。今生的蒙眬不解顿时消失在前世记忆的晨曦中，时间的变化具戏剧性！过去、现在和未来只是它的循环光景。太阳底下，这已不是我第一次跪拜在这双圣足前！

古鲁牵着我的手，带我到他位在城里兰纳摩诃 (Rana Mahal) 区暂时的居处。他有运动家体格，步伐稳重、高大挺拔，此时约五十五岁，但活跃健壮如年轻人。他黑色的眼睛又大又美，蕴藏着深不可测的智慧，微卷的头发缓和那具慑人力量的面孔，刚柔之间有种微妙的调合。

当我们走到房子里眺望着恒河的石露台上，他深情地说：

"我会给你我的修道院及我所拥有的一切。"

"师父，我是为了智慧与证悟上帝而来，您这些珍藏才是我所追求的。"

上师再次说话前，印度短促的黄昏已帷幔半垂。他的眼神透露出深邃的温柔。

"我给你无条件的爱。"

多珍贵的一句话！直到四分之一个世纪又溜走后，我才又再次亲耳听到他对我的爱。他不擅以言语表达热情，静默较适合他那如大海般的胸怀。

"你也会给我同样无条件的爱吗？"他注视着我，眼神充满赤子般的信任。

"我会永远爱您，圣师！"

圣育克铁斯华尊者(1855-1936)
"智慧化身"(Jnanavatar)
拉悉利·玛哈夏的弟子，瑜伽南达尊者的古鲁
所有 SRF-YSS 科里亚瑜伽修行士的师祖

"世俗的爱是自私的，阴暗地根植于欲望及满足；神圣的爱是无条件、无疆界、不变的。浮动变迁的人心一旦接触到纯洁的真爱，就会永远沉静下来。"他谦虚地补充道："如果任何时候你发现我从证悟上帝之境跌落，请答应让我将头倚靠在你膝上，协助我重回我们共同敬爱的**宇宙挚爱**那儿。"

夜色渐拢，他起身带我到屋内房间，我们一边吃着芒果和杏仁糕，他一边在谈话中不落痕迹地透露出对我性情的深切了解。他的磅礴智慧，细密地融合天生的谦逊，令我不禁肃然起敬。

"不要为你的守护石难过，它已完成任务。"像一面神镜，我的古鲁显然已探视我人生的全貌。

"师父，您真真实实地现身了，这喜悦超越任何守护石。"

"该是改变的时候了，你在修道院并不快乐。"

我没有提到自己的生活，现在似乎也是多余！从他自然、轻描淡写的神态看来，我了解，他不希望他千里眼般的洞察力引起我惊叹。

"你应该回加尔各答，为什么把亲人排除在你对人类的爱之外？"

他的建议令我沮丧。尽管我不理会信上多次的恳求，我的家人一直预期我会回去。"让年轻的鸟儿在玄秘的天空飞翔，"阿南塔说过。"飞在沉重的大气里他的翅膀会有疲倦的一天。那时我们就会看到他俯冲回家，收起双翼，在家庭的窝巢里乖乖休息。"这个令人泄气的讪笑仍鲜明地留在脑海，我决心不要"俯冲"回加尔各答。

"师父，我不打算回家，但我愿意跟随您到任何地方。请给我您的住址及姓名。"

"圣育克铁斯华·吉利尊者 (Swami Sri Yukteswar Giri)，我

主要的修道院位于塞伦波尔 (Serampore) 的籟漪石梯 (Rai Ghat)
巷。我只是来此探望母亲几天。"

上帝真会与门徒玩纠葛难解的游戏。塞伦波尔离加尔各达
不过十二哩，但在那里我却从未见过我的古鲁。为了相遇，我
们还得旅行到古城卡希（即巴拿纳斯）——一个有着拉悉利·
玛哈夏回忆的圣城，也是佛陀、商羯罗查尔雅 [8] 及许多如基督般
的瑜伽行者的脚步祝福过的圣地。

"四周后，你会来找我。"圣育克铁斯华首次以严肃的口
吻说，"现在我已告诉你我永恒不变的情感，也让你知道找到

8　商羯罗查尔雅 (Shankaracharya)，即商羯罗 (Shankara)，印度最伟大的哲学家，
　为乔频陀 (Govinda Jati) 及后者古鲁乔茶波罗 (Gaudapada) 的弟子。商羯罗曾为
　乔茶波罗的论著《蛙氏奥艾颂》(*Mandukya Karika*) 写过著名的评注，他以无懈
　可击的逻辑及优雅迷人的风格，完全依据一元论的精神 (advaita; non-dual) 诠释
　吠陀哲学。这位伟大的一元论者也写敬爱神的诗歌，他所写的"祈求圣母宽恕
　罪行"(Prayer to the Divine Mother for Forgiveness of Sins) 中，有这样的迭句："逆
　子虽多，却从无不是之母。"

　　山南达那 (Sanandana)，商羯罗的一名弟子，曾为《梵天经》(*Brahma
　Sutras*，吠檀多哲学) 写过评注。原稿虽已被焚毁，但商羯罗（他曾经看过一次）
　仍逐字地复诵给弟子，该内容被称为 *Panchapadika*，至今仍被学者所研究。

　　这名弟子山南达那在经历一个奇妙事件后，得到新名称。一天，他坐在河
　边，听到商羯罗在对岸叫他，山南达那毫不犹豫地走进水里。在漩涡处的河中，
　商羯罗显现出一片片的莲花，让山南达那的信心与双脚同时得到支撑。从此，
　这名弟子以波陀摩帕陀"莲花足"(Padmapada) 闻名。在 *Panchapadika* 里，"莲
　花足"写下许多颂辞歌咏他的古鲁。商羯罗自己写了以下美丽的诗句："三大
　世界中，无人能与真实的古鲁相比。如果哲学家的点金石被视为如此，它只能
　将铁变成金，无法变出另一块点金石；另一方面，一位受尊崇的老师，能将每
　一名到他门下寻求庇护的弟子，塑造出与他相等的特质。因此古鲁是出类无双
　的，甚至是超越脱俗的。"——《诗歌世纪》第一部 (*Century of Verses*，1)

　　商羯罗尊者罕见地集圣人、学者及行动家于一身。他虽只活到三十二岁，
　但大多数时间都在印度各地辛苦行脚，宣扬一元论 (advaita) 教义。数百万人聚
　集，渴望从这位赤足的年轻僧人口中听到抚慰心灵的智慧法音。

　　商羯罗的改革热忱还包括对古僧团制度的重整（见第二十四章注 5，及第
　258 至 259 页）。他也在四个地区设立"修道士教育精舍"(maths)——南方
　设于升葛里 (Sringeri)，东方设于普里 (Puri)，西方设于道尔卡 (Dwarka)，喜马
　拉雅北方设于巴椎那 (Badrinath)。

　　这位伟大一元论者的四所教育精舍，由王子及平民慷慨资助，提供梵文文
　法、逻辑以及吠檀多哲学的免费教育。商羯罗在印度四个角落设立"修道士教
　育精舍"，是为了在这辽阔土地上促进宗教与民族的团结。一如从前，至今虔
　诚的印度教徒仍然能够在朝圣路线上，找到由社会善心人士资助的免费膳宿。

你我是多么喜悦。你尽可以不理会我的要求，下次我们再见面时，你必须重新唤起我的兴趣。我不会轻易收你为徒，对于我严格的训练，弟子必须完全服从。"

我仍固执地保持沉默，我的古鲁很快看穿我的困难。

"你认为家人会嘲笑你？"

"我不回去。"

"三十天后你会回去的。"

"绝不。"

争论的紧张气氛没有松缓，我恭敬顶礼后离开。漆黑的午夜，走在返回修道院的路上，我诧异这奇迹似的相遇，怎会不欢而散！摩耶幻相的两头秤，总以悲伤平衡每个欢喜！我年轻的心尚未柔软到接受古鲁的点化。

翌晨，我注意到修道院的人对我的敌意更深了，他们的恶劣态度使我的日子如坐针毡。三周后，戴亚南达离开修道院到孟买参加会议，对我不满的杂音终于爆发开来。

"慕昆达是个寄生虫，接受修道院的款待却不知相对付出。"无意中听到这番话，我第一次后悔听从指示将钱寄回给父亲。带着沉重的心情，我去找我唯一的朋友吉天卓。

"我要离开了！戴亚南达回来时，请代我转达我的尊敬与歉意。"

"我也要走了！我在这里尝试静坐的结果没比你好多少。"吉天卓坚决地说。

"我遇见一位像基督般的圣人，我们到塞伦波尔去找他吧！"

就这样，"鸟儿"准备冒险"俯冲"，飞往加尔各达！

第十一章　布伦达班两个身无分文的男孩

"慕昆达，如果父亲不让你继承遗产，那也是应该的！你怎么笨到放弃自己的一生！"兄长的训斥侵袭着我的耳朵。

吉天卓和我刚下火车，风尘仆仆地到阿南塔的家，他刚从加尔各达调到古城亚格拉 (Agra)，在政府公务局担任会计主管。

"阿南塔，你很清楚，我追求的是天父的财产。"

"金钱第一，上帝可以晚一些！谁晓得？生命可能太长。"

"上帝第一，金钱是祂的奴隶！谁能预料？生命也许太短。"

我的反驳只是因应当时情况，并非来自任何预感。（遗憾的是，阿南塔的生命的确很早结束。）[1]

"我猜这是你那修道院的智慧吧！但我看你还是离开巴拿纳斯了。"阿南塔露出满意的神色，他一直都想将我的羽翼锁在家庭的巢窝里。

"我在巴拿纳斯的日子并没有白费！我在那找到我内心渴望已久的事。可以确定的是，你那个梵文学者和他的儿子不包括在内！"

想起往事，阿南塔跟我笑了起来，他早就承认他在巴拿纳斯所选的那位"天眼通"是短视的。

"我流浪的弟弟，你有什么计划吗？"

"吉天卓说服我到亚格拉来，我们要去一睹泰姬玛哈陵[2]的美景，"我解释道，"然后我们会到我最近找到的古鲁那儿，他在塞伦波尔有一间修道院。"

1　见第二十五章。
2　世界著名的陵墓。

阿南塔殷勤地款待我们。当晚，有好几次我注意到他的眼睛若有所思地盯着我。

"那眼神我见过，"我想。"有计谋在酝酿中！"

用早餐时，谜底揭晓。

"所以，你觉得可以不必依赖父亲的财产。"阿南塔带着无辜的目光，重提昨天讥刺的谈话。

"我知道我对上帝的依靠。"

"说得容易！到目前为止，你都一直受到保护呢！如果你被迫要那双**无形之手**供应膳宿，你就知道窘境了！那时你很快就会在街上乞讨。"

"绝不可能！我不会将上帝放一边而去信靠几个路人！祂会为祂的门徒在乞食钵之外设想出千百种办法。"

"愈说愈动听了！如果我提议让你那自吹自擂的哲理接受现实世界的考验呢？"

"我同意！你以为上帝只局限在纯理论的世界吗？"

"我们今天就会知道，你有机会不是扩充、就是证实我的论点。"阿南塔突然停下来，然后严肃、缓慢地说道：

"我提议今早把你和你的同修吉天卓送到附近的布伦达班市 (Brindaban)。你们身上不能有一毛钱，不许为食物或金钱行乞，不许对任何人说出你们的困境，不能没有吃到饭就离开，而且不能被困在布伦达班。如果今晚十二点前，你们能不违反任何考验的规定回到这平房，我将会是全亚格拉最吃惊的人。"

"我接受挑战。"我的话语与内心没有一丝犹豫。令人感激的**即时恩惠**从记忆中闪过：我对着拉悉利·玛哈夏的照片祈求而治愈致命的霍乱；拉合尔屋顶上那两个淘气的风筝礼物；在巴雷利心情沮丧中适时出现的守护石；在巴拿纳斯梵文学者家院子外那位隐士给我的明确讯息；圣母现身以及她至高的爱语；她透过玛哈夏大师即时关心我小小的窘境；最后一分钟的引导，让我取得高中文凭；以及最高恩惠，从我一生梦想迷雾中出现的古鲁。我绝不认为我的"哲学"无法应付世间任何严苛考验中的争论！

"你有意愿就更好了。我立刻送你去搭火车。"语毕，阿南塔转身对目瞪口呆的吉天卓说："你必须同行作证，很可能也会成为落难兄弟。"

半小时后，吉天卓和我拿着两张单程车票。我们在车站的一个隐蔽角落接受搜身，阿南塔很快地确信我们没有私藏任何财物，我们简单的腰布[3]里除了必要物之外，什么也没藏。

当信仰侵犯到重要的财务领域时，我的朋友抗议："阿南塔，为安全考量，给我一两个卢比吧，万一有什么不幸我还可以发电报给你。"

"吉天卓！"我大声喝止。"如果你带任何钱作最后防卫，我就不进行这项考验。"

"叮叮当当的铜板声是有些安慰作用！"吉天卓见我严厉地瞪着他，也就不再说话。

"慕昆达，我不是没有良心。"阿南塔的声音透着一丝退让，也许他的良心正在苛责他，或许为了送两个身无分文的男孩到一个陌生城市，或许因为自己对宗教的怀疑。"如果你因偶然或任何恩典而成功通过布伦达班的严厉考验，我就入门作你的弟子。"

相衬此一不寻常的事件，这个承诺有些违反传统常规。在印度家庭里，长兄很少向弟妹鞠躬敬礼；他接受尊敬和服从，地位仅次于父亲。但时间已不容我多说，火车出发在即。

火车走了好几哩，一路上吉天卓神情悲惨地不发一语。最

---

3 原文 dhoti，是在腰间打结并盖住腿部的腰布。

后他振作起身朝我靠过来，在我身上柔软处狠捏一把。

"我看不出一点上帝会供应下餐饭的迹象！"

"安静点，怀疑者，上帝正在帮我们想办法。"

"你能不能请祂快一点？一想到我们的前景，我就快饿死。我离开巴拿纳斯是来看泰姬陵，不是要进自己的坟墓！"

"开心点，吉天卓！我们不就快初见布伦达班[4]的圣迹了吗？一想到能踏在圣主克里希那走过的圣地，我就满心欢喜。"

我们的车厢门被打开，坐下两个男人。下一站就是终点站。

"年轻人，你们在布伦达班有朋友吗？"坐在我对面的陌生人意外地关心我们。

"不关你的事！"我无礼地移开视线。

"你们可能是受到'窃心王'[5]的迷惑而离家出走吧。我自己也是个有虔诚性情的人，在这般难耐的酷暑中，我有义务看到你们有饭吃、有地方休憩。"

"不用了，先生，别管我们。您很仁慈，但您误判我们是逃家的孩子了。"

我们没有继续往下谈，火车到站停了下来。当吉天卓和我下到月台时，这偶然邂逅的同伴伸手揽住我们，叫了辆出租马车。

我们在一间庄严的修道院前下车，四周围着一片常青树木，环境经过细心的整理。我们的恩人显然是常客，一个面带微笑的年轻人没问一句话就带我们到接待厅。很快地，一位仪态高雅的年长妇女出来接待我们。

"葛莉母 (Gauri Ma)，王子们无法前来。"其中一位男士对道院的女主人说。"他们在最后一分钟计划生变并表达他们最

---

4 布伦达班在亚穆纳河 (Yamuna River) 边，是印度的耶路撒冷。克里希那圣主为人类福祉在此有过多次显化。

5 Stealer of Hearts，"窃心王"(Hari) 是信徒对克里希那圣主的爱称。

深的歉意。但我们带来另外两位访客，在火车上碰面时，我就觉得他们是圣主克里希那的信徒而深受吸引。"

"再见了，年轻朋友。"那两位认识不久的朋友走到门口。"若为上帝旨意，我们会再见的。"

"欢迎你们来。"葛莉母带着慈母般的笑容说。"你们来得正是时候，我正准备接待两位护持这所道院的皇室贵宾呢。如果我的烹调手艺没人享用，那多可惜啊！"

这令人欢喜的话对吉天卓有出乎意料的影响：他突然哭起来。他在布伦达班所害怕的"前景"变成皇室般的款待，他心里一时无法适应这大转变。我们的女主人好奇地看着他，但没说什么，也许她已习惯青少年的古怪多变。

宣布开饭了，葛莉母领我们到菜香满溢的用餐露台后，即消失到隔壁的厨房。

我早想好这一刻，选好吉天卓身上一处恰当位置，我也狠捏他一把，和他在火车上捏我的一样痛。

"怀疑者，上帝的确帮我们想了办法——而且很快呢！"

女主人拿着棕榈扇再度进来。我们蹲坐在华丽的毡毯座位，她以东方传统稳稳地为我们扇凉。修道院的弟子们前前后后大约上了三十道菜，与其说"一餐饭"，不如说"奢华盛宴"更恰当些。这是吉天卓和我自出生以来享受过最丰盛的美食。

"的确是给王子的佳肴啊，尊敬的慈母！我无法想像您那些皇室贵宾有什么比参加这场宴席更紧迫的事？您给了我们毕生难忘的回忆！"

碍于阿南塔要我们不许透露的规定，我们无法向这位高雅的女士解释我们的感激其实有双重意义，但至少我们的诚意很明显。我们带着她的祝福离开，她亲切地邀请我们再访。

室外的高温毫不留情，我的朋友和我走到修道院门口一棵高耸的团花树下遮荫。接着是一连串尖锐的话，吉天卓又陷入疑虑的烦恼中了。

"你把我搅得一团糟！我们的午餐只是碰巧好运！我们身上一毛钱都没有，怎么观光这城市？还有，你打算怎么带我回阿南塔家？"

"才刚填饱肚子，这么快就忘记上帝！"我的话虽不刻薄，却有责难之意。人如此易忘神的恩惠！没有人活着而从未见过自己的某些祷告得到应许。

"我不可能忘记跟着像你这样的疯子出来冒险的蠢事！"

"安静点，吉天卓！供餐给我们的同一位上帝也会带我们参观布伦达班，并送我们回亚格拉。"

一位瘦小的年轻人神情愉悦地快步走向我们，他停在我们的树下并向我鞠躬。

"亲爱的朋友，您和您的同伴应该是外地人，容我招待您们并作您们的向导。"

印度人很少脸色苍白，但吉天卓的脸突然像病了一样。我客气地婉拒这个提议。

"您确定不是在赶我走的吧？"这陌生人的惊慌若在其它情况下，应该是很有趣的。

"怎么不是？"

"您是我的古鲁。"他坚信不移地望着我的双眼。"中午祈祷时，神圣的克里希那圣主出现在我的灵眼观中。祂让我看到就在这棵树下孤单的两个人，其中一位就是您，我的上师！我经常在静坐中看到您的面孔！如果您肯接受我卑微的服侍我会多快乐啊！"

"我也很高兴你找到我，上帝及人们都不曾遗弃我们！"虽然我微笑不动地看着眼前这张渴望的脸，但内心一股敬意已使我顶礼上帝圣足。

"亲爱的朋友，到寒舍来作客吧！"

"你很亲切，但这不方便。我们已经在我亚格拉的兄长家作客。"

"至少让我留下与您们同游布伦达班的回忆吧！"

我欣然同意。这位自称是普拉塔·查特吉 (Pratap Chatterji) 的年轻人叫了一辆马车，我们参观了玛聃那摩汉那 (Madanamohana) 神殿及其它供奉克里希那的圣堂。当神殿祈祷仪式结束时，夜幕已低垂。

薄伽梵·克里希那（圣主）
印度深受敬拜的下凡天神

"请恕我离开去买个甜点[6]。"普拉塔走进火车站旁的一家商店。吉天卓和我沿着大街闲逛，此时气温稍降，街上挤满了人。我们的朋友离开一阵，最后带回许多甜点礼物。

"请容我有行功德的机会。"普拉塔笑着恳求，一边拿出一迭卢比纸钞和两张刚买的往亚格拉的车票。

我充满敬意地自**无形之手**中接受。阿南塔曾嘲笑过的神的恩赐，不是已远超过所需了吗？

我们在火车站附近找到一个僻静的地方。

"普拉塔，我将指导你拉悉利·玛哈夏所传授的科里亚瑜伽，他是当代最伟大的瑜伽行者。他的法门将是你的古鲁。"

传法在半小时后结束。"科里亚是你的无价宝[7]，"我告诉这位新学生。"如你所见，这个法门很简单，但它具体加速人类的灵性进化。印度经典上记载，轮回的自我意识须经一百万年才能从摩耶中解脱，这段自然演化的时间可经由科里亚瑜伽大幅缩短。就像加格底斯·川达·伯斯 (J. C. Bose) 所证明的，植物的生长可被加快到远超过它正常的生长速度，人类的心灵发展亦可经由科学方法加速。信心坚定地练习，你将接近那位'所有古鲁的**古鲁**'。"

"能找到这把追寻已久的瑜伽之钥，真让我欣喜万分！"普拉塔心有所感地说。"它能解开我感官的束缚，提升我到更高境界。今天能够看到克里希那圣主显化，只能说是我最大的福报。"

我们在安静的领会中坐了一会，然后踱步到车站。登上火车时，我心中充满喜悦，但这却是吉天卓泪水没停过的一天。我对普拉塔的深情道别不时被两位同伴难以抑制的哭泣打断。

6　原文 sandesh，一种印度甜点。

7　原文 chintamani，为神话中的宝石，具有实现愿望的力量，也是上帝的名称之一。

旅途中，吉天卓再次悲痛难以自拔，但这次不是为了自己，而是对自我的谴责！

"我的信心多么浅薄，我的心像石头一样！以后我绝不再怀疑上帝的保护！"

午夜将临。两个被送走时身无分文的"灰姑娘"进入阿南塔的卧房。事出意料，他露出万分惊讶的神色。我没说一句话，将卢比钞票撒在桌上。

"吉天卓，说实话！"阿南塔语带戏谑。"这小子是不是去抢劫啊？"

但听完整个经过后，哥哥先是沉着静默，继而肃然起敬。

"供需法则延伸到比我想像中更细微的界域。"阿南塔以一种从未有过的灵性热忱说道。"我第一次了解到为何你对累积世俗财富毫无兴趣。"

当时已是深夜，哥哥仍坚持要接受科里亚瑜伽传法[8]。一夜之间，慕昆达"古鲁"必须为两个不请自来的"徒弟"肩负起责任。

隔天早餐气氛和谐，迥异于前一日。

我对吉天卓笑着说："参观泰姬陵一事你不应受骗。去塞伦波尔前，让我们先去那儿参观！"

与阿南塔道别后，我们不久就到了亚格拉富丽堂皇的泰姬陵前。白色大理石在阳光下耀眼夺目，整体呈现出平衡对称之美，周围完美地衬着幽绿的柏树、油亮的草坪，及静谧的水池。陵宫内部精致地饰以半宝石镶嵌的花纹雕刻，在褐色及紫色的大理石上，巧妙浮现出优雅的花环和漩涡状图案。光线自圆顶投射下来，照在沙·贾汗 (Shah Jehan) 皇帝和皇后——也是他心中的缪思慕塔芝·玛哈 (Mumtaz-i-Mahal) ——的纪念碑上。

---

8 原文为 diksha，宗教传法；源自梵文动词字根 *diksh*，意为"奉献自我"。

就参观到这儿！我很想念我的古鲁。吉天卓和我不久即搭火车南下孟加拉邦。

"慕昆达，我好几个月没见到我的家人。我改变主意，也许稍后我会去塞伦波尔拜访你的上师。"

我这朋友的个性可说是有些优柔寡断，他在加尔各达离我而去。坐上当地火车，我很快抵达距北边十二英哩的塞伦波尔。

当我了解到自从在巴拿纳斯遇见古鲁后已过二十八天，内心惊叹不已。"四周后，你会来找我。"我来了，就站在他位于宁静的籁漪石梯巷的院子内，心怦怦地跳个不停。我第一次走进这修道院，在这里，我与印度的智慧化身 (Jnanavatar) 一起度过往后十年最美好的时光。

吉天卓·玛祖达
瑜伽南达上师在布伦达班"身无分文的考验"同行伙伴

第十二章　我在上师修道院的日子

"你来了。"圣育克铁斯华坐在靠阳台客厅里一张铺地虎皮上跟我打招呼。他声音冷淡，不带表情。

"是，亲爱的上师，我来这儿追随您。"我跪地礼触师足。

"怎么会呢？你并不理睬我所愿。"

"以后不会了，古鲁吉，您的心愿就是我的律法！"

"这好多了！现在我可以挑起你一生的责任。"

"上师，我欣然交付此重荷。"

"那么，我第一个要求是你回家去。我要你在加尔各达的大学就读，继续学业。"

"很好，先生。"我隐藏内心的惊愕。没完没了的书本究竟要纠缠我到几时啊？先是父亲，现在是圣育克铁斯华！

"有一天你会到西方去，如果陌生的印度导师有大学学历，那里的人会较容易接受古老的印度智慧。"

"您最清楚了，古鲁吉。"我不再沮丧。对于去西方我感到困惑且遥远，但这是我眼前可以藉由服从上师而令他高兴的机会。

"加尔各达离这儿不远，你有空随时过来。"

"师父，如果可能的话，我每天都来！我感恩地接受您全权管教我生活中的每个细节——但有一个条件。"

"是吗？"

"答应让我得见上帝！"

接下来是长达一小时的口头拉锯。上师不打妄语，也不轻易许诺，誓言的深意开启超自然的无限展望。古鲁要造物主现身必先与祂有亲密的关系！我感知到圣育克铁斯华的与天合一，身为他的弟子，我决心占此优势。

"你有锲而不舍的个性。"上师终于慈爱地同意，他语气坚定响亮地说：

"就让你的心愿成为我的心愿！"

此生的阴影从我心中一扫而空，那茫然四处寻求的日子结束了。我在一位真实的古鲁身上找到永恒的庇护。

"来，我带你参观道院。"上师从虎皮垫上站起身。我环顾四周，注意到墙上一张有茉莉花枝环绕的照片。

"拉悉利·玛哈夏！"我惊诧地叫道。

"是的，我神圣的古鲁。"圣育克铁斯华充满活力的声音带着虔敬。"他是我接触过的导师中最伟大的人物和瑜伽行者。"

我悄然向这张熟悉的照片鞠躬，立即对这位无与伦比的上师献上发自灵魂的敬意。他曾祝福我的婴儿期，并一路带引我的脚步至此。

古鲁带我走过整栋房子和四周庭园。这座宽广、有着粗大梁柱的道院，古老而坚固，围着一个中庭。外墙布满青苔，鸽子在平坦的灰色屋顶上鼓翼，轻易就占据道院的一角。后花园种了波萝蜜、芒果和香蕉树。两层楼的建筑，楼上房间的阳台有着栏杆，三面朝向中庭。宽敞的楼下大厅里，有被廊柱支撑的挑高天花板，上师说主要用在每年的杜尔加庆典[1]。一条窄梯通往圣育克铁斯华的起居室，室外的小阳台俯瞰外面的街道。修道院的布置朴实无华，每样东西皆简单、干净且实用；几张西式的椅子、长凳和桌子特别显眼。

---

1 "杜尔加 (Durga) 崇拜节" (Durgapuja) 是孟加拉年历中主要的庆典，多数地方在 Asvina 月份（九月到十月）当中持续九天。杜尔加在字义上为"难接近的"，是圣母表现性力 (Shakti) 的一面，为女性创造力的化身。传统上，她是所有邪恶的毁灭者。

上师留我过夜，两名在道院接受训练的年轻弟子送来蔬菜咖哩晚餐。

"古鲁吉，请告诉我一些您的人生故事。"我蹲坐在虎皮旁一张草席上，友善的星星彷彿就在阳台那儿伸手可及。

"我的俗名是普利亚·纳斯·卡拉尔 (Priya Nath Karar)。我在塞伦波尔这儿出生[2]，父亲曾是此地的富商，他留下这栋祖传的大房子给我，现在是我的修道院。我接受过的正规教育很少，我觉得那既慢且浅薄。年轻时我尽一家之主之责，有一个女儿，现在已经结婚。中年时，我有幸得到拉悉利·玛哈夏的指导。妻子死后，我加入僧团，法名为"圣育克铁斯华·吉利"[3]。这是我简单的背景资料。"

上师对着我热切的脸微笑。就像所有略传，他讲的仅止于外在事迹，而未揭开内在的一面。

"古鲁吉，我想听一些您童年的故事。"

"我会告诉你几则，每一则都有寓意！"圣育克铁斯华眨眼表示提示。"有一次我母亲想用某间暗室闹鬼的骇人故事来吓我。我马上走到那，并表达没见到鬼的失望，母亲从此再也没跟我说过恐怖故事。寓意：正视恐惧，它会停止干扰你。

"另一个早年记忆是，我想要邻居养的一只丑狗，为了得到那只狗，全家人被我吵得几周不得安宁。即使有人要送我长得较讨喜的宠物，我也充耳不闻。寓意：执着是盲目的，它使欲求的事物产生想像的引人光环。

"第三个故事是有关年轻心智的可塑性。我偶尔会听到母亲这么说：'一个人在任何人手下工作就是奴隶。'这个印象

2　圣育克铁斯华出生于一八五五年五月十日。

3　原文 Sri Yukteswar Giri。"育克铁斯华"意为"与 Ishwara 合一"（Ishwara 为上帝的名称之一）；"吉利"(Giri) 是古代尊者僧团十大宗派的一支；Sri 意为"神圣"，它不是名字而是表尊敬的头衔。

1915年瑜伽南达尊者坐在一辆父亲送的摩托车后座。"我骑着它到处去，"他说，"尤其是拜访我师父圣育克铁斯华在塞伦波尔的修道院。"

如此根深蒂固，即使婚后我都拒绝接受任何职位，我用家产作土地投资以维持开销。寓意：有益及正面的建议应尽早灌输到孩童敏感的耳朵里，他们早期的观念会长久烙印心中。"

上师陷入宁静的沉默。午夜时分，他带我到一张狭窄的折叠床。在古鲁家的第一晚，我睡得特别香甜。

圣育克铁斯华选在翌晨将科里亚瑜伽传法给我。虽然我已经从拉悉利·玛哈夏的两名弟子——父亲和我的家庭教师可巴兰南达尊者那接受过此法门技巧，但上师具有一种转化力量，在他的触碰下，一道强光穿透我整个人，彷佛无数个太阳同时发射光芒。一股难以言喻的极喜涌向我，直抵内心最深处。

直到隔天傍晚，我才勉强离开修道院。

"三十天后你会回去的。"当我进入加尔各达的家门时，上师的预言也随之实现。没有亲人提起我担心的"飞翔鸟儿"再度现身之类的尖锐话语。

进入我的小阁楼，我深情地环顾，好像它是有生命似的。"你见证了我在静坐及灵修路上的泪水和风暴，现在我终于抵达圣师的避风港。"

"儿子，我真为我俩高兴。"静谧的晚上，父亲和我坐在一起。"你找到你的古鲁，过程就像我以前找到自己的古鲁一样神奇。拉悉利·玛哈夏神圣的手一直护卫着我们的生命，现在证实你的上师不是喜马拉雅山遥不可及的圣人，而是近在咫尺。我的祷告得到回应：在你寻求上帝的过程中，你未曾永久离开我的视线。"

父亲也很高兴我将继续正式学业。他做了相关安排，隔天我就到离家不远的加尔各达苏格兰教会学院 (Scottish Church College) 注册。

数个月的快乐时光飞逝。读者想必早已聪明地猜到我很少出现在学校教室里，塞伦波尔修道院的魅力太令人无法抗拒，上师对我经常在修道院出现没有意见。令我如释重负的是，他很少提及学校课业。尽管大家都知道我不是当学者的料，我还是不时会设法达到最低及格分数。

在道院的日子十分平顺，没有太大变化。我的古鲁在黎明前即醒来，他躺着或有时坐在床上进入三摩地[4]的状态。要知道上师何时醒来很简单：巨大的鼾声[5]突然停止。先是一两个调息声，或是身体动一下，接着是停止呼吸的无声状态——他在深层的瑜伽喜悦中了。

接下来不是吃早餐，而是先到恒河边走段很长的路。与古

4　原文 samadhi，字义为"归为一体"。三摩地是一种极喜的超意识境界，瑜伽行者在此状态中体悟个别性灵与宇宙圣灵合一的真相。

5　根据生理学家的说法，打鼾代表完全放松。

鲁清晨漫步的时刻至今仍如此真实而生动！当回忆涌现，我经常发现自己就在他身边。朝阳温暖了河水，他的声音响亮扬起，句句都是真切的智慧。

沐浴后，接着是日中的一餐。年轻弟子每天遵照上师指示，用心准备餐点。上师茹素，不过出家前他也吃蛋和鱼。他建议学生依照个人体质调整饮食并简单化。

上师吃得很少，通常是米饭，上面浇些姜黄、甜菜或菠菜汁，再洒上少许精炼的水牛奶油或溶化的奶油；有时是豆仁浓汤 (dal)，或蔬菜乳酪 (channa) 咖哩[6]。甜点是芒果或橘子配上米布丁，或是波萝蜜汁。

访客在下午出现，芸芸众生如流水不间断地涌入宁静的修道院，上师亲切有礼地招待每一位宾客。对已明了自己是无所不在的灵魂、非肉身非自我意识的上师而言，视众生皆平等。

圣人的平等心根植于智慧。他们不再受摩耶变幻无常的面貌影响，也不再受制于喜恶，正是喜恶混淆了凡夫的判断。圣育克铁斯华对那些权高富有或有成就的人没有特别礼遇，也不轻视穷人或文盲。他恭敬倾听小孩口中的真话，有时也会公开漠视一个自命博学的人。

八点是晚餐时刻。有时一些访客还在院里逗留，古鲁不会丢下客人独自去用餐，也不会让人饿着肚子离开道院或吃不饱。每当有意外的访客留下，圣育克铁斯华从不慌张失措，他临机应变地指挥弟子，原本少量的食材就可以变出一桌盛宴。但他自己则很节俭，少许钱够用很久。他常说："要量入为出，奢侈浪费只会带来不安。"无论是在道院招待、建设维修，或其他实用考量上的细节，上师都展现他的原创精神。

---

6 dal 是一种由干豌豆瓣或其他豆类熬煮的浓汤。channa 是新鲜牛奶凝结成的乳酪，通常切成小方块与马铃薯作成咖哩。

古鲁通常在安静的晚上讲课，那是历久弥新的宝藏。他的每一句话都是智慧的雕琢，崇高的自信让他的表达方式独树一格，他的言辞在我的经历中是前所未闻的。他的思想在披上语言外衣之前，已先经过缜密的明辨。真理的精髓——甚至从生理层面看亦如是——彷佛从他的灵魂散发出来的芳香，弥漫四周，我总觉得自己在肉身显化的上帝面前。上师神性的力量让我自然而然地在他面前虔敬鞠躬。

如果客人察觉到圣育克铁斯华愈来愈全神贯注于无限的上帝，上师会赶紧跟客人交谈，他不会故作姿态或炫耀他的内在出离。上师一直与神合一，他不需要特定的时间与上帝交融；一个证悟的上师已不需要静坐的晋身之阶，"果熟，蒂落。"但为了替弟子们设立榜样，圣人通常仍会保留修行的外在形式。

午夜将近时，古鲁会像孩子般自然地打个盹儿，连铺床的麻烦都省了，他经常连枕头都没有就躺在放置于虎皮垫后方的狭窄沙发椅上。

只要弟子有强烈兴趣，彻夜的哲学讨论并不罕见。那时我一点也不感疲倦，也毫无睡意，能听到上师的真言就足够了！"喔，天亮了！我们到恒河边散步吧。"就这样结束上师在无数深夜里对我的启迪教化。

我与圣育克铁斯华相处的前几个月里，在一堂"如何智胜蚊子"的实用课程中达到高潮。在家里，我的家人晚上都使用蚊帐；我很惊讶地发现，这个细心谨慎的习惯到了塞伦波尔修道院一点也不受青睐。然而这里住满蚊虫，我从头到脚都被叮咬，古鲁十分同情我。

"给自己买顶蚊帐吧，也替我买一顶！"他笑着补充道："如果你只买自己的，那所有蚊子都要集中攻向我了！"

我感激不尽地遵从指示。我在塞伦波尔的每晚，古鲁都会要我挂上蚊帐睡觉。

有天晚上，一群密密麻麻的蚊子包围我们，但上师没有像往常指示挂上蚊帐，我紧张地听着这群飞虫的嗡嗡声。上床时，我朝它们大概的方向作了个劝解祷告。半小时后，我故意咳嗽以引起古鲁的注意。我觉得自己快被叮疯了，尤其是那些蚊子在噬血庆典上嗡嗡地低鸣更令我无法忍受。

上师毫无反应。我小心翼翼地靠近他，他没有呼吸。这是我第一次在他瑜伽入定的状态中近距离观察他，我吓坏了。

"他的心脏一定停了！"我放一面镜子在他鼻下，没有呼吸的雾气出现。为了再次确认，我用手指夹紧他的嘴巴和鼻孔几分钟，他的身体冰凉且一动也不动。一阵昏眩，我转向门口求援。

"啊！一个刚出道的实验主义者！我可怜的鼻子！"上师笑不可抑。"你怎么不去睡？全世界会为你而改变吗？改变你自己：拿掉对蚊子的挂碍。"

我乖乖地回到床上，没有一只蚊虫敢冒险靠近。我这才了解，先前古鲁同意使用蚊帐只是为了让我高兴，他根本不担心蚊子。藉由瑜伽的力量，他可以阻止蚊子叮咬，或选择隐遁到刀枪不入的内在世界。

"他为我作了示范。"我心想。"那是我必须努力达到的瑜伽境界。"尽管这世间使人分心的事物层出不穷——蚊子的嗡嗡声也好，遍洒的刺眼阳光也好——一位真瑜伽行者能够进入并保持超意识的状态。在有种子三摩地 (sabikalpa samadhi) 的初定状态，实修者切断外在世界的所有感官刺激，然后他会体验到比原始伊甸园更清新美丽的内在声光[7]。

7　瑜伽行者具备遍布虚空的能量，故不需借助外在感官而能看、尝、闻、触、听，这种力量在《台提里雅森林书》(*Taittiriya Aranyaka*) 中被如此形容："盲人在珍珠上打洞；无指之人穿线过洞；无脖子的人戴上它；无舌之人赞美它。"

早期在道院，具教育意义的蚊子又教我另外一课。一个怡人的黄昏，古鲁正无与伦比地阐述经典课程，在他跟前，我是绝对的平静。一只不懂规矩的蚊子闯入这田园诗画中，硬要争取我的注意。当它的毒针插入我的大腿时，我自然地举起报复之手。暂缓处刑！帕坦加利的箴言"不伤害"（无害）适时浮现脑海[8]。

"怎么不完成？"

"上师！您赞成杀生吗？"

"不，但在你心里，你早就挥出那致命一击。"

"我不明白。"

"帕坦加利的'不伤害'指完全去除杀害的欲望。"圣育克铁斯华洞察我的起心动念犹如翻阅一本书。"这世间的安排并不容易让人依照'不伤害'戒律的字面意义遵行。人类也许被迫去消灭有害的生物，但没有类似冲动驱使他感到愤怒或仇恨。所有形态的生命都有在摩耶幻相中呼吸的平等权利，揭开创造奥秘的圣人能与大自然无数千奇百怪的生态方式和谐共处。能够克服毁灭欲望的人，都能了解这个真理。"

"古鲁吉，人应该牺牲自己而不杀害野兽吗？"

"不，人身是很宝贵的。它有独特的头脑和脊髓中心，因此具有最高的进化价值，这使得慧根较深的弟子能充份掌握并表达崇高的灵性，低等生物则无此结构。人被迫杀死一只动物或任何活体时，的确会招致轻微的业障；但神圣经典教导，恣意损毁人身是严重违反因果定律的罪行。"

我松口气，经典上对人自然本能的强化，并非总是清晰易见。

---

8 "在一个完美实践'不伤害'(ahimsa)的人身边，（任何生物）不生敌意。"——《瑜伽经》第二章三十五节

就我所知，到目前为止，上师从未近距离接触过虎豹。但有一次一条致命的眼镜蛇遇到古鲁，结果被他的爱给征服。这事发生在普里，古鲁在那儿有一座靠海边的修道院。圣育克铁斯华晚年的一名年轻弟子波夫勒 (Prafulla)，在事件发生时，正好在上师身边。

"我们就坐在修道院附近的户外，"波夫勒告诉我。"一条眼镜蛇从一旁出现，四呎长的形体极为骇人。它的颈褶怒张，快速向我们扑来。上师轻声笑着迎接它，像对待个小孩。我在惊骇中看上师有节奏地拍着手[9]，他在愉悦这恐怖的访客啊！我保持绝对安静，心中迫切祷告。那条毒蛇，非常接近上师，现在动也不动，彷佛被他爱抚的态度给迷住。它可怕的颈褶慢慢缩回去，然后从上师的双脚间滑过，消失在灌木丛中。

"为什么上师要摆动双手，又为什么那眼镜蛇不会攻击他的手，当时我并不理解。"波夫勒下结论。"之后我才了解，我们的神圣古鲁毫不畏惧任何生物可能带来的伤害。"

在修道院初期几个月的一个下午，我发现圣育克铁斯华洞察的眼神注视着我。

"你太瘦了，慕昆达。"

这句话点到我的痛处。我深陷的双眼、消瘦的外表并不为我所喜，慢性肠胃病从小就困扰着我。一罐罐的补药排放在房间架上，却没有一样有效。偶尔我会伤心地问自己，这样孱弱的身体，生命是否有意义。

"药物的帮助有限，而神圣的生命原创力是无穷尽的。要相信：你会健康强壮。"

上师的话马上叫我相信，我可以成功地在生命里运用这些

---

9 眼镜蛇会迅速攻击在其范围内的任何移动物体；多数情况下，完全静止不动是保命的唯一希望。在印度，眼镜蛇特别可怕，每年约造成五千人死亡。

真理。没有其他的治疗师（我试过很多位）能够唤起我如此坚定深厚的信心。

我一天天变得更健康、更有体力。在上师默默的祝福下，我在两周内所增加的体重是过去苦求不得的，我的肠胃病也永久消失。

之后有几次，我有幸亲眼见到古鲁以灵疗治愈糖尿病、癫痫、结核病或瘫痪患者。

"很多年前，我也很想增加体重。"上师治愈我不久后告诉我。"在一场重病后的恢复期间，我到巴拿纳斯拜访拉悉利·玛哈夏。

"'先生，我病了一阵子，也瘦了好几磅。'

"'我看，育克铁斯华 [10]，你让自己身体欠安，然后现在你觉得自己太瘦。'

"这回答太出我意料，但是我的古鲁鼓励地说道：

"'让我看看，我确定你明天应该就会觉得好多了。'

"我善于接受的心视此话为他暗中治疗我的隐示。隔天早上我去找他并兴奋地对他说：'先生，我今天觉得好多了。'

"'的确！今天你让自己有朝气。'

"'不，上师！'我抗议道，'是您帮助我，这是几星期以来我第一次有些活力。'

"'哦，是啊！你的病一直都还挺严重的。你的身体还相当虚弱，谁知明天又会如何？'

"一想到还会再体弱无力，就令我不寒而栗。翌晨，我勉强拖着身子到拉悉利·玛哈夏的家。

"'先生！我又病了。'

10　实际上，拉悉利·玛哈夏是说普利亚（Priya，上师的俗名），而不是"育克铁斯华"（拉悉利·玛哈夏在世时，我的古鲁尚未得此法号）。在这里及书中其它几处都以"育克铁斯华"代替，以避免两个名字造成混淆。

"我的古鲁以一种滑稽的眼神看我：'哦！你又让自己不舒服啦！'

"我的耐性已耗尽。'师尊，'我说，'我现在明白了，您日复一日都在嘲弄我。我不解，为何您不相信我的真实话语。'

"'实际上，是你的想法让你觉得一会儿虚弱，一会儿强壮。'古鲁慈爱地看着我。'你已经看到你的健康是如何遵照你潜意识的预期而发展。思想是一种力量，就像电力或重力。人类的心智是上帝全能意识里的一个小火花。我能示范给你看，任何你强大心念坚信的事，都会立刻发生。'

"知道拉悉利·玛哈夏从不打妄语，我很恭敬且感激地问：'师父，如果我觉得我很健康，也恢复先前的体重，那会实现吗？'

"'会的，甚至就在此刻。'古鲁严肃地说，他的目光直视我的双眼。

"我立刻觉得不只力气连体重都增加了。拉悉利·玛哈夏进入静默。在他身边几小时后，我回到母亲家，每次我到巴拿纳斯都住她那儿。

"'儿子！怎么回事？你是不是水肿啦？'母亲不敢相信她的眼睛。当时我的身体已恢复到生病前那样的强壮结实。

"量体重时我发现一天内我增加了五十磅，此后也一直维持这体重。看过我瘦削体格的亲朋好友都惊讶不已，其中一些人因此奇迹而改变生活方式，并成为拉悉利·玛哈夏的弟子。

"我这位已觉证上帝的古鲁知道这世间只是造物主将梦境具体化的结果。由于拉悉利·玛哈夏已完全明了自己与**宇宙造梦者**意识合一，所以他能在现象界的假想粒子中使东西凭空出现或消失，或依他的希望作任何改变[11]。

"天地万物皆受律法支配。"圣育克铁斯华结语道，"能由科学家发现、运作于外在宇宙的基本原理称为自然法则。但是还有更细微的法则支配着看不见的灵界及内在意识领域，透过瑜伽科学可以知悉这些原理。明了万物本质的是证悟大师而非物理学家。由于有此认识，基督能够复原一名仆人被门徒削掉的耳朵[12]。"

上师对经典的阐释是举世无双的，我许多最快乐的回忆都是关于他的论述。不过他宝贵的思想也不往轻忽或愚痴的灰烬里丢，我只要浮躁地动一下或稍不专心，就足以让上师的讲述嘎然而止。

"你的心不在这里。"一天下午，上师观察到这情形，中断他的课程。像往常一样，他严密地追踪我的注意力。

"古鲁吉！"我用抗议的语调说，"我动都没动，眼睛也没眨，我能重述您刚才说的每个字！"

"但你就是没有完全专心听。你的抗议迫我指出，你在心里创造出三栋建筑：一间是位在平原上的森林静修处，另一栋在山丘顶，另一处在海边。"

那些隐约形成的想法确实存在于潜意识中，我满怀歉意地望着他。

"有这样的上师我还能怎样？我随时动个念头都会被看穿。"

---

11 "所以我告诉你们，凡你们祷告祈求的，无论是什么，只要信是得着的，就必得着。"——马可福音第十一章二十四节。与神合一的上师有充份能力，能将他们的神圣体悟传给慧根深的弟子，就像拉悉利·玛哈夏在此为圣育克铁斯华所做的一样。

12 "内中有一个人，把大祭司的仆人砍了一刀，削掉了他的右耳。耶稣说，到了这个地步，由他们罢，就摸那人的耳朵，把他治好了。"——路加福音第二十二章五十至五十一节

"是你授权给我的，如果你不全神贯注就无法领会我所阐释的微妙真理。除非必要，我不会侵入别人内心隐私。人有在自己的想法中秘密漫游的天赋特权，未受邀请的上帝不会进入那儿；我也不会冒然闯入。"

"您永远都受欢迎，师父！"

"你那些建筑的梦想以后会实现，现在是学习的时候！"

就这样，在不经意中，古鲁以他简要的方式透露他已知悉我生命中将发生的三件大事。自青少年早期，我就不知为何地常瞥见这三栋建筑，场景各别不同。正如圣育克铁斯华指出的顺序，这些影像最后都实现了。首先我在兰栖 (Ranchi) 一片平原上创立少年瑜伽学校，接着是位于洛杉矶一座山顶上的美国总部，然后是位在加州茵欣尼塔市 (Encinitas)、眺望浩瀚太平洋的修道院。

上师从不傲慢地说："我预言某某事件将会发生！"他宁可暗示："你不认为这有可能发生吗？"但他简单的言词蕴含着预言的力量，从不需收回，不明说的预言也从未有误。

圣育克铁斯华的态度含蓄且切合实际，从不含糊或癫狂幻想。他务实于人间生活，但始终不偏离上帝意识。他赞扬讲求实际的人，"成圣不使人愚笨！证悟不使人无能！"他说："善德的积极表现能启发最聪慧的智力。"

上师不太愿意讨论超自然领域，他唯一"神奇"的光环就是他那完美的单纯。谈话中，他避免使用惊人的言词；行动上，他自由表现。许多老师都谈论奇迹，却什么也显现不出；圣育克铁斯华鲜少提及这类精细法则，却能暗地里随心所欲地运作。

"证悟者在获得内在应允前并不施展任何奇迹。"上师解释道，"上帝不希望祂创造的奥秘被轻率地揭示[13]；再者，每个

---

13 "不要把圣物给狗，也不要把你们的珍珠丢在猪前，恐怕它践踏了珍珠，转

人都有他不可剥夺的自由意志，圣人不会侵犯此独立性。"

圣育克铁斯华惯有的缄默源自他对**无极**的深入觉受，因此无暇像那些未证悟的导师那般整天忙着"开示"。印度经典上说："浅薄者，思想简陋，如鱼在浅滩易起骚动；渊博者，性情沉稳，如深海鲸鱼几无兴浪。"

由于古鲁没有惊人之举，只有少数几位同时代的人知道他境界超凡。谚语道："不能藏住智慧的是愚者。"这句古语一点也不适用于我那深邃而安静的上师。

虽然一样生为肉身，圣育克铁斯华已可与时空**统治者**融为一体，没有不可跨越的障碍能阻碍他进入天人合一境界。后来我才了解，这样的障碍只存在于人精神的怠惰怯懦。

每次礼触圣育克铁斯华的圣足，我总是一阵激荡。当弟子虔敬地与上师接触时，会感应到上师的灵性磁场，而产生一股细微电流。通常弟子头脑里不当的习惯机制会彷佛被灼蚀，其世俗倾向的常轨也会受到有益的干扰。至少他可以暂时发觉摩耶的神秘面纱被揭开，而一瞥极喜的真实面貌。每当我以印度礼节跪在古鲁足前时，我整个身体会相应出一道令人释负的光。

"即使当拉悉利·玛哈夏静默不语，"上师告诉我，"或谈论非宗教性的话题，我发现他仍能传输给我无法言喻的知识。"

圣育克铁斯华也以同样方式影响我。如果我带着烦恼或不在乎的心进入修道院，我的态度会不自觉地产生变化。只要一看到古鲁，疗愈的平静就会油然而生。与他同处的每一天，都能体验全新的喜悦、和平及智慧。我从没见过他被蒙骗，或沉溺于贪婪、嗔怒，或对人的执着中。

"摩耶的晦暗悄悄逼近，让我们速返内心的故乡。"上师

过来咬你们。"——马太福音第七章六节

不断用这些警语提醒弟子修练科里亚瑜伽的必要性。一位新学生几度怀疑自己是否不配练习瑜伽。

"忘掉过去，"圣育克铁斯华会安慰他，"人类消逝的生命因许多愧疚而黯淡。在人心完全以神为归依之前，人的行为始终是不可靠的。如果你现在就对灵修下功夫，将来每件事都会改善。"

上师的修道院中总有一些年轻徒弟 (chelas)，上师终其一生关注他们的知识及灵性教育；即使在他过世前不久，他仍接受两名六岁男孩和一名十六岁少年住进道院里学习。在他的照管下，每个人都受到妥善的训练。"门徒" (disciple) 与"管教" (discipline) 两个字语源相同，实际上也相关。

修道院里的弟子敬爱他们的古鲁，他轻轻一拍手已足以让他们热切地聚到他身旁。当他静默不语、收摄六根时，没人敢说话；当他开怀大笑时，孩子们把上师当作自己的同伴。

圣育克铁斯华极少要人服侍他，除非弟子热心主动提出，否则他不会接受弟子帮忙。如果弟子忘了洗上师衣服的这项殊荣，上师会自己洗。

他通常穿着传统的赭色僧袍。依照瑜伽修行者传统，在室内他会穿上虎皮或鹿皮制的无鞋带鞋子。

圣育克铁斯华能说流利的英语、法语、孟加拉语及印地语，他的梵文也相当好。他用自己设计的独创捷径，耐心地教导年轻弟子学习英文与梵文。

上师不过度执着肉体，但会细心照顾它。他指出，透过健全的身心，神性才会适当显现出来。他不赞成任何极端行为。有一次，古鲁笑着对一个想长期断食的弟子说："怎不丢根骨头给狗呢？"[14]

---

14 古鲁赞成断食并视之为清净体内的理想自然方式，但文中这位弟子已经过度

圣育克铁斯华非常健康，我从没见过他身体不适 [15]。为了表现对世俗习惯的尊敬，如果学生希望的话，他会允许他们去看医生。他说："医生应该用上帝施用于物质的法则来治病。"但他赞扬心灵治疗的优越性，经常说："智慧是最佳净化剂。"

他告诉弟子："身体是个不可靠的朋友，适度照顾它，但勿过度。痛苦和欢乐都是短暂的，用平静的心包容所有二元现象，同时试着超越它们的影响。想像是疾病，同时也是痊愈的出入口；即使你病了，不要相信生病现实，没被承认的访客很快会离开！"

上师的弟子中有很多位医师。"那些研习过生理学的人，应该进一步研究灵魂学，"他告诉他们。"精细的灵性结构就藏在身体构造背后。" [16]

圣育克铁斯华建议学生在生活中融入东西方的美德。他自己外在习惯履行西方精神，内在则属东方精神。他赞扬西方积极、运用策略及卫生的方式，也称颂几个世纪以来为东方戴上光环的宗教理想。

我对纪律并不陌生，在家里，父亲很严格，阿南塔经常也管得紧；但圣育克铁斯华的训练只能用"激烈彻底"来形容。古鲁是个完美主义者，对弟子要求严苛，不论是紧要事宜或平日行为上的微细差异。

执着于身体。

15　有一次他在喀什米尔生了一场病，当时我没有在他身边。（见第 238 页。）

16　一位具勇气的医学人士、诺贝尔医学奖得主查理斯·罗伯特·里伽特 (Charles Robert Richet) 曾写下："形而上学虽未被正式承认为一门科学，但它将来会……。在爱丁堡，我于一百位生理学家面前证明我们的五种感官并非接收信息的唯一媒介，实相的片段有时以其他方式抵达心智。……事实罕闻不构成它不存在的理由，难道可以拿困难当理由而不去了解一门学问吗？……那些抱怨形而上学是玄学的人，有一天会像那些以寻找点金石不实际为由而抱怨化学的人一样，对自己感到羞愧。……就原理而言，无论何处总是只有拉瓦锡 (Lavoisier)、克劳德·伯纳 (Claude Bernard)，和巴斯德 (Pasteur) 的实验性方法；迎接一个将会改变人类固有思考模式的新科学吧。"

"缺乏诚意的礼貌就好像没有生命的美丽女子，"在一个适当场合里他评论到。"缺乏谦良的直率就如同外科医师的手术刀，有效但令人不悦；具礼貌的坦诚很有助益，也令人赞赏。"

上师显然对我的灵性进步感到满意，因为他很少提及此事；但在其它方面，我的耳朵对斥责却一点也不陌生。我主要的过错是心不在焉，时而沉溺于忧伤中，或不遵守某些礼节规矩，及偶尔做事不按条理。

"观察你父亲巴各巴提是如何做事有规划且不偏不倚。"古鲁指出。这两位拉悉利·玛哈夏的门徒在我首次造访塞伦波尔修道院后不久即相见。父亲和上师彼此推崇，两人美丽的内在生命都建立在历时不衰、坚若盘石的灵修基础上。

早年生活中，我从一位短期老师那儿学到一些错误观念。我被教导，灵修弟子不需费心于世俗责任。当我在工作上疏忽或不小心时，我并没有受到谴责，人类的本性对这样的教导是非常容易接受的。然而，在上师不宽怠的鞭策下，我很快从凡事不必尽心的幻境中清醒。

"那些对于这世间而言太过美好的人住在其它界体，"有一天，圣育克铁斯华评论道。"只要你还在呼吸这大地上的免费空气，就有义务感恩回馈；只有能完全掌握无息状态[17]的人才能免于上天赋予的责任。"他冷淡地补充道："当你达到最终完美境界时，我会让你知道。"

古鲁从不被收买，即使用爱。他对于像我一样甘愿成为他弟子的人，一点也不纵容。不论上师和我周围是否有学生或陌生人，还是独处，他总是直言不讳，照常严厉训斥，即使是微不足道的肤浅错误或矛盾都逃不过他的指责。这种磨平自我的待遇令人很难忍受，但我让圣育克铁斯华弭平我内心所有纠结

17　三摩地：超意识。

的决心从未改变。当他为这巨大转变竭尽心力时，我可是在他重重的管教铁锤下，震颤了好几回。

"如果你不喜欢我说的话，随时可以离开。"上师向我保证。"除了你自己的进步外，我对你一无所求。你觉得受益才留下来。"

他重重打击我的虚荣使我学会谦卑，对此我无限感激。具隐喻性地，有时我觉得他彷佛发现我口腔里的每颗烂牙并为我拔除。除非用强硬的方式，否则难以除掉我执的硬核。我执一离开，上帝终于可以找到一条不受阻的通道，祂是无法穿透冷酷私心的。

圣育克铁斯华具敏锐穿透的直觉，他不在意话语，反而经常回应别人没有说出口的念头。一个人所说的话与其背后的真正想法可能南辕北辙。"静下心来，"古鲁说，"试着去感觉在滔滔不绝的困惑话语背后的想法。"

具洞察力的神圣揭示通常让世人耳朵难以接受。对于肤浅的学生，上师并不受欢迎；睿智者，总是为数不多，却深深敬爱他。

我敢说，如果圣育克铁斯华的言语不是那样坦率与苛求，他会是印度最受欢迎的古鲁。

"我严格要求前来受教的学生。"他向我承认。"那是我的方式，接受与否随君便，我从不妥协。但你对你的弟子将会和蔼许多，那是你的方式。我只用严酷的火净化，这种灼热烈火超过一般人的忍耐限度；温和的爱同样能够感化人。只要施以智慧，刚硬及柔软的方法同等有效。"他补充道："你将到异邦去，在那儿直截了当打击对方自我很难被接受。一个缺乏大量耐心和包容的导师是无法在西方传播印度讯息的。"（日后在美国，我不知有多少回想起上师的话！）

虽然上师在世时因为率直的言论阻止了大批追随者，然而，随着真诚跟随上师教诲的学生与日俱增，他的精神至今仍活在世间。如亚历山大大帝的战士们追求的是土地的主权；如圣育克铁斯华的上师们却征服更辽阔的疆域——人类的性灵。

上师习惯以异常严肃的神态指正弟子简单微小的缺失。有一天父亲到塞伦波尔向圣育克铁斯华致意。父亲原本期望可能会听到一些赞美我的话，令他震惊的是，他听到一大串我的不是之处，他赶紧过来看我。

"依你古鲁所言，我以为你一无是处！"父亲哭笑不得。

当时，造成圣育克铁斯华不悦的唯一原因，就是我违背他温和的暗示，一直试图使某人走上灵修之路。

我愤慨地跑去找古鲁。他低垂着眼迎接我，好像知道做错了。这是唯一一次我看到神圣的狮子在我面前表现温顺，独特而珍贵的一刻令人弥足回味。

"先生，您为何在我震惊的父亲面前如此无情批判我？那样公平吗？"

"我不会再这么做了。"圣育克铁斯华语带歉意。

瞬间我怒气全消。这位伟大人物多么快地认错啊！虽然他再也没有扰乱父亲平静的心，但上师随时随地仍继续毫不留情地雕钻切磨我。

新弟子经常加入圣育克铁斯华对人身彻底的批评责难。睿智如古鲁！无瑕的辨识力！发动攻击的人可不能没有防御能力。一旦上师从他剖析的箭筒中抽出几支箭公然朝他们发射时，那些吹毛求疵的学生只有落荒而逃。

"脆弱的内在缺陷，稍受谴责就不悦，就像身上的患处还未轻碰就先退缩。"这是圣育克铁斯华对那些心性轻浮不定的人所作的有趣评论。

许多弟子对理想中的古鲁该如何行止有先入为主的印象，并藉此评断其言行。这样的人经常抱怨他们不了解圣育克铁斯华。

"你也不了解上帝！"有一次我反驳道。"如果你完全明白圣人，你早就成圣了！"身处数百万兆的奥秘中，分分秒秒呼吸着不知由来的空气，难道有人敢要求一个深不可测的上师瞬间就被了解？

学生们来来去去，通常走掉的多。那些想以简易方式修行的人——即渴望自己的优点能受到立即性的赞赏及认同者——是无法在修道院中找到所要的。上师为弟子提供永世的看守及庇护，但许多学生却贪婪地同时要求我执的慰藉。这样的人离开了，放弃谦逊，他们宁可选择生命中无数的羞辱。圣育克铁斯华的智慧犹如具穿透力的炙热阳光，对灵性生病的人而言太过强烈；他们另寻能以取悦的态度护荫他们，并允许他们在无知中鼾睡的次等导师。

与上师相处的最初几个月，我对他的斥责经历了一种至为敏感的恐惧。但很快我就发现他那严厉如刀割的言语苛责，只针对像我这般要求上师严厉管教的弟子。如果有任何受挫的学生提出抗议，圣育克铁斯华不会生气，只是静默不语。他的话语从不带怒气，深具智慧地对事不对人。

上师不曾指责一般访客，他很少论及他们的缺点，即使十分明显。但对前来接受他教诲的学生，圣育克铁斯华会觉得责任重大。古鲁为充满我执的人性原矿进行转化，这样的承担确实很勇敢！圣人的勇气源自于他对世人为摩耶所惑而盲目失足的慈悲心。

当我放下蛰伏心中的怨尤后，我发现受责难的次数明显减少，隐约中上师也变得较为仁慈宽厚。我及时卸除人性为自我防卫而筑起的好辩及潜意识中有所保留的每一道墙[18]，与古鲁自然和谐相处是我的回报。自此我发现他深值信任、善解人意且默默关爱。但因含蓄使然，上师并不以言语表达感情。

我自己的性情基本上是个虔诚奉献的人。刚开始，我觉得古鲁具备饱满的智慧 (jnana)，但似乎缺乏奉献的热诚 (bhakti)[19]，只是以冷漠无情的灵性逻辑来表达自己，对此我感到十分沮丧困惑。但当我调整自己意念去趋近他的本质时，我发现自己对追求上帝的虔诚热爱不减反增。一个证悟的上师能完全自然地依弟子的本质倾向因材施教。

我与圣育克铁斯华之间并不多话，但又隐然深具流畅表达。我经常发现他默默在我的思想过程中示意，语言已是多余。静静坐在他身旁，我感到他的恩泽平静地涌向我。

在我大学第一年的暑假，圣育克铁斯华表现其不偏不倚的公正作风。我一直都期待有机会可以连续数月在塞伦波尔与古鲁共处。

"你可以负责管理道院。"上师很开心看到我兴高采烈地抵达。"你负责接待客人和督导其他弟子工作。"

库玛 (Kumar)，一个来自东孟加拉村庄的年轻人，两星期后获准在道院接受训练。他非常聪明，很快赢得圣育克铁斯华的喜爱。某种不可解的理由，上师对这位新来的弟子特别宽容。

"慕昆达，让库玛接手你的工作，你去打扫和煮饭。"这新男孩加入我们一个月后，上师如此指示。

被提升到领导之阶，库玛的行为像个没有气量的王室暴君。

18　"超意识被冠在我们意识及潜意识的存有之上，"犹太教士伊色列·里文梭 (Rabbi Israel H. Levinthal) 曾在纽约一场演说中指出。"多年以前，英国心理学家梅尔 (F. W. H. Myers) 提到：'隐藏在我们生命深处的是一堆垃圾和一座宝库。'不同于传统心理学将所有研究集中在人类本质的潜意识上，新的超意识心理学专注于宝库，单此领域就足以解释人类伟大、无私及英勇的行为。"

19　jnana，智慧；bhakti，虔诚——为通往上帝的其中两条主要道路。

其他弟子默默反抗，继续找我协商日常工作。这种情况持续了三周，然后我无意间听到库玛和上师的对话。

"慕昆达太过份了！"年轻人说。"您让我管理，但大家全都到他那儿听他指挥。"

"这是为什么我调他到厨房而派你到大厅的原因——这样你才能了解，一个称职的领导者志在服务，不在指使别人。"库玛第一次受到圣育克铁斯华严厉的指责。"你想要慕昆达的位子，却无法用品德巩固它。现在回去做你原先的厨房助理。"

在这次教人谦卑的事件之后，上师又像以前一样对库玛格外纵容。谁能解开吸引力的奥秘呢？古鲁在库玛身上发现一种迷人的泉源，但那是其他师兄弟都感受不到的。虽然这新男孩显然最受圣育克铁斯华宠爱，但我一点也不以为意。即使大师们也具有个人习气，这让生命的原型增添丰富的复杂性。我天性不拘小节，我在圣育克铁斯华身上追求的是远胜于外在赞美的更高益处。

有一天库玛毫无理由地对我恶言相向，我觉得深受伤害。

"你的脑袋快胀破了！"我补充了一句直觉会成真的警告："除非你修正作为，否则有一天你会被请出修道院的。"

库玛讥笑着，向刚走进房间的古鲁重述我的话。预期肯定要被责备，我乖乖地退到角落。

"也许慕昆达是对的。"上师异常冷漠地回应那男孩。

一年后，库玛返回童年家乡探望。他不顾圣育克铁斯华无声的反对，上师从不以权威控制弟子的行动。几个月后这男孩回到塞伦波尔，明显出现令人不快的改变。过去神采奕奕、仪态安详的库玛已不复见；站在我们面前的是一个新染上恶习的平凡村夫。

上师唤我过去，伤心论及这男孩已不适合道院的清修生活。

"慕昆达，我让你去要求库玛明天离开修道院，我无法做这事！"圣育克铁斯华眼里噙着泪水，但他很快控制住自己。"如果他当初听我的话，不要离开修道院去跟损友厮混，他不会落入这个深渊。他拒绝我的保护，冷酷无情的世间应该还是他的古鲁。"

库玛的离开并没有让我感到欢欣。我难过地纳闷，一个能赢得上师疼爱的人怎会如此轻易对世间的诱惑动心。对酒色的迷恋根植于人性，不需灵敏的觉察就可以享受。感官陷阱好比是长青的夹竹桃，红润的花朵芬芳怡人，但这植物的每一部分都有毒[20]。痊愈的净土在于欢喜满溢的性灵深处，只是人们盲目地朝千百个外在方向追寻欢愉。

"聪明才智如双刃刀，"上师有一次谈及库玛的出色伶俐。"可以用来建设，也可以破坏；好比一把刀，可以切除无明的脓包，也可以杀伤自己。只有当心智体认到灵性法则的必然性，聪明才智才会受到正确的引导。"

我的古鲁男女弟子兼收，视他们如自己的孩子。觉照所有弟子灵性平等，他从未有分别心或任何偏袒。

"在睡眠中，你不知道自己是男人或女人，"他说。"就像一个扮成女人的男人，不会成为真正的女人；灵魂亦然，无论扮演男性或女性亦不会改变。灵魂是上帝恒常不变的无条件形象。"

圣育克铁斯华从不刻意避开或指责女人是"造成男人坠落的祸水"。他指出，女人同样要面对异性的诱惑。有一次，我问上师为何古代一位伟大圣者称女人是"地狱之门"。

20　"人在清醒状态下花费无限精力去经历感官乐趣，当所有感官都疲倦时，他顾不得手边的逸乐而进入睡眠状态，为的是回到灵魂的本质里，享受休息。"伟大的吠陀哲学家商羯罗写道。"超越感官的极喜可以如此轻易达到，并且远胜于总是以憎恶收场的感官欢愉。"

"也许在他早年，一名女子使他心神不定。"古鲁挖苦地回答。"不然他该怪罪的不是女人，而是自己在自我克制上的缺陷。"

如果有访客胆敢在道院里提到引人遐想的故事，上师会保持静默不作反应。"不要让自己在美丽脸孔的刺激之鞭下翻来覆去，"他告诉弟子。"感官奴隶如何能品味这个世界？当它们还耽溺于原始泥浆时，这世间更精致的风味即逃逸无踪。充满原始欲望的人会失去所有美好的辨识能力。"

那些想自摩耶所幻生的性欲中寻求解脱的学生，总能从圣育克铁斯华那得到体谅且耐心的辅导。

"就像饥饿（非贪婪）有其合理的目的，自然赋予的性本能原意只为了繁衍后代，不是为了点燃永远无法填满的渴求，"他说。"现在就摧毁不当的欲望，否则当星灵体离开躯壳后，它们还会继续跟随你。即使肉体软弱的时候，心灵应持续抵抗；当诱惑以无情的力量攻击你时，用客观的分析及不屈不挠的意志去克服它。每一种自然情欲都能被控制。

"存蓄你的能量，像广阔大海，静静吸收所有感官百川的汇流。每日翻陈出新的感官欲望消耗你内在的平静；就像水库的缺口，让珍贵水源浪费在物质世界的荒漠土壤中。强烈、冲动的不当欲望，是阻碍人类幸福的最大敌人。要像只懂得自制的狮子漫步世间，别让像青蛙般乱窜的感官弱点踢得你团团转！"

一个真正的皈依者最终会从所有本能的冲动中解脱。他能将人对情爱的需求转化为一心对神的渴望——一种因无处不在而独特唯一的爱。

圣育克铁斯华的母亲住在巴拿纳斯的兰纳摩诃区，也是我初访古鲁的地方。她是一位仁慈和蔼但很有主见的妇人。有一天，我站在她的阳台上看母子间的对话。上师以平静而理性的方式试图说服她某件事，他显然没有成功，因为她猛摇头。

"不！不！儿子，你走吧！你那些睿智话语不用说给我听！我不是你的徒弟！"

圣育克铁斯华不再争论即退开，像个受到责骂的小孩。上师对母亲的尊敬让我深受感动，即使在她不讲理的时候。在她眼里上师只是她的小男孩，而非圣者。这件小插曲有其迷人之处，它让人从侧面窥见古鲁独特的性情——内在谦和而外表刚强。

道院戒律不允许僧人正式入门后仍与世俗保持连系，他不再能履行一家之主行家庭仪式的义务。但重整古僧团制度的商羯罗并不理会这项禁令。商羯罗挚爱的母亲死后，他自高举的手中喷出天堂之火，以焚化她的遗体。

圣育克铁斯华也不理会这些限制——但他用较不引人注目的方式。他于母亲过世时安排在巴拿纳斯神圣的恒河岸进行火葬，并遵照世人习俗，设宴供养婆罗门僧众。

圣典的禁令目的在于协助僧人克服狭隘的身份认同。商羯罗和圣育克铁斯华已完全融入**无我性灵**，不需要藉助戒条。有时候一个上师会故意忽视某个教规，以显示教规精神是超越且无关形式的，因此耶稣在安息日采摘玉米穗。对那些不可避免的非难者，他说："安息日是为人设立的，人不是为安息日设立的。"[21]

除了经典外，圣育克铁斯华极少阅读，然而他总是对最新的科学发现及各种知识的进展了若指掌[22]。他十分健谈，喜欢与

21　马可福音第二章二十七节。

22　只要上师愿意，他可以立刻调整自己与任何人的心念相通（帕坦加利在《瑜伽经》中第三章十九节提到此种瑜伽法力）。他犹如人体无线电的能力以及思想本质，在第186页有解释。

客人针对无数主题交换观点，古鲁敏锐的机智和畅怀的笑声让每一场谈话都活泼生动。他经常表情严肃但从不阴沉，"寻找上帝不需把脸弄得难看，"他会引用圣经[23]这样说。"记住，找到上帝意即埋葬一切忧伤。"

到修道院拜访的哲学家、教授、律师和科学家中，有些人首次造访时以为会见到一位传统宗教家。偶尔的高傲浅笑或消遣的忍耐眼色，透露出初访者只预期一些虚伪的陈词滥调；与上师交谈后，他们发现圣育克铁斯华对他们专业领域的知识竟有如此精确的洞察力，最后反而不舍离去。

古鲁对宾客通常是友善和蔼的，他热诚愉悦地欢迎接待；然而顽固的自大狂有时会受到不假辞色的打击，他们发现上师对他们不是冷淡漠视就是可怕的对立：冰或铁！

有一次，一位著名的化学家与圣育克铁斯华交锋。访客不承认上帝的存在，因为科学界尚未有侦测上帝的方法。

"所以你也无法解释为何不能将**最高能量**在你的试管中分离出来！"上师眼神严厉。"我建议你做个新实验：二十四小时不间断地检视自己的念头，你就不会再纳闷上帝的缺席。"

一位著名的学者同样受到类似棒喝，那是他第一次来道院。当这位访客背诵《摩诃婆罗多》、《奥义书》[24]及商羯罗的诗句评注时，响彻整个屋梁。

"我正等着听你说。"圣育克铁斯华询问着，好像刚才一片安静似的。学者满脸疑惑。

"引经据典的言论已经太多。"上师的话令我忍俊不住，

23　马太福音第六章十六节。

24　《奥义书》(*Upanishads*) 或《吠檀多》(*Vedanta*，字义上为"吠陀经的结尾")，为四部吠陀其中一部份，是精要的总结，并奠立印度宗教的教义基础。叔本华 (Schopenhauer) 称颂它们为"精深、原质，及崇高的思想，"并说，"在我眼里，进入吠陀（经由《奥义书》的西方翻译），可说是本世纪超越往昔的至高殊荣。"

我就蹲踞在角落，与访客保持一个礼貌距离。"但从你独特的生命中，你能提供什么新鲜创见呢？你吸收到哪些经文、然后转化成自己的东西？这些超越时空的真理如何提升你的本性？你满足于做个空洞的传声机，机械式地重复别人的话吗？"

"我投降！"这位学者的懊恼表情滑稽逗趣。"我没有内在体悟！"

也许这是他第一次了解，懂得如何断句并不能弥补灵性的昏沉。

"这些陈腐学究过度读死书，"古鲁在这位受洗炼责难的人离去后评论道。"他们以为哲学只是温和的智力健身操，他们高尚的思想小心地不与外在粗鲁行动或严惩的内在纪律有任何关联！"

另外几次，上师强调只读死书是徒劳无益的。

"不要把领悟真理与知道大量词汇混淆在一起，"他提到。"圣典有助于激起内在体悟的欲望——如果一次只慢慢吸收一小节。否则，持续的知性钻研会产生虚荣心、错误的满足，及一知半解的知识。"

圣育克铁斯华提到自己的一个经典启发经历。地点是在东孟加拉的一间森林修道院，在那儿他观察一位著名的导师达布鲁·巴拉夫(Dabru Ballav)授课。他的方法既简单又困难，在古代印度很普遍。

达布鲁·巴拉夫在幽静的林间聚集弟子，在他们面前是一本翻开的圣典薄伽梵歌。他们用半小时专注于一段文字，然后闭上眼睛，又过了半小时，上师作了简短评论，他们寂然不动地继续静坐一小时。最后古鲁开口了：

"现在你们明白这段经文了吗？"

"是的，先生。"弟子中有人大胆出言。

"不，尚未完全。找出赋予这些文字力量的灵性活力，它维持印度无数世纪以来的朝气。"又一小时在寂静中溜走。上师解散学生，然后转向圣育克铁斯华。

"你懂薄伽梵歌吗？"

"不，先生，不完全知道，虽然我用心与眼浏览过好几回。"

"千百人曾给我不同的回答！"这位伟大的圣贤微笑地为上师祝福。"人如果忙于展现外在的经典财富，还有什么时间可安静地追寻内在的无价珠宝呢？"

圣育克铁斯华也是用同样密集专一的方式指导弟子阅读。"智慧的吸收不是靠眼睛，而是藉由微细的原子，"他说。"当你不仅在大脑信服一项真理，且整个人都相信时，那你才能谦虚地明言此真理的意义。"如果有学生认为书本知识是明心见性的必经台阶，上师会不鼓励这种想法倾向。

"先知写下一句深奥的话就让评论学者忙了几世代，"他说。"心智怠惰者才会在字义上争论不休。还有什么比'上帝是'、或甚至'上帝'更快解脱的想法？"

然而，人不容易回到单纯。主知主义者很少有"上帝"，而只有那些使他自大傲慢的学识，其自我让他对自己能如此博学多闻自得意满。

那些自豪于个人财富或社会地位的人，在上师面前可能得把谦卑也列入资产里。有一次，一位地方法官要求到普里海边的修道院访问。此人以霸道闻名，他的权力大到可以征收我们的修道院。我告诉古鲁这个事实，但他毫不妥协继续坐着，没有起身迎接访客。

我有些紧张地蹲踞门边。圣育克铁斯华没有叫我拿椅子给这位官员坐，他只好将就坐在木箱子上。他以为道院必因其重要性而隆重接待，但这期待显然落空。

接下来是纯哲学讨论。这个客人错误百出地解释经典,当他的理路渐失,怒焰随之高张。

"你知不知道我是硕士考的榜首?"虽然失去理性,他仍能高声咆哮。

"法官先生,你忘了这里不是你的法庭,"上师平静地回答。"从你幼稚的言辞,任何人都会推测你的大学学历没多少价值。无论如何,大学文凭和领悟吠陀经义毫无关系,圣人不像会计师那样可以每学期被大批制造。"

一阵惊愕的沉默后,访客开怀地笑起来。

"这是我第一次碰到天国的法官。"他说。然后他以他生命中显然不可缺少的法律术语提出一正式请求,希望成为一名"受观护"的弟子。

像拉悉利·玛哈夏一样,有很多次圣育克铁斯华不鼓励那些"时机未成熟"的学生加入僧团。"一个缺乏神性体悟的人穿上赭黄袈裟只会误导社会。"两位上师都如此说。"别只在乎出家人的外表装束,它可能引发不当的虚荣心而伤害到你。没有什么比你每天在灵性上的稳健进步更重要的了,要做到那样,运用科里亚瑜伽吧。"

不同于世间多变的量尺,圣人以始终如一的标准来衡量一个人的价值。人性本身何其包罗万象啊!但在一个上师眼里只分成两类:不寻求开悟的无知者,及追求上帝的智者。

古鲁亲自处理自己的财产管理细节。有些不法之徒多次企图侵占那些上师的祖传土地,凭着坚定意志或甚至提出法律诉讼,圣育克铁斯华智取每个对手。他忍受这些痛苦经历,是为了不让自己成为向人伸手的古鲁或是弟子们的负担。

经济独立是我直言不讳的上师不必理会狡诈外交手腕的原因之一。不像那些需要奉承资助者的导师,古鲁对他人财富所

圣育克铁斯华尊者静修苑

1977 年落成，位于尊者在塞伦波尔的修道院原址。此静修苑在建造时，用了数块砌于原修道院建筑物本身的砖块，并依照帕拉玛罕撒·瑜伽南达尊者的设计完工。

带来明显或细微的影响不为所动。我从未听他以任何理由请求或暗示金钱的支援，修道院的训练他免费提供给所有弟子。

有一天，一位法院代表到塞伦波尔修道院执行传唤。一位名叫卡奈 (Kanai) 的弟子和我领这位访客到圣育克铁斯华面前。

这位官员对圣育克铁斯华的态度蛮横无礼。"走出道院的掩护，呼吸法庭的诚实空气会对你有益。"他轻蔑地说。

我无法自持。"再说一句放肆的话，就让你倒在地上！"我进一步威胁道。

卡奈也对他吼起来："你这无耻之徒！胆敢冒渎这神圣的道院？"

但上师站到侮辱他的人面前作势保护："不要小题大作了，他只不过在执行公务。"

那位官员眩惑于前后不同的待遇，恭敬地道歉后慌忙离去。

我很惊讶地发现有烈火般意志的上师内心竟是如此平静。恰如吠陀经对"神之人"(man of God)所下的定义："当悲心有所挂虑，温柔尤甚花朵；当原则濒临危险，威厉尤甚雷电。"

世上总有些人，如白朗宁(Browning)所言，"因自己昏暗，故无法忍受光亮。"偶尔会有外人被想像中的不满激愤而指责圣育克铁斯华，冷静泰然的古鲁会礼貌倾听，并分析对方的批评是否有任何一丝事实。这些情景让我想起上师一个独到的观察："有些人设法砍掉别人的头以突显自己的高度！"

圣者自始至终展现的沉着比任何说教更令人印象深刻。"不轻易发怒的，胜过勇士；治服己心的，强过取城。"[25]

我经常思索，我崇高的上师若集中心思于声望或世俗成就上，他可轻易成为君王或举世震惊的武士；然而，他选择了进攻嗔怒及我执的内在堡垒——其陷落是人类成就的最高境界。

25　旧约圣经，箴言第十六章三十二节。

第十三章　不眠圣人

"请允许我去喜马拉雅山，我希望能在持续的独处中达到与圣灵无间断的交融。"

有一次，我真的对上师说出这样的忘恩之语。被一种弟子偶发、无法预测的妄想困扰，我逐渐对道院工作及大学课业失去耐心。勉强说得过去的理由是，提出此议时，我才认识圣育克铁斯华六个月，还不足以完全了解他高深的境界。

"许多喜马拉雅山上的居民也未能悟道，"古鲁的回答徐缓简要。"最好在开悟的人身上寻求智慧，胜过没有生命的高山。"

不顾上师明白的暗示：我的导师正是他，而非山丘。我一再请求，圣育克铁斯华没有回答。我将他的沉默视为首肯——一个无根据但方便自己的解释。

当晚，我在加尔各达家中忙着整理行囊。我把几件物品绑在一条毯子里，想起几年前被我从阁楼窗户偷偷往下丢的一个类似包袱，我好奇这是否又是一趟预兆不祥的喜马拉雅山之旅。第一次我是兴高采烈；但今晚，想到要离开古鲁，我的良心愧疚不安。

翌晨，我找到我在苏格兰教会学院的梵文教授贝哈里 (Behari Pundit)。

"先生，您曾提过您跟拉悉利·玛哈夏一位伟大弟子的交情。请您给我他的住址。"

"你是指拉姆·高普·慕尊达 (Ram Gopal Muzumdar)，我称他为'不眠圣人'，他永远处在极喜的清醒意识中。他家在兰巴普 (Ranbajpur)，靠近塔拉克斯瓦 (Tarakeswar)。"

谢过这位学者，我立刻搭火车前往塔拉克斯瓦。我希望"不眠圣人"支持我独自在喜马拉雅山静坐的想法，以平息我内心的不安。贝哈里教授告诉我，拉姆·高普在孟加拉邦一个与世隔离的山洞里修练科里亚瑜伽多年后，已经证道。

在塔拉克斯瓦我前往一座著名的神祠，这是印度教徒虔诚敬拜的地方，就如同天主教徒心目中的法国卢尔德 (Lourdes) 圣地般。无数的医治奇迹在塔拉克斯瓦发生，其中包括我一位亲戚。

"我在殿里坐了一个星期。"有一次我的婶婶告诉我。"我遵行完全断食，祈祷你叔叔撒拉达 (Sarada) 的慢性病能复原。到第七天，我发现手上突然出现一种药草！我把叶子煮水给你叔叔喝，药到病除，而且不再复发。"

我进入塔拉克斯瓦神祠，祭坛上除了一块圆石什么也没有，无始无终的圆周适巧地象征无极的天国。在印度，连不识字的农夫都知道宇宙的抽象概念；事实上，西方人有时还谴责印度人活在抽象世界里！

当时我的情绪太严峻，无意拜倒在这块具象征意义的石头前。上帝只能在灵魂深处寻找，我这么想。

我没有跪拜就离开神祠并快捷地走向偏远的兰巴普村庄。不确定路怎么走，我向一位路人问路，他凝思许久。

他终于如宣布神谕似地指示我："当你走到十字路口时，右转后直走。"

照着他的指示，我沿着一条水道堤岸前进。夜暮低垂，丛林里的村庄外郊到处是闪闪发亮的萤火虫及附近豺狼的嗥叫。月光太微弱，帮不上忙，我跌跌撞撞地走了两个小时。

令人欣喜的牛铃声！我不断地叫喊，终于有一位农夫走近身旁。

"我找拉姆·高普先生。"

"我们村里没这个人。"农夫肯定地说。"你八成是个不老实的调查员。"

为了缓和他厌恶政治的疑心，我恳切地解释我的处境。随后，他带我到他家并热情接待我。

"兰巴普离这儿很远，"他说。"你应该在十字路口左转，而不是右转。"

我伤心地回想，先前指路的那个人对旅客真是危害不浅啊。晚餐是美味的糙米、豆仁浓汤、马铃薯咖哩和生香蕉。餐后，我到院子旁的一间小茅舍休息，远处传来村民以响亮的手鼓[1]和铙钹伴奏的歌声。当晚，睡眠对我毫不重要，我深切祷告，祈求被带引到瑜伽行者拉姆·高普的隐居处。

黎明的第一道曙光刚穿透茅舍缝隙时，我就启程前往兰巴普。越过崎岖不平的稻田，在带着利刺的植物残株及一丘丘干泥土堆中艰难跋涉，偶遇的村民总是告诉我"再过两哩"就到了。六小时后，太阳胜利地从地平线升抵日中天。我开始觉得，我永远距兰巴普还有两哩路。

下午已过了一半，我的世界仍是一望无际的稻田。蒸腾的热气从无可遁藏的天空喷泻而下，我几近昏厥。此时，我看到一个人从容向我走来，我不敢再开口问那个问题，免得又招来一成不变的"再过两哩"。

这位陌生人在我身旁停下。他的身材瘦小，除了一双格外具洞察力的黑眼睛外，外貌并未特别引人注目。

"我正准备离开兰巴普，但你的意图可嘉，所以我等你。"他的手指在我诧异的脸前晃了晃。"你不是聪明地认为，不经

---

1 原文 mridangas 是一种手鼓，通常在宗教仪式或巡行时用以伴奏虔诚的吟唱 (kirtan)。

通报就可以攫住我吗？那位贝哈里教授无权把我的住址给你。"

此时在这位大师面前自我介绍已是多余，我站着没说话，对于这样的接待，心里觉得有点受伤。他突然问我下一句：

"告诉我，你认为上帝在那里？"

"祂就在我心里而且无所不在，不是吗？"我脸上的表情肯定就像内心的感觉一样充满疑惑。

"遍布虚空，呃？"圣人低声笑道。"那么，年轻人，为什么你昨天在塔拉克斯瓦神祠没有对着象征无限上帝的石头礼拜呢？[2]你的自傲让你受到被路人误导的惩罚，因为他不费心细别左右；今天你也一样很辛苦！"

我心悦诚服，诧异面前这位不起眼的人竟暗藏一对千里眼。瑜伽行者身上散发出灵疗力量，在炙热的田里我顿时感到一阵沁凉。

"信徒倾向认为只有他自己的信仰才是见到上帝的唯一方法，"他说。"如拉悉利·玛哈夏告诉我们的，由内在证悟神性的瑜伽无疑是最高层次的法门。但是，一旦由内心找到神，很快地我们也能从一切外相中觉照祂。塔拉克斯瓦及其它地方的神祠就像心灵力量的核心，应得到尊敬。"

圣人责难的态度消失了，他的眼神变得温柔慈悲，他拍拍我的肩。

"年轻的瑜伽行者，我知道你从你的上师那儿跑掉。他具足你所需要的一切，你应该回到他身边。"他又说："高山不能成为你的古鲁。"——两天前圣育克铁斯华也曾说出同样想法。

"大师们并不受宇宙强制，非得住深山不可。"这位同伴

2　"不向任何事物低头的人，也必定无法担负自己的重担。"——摘自杜斯妥也夫斯基 (Dostoyevsky) 的《群魔》(*The Possessed*，亦译为《附魔者》)。

拉姆·高普·慕尊达
"不眠圣人"

逗趣地看我一眼。"印度和西藏的喜马拉雅山并不垄断圣人的落脚处。人们不愿费心往内寻找的那个'目标',不会因为身体到处流浪就被发现。只要信徒愿意为求灵性证悟走遍天涯海角,他的古鲁就会在近旁出现。"

我颔首默认,回想起我曾在巴拿纳斯修道院祷告后,接着就在拥挤的小巷内遇见圣育克铁斯华。

"你有一个可以关门独处的小房间吗?"

"有的。"我心想,这位圣人迅速从广泛话题转到具体细节。

"那就是你的洞穴。"这位瑜伽行者以证悟的目光加持我,令我永生难忘。"那就是你的圣山,就是你找到神国之处。"

他简单的话语瞬间消除我一生对喜马拉雅山的迷恋。站在灼热的稻田上，我从连绵群山及终年积雪的痴梦中醒来。

"年轻人，你的灵性渴求值得赞赏，我对你感到一种深厚的爱。"拉姆·高普牵着我的手引我到丛林空地里的一座古雅小村落。这些泥房覆盖着椰子叶，新鲜热带花卉质朴地装饰着入口。

圣人让我坐在他平房里一处有遮荫的竹架平台上。他给我甜莱姆汁和一块冰糖后，我们到露台以莲花姿盘腿而坐。静坐约四小时后，我睁开双眼，月光映照下的瑜伽行者仍然静止不动。当我咬牙提醒肠胃"人活着，不是单靠食物"时，拉姆·高普从座位起身。

"我看你饿坏了，食物很快就会准备好。"

他在露台的泥灶里升火，不一会，我们就吃起放在大芭蕉叶上的米饭和豆仁浓汤。主人客气地婉拒我帮忙做饭的杂务；"客人就是上帝"，这句印度谚语自远古以来就在印度被忠诚地奉行。往后我在世界各地旅行时，很高兴看到许多国家的乡下地方也有类似宾客至上的尊重；都市人浓厚的人情味则被四周过多的陌生面孔给冲淡。

在这座与世隔绝的丛林小村庄里，我蹲坐瑜伽行者身边，红尘人烟似乎无可想像地遥远，平房内的房间神秘地亮着柔和的光。拉姆·高普在地上铺些破旧毯子作为我的床，自己则坐在草席上。笼罩在他的灵性磁场中，我大胆提出一个请求。

"先生，您为何不赐给我一次三摩地的体验？"

"亲爱的，我很乐意将觉受圣灵的经验传给你，但这不是我的立场应该做的。"圣人半合眼注视我。"你的上师不久就会赐给你那样的体验。你的身体尚未完全调和，就像小灯泡会被过高的电压震碎一样，你的神经系统还未能适应宇宙电流。

如果我现在就给你无穷的极喜，你会像每个细胞都着火似的烧烫。"

"你要从我这儿求证解，"瑜伽行者沉思续道，"我倒还怀疑，如我这般微不足道、稍有一点静坐经验的人是否足以令上帝欢喜？在最后的审判时刻，在祂眼里我又有什么功果！"

"先生，您不是用很长时间专心一致追求上帝吗？"

"我的成就不大，贝哈里一定跟你说过一些我的故事。我曾在一个隐密岩穴待了二十年，每天静坐十八小时。然后我搬到另一个更远僻的洞穴，在那儿住了二十五年，每天有二十个小时处于瑜伽天人合一的境界。我不需要睡眠，因为我一直与上帝在一起。比起一般潜意识状态里不完全的平静，我的身体在完全平静的超意识中得到更多休息。

"睡眠时肌肉放松，但心、肺和循环系统仍不断运作，它们没有休息。在超意识中，所有内部器官保持在休眠状态，由宇宙能量充电。我用这种方法，好几年都不需要睡眠。"他续道："有朝一日，你同样也不需要睡眠。"

"我的天！您已经打坐那么久了，都还不确定上帝对你的恩宠！"我惊讶地说。"那我们这些可怜的凡夫怎么办呢？"

"我亲爱的孩子，难道你不明白上帝是永恒本身吗？认为静坐四十五年就可以完全了解祂是相当荒谬的期望。不过巴巴吉 (Babaji) 向我们保证，即使少量静坐，也能使我们免除对死亡及死后状态的深层恐惧。不要把你的灵性理想局限在几座小山上，至高的神圣成就才是你要追随的北极星。只要努力，你会达到的。"

对未来感到迷惑，我请他进一步开示，他讲了一个他与拉悉利·玛哈夏的古鲁巴巴吉初次相遇的玄妙故事[3]。到了午夜，

---

3 见第 345 至 348 页。

拉姆·高普沉寂不语，我躺在自己的被毯上。闭上眼睛，我看到一闪一闪的亮光，我内在的广袤空间犹如光芒熔合的房室；我睁开眼睛，仍然看见同样的耀眼光辉。整个房间在我的灵眼观中已成为无垠苍穹的一部份。

"你怎么还不睡？"瑜伽行者问我。

"先生，不论睁眼或闭眼，炽烈的光都照着我，要如何入睡呢？"

"你有这样的经历是很有福的，圣光并不易见。"圣人又说了几句慈爱的话。

黎明时，拉姆·高普给我几块冰糖，告诉我必须离开了。我万分不舍地与他道别，泪水沿颊而下。

"我不会让你空手而返。"瑜伽行者温柔地说。"我会为你做件事。"

他微笑着凝视我。我彷佛自地上生根似地无法动弹，自圣者身上散发出的宁静像波流般将我淹没，断断续续困扰我多年的背痛瞬间痊愈。

沉浸在一片充满光辉的喜悦之海中，我焕然一新、不再流泪。礼触圣足之后，我走进丛林。穿越纠结缠织的热带丛莽，又走过许多稻田，最后抵达塔拉克斯瓦。

我重返那座著名的神祠朝圣，在祭坛前我全身俯地礼拜。圆石在我灵眼观中渐次扩大，直到与天体同圆：一圈又一圈，一环接一环，全都载满了神性。

一小时后，我愉快地搭上火车前往加尔各达。我的旅程结束了，终点不是巍峨的高山，而是回到我雄伟如喜马拉雅山的上师面前。

第十四章 宇宙意识的体验

"古鲁吉，我回来了。"我羞愧的表情道尽一切。

"我们到厨房弄点东西吃。"圣育克铁斯华举止平常，彷佛我们分开只有几小时而非数天。

"师父，我放下这里的工作突然离开，一定让您非常失望。我想您应该在生我的气。"

"不，当然不会！愤怒只出于所求不得。我对别人无所期待，所以他们的行为不会违反我的愿望。我不会用你来达成自己的目的，你自身真正的快乐才是我的快乐。"

"先生，人们对于圣洁的爱只有模糊的概念，但今天我着实从如天使般的您身上看到真实的榜样！在俗世中，父亲对于儿子未经禀报就离开家族事业也很难轻易原谅，但您却一点也不为意，倒是我那些半途搁下的工作一定为您增添不少麻烦。"

我们彼此相视，泪水在眼眶中闪烁。一阵法喜淹没我，我意识到神化身为我的古鲁，将我渺小的赤诚扩展为浩瀚无边的宇宙大爱。

数日后的一天早上，我走进上师空无一人的起居室准备静坐，但这值得称赞的意图却与不听话的念头相违背，我的思绪如同猎枪下纷飞的鸟儿。

"慕昆达！"圣育克铁斯华的声音从远处阳台传来。

叛逆的念头升起。"上师常要我静坐，"我嘀咕着，"他知道我来他房间的原因，不应该打扰我的。"

他又叫了一次，我执意沉默到底。第三次他带着斥责的语气。

"先生，我正在静坐，"我大声抗议道。

"我很清楚你是怎么静坐的，"古鲁大声回应，"心思乱得像狂风中的落叶！过来！"

既挫败又无从遮掩，我垂头丧气走到他身旁。

"可怜的孩子，群山不能给你所要的。"上师疼惜地安慰我，他宁静的眼神深不可测。"你的心愿会实现的。"

圣育克铁斯华很少打谜语，我不解其意。他在我心脏上方胸口处轻拍了一下。

我像生根似地无法动弹，气息彷佛被一块巨大磁铁从肺中吸出。心与灵瞬间失去肉体的束缚，似一缕耀眼光芒从身上每个毛细孔穿出。肉体像是已死，但在完全的知觉中，我知道自己从未如此活生生过。我的本体认同感不再狭隘地局限于躯壳内，而是拥抱一切围绕的原子。远方街道的行人好像在我的远端边缘处缓缓移动，花草树木的根透过半透明的土壤依稀可见，我可以看到树液在内部流动。

四周景物一览无遗。平常朝前的视线现在变成广阔的球体视野，同时间各角度景象尽收眼底。从头的后方，我看到籁漪石梯巷里渐行渐远的人们，也注意到一只白牛漫步踱来。当它走到修道院敞开的大门口时，我彷佛是用我的一对肉眼在观察它；当它走到院子的砖墙后时，我仍可以清楚地看到它。

在我的全景视野中，所有物体都像快速动画般颤颤然。我的以及上师的身体、廊柱庭院、家俱、地板、树木和阳光，偶尔会剧烈晃动，直到全数融入一片光海中；就像丢进一杯水里的方糖，摇晃几下即溶解。融聚的光与千形万状的物体交替出现，这些形态的变化揭露出宇宙万物的因果定律。

如海洋般的喜悦拍打着我宁静的无边心岸。我明白了，上帝的灵就是那无尽的幸福；祂的身体就是那不计其数的光絮。我内在的荣光慢慢扩大，渐次围拢城镇、洲陆、地球、太阳系、星系、纤丽的星云，及漂浮的众宇宙。整个有序宇宙柔和发光，宛如远眺夜晚都市，在我无边的存在里微光闪烁。超出鲜明球状轮廓的耀眼光芒，在最远端稍淡；但在那，我看到温煦柔光，不曾熄灭。一种无法形容的微妙，整个星体图像由浓密的光组成[1]。

圣洁的光芒自**永恒起源**倾泻而出，聚光成星河，以不可名状的灵光变换形体。一遍又一遍，我看见创造的光束聚状成星座，然后又化成片片透明火焰。随着节奏来回转换，万千世界没入透明清澄的光辉，火焰又变成苍天。

我体认到整个苍穹的中心是我心中直观觉受的一点，灿烂的光辉从我的核心放射到宇宙构造的每个角落。幸福不朽的琼浆玉液，像水银般涌动我全身。我听见上帝起奏太虚的声音，以"嗡"[2]回响着，那是宇宙发动机的运转振动声。

突然间，一口气回到肺里。带着难以承受的失望，我意识到我的宇宙庞体已然消逝，我又再度被禁锢在屈辱的身体樊笼，不易适应神灵。像个浪子，我逃离大宇宙之家，而将自己禁囚在狭隘的小宇宙里。

古鲁定定地站在我面前。我在他圣足前俯地礼拜，感谢他赐我长久以来热切追求的宇宙意识体验，他扶我起身，轻声说：

"不要过度醉饮此极乐，世间还有许多工作等着你呢。走吧，我们去打扫阳台，然后到恒河边走走。"

我拿了把扫帚，知道上师此举意在教我均衡生活的奥秘；在身体执行日常工作时，性灵必须延伸至宇宙源起深处。

稍后，圣育克铁斯华和我出去散步，我仍在不可言说的极喜里恍惚出神。我看见我们的身体像是两个星灵体，在河边路

1　光为宇宙万物的本质，见第三十章解释。

2　"太初有道，道与神同在，道就是神。"——约翰福音第一章一节

上前进，其本质只是光的聚合。

"上帝的灵积极地维系着宇宙所有外相与力量，但祂在自生的极乐空境里，是超凡且超然的，超脱振动的现象界。"[3] 上师解释，"在世间已自我证悟的人以类似的双重存在生活：他们意识明白地从事世间工作，也能同时沉浸于内在至福。

"上帝从祂本身源源不绝的喜乐中创造出所有人类。虽然人们痛苦地受到身体的禁锢，上帝仍然期盼依祂形象所造的子民，终究能跳脱感官的认同而与祂合一。"

这次宇宙境观给我许多永久的教导。每天，只要静止一切思绪，我就能自"身体是一团在红尘旱土上打滚的血肉与白骨"的幻谬中解脱。我了解到呼吸和焦虑不安的心，就像拍击光海的风暴，形成一波波物相浪涛——地球、天空、人类、动物、鸟禽、树木。除非平息风暴，否则无法产生无极乃唯光的觉受。

每当我安定这两种自然骚动，就会看见众多万象浪涛全数融入一片光海；就像风暴停歇，海浪渐退，平静地与大海融为一体。

当弟子透过静坐强化心智至能承受宇宙宏观冲击的程度时，

3　"天父不审判任何人，乃将审判的事全交与子。"——约翰福音第五章二十二节。"从来没有人看见神，只有在天父怀里的独生子将祂表明出来。"——约翰福音第一章十八节。"神……经由耶稣基督创造万物"——以弗所书第三章九节。"我所作的事，信我的人也要作，并且要作比这更大的事，因为我往天父那里去。"——约翰福音第十四章十二节。"但保惠师，就是父因我的名所要差来的圣灵，他要将一切的事指教你们，并且要叫你们想起我对你们所说的一切话。"——约翰福音第十四章二十六节。

这些圣经话语论及上帝为圣父、圣子和圣灵三重性的本质（印度经典中的撒特〔Sat〕、塔特〔Tat〕、嗡〔Aum〕）。以圣父为名的上帝是绝对的、不显化的，其存在超越具振动波的天地万物。以圣子为名的上帝是基督意识（Christ Consciousness〔即梵天或 Kutastha Chaitanya〕）存在于具振动波的天地万物内，此基督意识是"独生"或**自生无极 (Uncreated Infinite)** 的唯一反射。无所不在的基督意识表现于外，或其"见证"（启示录第三章十四节）就是"嗡"，即"道"(Word) 或是圣灵——无形的神能、唯一的"行动者"，透过振动波维持万物的唯一造因及动力。在静坐时听到的"嗡"音即极乐的保惠师 (Comforter)，向信徒揭露无上真理，"要叫你们想起我对你们所说的一切话"。

上师会将宇宙意识的神圣体验赐予他。仅有知性的意愿或开放的心胸是不够的；人只有透过瑜伽练习及虔诚奉献来适度扩充意识，才能准备好接受令人超脱的遍布虚空经历所带来的冲击震撼。

　　神圣体验会无可避免地自然降临在虔敬的实修弟子身上。他的迫切渴望会开始以一种无法抗拒的力量吸引神，神受到具磁力的赤诚吸引而以宇宙境观 (Cosmic Vision) 进入追求者的意识领域。

　　多年后，我写了下述诗篇〈三摩地〉(Samadhi)，试图传递其荣光一瞥：

> 光和影的帷幕消失，
> 悲愁雾散，
> 所有如黎明般飞逝的短促喜悦随风飘远，
> 蒙眬的感官幻景消逝。
> 爱、恨、健康、疾病、生、死：
> 二元对立银幕上的虚构阴影消灭。
> 摩耶风暴已平息，
> 藉由深沉直觉的魔术棒。
> 现在、过去、未来，已不复存，
> 只有永恒的当下，满溢的我，我，遍布虚空。
> 行星、恒星、星尘、地球，
> 世界末日剧变的火山爆发，
> 宇宙万物的铸模熔炉，
> 冰河般的无声X光，烧烫的电子洪流，
> 人类的思维，过去、现在、未来，
> 每根草、我自己、全人类，
> 寰宇星尘的每一粒子，
> 嗔、贪、善、恶、救赎、欲求，
> 我吞下，转化一切

融入自身存有的无边血海中。

酝酿闷烧的喜悦，常由冥想煽吹

令我泪眼朦胧，

顿化为不朽的极乐火焰，

吞噬我的泪，我的相，我的所有。

祢是我，我是祢，

知、知者、受知者，成一体！

静谧的，持续激荡的，永生的，常新的平静！

超乎想像的欢愉，三摩地的极喜！

非无意识状态

或心理麻醉无法主动苏醒，

三摩地延伸我的意识领域

超越躯体

到永恒最远的疆域

在那，我——宇宙大海，

看着渺小我执浮在大我之内。

听见流动的原子喃喃细语，

晦暗的地球、山脉、溪谷，瞧！溶化的液体！

流动的海化为雾气！

"嗡"音吹散云气，神奇地揭开它们的面纱，

大海显露，闪亮的电子，

直到，宇宙之鼓最后一鸣[4]，

重浊的灯火消失于极喜遍在的永恒光明中。

我由喜悦而来，因喜悦而活，我消融于神圣的喜悦。

心海，我啜饮万物浪涛。

固、液、气、光的四面纱，

一一掀起。

我，遍存于天地万物之间，进入大我。

永远断灭——短促不定、闪烁跳动、阴影般的有限记忆；

4　"嗡"，创造性的振动波，由此具体衍生出宇宙万物。

纯净无瑕是我心中的镜天——向下、朝前、更高处；

永恒和我，合为一道光。

一个笑声小泡沫，我

成了欢笑海洋本体。

圣育克铁斯华教我如何随心所欲召唤此神圣体验，并如何在他人的直觉频道发展成熟时传给他们[5]。

在初次体验的往后数月，我进入与天合一的极喜状态，每天都明白为何《奥义书》上说上帝"最令人回味"。不过有天早上，我问上师一个问题：

"先生，我想知道——何时我才能找到上帝？"

圣育克铁斯华在奥瑞萨省普里市 (Puri，Orissa) 靠近孟加拉湾的海边修道院（另见第 465 页照片）

---

5 我曾将宇宙境观的体验传给几名东西方的科里亚瑜伽行者。其中一位是詹姆士·林 (James J. Lynn)，在本书第 283 页的照片为他在三摩地状态时所摄。

"你已经找到祂了。"

"哦，不，先生，我不认为如此！"

古鲁微笑着说："我相信你不会期待上帝是个尊贵的大人物，在宇宙某个无菌角落里装饰着王位吧！我知道你以为拥有神迹力量才能证明已经找到上帝，并非如此。一个人可以得到控制整个宇宙的力量——却发现上帝仍难以捉摸。灵性的进展非以外在能力的显示来衡量，而全然是由静坐时达到极喜的深度。

常新的喜悦就是上帝。祂永恒不竭；当你经年累月持续静坐，祂会以无穷的匠心巧思令你陶醉。像你这样已经找到通往上帝之路的信徒，从不会向往用其它快乐交换祂，祂的魅力是无可比拟的。

"我们多快就对世俗乐趣心生厌倦啊！物质的欲望永无止境，人们从未完全满足过，一个接一个目标地追求。他所寻找的'别的东西'正是上帝，只有祂可以赐予永恒的喜悦。

"外在的渴望将我们驱离内在的伊甸园，那些渴望只是提供模仿灵性快乐的假乐趣。透过神圣静坐，失落的乐园可以迅速复得。因为上帝是无可预期的**永恒常新**，我们对祂永不厌倦；我们可能厌腻永远变化出令人欢悦的极乐吗？"

"先生，现在我才明白为何圣人形容上帝深不可测；即使永生也不足以估量祂。"

"的确如此，但祂也是亲近慈爱的。当科里亚瑜伽清除心灵的感官障碍后，静坐提供关于上帝的双重证明。常新的喜悦是祂存在的证据，甚至说服我们身体的每个原子。并且，人们在静坐中会发现祂的即时指引，以及祂对所有困难的适切回应。"

"我明白了，古鲁吉，您解答了我的问题。"我感激地笑着。

"现在我真的了解我找到上帝，因为每当静坐的喜悦在日常活动中下意识复返，我就得到巧妙引导而对每件事作出正确决定，即使是枝节小事。"

"人类的生活为忧愁所苦，除非我们懂得调整自己，以顺从神圣旨意。祂的'正确方式'对于以自我为中心的智识而言通常难被理解，"上师说。

"唯有上帝能给予正确无误的忠告。除了祂，还有谁能背负宇宙重担呢？"

圣育克铁斯华尊者的莲花坐姿

第十五章　花椰菜窃盗案

"上师，给您的礼物！这六颗硕大的花椰菜是我亲手栽种的，我像母亲悉心照料亲生儿般呵护它们长大。"我以献礼仪式般的夸大姿势呈上一篮蔬菜。

"谢谢！"圣育克铁斯华亲切地笑着道谢。"请把它们放在你的房间里，我明天的特别晚餐会用到它们。"

我刚抵普里[1]，打算到古鲁位于海边的修道院与他共渡暑假。这栋由上师和其弟子建造的两层楼静修所，小巧怡人，面向孟加拉湾。

隔天我很早起床，带着咸味的海风和修道院静谧的气氛令我神清气朗。古鲁乐音般的声音呼唤着我，我看了宝贝的花椰菜一眼，把它们安置在我床下。

"走吧，我们去海边。"上师带路，几个年轻弟子和我散乱地跟着。古鲁略带批评地审视我们。

"我们西方的弟兄步行时，常以整齐划一为荣。现在，请排成两列，互相按着节奏齐步前进。"圣育克铁斯华见我们遵从，开始唱道："小男孩们，来回走，步伐踏出一小排。"我不由得钦佩上师能毫不费力地与年轻学子的轻快步伐保持一致。

"停步！"古鲁的目光停在我身上。"你记得锁上道院的后门吗？"

"我想有吧，先生。"

---

1 普里在加尔各达南方约三百一十英哩处，是克里希那信徒的著名朝圣城市。那里每年举办两次崇拜克里希那的盛大庆典——沐浴绕境节 (Snanayatra) 及乘车节 (Rathayatra)。

圣育克铁斯华沉默了几分钟，嘴角扬起半抑止的微笑，"没有，你忘了，"最后他说道。"对上帝的冥思不能成为疏忽俗务的藉口，你没有尽职保护道院的安全，你必须受罚。"

他又说道："你的六颗花椰菜很快就会剩下五颗。"我以为他是语带玄机地开玩笑。

我们在上师的指示下转身，齐步往回走，直到接近修道院。

"休息一下。慕昆达，往我们左边的建筑物看过去，注意远端那条路，有个人不久会抵达，他将是惩罚你的工具。"

对这些难以理解的言词我故作镇定。一个村夫很快在那条路上出现，他怪模怪样地手舞足蹈，挥舞着毫无意义的手势。我好奇到一动也不动地盯着这令人发噱的景象，当这个人走到快从我们视线消失的地方，圣育克铁斯华说："现在，他要转身了。"

村夫立即改变方向，朝修道院后面走去。他越过一条沙径，从后门进入屋内。正如古鲁所说，我忘了上锁。这个人很快出现，手上抱着一颗我心爱的花椰菜。现在带着一种拥有权的尊严，他昂首阔步了起来。

在这出开演的闹剧里，我的角色显然是那个百思莫解的受害者，不过我还没仓惶失措到忘记要义愤擒贼，我追到半路时，上师唤我回来，他笑得从头到脚都在颤动。

"那可怜的疯子一心想要一颗花椰菜。"他笑不可仰地解释，"我就想，如果他能从你那几颗没人看管的花椰菜中拿走一颗，不失为一个好主意。"

我急奔回我的房间，发现那小偷显然对蔬菜特别执着，那些我明摆在毯子上的金戒指、手表和钱，他全部没动；反而爬进床底，从完全隐蔽的篮子里取出他一心渴望的花椰菜。

当晚我请求圣育克铁斯华解释整个事件，过程中有几点是我无法理解的。

古鲁徐缓地摇摇头。"有一天你会了解的，科学界很快就会发现这里隐藏着的一些法则。"

几年后，无线电的奥妙震撼全世界，我想起上师的预言。长久以来的时空观念消失了，没有任何家是狭窄到伦敦或加尔各达无法进入的！人无所不在的一面在这无可争论的证明下，最驽钝的心智都为之开展。

以无线电作比喻最能解释花椰菜喜剧的"情节"[2]。我的古鲁是一个完美的人体无线电，念头思维不过是虚空中游移的细微振波，就像经过微调的收音机可以从四面八方数以千计的节目中接收到想听的音乐，圣育克铁斯华也能从全世界人心所发射出的无量思维中，灵敏地接收某一特定心念（如那位疯汉垂涎花椰菜的念头）。我们往海边走后不久，上师就注意到村夫单纯的欲望而愿意成全他。在弟子们尚未见到村夫前，圣育克铁斯华的圣眼就已看到他一路疯癫地走来。我忘了锁道院后门就成了上师令我丧失一颗宝贝花椰菜的现成理由。

圣育克铁斯华在发挥接收器的功能后，透过强大的意志，

2　一九三九年无线电显微仪的发明揭露了当时不为人知的射线新世界。"人类本身和所有被认为无活动力的物质不断发出这个仪器能够'看见'的射线。"《美联社》报导。"对那些相信心电感应、第三眼及千里眼的人而言，这项声明首次提供'一个人传递到另一人身上的不可见射线确实存在'的科学证据。这个无线电装置实际上是一个无线电频率的分光镜。如同分光镜发现构成星星的原子种类，无线电装置对冰冷、不发光物体也有相同的作用……。多年来科学家早就猜测这种发自人体和所有生物的射线之存在，今天它们的存在有了首次的实验证明。这发现说明自然界每个原子和分子都是持续性的无线电发射站……因此即使人死后，仍能继续放射出纤弱的射线。这些射线波长的范围由短于任何现今广播使用的波长，到最长的无线电波。这些无以数计的波之混杂程度几乎是难以想像的，单是一个大分子，就可以同时发散出一百万种不同的波长。这类波中，波长较长的可以与无线电波一样轻易且快速地传送……。新的无线电射线与我们熟悉的射线例如光之间有一项惊人的差异，那就是时间的长久；那些不受干扰的物质可以持续放出无线电波达数千年之久。"

他变成了播放器或发射器[3]。在这角色中，他成功引导村夫折返脚步，走进特定房间取走一颗花椰菜。

直觉是灵魂的指引，当心平静时，直觉会自然产生。几乎每个人都有过无法解释的准确"预感"，或曾正确无误地将念头传给他人的经历。

人心一旦脱离焦躁不安或"静电杂讯"的干扰，就会具备执行所有复杂无线电功能的力量——心念的发射及接收，以及筛汰不想要的念头。就像广播电台的功率取决于它所能利用的电流量，人体无线电的效能也因每个人意志力的强弱程度而有不同。

所有意念在宇宙间恒常振动。经由深度专注，大师们能够探查出任何生灵或亡魂的思维。人的思维存在天地间而非局限于个体；真理不能被创造，只能被觉受领会。人的错误思维归咎于他在辨识过程中或大或小的缺失，瑜伽科学的目的在于澄静心灵，在不被扭曲误解下，心灵能听到**内在声音**绝无谬误的忠言。

收音机及电视机将远方人们的影音即时带进百万家庭中，这是第一个微弱的科学暗示，指出人是遍在的灵。虽然我执以最野蛮的方式企图奴役人，但人不是一个局限于某一定点空间的躯壳，而是无所不在的灵。

"非常奇特、非常奥妙、看似不可能的现象还可能出现，一旦成立，这些现象所带来的惊奇不会大于我们现在对于上一世纪的科学贡献感到诧然的程度。"诺贝尔生理学奖得主查理斯·罗伯特·里伽特 (Charles Robert Richet)[4] 声称。"一般认为，我们现在能自然接受而不感到惊奇的现象，是因为它们已被理解，但事

3　见第二十八章注 1。

4　《我们的第六感》(*Our Sixth Sense*; London: Rider & Co.) 作者。

实并非如此。如果它们不叫人惊奇，并非因为它们被理解，而是因为我们对它们熟悉。如果我们对那些不被理解的该感到惊奇，那我们应该要对一切事物感到惊讶——被抛向空中的石头却落地、橡果长成橡树、水银加热膨胀，及磁石吸铁等。

"今日的科学只是冰山一角……那些我们后代子孙将要发现的惊人事实，此刻就存在我们四周，可以说正直视着我们，只是我们无法看见它们。不过，说我们看不见它们还不够，是我们不想看见它们——因为一旦某个出乎预期且不熟悉的事实出现，我们就会设法将它归入被接受的知识架构里，并埋怨任何胆敢进一步实验的人。"

我被难以置信地掠夺一颗花椰菜后几天，发生了件趣事。一个煤油灯遍寻不着，不久前才目睹古鲁天眼般的洞察力，我想他会对大家证实找油灯只是个儿戏。

上师觉察到我的期望，他以一种夸张的肃穆神情质问所有道院的人。一个年轻弟子坦承拿了油灯到后院水井。

圣育克铁斯华严肃地建议："去水井附近找油灯。"

我赶过去那儿，却没有找到！我失望地回到古鲁身边，只见他开怀大笑，对我破灭的幻想毫无歉意。

"可惜我无法指点你找回消失的油灯，我不是算命师！"他眼睛一闪又说："我甚至也不是称职的福尔摩斯！"

我这才明白，上师从不因受到挑战或为了平凡琐事而展现神力。

愉快的几星期飞逝而过。圣育克铁斯华计划一次宗教游行，他要我带弟子们越过村庄及普里海边。节庆当天（夏至日），天刚拂晓就已经炙热难耐。

"古鲁吉，我如何带领赤脚的学生走在火烤的沙上？"我沮丧地问。

"我告诉你一个秘密，"上师说，"上天会送来一把云伞，你们会走得很舒服。"

我开心地规划游行，我们的队伍带着一面"真理同修会"[5]的旗帜由道院出发。这面旗由圣育克铁斯华设计，上面有一个灵眼[6]的符号，象征直觉无所不至的凝望。

我们一离开道院，天空就像变魔术地布满云层，在群众发出惊讶的欢呼声中，下起了小雨，为市街及灼热的海岸降温不少。

清凉的雨点在两小时的游行过程中持续落下。就在队伍返抵道院的那一刻，云雨霎时消失。

"你看上帝如何体贴我们，"上师在我谢恩后答道。"神回应万物，也为万物出力。就像祂应我祈求降雨，祂也会成全奉献者任何虔诚的愿望。人很少了解上帝是如何时时垂听他们的祷告，祂不偏袒少数人，而是聆听每个深怀信心接近祂的人。祂的子民应该永远对他们无所不在的慈爱天父全心仰望[7]。"

圣育克铁斯华一年赞助四个庆典：春分、秋分、夏至、冬至。这时他的学生不论远近，都会回来团聚。冬至庆典在塞伦波尔举行，我首度参加的那次庆典带给我终生的祝福。

庆典一早由赤脚绕街的游行展开序幕。百名学生嘹亮甜美地唱着圣歌，几名乐师吹笛打鼓敲铙钹。热情的镇民用鲜花铺洒游行街道，受到我们高声颂赞圣名的吸引，他们高兴地放下单调乏味的工作。长途游行在道院中庭结束，我们在那围着古

5　原文 Satsanga。Sat 字义为"存在"，引申为"本质、真理、实相"；Sanga 是"团体"。圣育克铁斯华称他的修道院组织为 Satsanga，意为"真理同修会"。

6　"如果你的眼睛因而成单一，全身就光明。"——马太福音第六章二十二节在深入静坐中，前额中心的单眼或灵魂之眼变得有视觉。这个无所不知之眼在经典上有各种不同称呼，诸如第三眼、东方之星、内眼、天堂下降之鸽、希瓦之眼、直觉之眼等等。

7　"造耳朵的，难道自己不听见吗？造眼睛的，难道自己不看见吗？……祂是人类的导师，难道没有知识？"——诗篇第九十四章九至十节

鲁，在楼上阳台的学生向我们洒下金盏花。

许多客人上楼领用乳酪及柳橙做的布丁，我走到今天负责烹饪的师兄弟们那儿。这种盛大的聚会，食物必须在户外用大型锅子烹煮。临时搭建的烧柴砖炉冒着催泪的浓烟，但我们带着笑声愉快地工作。在印度，宗教庆典从不被视为麻烦，每个信徒欢喜地尽其责，出钱、米、蔬菜或出力。

上师很快来到我们当中，督导筵席的细节。他保持如年轻学子的充沛活力，不曾停歇片刻。

二楼正在进行以小风琴和印度手鼓伴奏的圣歌吟唱(Sankirtan)，圣育克铁斯华欣赏地聆听，他的乐感敏锐完美。

"他们走调了！"上师离开厨师加入乐师之中。乐声再度扬起，这一次准确无误。

《娑摩吠陀》记载了全世界最早的音乐科学文献。在印度，音乐、绘画和戏剧被认为是神圣的艺术。梵天神 (Brahma)、毗希奴神 (Vishnu) 和希瓦神 (Shiva) —— 永恒的三位一体—— 是最早的音乐家。经典上描述以宇宙舞者 (Nataraja) 形象呈现的希瓦神，在宇宙创造、保存及毁灭的三个过程中发展出无穷的节奏变化。梵天及毗希奴则强调节拍：梵天敲响铙钹，毗希奴打击圣鼓 (mridanga)。

智慧女神萨拉思瓦提 (Saraswati) 总是以弹奏着维纳(vina) —— 弦乐器始祖——的形象出现。毗希奴的化身克里希那(Krishna) 在印度艺术里则带着横笛出现，他吹着迷人的乐音，唤醒还在摩耶中流浪的人类灵魂忆起他们真正的故乡。

印度音乐的基石是拉格 (Ragas)，即固定旋律音阶。六个基本拉格扩充为一百二十六个拉吉尼 (raginis，妻子) 和普查(putras，儿子)。每个拉格至少有五个音符：主音 (vadi，国王)、次音 (samavadi，首相)、几个辅音 (anuvadi，侍者) 和不和谐音（vivadi，敌人）。

这六个基本拉格，每一个都与一日之中的特定时刻、一年之中的特定季节以及赐予特定能量的主司神有自然的对应。因此：(1)印多拉格 (Hindole Raga) 在春天的黎明才听得到，为唤起宇宙大爱的情怀；(2)底帕喀拉格 (Deepaka Raga) 只在夏天晚上弹奏，为唤起慈悲心；(3)梅哈拉格 (Megha Raga) 是雨季日中的旋律，为了激发勇气；(4)拜拉瓦拉格 (Bhairava Raga) 在八、九、十月的早晨弹奏，为致宁静；(5)圣拉格 (Sri Raga) 保留在秋天的黄昏，为臻纯爱；(6)玛昆撒拉格 (Malkounsa Raga) 在冬天的午夜才听得到，为得骁勇。

古先知们发现这些联结大自然与人类间的音调律法。因为自然界是"嗡"——**初始音**或上帝具振动波的"话"——的具体表现，人类可以使用某些咒语或吟唱来控制一切自然现象[8]。历史文献记载十六世纪阿克巴大帝 (Akbar the Great) 的宫廷乐师米扬坦森 (Miyan Tan Sen) 拥有的非凡能力，他受皇帝之命于正午时分吟唱夜晚的拉格，坦森持咒后，整个皇宫及附近区域登时笼罩在黑暗中。

印度音乐把八度音阶分成二十二个隋提 (srutis)，即四分音。这些微分音的音程可以让音乐表现出精微差异，是西方十二个半音组成的半音阶无法达到的。八度音阶中的七个基本音，每个都与印度神话里的一种颜色和一种鸟或兽的自然叫声相关联—— Do 绿色，孔雀；Re 红色，云雀；Mi 金色，山羊；Fa 淡

8　各民族的民俗都提及以法力克服自然的咒术。美洲印第安人发展出可用来呼风唤雨的实际声音仪式；印度伟大音乐家坦森 (Tan Sen) 能以他歌声的力量灭火。
　　一九二六年，加州自然主义艺术家查理斯·可洛格 (Charles Kellogg) 在一群纽约消防队员面前示范音调振动对火焰的影响。"用一支像放大的小提琴拉弓快速擦过一支铝制音叉，他制出如收音机强烈静电干扰的尖锐刺耳声，空玻璃管中喷张的二英呎高黄色瓦斯火焰登时降为六英时高劈劈啪啪的蓝色火焰；再用弓试一次，又发出一次振动尖锐声，火熄了。"

黄白色，苍鹭；Sol 黑色，夜莺；La 黄色，马；Si 所有颜色的组合，大象。

印度音乐有七十二种撒塔 (thatas)，即音阶。乐师在固定的传统旋律或拉格上可以有无限自由的即兴创作空间，他们专注于该结构主题的情感或一定的气氛，然后恣情发挥到自己创意的极限。印度乐师不看固定乐谱，每次演奏，会在作为骨架的拉格套上新装，通常局限在单一旋律排序，再以重覆的方式突显出它所有巧妙的微分音和节奏变化。

西方作曲家中，巴赫 (Bach) 了解到以百种复杂方式细微区分出的复奏，是很迷人且强有力的。

梵文文献描述了一百二十种塔拉 (talas)，即节拍。据说传统印度音乐的创始人巴拉塔 (Bharata) 从云雀的歌声中辨别出三十二种塔拉。塔拉或节奏根源于人体动作——走路时间的两倍；睡眠中呼吸时间的三倍，此时吸气是呼气时间的两倍。

印度很早就知道人声是最完美的乐器，因此印度音乐多局限于三个八度的人声范围内。基于相同理由，印度音乐强调的是旋律（连续音符间的关系）而非和弦（同步音符间的关系）。

印度音乐是主观、着重心灵，且个人化的艺术，目的不在展现交响乐的辉煌，而在个人与**超灵** (Over-Soul) 间的和谐。所有著名的印度歌曲皆由神的信徒所创作。"音乐家"在梵文为"巴格瓦萨" (bhagavathar)，意思是"歌咏上帝的人"。

圣歌唱诵是一种有效的瑜伽或心灵训练方式，需要深层的专注及对根源思想及声音的融入。因为人本身就是原创能量的一种表现，声音在人身上能发挥强大且立即的效果。东、西方伟大的宗教音乐能为人们带来喜悦，正是因为它能产生一种暂时性振动波，唤醒人们其中一神秘玄妙的脊椎中心[9]。在那些充

---

9 玄秘脑脊髓中心 (chakras，天界莲花) 的觉醒是瑜伽行者的神圣目标。西方圣

满法喜的当下，人隐隐忆起自己神圣的来处。

庆典当天从圣育克铁斯华二楼起居室传出的圣歌唱诵，激励了正忙于大锅之间炊煮的厨子们。我和师兄弟们用手打着节拍，快乐地唱着圣歌的迭句。

夕阳西下前我们已为数百位访客供应了扁豆粥、蔬菜咖哩和米布丁。我们在庭院中铺上棉毯，很快地，会众已蹲坐在满布繁星的苍穹下，静静聆听从圣育克铁斯华口中说出的智慧法语。他的公开演说强调科里亚瑜伽的宝贵，及自重、沉稳、坚定、简单饮食和规律运动的生活。

一群年轻弟子接着吟唱数首圣歌，聚会在热烈的集体唱诵中结束。从十点到午夜，道院弟子清洗锅具及整理庭院。古鲁唤我到他身边。

"我很高兴你今天这么兴致高昂地服务，以及你过去一周的准备。我希望你在我身边，今晚你可以睡在我床上。"

我从没想过这份殊荣会在我身上发生。我们在神圣的深度静谧中坐了一段时间。当我们躺下入睡约十分钟后，上师起身着装。

"先生，怎么回事？"睡在古鲁身边的喜悦刹时变得不真

经评注家未能了解，新约启示录包含了由主耶稣教导约翰及其他亲近弟子有关瑜伽科学的象征性阐述。约翰说（启示录第一章二十节），"七星的奥秘"及"七个教会"象征光的七朵莲花，在瑜伽论著中称为脑脊髓中枢的七个"天窗"。透过这些上天安排的出口，瑜伽行者能借科学静坐脱离身体桎梏，重新恢复他与圣灵合一的真实身份。（见第二十六章。）

第七个中心，脑里的"千瓣莲花"，是**无极意识**的帝王宝座。在光明澈照的境界，瑜伽行者据称能觉受梵天或造物主上帝为莲花生大士(Padmaja)。

"莲花坐姿"(padmasana)的名称源于瑜伽行者于此传统坐姿中看到脑脊髓中心的多彩莲花(padmas)，每朵莲花拥有由生命能量(prana)构成的独特数量的花瓣或放射光。"莲花"亦称为"轮"(chakras)。

"莲花坐姿"令瑜伽行者在"有种子三摩地"的状态中保持脊椎挺直，使身体固锁不致有跌倒或前后倾的危险，因此成为瑜伽行者最喜欢的静坐姿势；然而，"莲花坐姿"对初学者可能有些困难，在没有体位瑜伽(Hatha Yoga)专家的指导下，不应尝试此姿势。

实。

"我想有一些没赶上转接火车的学生很快就会抵达，我们来准备些食物吧。"

"古鲁吉，没有人会在凌晨一点来的！"

"待在床上吧，你一直都辛苦地工作，不过我要煮饭去了。"

听到圣育克铁斯华坚定的语气，我一跃下床，跟着他到紧邻二楼内阳台那间每天使用的小厨房。很快地我们就煮起米饭和豆仁浓汤。

古鲁慈爱地笑着说："今晚你克服了辛勤工作的疲倦及恐惧，你将永远不会再受到它们的困扰。"

就在他说这些终生祝福的话时，庭院传来脚步声。我跑下楼接了一群学生进来。

"亲爱的师兄，"其中一人说道，"我们实在不愿意在这时候打扰师父！我们弄错火车时刻表了，但是觉得没见古鲁一眼，我们又不愿回去。"

"他正等着你们来，而且正在准备你们的食物呢。"

圣育克铁斯华传来响亮的招呼声，我领着诧异不已的访客走到厨房。上师转头，对我眨眨眼。

"现在你们已经交换完经历，无疑地，你现在相信我们的客人的确错过了火车。"

半小时后我跟上师回到卧室，满心欢喜地期待这份殊荣——睡在有如上帝般的古鲁身旁。

第十六章　智胜群星

"慕昆达，你怎么不戴个星象手环？"

"上师，我需要吗？我不相信星象学。"

"这不是信不信的问题，一个人对任何事物应持有的科学态度是其是否真实。地心引力定律在牛顿之前与之后都同样有效地运作，如果宇宙法则没有人类信仰的认可就无法运作的话，宇宙将会相当混乱。

"江湖术士让古老星象科学在今日变得声名狼藉。星象学在数学[1]及哲学层面皆太辽阔，若非对其有深刻了解，很难正确掌握。在这不完美的世界，若无知者误解天意，把天旨视为涂鸦，也是可以预期的。人不应该因为那些所谓'智者'而抛弃真正的智慧。

"宇宙万物的每一部分皆环环相扣并且交互影响。宇宙和谐的律动根基于互惠的关系，"古鲁继续说道。"就人类层面

---

[1] 学者们根据古印度文学中所提到的天文知识即可正确推断著作日期。先知们的科学知识非常卓越，我们在吠陀评注 *Kaushitaki* 梵书中发现精确的天文知识，记载中指出，印度的天文学远在西元前三〇〇年就非常发达，且在决定星象祭典的吉兆时辰上已具有实用价值。一九三四年二月份《东方与西方》期刊泰拉·玛塔的一篇文章中，说明吠陀星象论述 *Jyotish* 的内容："它包括了使印度领先所有文明古国的科学知识，并使她成为知识追求者的麦加圣地。天文论著 *Brahmagupta*（*Jyotish* 的其中一部）讨论了有关我们的太阳系中行星以太阳为中心运转、黄道的倾斜度、球状的地球、月球的反射光、地球每日自转、银河中存在固定星座、地心引力，及其它西方世界在哥白尼和牛顿之前未能发掘的科学事实。"

在西方数学的发展史上极为重要的所谓"阿拉伯数字"，是阿拉伯人在第九世纪从印度传到欧洲，此标记系统自古即被公式化。要进一步了解印度庞大的科学遗产可参考洛伊（P. C. Roy）爵士所著的《印度化学史》（*History of Hindu Chemistry*）、希尔（B. N. Seal）所著的《古印度实证科学》（*Positive Sciences of the Ancient Hindus*）、萨卡尔（B. K. Sarkar）的《印度在精准科学上的成就》（*Hindu Achievements in Exact Science*）与《印度社会学的真实背景》（*The Positive Background of Hindu Sociology*），以及达特（U. C. Dutt）的《印度药物学》（*Materia Medica of the Hindus*）。

而言，人必需对抗两股力量：第一是在他体内由土、水、火、风及以太元素混合所产生的骚动；第二是外在的自然解体力量。只要人类仍与有限的肉身挣扎，就会受到天地间无数浮沉盛衰的影响。

"星象学是研究人对于星体刺激产生反应的学问。星球并没有善恶意识，它们仅仅发出正极和负极的放射线。它们本身对人类并无帮助或伤害，只是为每个人在过去就已启动的因果平衡提供一个外在操作的合法管道。

"一个孩子的生辰恰好落在天体射线与他个人的业在数理上达到和谐的日子与时辰。他的星座图是一幅描绘挑战的图像，揭露他无法改变的过去及未来可能发生的结果。只有深具直觉智慧的人才能正确解释生辰图，但这样的人少之又少。

"在出生那一刻即清楚写在天际的讯息，用意不在强调宿命——往昔善与恶的结果——而是要唤醒人们脱离宇宙禁锢的意志力。解铃仍需系铃人，他现在生活中普遍面临的果报，除了他自己，没有人是过去导因的教唆者。他可以克服任何限制，因为这些限制最初就是由他自己的行为所造，也因他有不受星体控制的灵性资源。

"对星象学的迷信所生的敬畏使人成为机器人，奴隶般地仰赖机械式的引导。智者将其忠诚由创造物转移至造物主，以战胜其运星——即他的过去。他愈了解自己与圣灵合一，就愈少受物质驾驭。灵魂是永远自由的，既无生亦无死，它不受星群支配。

"人是具有身体的灵魂。当他将身份认同感放对地方，他可以抛开所有强制性的模式。但只要他还处在平常灵性失忆的混沌状态中，他就会体验环境法则的微妙束缚。

"上帝是**和谐**。一个调整自体意识与祂合一的信徒不会在行动上出差错，他的行动会受到正确且自然的时机安排以符合星象法则。在深层的祷告和静坐之后，他与他的神圣意识接触，没有比那内在的保护更强大的力量。"

"那么，亲爱的上师，您为什么希望我戴星象手环呢？"经过一段长久的沉默，我冒然提出这个问题。我试着吸收圣育克铁斯华崇高深奥的阐述，其中包含对我而言非常新的思想。

"只有当旅行者抵达目的地后才有充份理由抛弃他的地图。在旅途中，他利用任何适当的捷径。古先知发现了许多方法缩短人类在幻境中放逐的时间，因果法则的某些机械特征可以经智慧之手巧妙调整。

"所有人类疾病皆源于违反宇宙律法。经典上指出人必须遵循自然法则，同时不怀疑神的全能。人应该说：'神啊！我信靠祢，并知道祢能帮助我，但我也会尽我所能弥补我曾犯下的任何过错。'藉由一些方法——祷告、意志力、瑜伽静坐、求教圣者、使用星象手环，过去错误行为的恶果可因此减少或消除。

"就像房子可以装设铜杆吸收闪电的冲击，身体殿堂也可以用某些方法加以保护。

"电磁辐射在宇宙中不断循环，它们对人体的影响有好有坏。很早以前，我们的先知就在思考如何抵抗细微的宇宙影响力带来的负面效能。贤哲们发现，纯金属会散发出一种星灵光，对星体的负面引力有强大的中和作用；某些植物的组合也被发现具有助益。最有效的是至少两克拉的无瑕宝石。

"在印度以外，星象学实用的预防性用途甚少被认真地研究。一个鲜为人知的事实是，适当的宝石、金属及植物配方不能发挥价值，除非达到需要的重量，且其具疗效的成份须被直接戴在皮肤上。"

"先生，我当然会遵从您的指示给自己弄个手环，智胜星体的想法让我深感好奇！"

"对一般目的，我建议使用金、银及铜打造的手环；但为特定目的，我要你去弄一个银和铅做成的。"圣育克铁斯华仔细地补充指示。

"古鲁吉，您所指的'特定目的'是什么？"

"慕昆达，群星即将会对你'来意不善'。不用怕，你会受到保护。大约一个月后，你的肝脏会带给你很大的麻烦。疾病预定持续六个月，但你使用星象手环会缩短到二十四天。"

隔日，我找到一个珠宝匠，不久我就戴上手环。我的健康状况极佳，上师的预言被我忘得一干二净。他离开塞伦波尔去造访巴拿纳斯。在我们谈话的三十天后，我突然觉得肝的部位疼痛，接下来几个星期是疼痛难耐的梦魇。不愿意打扰古鲁，我以为我能勇敢地独自承受这个考验。

但二十三天的折磨动摇了我的决心，我搭火车前往巴拿纳斯。在那儿圣育克铁斯华以不寻常的热情迎接我，但没有给我一点私下向他诉苦的机会。那天许多弟子拜访上师只为得到加持[2]，我坐在一个角落病恹恹地不被重视，一直到晚餐后所有访客才离开。古鲁唤我到屋里的一个八角阳台。

"你一定是为了肝病而来。"圣育克铁斯华移开目光，他来回踱步，偶尔截断月光。"我想想，你已经病了二十四天，不是吗？"

"是的，先生。"

"请做我教你的胃部运动。"

"上师，如果您知道我痛苦的程度，就不会要求我做运动了。"不过我还是虚弱地试图听从他。

---

2 原文 darshan，指从目视圣人所得到的祝福。

"你说你会痛，我说你不会。怎会有这样的矛盾呢？"古鲁询问地看着我。

起初我茫然不解，接着一股喜悦的解脱感笼罩我，我再也感觉不到几个星期以来令我几乎无法入眠的连续折磨。剧痛随着圣育克铁斯华的话消失，好像从没发生过一样。

我跪在师足前准备谢恩，但他很快阻止我。

"别孩子气了，快起来，享受恒河上的月光之美。"我静静地站在上师身旁，他的目光闪烁着愉快的光芒。他的态度让我了解到，他要我知道是上帝而非他是治愈者。

至今我仍戴着这个沉重的银铅手环，以纪念那个多年以来珍藏我心的特别日子。那一天，我再次发现与我朝夕相处的上师确实是位超凡人物。往后数次，每当我带朋友们去向圣育克铁斯华请求治疗时，他总是建议珠宝或手环[3]，赞扬使用它们是具星象智慧的行为。

从小我一直对星象学存有偏见，部份原因是我观察到许多人对它的盲目依附，另一部份是因为我们的家庭星象师曾作过一个预测："你会结婚三次，两度变成鳏夫。"我沉思默想这件事，感觉自己像是在三次婚礼的殿堂前一只待宰的羔羊。

"你就认命吧，"哥哥阿南塔评论道。"你的星座图解已正确地明言你会在早年逃家到喜马拉雅山，但会被迫返回。你的婚姻预言也注定会成真。"

一天晚上，我有一个清楚的直觉，那个预言完全错误。我放火烧掉那星座图卷册，把灰烬放进一个纸袋内，我在上面写下："在智慧的神圣火焰烘烤下，过去业的种子不会萌芽。"我把袋子放在明显易见的地方，阿南塔立刻看到我抗从的评注。

"你不可能像烧掉这卷纸册般那么轻易就摧毁事实。"哥

3　见第二十五章注4。

哥嘲笑地说道。

在我成年之前，家人曾三度试图安排我订婚是事实。每次我都拒绝顺从安排[4]，我知道我对上帝的爱远超越过去任何一个星象信仰。

"自我证悟愈深的人，他微妙的灵性磁场对整个宇宙的影响就愈大，而他自身受到现象变迁的影响就愈小。"上师这番话经常鼓舞地在我心头涌现。

偶尔我会要星象师根据星象指示选出对我最不利的时期，而我总还是能完成自己设定的任何任务。的确，在这样的期间内，我达成目标前通常倍加艰辛，但我的信念也不断地被支持证实：信任上帝的保护及正当使用上帝赋予人的意志力，是比任何天体带来的影响更为巨大的力量。

我后来了解，人诞生时的天宫图并不意谓人是其过去的傀儡。它的讯息应说是对自尊的激发，天体群星试图唤醒人脱离种种限制的决心。上帝创造每个人为灵魂，并赋予独特的个性，因此，不论扮演的临时角色是中流砥柱或是寄生虫，对宇宙结构都是不可或缺的。人可以得到最终且即刻的解脱，如果这为他所愿，所靠的是内在而非外在的胜利。

圣育克铁斯华发现如何将24,000年的昼夜平分点周期精确地应用于当前年代[5]。此周期分成一条上升和一条下降的弧线，各为12,000年。每条弧线内包含四个时期(Yugas)，分别是卡莉(Kali)、杜瓦帕拉(Dwapara)、崔塔(Treta)和萨特亚(Satya)，相当于希腊概念里的黑铁、青铜、白银和黄金时期。

---

4 家人为我所选、可能成为新娘的其中一位，后来嫁给我的堂弟普尔哈斯·川达·果栩 (Prabhas Chandra Ghosh，见第250页照片)。果栩先生自一九三六年担任YSS(Yogoda Satsanga Society of India，见第429至430页)副会长，直至一九七五年逝世。

5 这些周期阐述于圣育克铁斯华所著的 *The Holy Science* (暂译：《神圣科学》〔SRF出版〕) 书中首部。

古鲁经过多方面的计算，定位上升弧线中最近一次的卡莉或黑铁时期始于约西元 500 年。此黑铁时期持续 1200 年，是物质主义时期，大约于西元 1700 年结束。同年开始了杜瓦帕拉时期，为 2400 年的电子与原子能发展时期，即电报、无线电、飞机及其它跨越空间物的时期。

3600 年的崔塔时期将始于西元 4100 年，该时期的特征是心电感应交流及其他跨越时间之物的普遍知识。上升弧线的最后一期—— 4800 年的萨特亚时期，人类智能会高度发展，人意与天意将会和谐一致。

接着开启的是 12，000 年下降弧线的世界（西元 12，500年），由长为 4800 年的下降黄金时期开始，人逐渐沦落无明。这些周期是摩耶的永恒循环——现象界的对比与相对性[6]。一旦觉证他们与造物主是不可分割的神圣一体，人类将一一脱出二元世界的樊笼。

上师不仅扩展我对星象学的了解，同时也加深我对世界经典的领会。在他一尘不染的心灵桌上，他能用直觉论证的解剖刀剖析圣典，分辨先知最初传达的真理以及学者的错误与窜改。

"把目光集中鼻尖。"这个对薄伽梵歌诗节[7]的不正确诠释，被东方梵文学家及西方译者广泛接受，曾被上师揶揄批评。

---

6 印度经典将现存的"世界年龄"置于较长的宇宙循环中的卡莉时期，比圣育克铁斯华推算、单纯的 24，000 年周期更长。经典上的宇宙周期长达 4，300，560，000 年，是由"一个创造日"（a Day of Creation）计算出。这个巨大的数字是根据太阳年的长度和圆周率的倍数两者间的关系而定。

根据古代先知，整个宇宙的寿命是 314，159，000，000，000 太阳年，即"一梵天"（One Age of Brahma）。

印度经典宣称，像我们这样的地球会由于下列两个原因之一而瓦解：整体居民变成绝对善或绝对恶。世界的心灵会因此产生一股力量，释放那些受到禁锢、聚集在一起形成地球的原子。

关于"世界末日"即将到来的悲惨宣言偶见刊登；然而，行星的周期是依照上帝循序渐进的计划而进行，并无任何地球毁灭的迹象。我们的星球在现存状态下还储存许多上升及下降的循环周期。

7 第六章十三节。

"瑜伽行者的路已经够独特了，"他评论道，"为什么还要教人非把自己变成斗鸡眼不可？'那悉迦喀难'(nasikagram)真正的意思为'鼻根'，而非'鼻尖'，鼻始于两眉之间，即灵眼的位置[8]。"

数论派[9]的一句箴言："造物主不能被推论"或"上帝非证实可得"(Ishwar asiddhe)[10]，多数学者多基于此言而认定整个学派是无神论。

"这个诗节并不是无神论，"圣育克铁斯华解释道。"它只表示，未开悟者依赖感官作最后论断，对上帝的觉证必然不得而知，故言上帝不存在。但真正数论派的信徒，经由静坐产生的坚定洞察，了解上帝不但存在而且可知。"

上师美丽清晰地解释基督教圣经，我是从我这位不被列为基督教会员的印度古鲁身上，学会觉受圣经的不朽精髓，并了解基督所言真理——无疑是所说过最撼人心弦、绝无妥协的一句话："天地要废去，我的话却不能废去。"[11]

印度伟大的上师们，以激励耶稣的同样神圣理想作为修行的依止，这些人都是他所称的亲属："凡遵行我天父旨意的人，就是我的弟兄姐妹和母亲了。"[12]耶稣说："你们若常常遵守我的道，就真是我的门徒。你们必晓得真理，真理必叫你们得以自由。"[13]所有解脱的人都是自己的主宰，印度这些实践基督真

---

8 "你的眼睛就是身上的灯，因此你的眼睛若成单一，全身就充满了光；但当你的眼睛是邪恶时，你的身体也充满了黑暗。所以你们要省察，恐怕你里头的光黑暗了。"——路加福音第十一章三十四至三十五节

9 印度哲学六大系统之一。数论派教导经由对二十五个原则的了解，可以达到最终解脱。这些原则始于自然 (prakriti)，终于灵魂 (purusha)。

10 数论派的箴言，第一章九十二节。

11 马太福音第二十四章三十五节。

12 马太福音第十二章五十节。

13 约翰福音第八章三十一至三十二节。圣约翰作证道："凡接受祂的，祂就赐予他们成为上帝之子的权柄，甚至只是信祂名字的人（即已建立无所不在的

理的瑜伽行者皆是永恒兄弟会的一员：这些会员已证悟与天父合一的解脱之道。

"亚当和夏娃的故事对我而言是难以理解的！"在我早期对这则寓言的困惑不解中，有一天，我激昂地提出我的观察："为什么上帝不仅惩罚有罪的那对，还要殃及尚未出世的无辜后代？"

上师对我激烈甚过无知的反应感到发噱有趣，"创世纪深具象征意义，不能照字面诠释去理解，"他解释道。"'生命树'是指人类身体；脊椎就像一棵倒立的树，头发是它的根，传入与传出的神经是树枝。神经系统的树上结了许多欢乐果实，即色、声、香、味、触各种感觉供人类正当享用，唯独性经验——位于身体正中（"在花园中间"）的'苹果'是被禁止的。[14]

"'蛇'代表盘绕向上、刺激性神经的脊椎能量，'亚当'代表理智，'夏娃'代表情感。当人类情感或夏娃意识被性冲动征服时，他的理智或亚当意识也会随之屈服。[15]

"上帝经由祂的意志力化现男人与女人的身体，如此创造出人类。祂赋予新人类能力，使他们能以类似的纯洁或神圣方式创造子女[16]。截至那时，上帝在个体灵魂上所显化的，只限于那些受限于本能且缺乏完全理性可能的动物，因此祂将首度造出的人类身体，象征性地称为'亚当'和'夏娃'。为利于向上进化，祂将两种动物的灵魂或神圣本质转化至人类身体[17]。对

基督意识的人）。"——约翰福音第一章十二节

14 "我们可以吃园中树上的果子；唯有园中心那棵树上的果子，上帝说过：'你们不可以吃，也不可摸，免得你们死。'"——创世纪第三章二至三节

15 "是你给我作伴的那个女人给了我那树上的果子，我才吃了。那女人说，是那只蛇哄骗了我，我才吃的。"——创世纪第三章十二至十三节

16 "神就照着自己的形像造人，乃是照着他的形像造男造女。神就赐福给他们，对他们说：'要生养众多，遍布地球，治理这地。'"——创世纪第一章二十七至二十八节

17 "神用地上的尘土造人，在他鼻孔内吹了一口生气，他就成了一个有灵的活

于亚当或男人，理智居首；对于夏娃或女人，情感优先——构成现象界基础的二元性或两极化藉此得以表现。只要人类心灵不被具有动物倾向、蛇般的能量所蒙骗，理智和情感就能维持天堂般的和谐喜悦。

"人类的身体因此不单是野兽进化的结果，也是上帝特别创造的作为。动物的形态过于粗糙而不能展现完全的神性；人被独特赋予脑内具全知全能潜力的'千瓣莲花'，及脊椎内敏锐觉醒的玄秘中心。

"被创造的第一对人类，其内在本具的神或神圣意识忠告他们可以享受所有人类感官知觉，唯独一项例外：性的感觉[18]。这是被禁止的，以免人类陷入至低等的动物繁衍方法。这项勿复苏潜意识中兽类记忆的警告未被听从，亚当和夏娃因回复兽畜的繁殖而从原始完美人类、天堂般自然喜悦的状态坠落。当'他们知道自己全身赤裸'，其永恒不朽的意识顿失，正如上帝所警告。自此他们将自己置于肉身有生必有死的物质法则之下。

"'蛇'对夏娃保证的'善与恶'知识，指的是摩耶中所有众生必须经历的二元性与对立的经验。因错用理智与情感或所谓亚当—夏娃意识，人放弃进入神性自给自足的天堂乐园的权利[19]。每个人个别的责任就是要回复他的内在'父母'或二元本质至和谐一体，即'伊甸园'的面貌。"

就在圣育克铁斯华结束论述之际，我以全新敬意一览创世

人。"——创世纪第二章七节

18　"惟有蛇（性的力量）比田野一切的活物（任何身体上的其它感觉）更狡猾。"——创世纪第三章一节

19　"神在东方的伊甸立了一个园子，把所造的人安置在那里。"——创世纪第二章八节。"神便打发他出伊甸园去，耕种他所自出之土。"——创世纪第三章二十三节。神初创的神人将意识集中于前额（东方）全能的单眼（第三眼）上。他意志上万能的创造力都集中于该点，却在他开始"耕种"其身体特性的"土地"时沦丧了。

纪篇章。

"亲爱的上师，"我说，"这是我第一次觉得对亚当和夏娃有一份后代应有的责任！"[20]

---

20 印度版的"亚当与夏娃"的故事详述于古老经典《薄伽梵往世书》(Srimad Bhagavata) 中。最初的男人与女人（具肉体身躯者）称为"出自造物主的人"(Swayambhuva Manu)，其妻"具百般形象或形体"(Shatarupa)，他们的五名子女与"能够呈现肉身的完美生命体"(Prajapatis) 结婚，从最早的这批神族中衍生出人类的种族。

我从未在东方或西方听过任何人像圣育克铁斯华般以如此深邃的灵性洞察解释基督教经典。"神学家误解了基督的话语，"上师说，"譬如这段经文：'我就是道路、真理、生命：若不借着我，没有人能到父那里去'（约翰福音第十四章六节）。耶稣的意思从不是指他是神的'独生子'，但没有人可以达到完全**绝对**、超越万物的天父境界，直到他能首度以'神子'呈现或开始在万物中活化基督意识。已达到完全与基督意识合一境界的耶稣，因我执早已消失，故认同本身与基督意识无异。"（见第十四章注3）

当保罗写道："神……借由耶稣基督创造万物"（以弗所书第三章九节），还有当耶稣说："还没有亚伯拉罕就有了我"（约翰福音第八章五十八节），这些话的纯粹本质是非个人性的。

灵性的怯懦导致许多世人愿意相信只有一人是"上帝之子"。"基督是特别被创造出来的，"他们辩称，"所以，以我一介凡夫之躯，如何与他相提并论？"然而每一个人皆为神所造，有朝一日必将遵从基督的指示："所以，你们要完美，就像你们的天父完美一样。"（马太福音第五章四十八节）"你看父赐给我们的是何等的慈爱，使我们得称为神的儿女。"（约翰一书第三章一节）

对因果定律及其必然结果——轮回——（见第二十八章注3、第363至365页，及第四十三章）的理解，出现于圣经中许多章节。比如："凡流人血的，他的血也必被人所流。"（创世纪第九章六节）。如果每个杀人者都必将"被人"所杀，此反应过程，以多数情况而言，显然要超过一世的轮回。现代警方的速度终究无法如此快速！

早期基督教会接受轮回的教义，阐述该教义者包括诺斯替教徒 (Gnostics) 及多位教会长老包括亚力山大的克莱蒙 (Clement of Alexandria) 及著名的欧瑞根 (Origen)（两者皆于第三世纪），与圣杰诺米 (St. Jerome)（第五世纪）。此教义在西元五五三年于君士坦丁堡第二次会议首度被视为异端。当时，许多基督教徒认为轮回教义提供人们过大的时空舞台，因而无法鼓励人们为即刻的救赎而努力；但被抑压隐瞒的真相却狼狈地造成许多错误，千百万人未利用其"一世"的机会追寻上帝，而是纵情于世间享受——如此难得地赢取，又瞬间永远失去！真理是——人会在世间不断轮回，直到重获"神子"的意识。

第十七章　萨西和三颗蓝宝石

"因为你和我儿子如此推崇圣育克铁斯华，我会去看看他。"纳芮颜·川德·洛伊 (Narayan Chunder Roy) 医生的口气暗示他是在敷衍几个愚蠢者的突发奇想，我以传教者的最佳礼貌藏住愤慨。

与我谈话的是位兽医，一个根深蒂固的不可知论者。他的小儿子山多绪 (Santosh) 请求我关照他的父亲，到目前为止，我无价的天助还是隐秘难见，尚未见效。

隔天洛伊医生随我到塞伦波尔修院。上师同意与他简短地面谈，其中多数时间是相对无言的冷肃静默，之后这位访客唐突地离去。

"为什么带一个死人到修道院来？"这位加尔各达无神论者身后的门一关上，圣育克铁斯华即带着探究的眼神问我。

"先生！这位医生非常生气勃勃！"

"但是他活不久了。"

我非常震惊。"先生，这对他儿子会是一个严重的打击！山多绪还希望能有时间改变他父亲的物质观。上师！我恳求您帮助这个人。"

"好吧，看在你的份上。"古鲁面无表情地说着。"这位傲慢治马兽医的糖尿病已十分严重，虽然他并不知情。十五天后他会缠绵病榻，医生们也束手无策，他注定离开世间的时间是从今天算起的六个星期内，不过因你的求情，他会在那天复原。但有一个条件，你必须说服他戴上星象手环。无疑地，他会像只手术前的马匹般极度反抗！"上师轻声笑了起来。

我沉默了一阵，设想着如何与山多绪以最佳技巧诱导这位医生。圣育克铁斯华进一步透露：

"这人病一好，就劝他不要吃肉。不过他不会理会这个劝告，六个月之后，正当他觉得健康到达巅峰，他会突然死亡。"古鲁补充道："那六个月生命的延长，全因你的恳求而赐给他。"

隔天，我建议山多绪在珠宝店订做一个手环。一星期就做好了，但洛伊医生却拒绝戴上它。

"我的健康状况再好不过了，你们绝无法用这些星象迷信说服我。"医生带着敌意瞥了我一眼。

想到上师把这个人恰当地比喻为一匹倔强的马，不禁令我莞尔。过了七天，医生突然病倒了，温顺地同意戴上手环。两个星期后，诊治他的医生告诉我，这个病人已经没希望，还说明糖尿病患受到病情折磨的痛苦细节。

我摇摇头，"我古鲁说过，发病一个月后，洛伊医生即会康复。"

医生怀疑地瞪着我看。但两个星期之后，他带着歉意来找我。

"洛伊医生已经完全康复！"他惊讶地喊道。"这是我经历过最不可思议的病例！我从没见过垂死的人能这样难以理解地自行康复，你的古鲁真的是个疗愈先知！"

在与洛伊医生的一次会面中，我一再提醒圣育克铁斯华要他禁肉食的忠告，之后有六个月时间我都没再见到他。一天晚上，我坐在家里的门廊上，他过访闲聊了一会儿。

"告诉你的老师，经常吃肉让我完全恢复体力，他那些毫无科学根据的饮食观念无法影响我。"洛伊医生当时的确看起来一副健康模样。

但是隔天山多绪从他隔街的家跑来找我。"今天早上父亲突然去世！"

这件事是我跟随上师所经历过最奇怪的事件之一。尽管这位顽抗的兽医并不相信，上师仍旧治愈他，并延长他注定的寿命六个月，只因为我恳切的请求。当圣育克铁斯华回应弟子紧急的祈求，他的慈悲无边际。

带大学朋友去见我的古鲁是最令我自豪的特别恩典。其中许多人至少在修道院时，会把他们对宗教怀疑的时髦学术外衣搁置一旁。

我一个朋友萨西(Sasi)在塞伦波尔度过几个愉快的周末。上师变得很喜爱这个男孩，但对他放浪不羁的私生活感到惋惜。

"萨西，除非你改过自新，否则一年后，你会病重垂危。"圣育克铁斯华充满慈爱的眼神担忧地望着我的朋友。"慕昆达是证人，到时别说我没警告你。"

萨西笑了起来。"师父，那就让您以我悲惨的状况来感动宇宙温暖的慈悲！我精神上愿意，但我意志力薄弱。您是我在世上唯一的救星，其它我一概不信。"

"至少你得戴个两克拉的蓝色蓝宝石，它可以帮助你。"

"我买不起。无论如何，古鲁吉，如果麻烦降临，我完全相信您会保护我。"

"一年内你会带三颗蓝宝石来。"圣育克铁斯华回答道。"那时它们一点用处都没有了。"

类似这样的对话经常发生。"我改不了！"萨西会以一副逗笑的绝望表情说。"上师，我对您的信任对我来说比任何宝石都要珍贵！"

一年后，我去古鲁的弟子纳伦先生(Naren Babu)加尔各达的家中拜访古鲁。上午十点左右，当圣育克铁斯华和我坐在二楼客厅时，我听到前门被打开。上师僵硬地挺直身子。

"是那个萨西，"他沉重地说。"现在一年的时间已到，他的双肺已无法挽回。他没有听我的劝告，告诉他我不想见他。"

圣育克铁斯华的严厉让我有些震惊，我急忙跑下楼，萨西正要上楼。

"噢，慕昆达！我真希望上师在这儿，我有预感他可能在。"

"他在，但他不希望被打扰。"

萨西突然哭了起来，从我身旁冲过去，拜倒在圣育克铁斯华的足前，并在那儿放了三颗美丽的蓝宝石。

"无所不知的古鲁，医生说我患了急性肺结核！他们说我只剩下三个月时间可活！我谦卑乞求您的帮助，我知道您可以治愈我的！"

"现在才担忧你的生命是不是有点晚了？带着你的宝石离开吧，它们发挥效用的时间已经过去了。"上师就像人面狮身像般沉默无情地端坐着，静默不时被这男孩恳求怜悯的啜泣声打断。

直觉的信念告诉我，圣育克铁斯华只是在测试萨西对神圣疗愈力量的信心深度。不出我所料，经过一个小时的僵持，上师转为同情地注视我这位拜倒在地的朋友。

"起来吧，萨西，你在别人的屋子里制造这么大的骚动！把这些蓝宝石退还给珠宝商，现在不必花这笔钱了，但要给自己弄一个星象手环戴上。不用怕，几个星期后，你会没事的。"

萨西的泪脸登时绽放出笑容，就像突现的阳光遍洒在湿透的景色。"敬爱的古鲁，我需要服用医生开的药吗？"

"你自己决定——喝掉或是扔掉，没有影响。你死于肺结核就像日月交换位置一样的不可能。"圣育克铁斯华突然补充说："在我改变心意之前，快走吧！"

我的朋友激动地鞠躬后匆忙离开。接下来几个星期，我去探望他几次，惊骇地发现他的病情愈来愈糟。

"萨西过不了今晚。"医生的话加上我的朋友此刻骨瘦如柴，使我火速飞奔到塞伦波尔。古鲁冷漠地听我哭诉。

"为什么到这儿来打扰我？你听到我保证萨西会痊愈的话了。"

我以无比的敬畏向他鞠躬后退到门口。圣育克铁斯华没有开口道别，只是陷入一片沉寂，他目不眨睛的双眼半开，视线已飞逝到另一个世界。

我即刻回到萨西在加尔各达的家，惊讶地看到我的朋友坐起身喝着牛奶。

"噢，慕昆达！何等奇迹啊！四个小时前我感觉上师就在房间里，我那些可怕的症状立刻消失。藉由他的恩典，我觉得自己完全康复了。"

几个星期后，萨西的身体比从前更为强壮健康 [1]。但他对痊愈的反应态度却带着些许不知感恩的意味，他很少再拜访圣育克铁斯华！有一天我的朋友告诉我，他深深后悔先前的生活方式，觉得无颜面对上师。

我只能如此结论，萨西的病对他造成强化意志及损伤行仪两种截然不同的结果。

苏格兰教会学院前两年的课程在我断断续续的课堂出席率中即将结束，我偶尔读的那点书也只是为了与家人和平共处。两位家庭教师定期到家里来，而我也定期缺席：我在求学生涯里，至少看出这个规律！

在印度，成功读完两年学院课程可以获得文学副学士的文凭 (Intermediate Arts)，接着可以期待再两年的教育以取得文学

---

1 一九三六年，一位朋友告诉我，萨西的健康情况依然非常良好。

士学位。

文学副学士毕业考不祥地逼近。我逃到普里，古鲁刚在那待了几个星期。我告诉他我毫无准备，隐约地希望他会说我不需要参加毕业考。

圣育克铁斯华笑着安慰我："你全心全意执行神圣的道务，不得已怠忽了课业；下个星期勤奋地专注在你的书本上，你会顺利通过这关严峻考验的。"

我回到加尔各达，坚定地抑止偶尔会干扰我的合理怀疑。望着桌上堆积如山的书本，我觉得自己就像个迷失在荒野中的旅人。

一次长静坐带给我一个节省劳力的灵感。随意翻开每一本书，我只读出现在眼前的那几页。每天十八个小时我都用这种方式读书，一周下来，我觉得自己已经成为恶补技术的专家。

接下来在考场的那几天，我看似偶然的备考程序证明有了成效，我通过所有测验，虽然都在及格边缘。来自朋友和家人的祝贺，滑稽地夹杂着惊叹声，泄露出他们的讶异之情。

圣育克铁斯华从普里回来后，给了我一个惊喜。"你在加尔各达的学业已经结束，"他说，"我会安排你在塞伦波尔这里继续最后两年的大学课业。"

我困惑不解。"先生，镇里并没有文学士的课程。"提供高等教育的唯一学府塞伦波尔学院，只提供两年文学副学士的课程。

上师淘气地笑了起来，"我已经老到无法到处募款来为你建一所文学院了，我想我必须透过别人来安排这事。"

两个月之后，塞伦波尔学院院长霍尔斯 (Howells) 教授公开宣布，他已成功筹足设立四年课程的基金。塞伦波尔学院成为加尔各达大学的一所分校，我是首届在塞伦波尔注册成为文学

十六岁的瑜伽南达上师

士候选人的学生之一。

"古鲁吉,您对我是多么的仁慈啊!我一直都盼望离开加尔各达到塞伦波尔来与您日夕相处。霍尔斯教授作梦也不会想到您默默帮了他多少忙!"

圣育克铁斯华带着假装的严厉注视着我。"现在你不必花那么多时间在火车上了,可以用来读书的时间多出不少啊!也许你会变得比较像位学者,而不是一个临时抱佛脚的人。"不过不知怎的,他的语气就是缺乏说服力。2

---

2 圣育克铁斯华与其他许多圣者一样,对现代教育着重物质层面感到忧心忡忡。

很少有学校阐述追求快乐的灵性法则，或教导"畏敬神"的生活智慧，即人对其创造者的赞叹礼敬。

今日的年轻人，在高中及大学时代即被灌输人只是"高等动物"的观念，经常因此成了无神论者。他们不尝试任何对灵魂的探索或考虑自己的最真本质是"上帝的形象"。爱默生观察道："惟有内心具备，始能向外察觉。若不见诸神，乃因心中未有其存在。"一个认为自己的动物本质是其唯一真相的人，也因此阻断神性渴望。

一个未能指陈圣灵为人存在的核心**事实**的教育系统，是在提供无明（梵语 avidya），即不真实的知识。"你说，我是富足，已经发了财，一样都不缺；却不知道你是那困苦、可怜、贫穷、瞎眼、赤身的。"（启示录第三章十七节）

古印度对年轻人的教育是理想的典型。学生九岁时就在古鲁授课的家里受到"如同亲生子"的待遇。"现代学子〔每年〕八分之一的时间在学校度过，印度人全数时间都用在那儿，"梵卡特斯瓦剌（S. V. Venkateswara）教授在其著作《历代印度文化》(*Indian Culture Through the Ages; Longmans*，Green & Co.)第一册中提到，"有一种团结及尽责的健康感受，也有很多机会练习自立与发展个体性。有高标准的文化、自我要求的纪律、严格的责任感、无私行为、牺牲奉献，加上自重及对他人的尊敬；高水准的学术尊严，……以及一种崇高及人类生命的宏伟目的。"

第十八章　具特异功能的穆斯林术士

"多年前，就在你现在住的这个房间，一位具特异功能的穆斯林术士在我面前施展了四个奇迹！"

圣育克铁斯华首次造访我的新住处时这么说。进入塞伦波尔学院后，我立即在附近称为"磐第"[1]的宿舍租了一间房间，那是一栋面对恒河的旧式砖造大宅邸。

"上师，真巧啊！这些新近粉刷过的墙壁真的带有古老回忆吗？"带着被激起的好奇，我环视陈设简朴的房间。

"说来话长。"古鲁怀旧地笑道。"那位穆斯林瑜伽士[2]名叫阿富札·可汗 (Afzal Khan)，与一位印度瑜伽行者偶然相遇的机缘，让他获得超凡的能力。

"'孩子，我口渴，去拿些水给我。'阿富札当时还只是住在东孟加拉小村庄的一个小男孩。有一天，一个满身尘土的游方僧人向他要求。

"'大师，我是个穆斯林，您是印度教徒，怎么能从我手中接受水喝呢？'

"'孩子，你的诚实令我欢喜，但我并不遵守那些不敬神的宗派主义排外的教条。去吧！快拿些水给我。'

"阿富札的恭敬遵从获得这位瑜伽行者慈爱眼神的关注。

"'你拥有前世积留的善果。'他严肃地观察道。'我将教你一个瑜伽法门，让你能够控制无形界的一个领域。你将拥有的神奇能力应该用于有意义的目的，绝不可用在自私的意

1　panthi，为学生的住处；panthi 一字源于 pantha，意为游者、知识追求者。

2　原文 fakir，信奉伊斯兰教的瑜伽行者。源于阿拉伯文 faqir，贫穷之意，原指立下贫穷誓的伊斯兰教苦行僧。

图！我也看到了，唉！你从前世带了一些具破坏倾向的种子，不要用新恶行灌溉它们而使其萌芽。依你前世复杂的业看来，此世一定要使你的瑜伽成就和最高人道目标一致。'

"指导了这惊诧的男孩一个复杂的技巧后，这位大师便消失了。

"阿富札忠实修练这个瑜伽法门二十年，他神奇的技艺开始吸引广泛的注目。有个不具形体、被他称为"哈恣拉特"(Hazrat)的灵似乎一直伴随着他，这个无形的存在体能为这位穆斯林瑜伽士实现即使是最小的愿望。

"不顾师父的警告，阿富札开始滥用他的法力。无论什么东西，只要被他拿起来再放回去，很快就会消失无踪。这个令人仓皇失措的最终结果，通常让这位伊斯兰术士成为不受欢迎的访客！

"他不时以消费者之姿参观加尔各达的大珠宝店，任何被他碰过的珠宝总在他离开商店后不久就突然消失。

"经常有数百名学生希望学到阿富札的密法而围绕在他身边，这位穆斯林术士偶尔会邀请他们同行。在火车站他会设法碰触整叠车票，再故意将票退还给售票员，说：'我改变主意，现在不想买这些票。'但当他和随行人员坐上火车时，阿富札却会持有所需的票[3]。

"这些事迹引起愤慨的骚动，孟加拉珠宝商和售票员为之精神崩溃！前往逮捕阿富札的警方发现他们也束手无策，这位穆斯林术士只要说：'哈恣拉特，拿走它。'就可以消除所有罪证。"

圣育克铁斯华从座位上起身，走到眺望恒河的房间阳台。我跟着他，渴望多听些这个难对付的伊斯兰雅贼的故事。

---

3 后来父亲告诉我，他的公司"孟加那普铁路公司"也是受到阿富札·可汗危害的公司之一。

"这栋磐第宅邸从前是我一个朋友所拥有，他认识阿富札并邀请他到这儿来。我朋友还邀请大约二十位邻居，包括我自己。当时我还只是个青少年，对这位恶名昭彰的穆斯林术士有着强烈好奇。"上师笑着说。"我特别留意不穿戴任何贵重物品。阿富札仔细端详我，然后说道：

"'你有双强而有力的手，到楼下花园，捡一块平滑的石头，用粉笔写上你的名字，然后把石头扔进恒河，愈远愈好。'

"我照做。当石头消失在远方水波时，这位伊斯兰术士又对我说：

"'到房前附近装满一壶恒河水。'

"我把盛着水的器皿带回来后，穆斯林术士叫道：'哈恣拉特，把石头放进壶里！'

"石头立即出现。我把它从容器里取出，发现我的签名就如同刚写时一样清晰可辨。

"同时在房间里的一个朋友巴布[4]戴着一只沉重的古董金表及金链。穆斯林术士检视它们的赞赏眼光透露着不祥的预兆，很快它们就不翼而飞！

"'阿富札！请将我珍视的传家宝归还给我。'巴布几乎要哭出来。

"伊斯兰术士冷静地沉默半晌，然后说道：'你的铁保险柜里有五百卢比，把它们带来给我，我就会告诉你到哪找回你的表。'

"心烦意乱的巴布立即返家，不久后回来，交给阿富札他所要求的总额。

"'到你房子附近的那座小桥，'穆斯林术士指示巴布，'呼叫哈恣拉特给你手表和表链。'

---

4 我不记得圣育克铁斯华朋友的名字，只能简单地称呼他"巴布"（Babu，意为"先生"）。

"巴布匆忙离开。回来时，脸上带着如释重负的笑容，而身上已见不到任何珠宝。

"'当我依照指示命令哈恣拉特时，'他叙说，'我的表从空中滚进我右手！你可以确信的是，回到这个聚会前，我已先把传家宝锁在保险柜里！'

"巴布的朋友们目睹了这个悲喜交织的赎表过程都愤慨地瞪着阿富札。他改以和解的口气说道：

"'请说出任何你们想要的饮料，哈恣拉特会制造出来。'

"一些人要牛奶，其他人要果汁。看到气馁焦躁的巴布要求威士忌时，我并没有太惊讶。伊斯兰术士一声指令，有求必应的哈恣拉特送来密封的瓶瓶罐罐，从空中飘然而降，砰的一声落在地上。每个人都找到他想要的饮料。

"当天第四项惊人技艺的承诺无疑令我们的主人感到满意：阿富札提议供应一顿即时的午餐！

"'我们点最贵的菜肴吧，'巴布沮丧地建议。'为了我那五百卢比，我要一顿精致美食！每道菜都得盛装在金制的盘子上！'

"每个人表达自己的喜爱后，穆斯林术士立即对永不倦累的哈恣拉特交待。接着是一阵巨大的碰击声：金盘上盛满精致烹调的咖哩、热腾腾的乳吉士面包、多种非当季的水果，不知从哪儿落到我们脚边。所有食物都很美味，盛宴进行一个小时后，我们开始离开房间。一声巨响，彷佛盘子被堆积了起来，我们回头一看，闪亮的金盘和剩菜已不见踪迹！"

"古鲁吉，"我打断道，"既然阿富札能轻易获取像金盘那样的东西，为什么他还会觊觎别人的财物呢？"

"这位穆斯林瑜伽士在灵性上并未高度进展，"圣育克铁斯华解释道，"精通某种瑜伽法门使他能够接近星灵界，任何欲望在那里都可以立即实现。透过星灵界体哈恣拉特的媒介，这位伊斯兰信徒能够运用强大意念从以太能量聚集任何物体的原子，但这样的星灵界产物在结构上会逐渐消失，无法长久保留[5]。阿富札仍然渴望世间财富，虽然赚取过程较辛苦，但有较可靠的持久性。"

我笑了出来。"世间财富有时候也会无缘无故地消失呢！"

"阿富札不是一个已证悟上帝的人，"上师继续说道，"真正的圣人因调整心念与全能造物主合一，故能施展永久而有益的奇迹；而阿富札只是普通人，具有的特异功能让他穿透通常凡人死后才进入的细微界域。"

"现在我了解了，古鲁吉。死后的世界似乎也有其迷人之处。"

上师表示同意。"那天之后我再也没有见过阿富札，但几年后，巴布来我家给我看一篇关于这位伊斯兰信徒公开忏悔的报导。我从中得知阿富札早年接受印度教古鲁传法的实情，就如同我刚才告诉你的。"

那篇公开文件后半部的重点，据圣育克铁斯华回忆，内容如下："本人阿富札·可汗，写下此文以表忏悔，并藉此警惕超凡法力的追求者。多年来，我滥用透过上帝及上师恩典而传授给我的神奇能力，沉醉于自我意识，以为自己凌驾平常的道德法律，我遭受报应的日子终于来临。

"最近我在加尔各达市外的路上遇见一位老人，他痛苦地跛足前进，带着一个看似黄金、闪闪发亮的东西。我暗怀贪念与他攀谈。

"'我是阿富札·可汗，那位伟大的穆斯林瑜伽士。你带的是什么？'

5　就像我那颗银色守护石为星灵界产物一样，最终还是会从地球上消失。（在第四十三章有对星灵界的描述。）

"'这个黄金球是我唯一的物质财富,一个穆斯林瑜伽士不会对它有兴趣的。先生,我请求您疗愈我的跛足。'

"我摸了金球,没答腔就走掉。老人在我身后蹒跚地追着我,不久他发声大喊:'我的金子不见了!'

"我没理会他。突然间,他以迥异于虚弱身躯的宏亮声音对我说道:

"'不认得我了吗?'

"我哑口无言,惊呆于那迟来的发现:这个不起眼的年迈跛子不是别人,正是很久很久以前传授瑜伽给我的那位伟大圣者。他挺直身躯,登时变得强壮年轻。

"'原来如此!'我的古鲁目光如炬,'我亲眼看到你施展法力不是去帮助苦难众生,而是像个普通盗贼般四处掠夺!我收回你的玄秘异禀,哈恣拉特不再受你指挥,你也不再是孟加拉的梦魇!'

"我以极痛苦的声音呼喊哈恣拉特,头一次他没有出现在我的灵眼观中。然而一层黑暗的纱幕瞬间被掀起,我清楚看到我一生对上帝的亵渎。

"'我的古鲁,谢谢您前来驱逐我长久以来的妄想。'我在他足前啜泣。'我承诺抛弃世俗野心,退隐山林,独自冥想上帝,祈能弥补我罪恶的过去。'

"我的上师以沉默的悲悯注视着我。'我感受到你的诚意,'他终于开口说道。'由于你早年的绝对服从,也因为你此刻忏悔的心,我将给你一个恩赐。现在你其它能力都消失了,但不论何时,只要你有衣食之需,还是可以成功地召唤哈恣拉特提供给你。在山林独居中全心全意致力于神性的澈证。'

"语毕,古鲁就消失,留下泪留满面及深自痛悔的我。再见了,尘世!我去寻求**宇宙挚爱**的宽恕了。"

第十九章　在加尔各达的上师
同时现身于塞伦波尔

"我经常为无神论的怀疑所困扰，但折磨人的臆测有时也会萦绕我心：未开发的灵魂有可能存在吗？如果不去探索，人会不会错失真正的天命？"

我在磐第宿舍的室友狄坚先生 (Dijen Babu) 在我邀请他去见我的古鲁时，作了上述评论。

"圣育克铁斯华会传授科里亚瑜伽给你，"我回答道，"神圣的内在信心能让二元性的纷扰平静下来。"

那天傍晚狄坚伴随我到修道院。在上师身边，我的朋友感到心灵如此平静，他很快就成为常客。

占据日常生活的琐碎事务不能满足我们心灵最深处的需要；对于智慧，人也有天生的渴求。受到圣育克铁斯华言语的启发，狄坚试着在其内在发现比短暂肉身的浅薄我执更真实的自我。

狄坚和我都在塞伦波尔学院读文学士课程，我们养成一下课就一同步行到修道院的习惯。我们经常看到圣育克铁斯华站在他二楼的阳台，微笑地迎接我们。

一天下午，卡奈 (Kanai) ——一位道院的年轻修道士——在门口告诉狄坚和我令人失望的消息。

"师父不在，他收到一个紧急通知后赶到加尔各达了。"

隔天我收到古鲁寄来的明信片。"我会在星期三早上离开加尔各达，"他写道。"你和狄坚到塞伦波尔车站接我早上九点抵达的火车。"

星期三早上八点半左右，来自圣育克铁斯华的心电感应讯息持续闪现在我心："我延迟了，不必来接九点的火车。"

我传达最新的指示给狄坚时，他已穿好衣服准备出发。

"你和你的直觉！"我的朋友语气轻蔑地说道。"我宁愿相信师父写的字句。"

我耸耸肩，打定主意地坐下来。狄坚走出门时生气地嘟哝了几句，身后留下一声关门的巨响。

由于房间内相当昏暗，我移近俯视街道的窗边。微弱的阳光突然绽放出万丈光芒，装有铁条的窗户在明亮光辉中完全消失。在炫目背景的衬托下，出现圣育克铁斯华清楚的实体化身躯。

困惑至震惊的地步，我赶紧从座位起身，跪在他面前，我以惯常在古鲁足前顶礼的姿势碰触他的鞋子以表恭迎。这双染成橘色、以绳织为底的帆布鞋是我所熟悉的。他赭色的僧袍轻轻掠过我，我清楚感觉到的不仅是僧袍的布质，还有具沙砾的鞋面，及鞋内脚趾的推压。我惊讶到说不出话来，站起身探究地凝视着他。

"我很高兴你收到我的心电传讯。"上师的声音平静、一如往常。"我在加尔各达的事已办完，会搭十点钟的火车抵达塞伦波尔。"

我依旧哑然地瞪着他，圣育克铁斯华继续说道："这不是幻影，而是我的血肉之躯，我遵从上天的意旨给你这个世人罕知的体验。到车站接我，你和狄坚会看到我以现在的穿着走向你们。走在我前面的会是同车一位提着银水壶的小男孩。"

古鲁双手放在我的头上，低语祝福我。最后，当他以"跶贝阿希"[1]几个字作结语时，我听到独特的隆隆声[2]。他的身体开

1　孟加拉语 Tabe asi 意为"再见"，字义上为有希望的矛盾词："我会再来。"
2　身体原子消失时的特有声音。

始在刺眼的光亮中逐渐融解，首先消失的是他的足和腿，接着是躯干和头，就像一幅被卷起的卷轴，直到最后，我可以感觉他的手指轻放在我头发上。光辉褪去，在我面前除了铁条窗户和一道微弱的阳光外，什么也没留下。

停留在半恍惚的困惑状态，我怀疑自己是否为一场幻觉的受害者。不久，垂头丧气的狄坚走进房间。

"师父不在九点的火车上，或甚至九点半的车上。"我的朋友略带歉意地向我通报。

"跟我来，我知道他十点钟会抵达。"不顾狄坚的抗议，我拉着他的手硬要他赶紧跟我走。大约十分钟后，我们进入车站，火车已经喷出蒸汽停了下来。

"整列火车充满了上师的灵气之光！他在那儿！"我欢欣地叫道。

"你梦到的吗？"狄坚嘲笑地说。

"我们在这儿等吧。"我对我的朋友详述古鲁会如何走向我们。我才刚说完，圣育克铁斯华就出现在视线中，穿着与我稍早看到的一模一样。他尾随一个提着银水壶的小男孩慢步走来。

对此难以置信的奇异经历，一度让我打了个冷颤。我感到二十世纪唯物主义的世界从我身上溜走，我重返耶稣在海上现身于彼得面前的古代了吗？

当圣育克铁斯华——一位如基督般的现代瑜伽行者，走到呆若木鸡的狄坚和我站立处，上师笑着对我的朋友说：

"我也发了讯息给你，但你却不能接收。"

狄坚默不作声，只是怀疑地怒视着我。送古鲁到修道院后，我和我的朋友继续前往塞伦波尔学院。狄坚在街上停了下来，每一个毛孔都散发着怒气。

"哦！原来上师发了讯息给我！你却把它藏了起来！我要求解释！"

"如果你心镜如此烦躁不安地振荡，以致无法感应古鲁的指示，我又能怎么办？"我反驳道。

狄坚脸上的怒气消失了。"我明白你的意思了，"他可怜地说着，"但请解释你如何知道那个提着水壶的孩子。"

当我讲完上午上师在宿舍超越现象的现身故事，我和我的朋友也已抵达塞伦波尔学院。

"刚才所听到对我们古鲁能力的描述，"狄坚说，"让我觉得世上任何一所大学，相形之下只不过是幼稚园。"[3]

3　"这样的事情既已揭露给我，现在，我所有著作在我眼中看来比麦杆还不值钱。"

　　"经院哲学泰斗"圣托马斯·阿奎纳 (St. Thomas Aquinas) 在回复其秘书焦虑催促尽速完成《神学大全》(*Summa Theologiae*) 一书时，曾如此说道。一二七三年的某一天，在那不勒斯教堂的一场弥撒中，圣托马斯经历一个深层而神秘的内在体验。神圣经验的光耀如此笼罩他，从此他不再对智能知识感到兴趣。

　　参考柏拉图对话集《费德鲁斯篇》(*Phaedrus*)，苏格拉底说道："对我而言，我只知道我一无所知。"

第二十章　喀什米尔之旅未成行

　　"父亲，我想邀请上师和四个朋友暑假期间陪我到喜马拉雅山麓。我可以要六张到喀什米尔的火车票和足以支付旅费的盘缠吗？"

　　如我预期，父亲尽情地大笑。"这已是我第三次听你的异想天开之言。去年及前年夏天，你不是也提过类似要求？在最后一刻，圣育克铁斯华却拒绝前往。"

　　"没错，父亲，我不知道古鲁为什么不愿对喀什米尔之事[1]给我明确的答覆。但如果我告诉他我已从您这儿取得车票，我想这次他会同意成行的。"

　　父亲当时未被说服，但是隔天在几句幽默地玩笑后，他交给我六张车票及一卷十卢比的钞票。

　　"我不认为你的空谈之旅需要这么实际的行当，"他说道，"不过它们全在这儿了。"

　　当天下午我向圣育克铁斯华展示我的奖品。虽然他笑着看我兴致勃勃，话语却未表承诺："我愿意去，再看看吧。"当我要求道院的小徒弟卡奈与我们同行时，上师没有表示意见。我也邀请了另外三位朋友——罗真达·纳斯·米彻 (Rajendra Nath Mitra)、乔丁·奥迪 (Jotin Auddy) 及另一名男孩。出发日期订于下周一。

　　周六和周日一位堂兄在我家举行婚礼，所以我留在加尔各达。周一清早我就带着行李抵达塞伦波尔，罗真达在修道院门口见我。

1　虽然上师未作任何解释，那两个夏天他不愿意去喀什米尔，可能是已经预知他在那儿生病的时机尚未成熟。（见第二十一章。）

"上师出去散步了，他不去。"

我既伤心又执拗。"我不会给父亲第三次机会嘲笑我喀什米尔计划是荒诞妄想，我们其他人出发吧。"

罗真达同意了，我离开道院去找一名仆人。我知道卡奈没有上师同行是不会去的，但行李得有人照顾。我想起曾在我家帮佣的贝哈里，他现在受雇于塞伦波尔一位校长。当我正匆忙行进时，我在靠近塞伦波尔法院的基督教堂前遇见古鲁。

"你要到哪？"圣育克铁斯华的脸上没有任何微笑。"先生，我听说您和卡奈都不去我们计划好的旅行。我在找贝哈里，您记得去年他是这么渴望去喀什米尔，甚至提出要提供免费服务。"

"我记得。不过，我不认为贝哈里会想去。"

我被激怒了。"他正迫切期待这个机会！"

古鲁沉默地继续走。没多久我走到那校长的房子。贝哈里在院子里，一听到我提起喀什米尔，原本亲切热情的招呼顿时消失。他喃喃一句抱歉就离开，进入他主人的房子。我等了半小时，焦急地安慰自己：贝哈里在准备行李所以耽搁了。最后，我决定敲前门。

"贝哈里大概在三十分钟前，就从后面的楼梯离开了，"一个嘴角挂着浅笑的人告诉我。

我伤心地离开，心想是否我的邀请太强迫了，或是上师无形的影响力发挥作用。经过基督教堂时，我又看见古鲁慢步向我走来。不待我报告，他高声道：

"看样子贝哈里不去了！现在，你有什么打算？"

我觉得自己就像个决心反抗父亲权威的不驯小孩。"先生，我要去请求我叔叔把他的仆人拉尔·达里 (Lal Dhari) 借给我。"

"想去见你叔叔就去吧，"圣育克铁斯华笑着回答。"但我不认为你会喜欢这次的造访。"

我有些忧虑，但还是叛逆地离开古鲁进入塞伦波尔法院。担任政府律师的叔叔撒拉达·果栩 (Sarada Ghosh) 热情地欢迎我。

"我今天要跟几个朋友前往喀什米尔，"我告诉他。"多年来，我一直期盼这趟喜马拉雅山之旅。"

"我真为你高兴，慕昆达。有什么事我可以帮上忙，好让你的行程更舒适吗？"

这些和蔼的话语提振了我的勇气。"亲爱的叔叔，"我说，"您的仆人拉尔·达里有可能借给我吗？"

我简单的请求引发了一场地震效应。叔叔暴跳如雷到连椅子都被打翻，桌上纸张纷飞四处，他那支椰子作成长柄的水烟斗也哐当落地。

"你这自私的小子，"他咆哮，气得全身颤抖，"这是什么荒谬主意！你自己出游还要带走我的仆人，谁来照顾我？"

我掩住惊讶，心想，和蔼可亲的叔叔态度遽变，只不过让今天这个无法理解的日子多增一道谜。我尊严尽失地快速离开法院。

回到修道院，朋友们正期待地聚在一起。我心里愈来愈相信，上师的态度背后必定有个非常深奥且充足的理由。我自责自己企图违反上师的意愿。

"慕昆达，你不多留一会儿陪我吗？"圣育克铁斯华问道。"罗真达和其他人可以现在先走，再到加尔各达等你。你们有充裕的时间搭乘晚上由加尔各达开往喀什米尔的末班火车。"

"先生，没有您同行，我不想走。"我伤心地说。

我的朋友们完全没注意我说的话。他们叫了一辆马车，带着所有行李离开了。卡奈和我静静坐在古鲁跟前，静默半小时后，上师起身走向二楼用餐的阳台。

"卡奈，请端来慕昆达的食物，他的火车快开了。"

当我从毯子座位上起身时，突然一阵恶心，胃剧烈绞痛得我摇摇欲坠。刺痛的感觉如此强烈，我觉得自己突然被扔到什么残暴的地狱般。我看不清地摸索着走往古鲁那，在他面前昏厥过去，所有可怕的亚洲型霍乱症状都出现了。圣育克铁斯华和卡奈把我扶到起居室。

我痛苦地哭喊："上师，我将生命交付给您。"我相信生命的确正从我身体之岸快速退潮。

圣育克铁斯华把我的头放在他的膝上，以天使般的温柔搓抚我的额头。

"你现在知道了，如果你此刻与朋友在车站会发生什么状况，"他说道。"因为你选择怀疑我对在此特殊时间点出游的判断，让我必须以这种奇特的方式看顾你。"

我终于了解，伟大的上师们很少认为公开展现法力是合宜的，任何看到当天一连串事件的旁观者都会觉得非常自然。古鲁的介入太微妙以至于难以察觉，他以如此善巧不为人注意的方式经由贝哈里、我的叔叔、罗真达和其他人身上行使他的意念。大概除了我以外，每个人都认为这些状况合情合理吧。

由于圣育克铁斯华从不忽视社会责任，他叫卡奈去请来一位医生并通知我叔叔。

"师父，"我抗议道，"只有您能治愈我，我的情况已不是任何医生帮得上忙的。"

"孩子，你受到上天慈悲的保护。不要担心医生的事，他不会看到你目前的状况，你已经痊愈了。"

听到古鲁这些话，煎熬难忍的痛苦离我远去。我虚弱地坐起身。不久一位医生抵达并仔细检查我。

"你看来已经渡过最严重的时期，"他说道。"我会采样回实验室作检测。"

隔天早晨，医生匆忙赶来。我精神极佳地坐着。

"太好了，你在这儿有说有笑，好像未曾跟死亡沾上边。"他轻轻地拍拍我的手。"当我从采样中发现你得的是亚洲型霍乱时，我认为你活不了了。年轻人，你很幸运，有一位具有灵疗能力的古鲁！我对此深信不疑！"

我完全同意。当医生正准备离去时，罗真达和奥迪出现在门口。看到医生以及我余存的苍白病容，他们脸上的表情由愤怒转为同情。

"你没有依约出现在加尔各达火车站，我们很生气。你病了？"

"是的。"当朋友把行李放在与昨天相同位置的角落时，我忍不住笑了出来，我改述道："一艘启航前往西班牙的船，尚未抵达，即又折返！"

上师走进房间。我允许自己享有病人于恢复期的自由特权，深情地抓住他的手。

"敬爱的古鲁，"我说，"从我十二岁开始，好几次我试着要到喜马拉雅山都失败。我终于确信，没有您的祝福，帕瓦蒂女神[2]是不会接受我的！"

---

2 字义为"属山的"帕瓦蒂 (Parvati)，在神话中为喜马拉雅王 (King Himalaya) 的女儿 (Himalaya 字义为"雪的住处")。喜马拉雅王的住处在西藏边界的某一座高峰上。惊讶的游客在行经那座难以进入的高峰下时，从远处看庞大积雪的轮廓就像一座宫殿，有着盖满冰雪的圆顶及塔楼。

　　帕瓦蒂、卡莉、杜尔加、梧玛 (Uma) 及其它女神皆是"世界圣母" (Jaganmatri) 的不同面，各以不同名称来突显其特定的功能。上帝或希瓦神 (见第三十二章注7) 超自然 (para) 的一面在宇宙万物中是不活跃的，祂的能量 (shakti，活跃力) 交付给祂的"配偶"，即令宇宙生出无穷发展可能、具生产力的"女性"力量。

　　在《往世书》(Puranas) 的神话传说中，喜马拉雅为希瓦神的住处。来自天庭的刚葛 (Ganga) 女神为领导源自喜马拉雅山河流的主宰守护神，因此恒河被诗意地描绘为自天上经由希瓦的发丝流到人间的河流，希瓦为"瑜伽行者之王"及三位一体的破坏及革新者。"印度的莎士比亚"克立达撒 (Kalidasa) 形容喜马拉雅山为"希瓦的一团笑声"。"读者可以设法想像整排大颗白牙延伸的模样，"汤玛斯 (F. W. Thomas) 在《印度遗产》（*The Legacy of India*，牛津出版）一书中写道，"但完整的思想可能依旧不易掌握，除非读者了解这位在高耸的群山世界中永恒为王的伟大苦行者 (Ascete)。恒河自天上流经他缠绕的发结倾泻而下，月亮作了它们的顶饰。"（见第 230 页希瓦照片。）

在印度艺术里，希瓦通常穿着一件黑丝绒般的羚羊皮，象征夜晚的黑暗及神秘——"以天为衣" (digambara) 的神唯一的衣着。部份希瓦教派成员不着衣物以表对上主一无所有却无所不有的崇敬。

守护着喀什米尔的圣者之一、十四世纪的莱拉·瑜琪丝瓦莉 (Lalla Yogiswari，瑜伽至尊夫人) 是一位"以天为衣"的希瓦信徒。当代一位看不惯的人士问她为何要裸体。"为什么不？"莱拉辛辣地答道，"我没看到任何人。"对于莱拉多少有点过于激烈的思考方式而言，凡是未能证悟上帝者，不配称为"人"。她修练一种近似科里亚瑜伽的法门，她在许多首四行诗中颂扬该法门使人解脱的效力。我在此翻译一首：

> 什么样的悲伤酸楚我没尝过？
> 生死轮回不可数，
> 瞧！在我杯子里的正是甘露！
> 我以调息艺术将之一饮而尽。

这位圣者未经过肉体的死亡，她以火焰使自己的形体消失。最后她在哀伤的镇民前现身，活生生地身着金色长袍——终于身着衣服！

希瓦神

苦行精神的化身，希瓦神代表上帝三位一体（创造、保存，及毁灭）性质中的破坏
——革新者。希瓦神的画像呈现在喜马拉雅山的三摩地极喜状态，象征其超凡人圣
的境界。蛇领（naga kundala）及蛇臂环象征他超越幻相及其创造力。

第二十一章　我们造访喀什米尔

　　"你现在已经强健到可以旅游了，我会陪你到喀什米尔，"圣育克铁斯华在我从亚洲型霍乱奇迹复原后两天告诉我。

　　那天傍晚我们一行六人搭乘火车北上，第一个悠闲的停靠站是西姆拉 (Simla)，一个位于喜马拉雅山麓宝座上的高雅城市。我们在陡峭的街道上漫步，赞叹壮丽的景观。

　　"来买英国草莓哟！"一位老妇人蹲坐在景色如织的露天市场里叫卖。

　　上师对这种陌生的小红果十分好奇，他买了一大篮，拿给就在近旁的卡奈和我。我尝了一颗莓果，但连忙吐到地上。

　　"先生，好酸的水果啊！我永远不可能会喜欢草莓！"

　　古鲁笑了起来。"哦！你会喜欢它们的——在美国。在那儿的一次晚宴中，女主人会招待你加了糖和鲜奶油的草莓。在她用叉子把草莓捣碎后，你会尝一口并说：'多美味的草莓啊！'然后你会记起在西姆拉的这一天。"

　　（圣育克铁斯华的预言从我脑海中消散，但它在多年后我抵达美国不久后复现。我在爱丽丝·哈赛〔Alice T. Hasey〕夫人〔尤格玛塔修女，Sister Yogmata〕于麻萨诸塞州西三摩维尔〔West Somerville〕的家中作客用晚餐。当一道草莓甜点端上桌时，我的女主人拿起叉子捣碎我的草莓，加上鲜奶油和糖。"这水果相当酸，我想你会喜欢这种吃法，"她说道。我尝了一口，"多美味的草莓啊！"我惊叹道。古鲁在西姆拉的预言立即从我的记忆深处浮现，我才震惊地发现，古鲁与上帝合一的心早在很久以前已侦测到徘徊在未来以太中会发生的因果事件。）

　　我们一行人不久即离开西姆拉，搭火车前往拉瓦品第

(Rawalpindi)。在那儿我们租了一辆双马拉行的大型遮篷兰道马车，开始一段为期七天前往喀什米尔首府史利那佳 (Srinagar) 的行程。在我们北上旅程的第二天，喜马拉雅山真正的辽阔景观映入眼帘。随着马车铁轮在炽热的石子路上吱轧作响，我们沉醉在高山峻岭雄伟的景色变化中。

"先生，"奥迪对上师说，"有圣师您的同行，我真开心能饱览这些壮丽的景色。"

身为这趟旅游的主办人，我对奥迪的谢意感到一阵愉快的欣慰。圣育克铁斯华捕捉到我的思维，转身对我耳语道：

"不要太得意，奥迪渴望离开我们一段时间去抽根烟[1]胜于他对这些风景的迷恋。"

我相当震惊。"先生，"我低声说道，"请不要说这些不愉快的话破坏我们的和谐，我简直无法相信奥迪会渴望要抽烟。"我挂虑地看着我通常抑制不住的古鲁。

"很好，我不会跟奥迪说任何事。"上师轻声笑道，"不过你很快就会看到，当马车停下来时，他会立刻抓住机会。"

马车抵达一家供商队投宿的小旅馆。当马匹被带去喝水时，奥迪问道："先生，您介意我与车夫共骑一段路吗？我想呼吸些外面的空气。"

圣育克铁斯华同意，但跟我说："他要的是新鲜的烟，而不是新鲜的空气。"

马车再度于尘土飞扬的路上吱轧前进。上师目光闪烁，指示我说："把头伸出马车门，看看奥迪与他的新鲜空气做些什么事。"

我照做，惊讶地看到奥迪正吐着烟圈。我带着歉意望了一下圣育克铁斯华。

1　在印度，于长辈或长官面前抽烟是不敬的行为。

"先生，您一直以来都是对的，奥迪正边欣赏风景边吐烟。"我猜我的朋友接受了车夫的礼物，我知道奥迪并未从加尔各达带任何烟来。

我们继续在错综复杂的路径上前行，沿途欣赏河流、山谷、悬崖峭壁和层层山峦。每晚我们歇宿在乡村的小旅馆，自己作饭。圣育克铁斯华特别注意我的饮食，坚持我每餐都要有莱姆汁。我还是相当虚弱，但每天都有进步，尽管那嘎嘎作响的马车似乎是专为提供不舒适而设计的。

接近喀什米尔中心时，我们满心欣喜的期待：莲花湖极乐园、水上花园、华丽的遮篷船屋、多座桥梁的吉兰（Jhelum）河，还有满地鲜花的牧场，全被喜马拉雅山环绕。

我们经过高硕迎人的林荫大道抵达史利那佳，在一家俯瞰雄伟山丘的两层楼旅馆订了房间。没有自来水的供给，必须到附近的井取水。夏日的天气十分理想，白天温暖，夜间稍凉。

我们到供奉商羯罗尊者的史利那佳古庙朝圣。凝望高耸连天的山顶修道院时，我进入极喜状态。由显现的灵眼观中，我看到远方土地上一栋位于山坡顶的大宅邸。眼前这座矗立于史利那佳、高耸的商羯罗古庙转变成一栋大建筑物，这是几年后我在美国成立ＳＲＦ的总部。（当我首次造访洛杉矶，看到华盛顿山顶那栋大建筑时，我一眼就认出，因为我在很早以前从喀什米尔及别处所得的灵眼观里就已见过它。）

在史利那佳停留几天后，我们继续到八千五百英呎高的古马格（Gulmarg，"花丛山径"）。那是我第一次骑大型马的经历，罗真达登上一匹充满奔驰野心的小赛马，我们冒险进入极其陡峭的卡伦马格（Khilanmarg）。这条路通过长满树菇的茂密森林，薄雾笼罩的小径通常有些危险，但即使在最危险的弯道，罗真达的小马也不让我那匹特大的骏马有片刻喘息的机会。罗真达的马毫无倦意地往前跑，忘却一切，只有追求竞争的快感。

我们激烈竞赛的奖赏是令人屏息的景观。此生第一次，我凝视着四面八方积雪盖顶、雄伟壮丽的喜马拉雅山全景，层层重叠，就像是巨大的北极熊侧影。我欢欣地饱览蔚蓝晴空衬托下、绵延冰山的视觉盛宴。

我与年轻的同伴们穿着大衣，在闪闪发光的雪白山坡上愉快地打滚。在下山的行程中我们看到远方一片广阔的黄色花海，为荒凉的山丘一改风貌。

我们下一站是贾汗吉 (Jehangir) 大帝在夏里玛尔 (Shalimar) 和尼夏特 (Nishat Bagh) 的著名"休闲花园"。在尼夏特花园的那座古代宫殿是直接盖在天然的瀑布上。从山上急奔而下的湍流经过巧妙装置的调节，流过色彩缤纷的平台后，涌入绚烂花圃中的喷水池。水流也经过宫殿的几处厢房，最后像小精灵般滴落在底下的湖泊中。辽阔的花园绽放五颜六色的花朵——玫瑰、茉莉、百合、金鱼藻、三色堇、薰衣草、罂粟。成排对称的葰悬木[2]、柏树和樱桃树形成了翠绿的外围，更远处耸立着雪白峻峭的喜马拉雅山。

在加尔各达，所谓的喀什米尔葡萄算是稀有的珍馐。罗真达经常提起葡萄盛宴会在喀什米尔等着我们，现在却失望地发现那儿一个大型葡萄园也没有。偶尔我会调侃他那没有基础的期望：

"噢，肚子塞满了葡萄，我都走不动了！"我会这么说，"看不见的葡萄在我体内发酵！"后来我们听说甜美的葡萄大量种植在喀什米尔西部的喀布尔 (Kabul)。为了安慰自己，我们品尝了用整颗开心果调味的拉布利（rabri，浓炼乳）冰淇淋。

我们搭了几趟有红色绣花遮蓬的小船 (shikara)，沿着错综复

2　chinar，东方莜悬木。

杂的达尔 (Dal) 湖道前进，运河网宛如一面水蜘蛛网。这里有许多以原木和泥土临时简陋搭建的水上园圃，令人惊奇连连。看到长在广大水域中的蔬菜和瓜果的第一眼是如此地不协调，偶尔可见对"根植土壤"观念不以为然的农夫，拖着其方块"田"到犹如多指湖泊里的另一新地点。

在这座闻名历史的溪谷中可以看到地球上一切美景的缩影。喀什米尔像一位以山岭为皇冠、湖泊为花环、花朵为鞋子的贵妇。往后几年，在我游览许多国家后，才明白为何喀什米尔经常被誉为世界最秀丽的景点。它拥有某些瑞士阿尔卑斯山、苏格兰罗门湖 (Loch Lomond)，以及雅致英格兰湖泊的魅力。喀什米尔多处景致会使美国游客忆起旷野壮丽的阿拉斯加及丹佛附近派克峰 (Pikes Peak) 的宏伟崎岖。

若要进行风景选拔，第一名我会颁给墨西哥美艳绚烂的索

SRF（YSS）国际总部的行政大楼，由瑜伽南达尊者于 1925 年创立，位于加州洛杉矶华盛顿山顶。

拉札西·迦拿卡南达尊者
(Sri Rajarsi Janakananda)

拉札西·迦拿卡南达尊者于1952-1955年间担任SRF-YSS的精神领袖及会长。

达雅·玛塔尊者
(Sri Daya Mata)

达雅·玛塔尊者在1955年2月拉札西·迦拿卡南达尊者过世后，接任SRF-YSS的精神领袖及会长达五十五年，直至2010年过世。

梅娜里尼·玛塔尊者
(Sri Mrinalini Mata)

梅娜里尼·玛塔尊者——伟大上师亲自挑选及训练的另一位亲近弟子之一，以在他圆寂后接续其工作——是SRF-YSS的现任会长及精神领袖。

契米哥 (Xochimilco)：那儿的天空、群峯与白杨木倒映在鱼儿嬉戏的无数水道间；或颁给喀什米尔的湖泊，它们就像在喜马拉雅山严峻守护下的美丽少女。这两处地方在我记忆中脱颖而出，是世界上最秀美动人的景点。

但是当我第一次看到黄石国家公园、科罗拉多大峡谷和阿拉斯加奇景时同样惊叹不已。若要观赏多处间歇泉几乎如时钟般规律地喷向高空，黄石公园或许是地球上唯一的地方。在这个火山地区，大自然留下了早期创作的样本：硫磺温泉、犹如蛋白石及蓝宝石色泽的水池、猛烈的间歇喷泉，以及自由漫步的熊、狼、美洲野牛及其它野生动物。乘车沿着怀俄明的道路来到热泥浆不断冒泡的"魔鬼颜料锅"(Devil's Paint Pot)，观赏汩汩流动的泉水、不时喷涌的泉柱，以及雾气氤氲的喷水池。可以说，黄石公园的独特性值得获颁一座特别奖。

加州优胜美地国家公园苍劲古老的红杉林高耸入天，彷佛一座座巧夺天工的天然绿色大教堂。东方虽也有令人激赏的瀑布，但无一能比拟在纽约州加拿大边境的尼加拉瓜大瀑布汹涌奔流的美。肯塔基州的毛象窟 (Mammoth Cave) 和新墨西哥州的卡尔斯巴洞穴 (Carlsbad Caverns) 是神奇的仙境，长长的钟乳石自洞顶向下垂吊，倒映在地底下的水面，让人一窥想像中的另类世界。

许多以美貌闻名于世的喀什米尔人，有着像欧洲人一样白皙的肤色，以及类似的五官和骨架，金发碧眼的人很多，穿上西式服装，看起来就像美国人。喜马拉雅山的寒冷让喀什米尔人免于酷热阳光的曝晒，而维持较浅的肤色；愈南行至印度热带纬度地区，会愈发现人们的肤色愈深。

在喀什米尔渡过愉快的几周后，我不得不作返回孟加拉邦的准备，以参加塞伦波尔学院的秋季课程。圣育克铁斯华、卡奈及奥迪则续留史利那佳。出发前不久，上师暗示他的身体在喀什米尔会遭受病难。

"先生，您看起来十分健康啊。"我反对地说。

"我甚至有可能离开这个世间。"

"古鲁吉！"我哀求地倒在他的足前。"请答应我，现在不会离开您的肉体。如果失去您，我对如何继续下去全无准备。"

圣育克铁斯华沉默不语，但他如此慈爱地对我微笑，让我感到放心。我不舍地离开他。

"上师病危。"我返抵塞伦波尔不久后即接到奥迪的电报。

"先生，"我仓皇地致电古鲁，"您答应过不会离开我。请留住您的身体，否则我也将死。"

"就如你所愿。"这是上师来自喀什米尔的回覆。

几天后，奥迪来信告诉我上师已康复。两周后，古鲁回到塞伦波尔，我心痛地发现他的体重减轻至平常的一半。

幸运的是他的弟子，圣育克铁斯华在喀什米尔的一场高烧，像一把火烧掉了他们许多的罪业。高度进化的瑜伽行者知道如何以超自然的方法对疾病进行肉体的移转。强者可以帮弱者分担重担；一个灵性超凡的人可以承担弟子的部份罪业，而降低他们在肉体及精神上的折磨。就像一个富人付出些钱财替他挥霍的儿子清偿大笔债务，使儿子免受自己愚行造成的悲惨后果；相同的，一个上师也会愿意牺牲部份肉体的安适以减轻弟子的痛苦[3]。

藉由某种瑜伽密法，圣者可以将自己的心与星灵体，与受苦者的相结合，疾病因此部份或完全转移到瑜伽行者的肉体上。

---

3 许多天主教圣徒，包括泰瑞莎·纽曼（见第三十九章）通晓疾病移转的玄秘方法。

上师们在物质界中已证悟上帝，便不再挂虑自己的身躯。虽然他们会为了救助他人而容许自体生病，但其不被玷污的心灵却不受影响，他们认为自己能给予这种帮助十分幸运。一旦在神的国度获得最终救赎，就会真正地发现人的肉体已善尽其用，然后上师们可以用任何他们认为适当的方式使用它。

古鲁们在世间的工作是要减轻人类的忧伤，不论是透过心灵方法、或理性忠告、或意志力，还是疾病的身体移转。只要愿意，上师们随时可以遁入超意识状态而忘却肉体上的病苦。有时候，为了作为弟子的榜样，他会选择坚忍肉体上的病痛。经由承担他人的疾苦，瑜伽行者可以代为清偿因果业律。因果法则机械化且精确化地运作着，具神圣智慧的人可用科学方法加以操纵。

灵性法则并无要求一位上师每次灵疗他人时自己必须生病。圣人通常以其所知各种不伤灵疗者的瞬间疗愈法进行治愈；然而，在极少数的情况下，上师们为了大幅加速弟子的进展，会自愿透过自体偿还弟子的庞大业债。

耶稣表明自己是众生罪恶的救赎。若非自愿顺从微细的宇宙因果法则，以基督的灵力[4]，他永远不可能被钉死于十字架上。但他以这样的方式代偿众生，尤其是其弟子们的业债，使他们高度净化而能获致之后降临到他们身上的遍在意识 (omnipresent consciousness) 或是圣灵 (Holy Ghost)[5]。

只有证悟的上师可以移转自己的生命能量或将他人的疾病导入自己的身体。一般人无法使用这种瑜伽疗法而且也不被鼓励这么做，因为一个不健全的肉体工具对深度静坐是一种障碍。

---

4 基督在即将被带去钉上十字架时说道："你想，我不能求我父，现在为我差遣十二营多天使来吗？若是这样，经上所说，事情必须如此的话，怎么应验呢？" —— 马太福音第二十六章五十三至五十四节

5 使徒行传第一章八节，第二章一至四节。

印度经典教导，维持身体健康状态是每个人的必要职责，否则他的心思无法稳定保持在虔诚的专注中。

然而，非常坚强的心灵可以超越所有身体上的困难，达到证悟上帝的境界。许多圣人不顾病苦而成功证道。阿西西的圣法兰西斯 (St. Francis of Assisi) 自己重病缠身却仍治愈他人，甚至让人起死回生。

我曾经认识一位印度圣者，早年他半身布满疮疡，糖尿病症严重到连一次端坐十五分钟都有困难，但他在灵性上的渴望却丝毫未减。"主啊，"他祈祷着，"您会进入我残破的殿堂吗？"藉由心念永不停歇地呼唤，圣者逐渐能够每日以莲花姿势持续盘坐十八个小时，全神贯注在入定的极喜境界。"而且，"他告诉我，"三年后，我发现**无极的光**在我体内闪耀，浸润在光辉的喜悦中，我忘却身体的存在。后来，透过上天慈悲，我发现身体健全了起来。"

印度蒙兀儿帝国建立者巴贝尔帝王 (King Baber 1483-1530) 在历史上留有一愈病事迹。他的儿子胡马雍[6]王子病危，这位父亲极度悲痛地祈祷，决心要承受病痛使爱子得救。胡马雍复原了，但巴贝尔随即病倒，并死于侵袭他儿子相同的疾病。

很多人以为伟大的上师都应该像健美运动家山度[7]般身强力壮，这种假设是没有根据的。病弱的身体不代表古鲁缺乏灵力，如同终生健康未必表示内在的觉醒。一个上师关键性的资格证明，在于灵性而非肉体。

6　胡马雍 (Humayun) 为阿克巴大帝的父亲。起初阿克巴夹着伊斯兰的狂热迫害印度教徒。"后来我知识渐增，内心感到无比羞愧，"事后他说道。"神迹发生在各种教义的圣殿里。"他为薄伽梵歌安排了波斯翻译，并从罗马邀请了数名耶稣会神父到宫廷来。阿克巴不正确但虔敬深情地把下文认作为基督所言（刻在阿克巴的新城法德普·西克利〔Fatehpur Sikri〕的胜利拱门上）："耶稣——玛丽（愿得安息）之圣子——说道：世界是一座桥梁，走过它，但不要在它上面盖房子。"

7　Sandow，一位德国运动家（一九二五年逝世），被誉为"世界上最强壮的人"。

西方许多困惑的追寻者错误地认为一个在玄学方面雄辩的演说家或作家必定是位上师。然而，一个人是上师的唯一证明，在于他是否具有任意进入无息状态（有种子三摩地）和达到永恒不变至喜极乐（非细考三摩地）的能力[8]。先知们指出，唯有这些成就能证明一个人已经控制摩耶——宇宙二元幻相，也只有这样的人能从深层了悟中说："唯一存在"（Ekam sat）。

> "当无明生出二元现象，人们看到的所有事物皆与自我不同，"伟大的一元论者商羯罗写道。"当每样事物都被视同自我，即使一粒原子也不被认为异于自我……一旦实相进现，人们不会再经历过去行为的果报，这是由于肉体实为假合，正如醒来以后就不再有梦。"

只有伟大的古鲁能够承担弟子的业。如果不是内在的圣灵让他能以如此奇特的方式帮助弟子，圣育克铁斯华不会在史利那佳[9]生病。少有圣者比我这位与上帝合一的上师能更敏锐地具备执行神圣指令的智慧。

当我冒昧地用几句同情的话安慰他消瘦的身形，古鲁却开心地说道：

"这有优点，现在我穿得下那些多年没穿的小号汗衫（ganjis）了！"

听到上师愉快的笑声，我想起塞尔斯的圣法兰西斯 (St. Francis de Sales) 的一句话："一个悲伤的圣者是一个可悲的圣人。"

8　见第二十六章注 12 及第四十三章注 1 。

9　史利那佳为喀什米尔的首都，由阿育王 (Asoka Emperor) 建于西元前三世纪。他在那儿建了五百所修道院，一千年后当中国朝圣者玄奘拜访喀什米尔时，其中一百所仍屹立着。另一名中国旅行作家法显（第五世纪）看到阿育王在华氏城（Pataliputra，今巴特那〔Patna〕）庞大宫廷的遗迹时曾表示，该建筑结构和装饰雕塑出奇的美，"疑非出自凡间手艺"。

第二十二章　石雕圣像心

"作为一个忠心的印度妻子，我并不想抱怨自己的丈夫，但我渴望看到他的物质观有所转变。他喜欢嘲笑我静坐室里的圣者画像，亲爱的弟弟，我深信你能帮助他，你愿意吗？"

大姐萝玛乞求地望着我，当时我正短暂拜访她在加尔各达基里诗·维亚拉那 (Girish Vidyaratna) 巷的家。她的恳求感动我，因为她对我早年的心灵有很深的影响，且曾慈爱地尝试填补母亲过世后留给全家人的空虚。

"挚爱的姐姐，我定会尽我所能。"我微笑着说，渴望纾解她明显忧郁的面容，这迥异于她向来恬静欣快的神情。

萝玛和我坐着默祷了一会儿祈求指引。一年前姐姐曾要求我传授她科里亚瑜伽，她在这方面有明显的进步。

一个灵感攫获我。"明天，"我说，"我要前往达克希内思瓦的卡莉神庙，请跟我来，并且说服姐夫同行。我觉得在那块圣地的磁场下，圣母会感动他的心，但不要透露我们要他同行的目的。"

姐姐满怀希望地答应。次日清晨，我很高兴看到萝玛和她的丈夫已经打理好准备出发。当我们租来的马车沿着上环路吱嘎作响地往达克希内思瓦前进时，姐夫撒提士·川达·伯斯 (Satish Chandra Bose) 一路以嘲笑古鲁的价值自娱，我注意到萝玛正悄悄地拭泪。

"姐姐，开心点！"我低语道。"不要让姐夫满意地以为我们把他的嘲笑当真。"

"慕昆达，你怎么会去崇拜那些没用的骗子？"撒提士说道。"光是隐修者的长相就令人反感，不是瘦得像副骷髅，就是肥得像只大象！"

我捧腹大笑，这反应惹恼了撒提士，他绷着脸陷入沉默。当马车进入达克希内思瓦的庙院时，他讽刺地咧嘴笑道：

"这趟旅行，我猜，是用来改造我的计谋吧？"

我不作回应地转过身，他抓住我的手臂。"年轻的和尚先生，"他说，"别忘了作适当安排，好让庙方提供我们午餐。"撒提士希望免除自己与祭司的任何交谈。

"我现在要静坐，不用担心你的午餐，"我斩截地回答，"圣母会照料用餐的事。"

"我不冀望圣母为我做任何一件事，但我要你为我的餐食负责。"撒提士语带威胁。

我独自走到卡莉（上帝以**母性本质**呈现的一面）大神庙前的柱廊。选择其中一个廊柱旁的遮荫处，开始盘腿静坐。虽然大约才七点，但朝阳很快就会闷热地令人不堪忍受。

当我在虔诚的入定之境时，整个世界消褪变淡。我一心专注于卡莉女神，就在达克希内思瓦的这座神庙里，她的圣像受到伟大上师罗摩克里希那·帕拉玛罕撒的特别崇敬。为了回答他的恳切苦求，此石雕圣像经常化为活的形体与他交谈。

"沉默的石雕圣母，"我祈祷，"您在虔诚爱徒罗摩克里希那的请求下化现人形，为何不也听听您这个孩子渴求的哀诉呢？"

在神圣宁静的伴随下，我渴望的热忱无止尽地加深。然而，五个小时过后，我内在观想的女神尚未回应，我有些沮丧。有时上帝会延迟祷告的应验以作为一种考验，但祂最终会在锲而不舍的信徒前以任何他所敬爱的外在形体示现。虔诚的基督徒会见到耶稣；印度教徒会看到克里希那或卡莉女神；若所崇敬的对象不具人的形象时，他会看到扩展的光。

我勉强地睁开眼睛，看到一位祭司遵从着午时的惯例，正锁上庙门。我从柱廊僻静坐处起身走向庭院，午间的烈日令石头地面炙热蒸腾，我的赤足忍受着烧灼的痛苦。

"圣母，"我暗自抗议，"您没有示现在我面前，现在又藏身到关闭的庙门后，我今天为我的姐夫向您提出一个特别祈求。"

我内在的祈请立即得到回应。首先，一股怡人的冷波降临我的背部及脚底，消除了所有的不适。然后，令我讶异地，神庙变得巨大无比；扩大的庙门慢慢打开，显现卡莉女神的石雕像，它逐渐变为鲜活的形体，带着笑容点头对我示意，难以形容的喜悦令我惊喜激动。像支神秘的针筒从我的肺部抽走气息，我的身体变得完全静止，但非无法动弹。

接着是极喜意识的扩张，我可以清楚看到跨过左边恒河对岸数英哩远，和神庙外整个达克希内思瓦地区。所有建筑物墙面透明地闪烁着，穿透壁墙，我看到人们在远处往来行走。

虽然呼吸已止，而且身体处在一个奇特的安静状态，我仍能自由移动手脚。有几分钟时间，我试着张眼及闭眼观察，两种状况下我都能清楚看到达克希内思瓦的全景。

灵眼视线就像 X 光般穿透一切物质，圣眼目光下处处皆中心，无地是周边。站在阳光照耀的庭院里，我重新体会：当人们不再是上帝的浪子、沉迷于实为梦幻泡影且无所依怙的物质世界时，他便能重获永恒国度的继承权。如果人受制于狭隘性格，而视逃避为必需，有任何其它逃避比得上无所不在的解脱吗？

在这达克希内思瓦的神圣体验中，唯有庙宇和女神形象极度放大，其它一切皆呈正常尺寸，不过每个物体都被一柔和的光环围绕——白色、蓝色和淡彩虹色调。我的身体似乎成为轻飘物质，随时可以飘浮升空。全然意识到自己周围的物质世界，我在不打扰延续的极喜境观下，环顾四周并走了几步。

在庙墙后面，我突然瞥见姐夫坐在一株神圣木苹果树 (bel tree) 的多刺枝干下，我能毫不费力地察觉他的思绪。虽然受到达克希内思瓦圣地的影响而多少提升了心灵，但他对我仍旧不怀善意，我立刻转向慈悲的女神形象。

"圣母，"我祈求，"您不愿改变我姐夫的灵性吗？"

迄今沉默不语的美丽形影终于说话："就成全你的愿望！"

我高兴地看着撒提士，他似乎本能地察觉到某种灵性力量正在运作，忿恨地从地上坐处站了起来，我看到他在庙堂后奔跑，挥拳朝我接近。

全面包拢的景象消失了，我不再看到荣耀辉煌的女神，庙宇失去透明度，回复到平常大小。我的身体再度在烈日下感到燠热难当，我跃进柱廊的蔽荫处，撒提士愤怒地追到这来。我看看表，已经一点，神圣境观持续了一个小时。

"你这个傻小子，"姐夫脱口而出，"你已经在那盘腿又斗鸡眼地坐了好几个钟头，我来来回回看着你，我们的食物在哪里？现在庙门关了，你没有通知庙方，现在要替我们准备午餐已太迟了！"

女神出现带给我的喜悦还在我心中回荡。我大声说道："圣母会填饱我们的肚子！"

"就这么一次，"撒提士咆哮道，"我要看看你的圣母未经事先安排如何在这给我们食物！"

姐夫的话刚说完，就有一个寺院祭司穿过庭院到我们这儿来。

"孩子，"祭司对我说，"我注意到你的面容在几个小时的静坐中恬静地焕发着光辉。今天早上我看见你们到来，就想要留下丰盛的食物作为你们的午餐。供应食物给没有预订的人是违反庙规的，但我为你们开了例。"

向他道谢后，我直视撒提士的双眼，他激动得满脸通红，目光朝下地默默忏悔。当我们享用丰盛的膳食，还包括非当季的芒果时，我注意到姐夫毫无食欲。他疑惑不解，掉进思绪的深海中。

在回加尔各达的路上，撒提士带着软化的表情，偶尔会恳求地看我一眼。但自从那位祭司彷佛回应他的挑战而现身邀请我们午餐后，撒提士没说过一句话。

隔日下午我到姐姐家拜访，她热情地招呼我。

"我亲爱的弟弟，"她叫道，"真是奇迹啊！昨晚我的丈夫毫不保留地在我面前哭泣。

"'心爱的女神[1]，'他说，'你弟弟的改造计划造成我的转变，我的快乐是无法形容的。我会弥补过去对你做的每一件错事，从今晚开始，我们的大房间只作为礼拜神的地方，你的小静坐室改为我们的卧室。我真心忏悔曾嘲笑你的弟弟，为了惩罚我可耻的行为，我在修行路上有所进步前，我不会跟慕昆达说话。从现在开始我会深入地追寻圣母，我确信有一天一定能找到她！'"

多年后（一九三六年），我到德里探望撒提士。当我看出他在自我证悟上已高度发展，而且有幸见到圣母显现，我感到万分欣喜。跟他在一起的那段时间，我注意到撒提士虽有重病，白天还要忙于办公室的事务，但私底下他每晚大部份时间都用于深度静坐。

我突然有了姐夫寿命不长的想法；萝玛一定已经读到我的心思。

1　原文 Devi，女神，字义为"发亮者"；从梵文动词字根 *div* 而来，意为"发亮"。

"亲爱的弟弟，"她说道，"我很健康，丈夫却病了。不过我要你知道，作为一个虔诚的印度妻子，我将先死[2]。我去世的日子离现在不久了。"

她不祥的话令我震惊，但我了解其中真相的刺痛。姐姐去世时我人在美国，距离她的预言大约十八个月。事后我的小弟毕胥努告诉我详情。

"萝玛死时，她和撒提士都在加尔各达，"毕胥努告诉我。"那天早上，她穿上结婚时的华丽礼服。

"'为什么穿这套特别的服装？'撒提士问道。

"'今天是我在世上服侍你的最后一天。'萝玛回答道。不久她就心脏病发，当她的儿子要冲去外面寻找救援时，她说：

"'孩子，不要离开我，没有用的，医生来之前我就走了。'十分钟后，萝玛握着丈夫的双足以示尊敬，意识清醒地离开她的身躯，满足而无痛苦。

"妻子死后，撒提士变得非常隐遁落寞，"毕胥努继续道。"有一天他和我看着一张萝玛带着微笑的照片。

"'你为什么笑呢？'撒提士突然叫了起来，彷佛妻子就在现场般。'你以为安排早我一步走很聪明吗？我会证明你不能长久离开我，我很快就会去找你了。'

"虽然此时撒提士已完全从疾病中复原，并且非常健康，但在他对着照片说那些不寻常的话之后不久，即在没有明显原因的情况下过世。"

就这样，我最亲爱的姐姐萝玛和她的丈夫撒提士——这位在达克希内思瓦从一名世间的凡夫转变成沉默的圣者——依照预言，双双过世。

---

2 印度妻子相信比丈夫先死是一种灵性进步的象征，可做为她对他忠诚服侍或"死于岗位上"的证明。

第二十三章　我取得学士学位

"你没做哲学课本上的作业，无疑想靠不费力气的'直觉'通过考试。但除非更加用功读书，我保证你这科过不了关。"

塞伦波尔学院高梭 (D. C. Ghoshal) 教授严厉地对我说。如果我不能通过他的期末课堂笔试，就没资格参加毕业考。这是加尔各达大学教授们设计的制度，而塞伦波尔学院是其附属分校之一。印度的大学生若在文学士期末考中有一科不及格，就必须在下一学年重考所有科目。

我在塞伦波尔学院的指导教师们通常对我算是仁慈，但并非不带消遣意味。"慕昆达有点过度耽溺宗教。"他们如此替我总结，巧妙地让我不致有须回答课堂问题的困窘，他们相信期末笔试会把我从文学士候选人名单中除名；由同学为我取的绰号"疯和尚"就可看出他们对此判断的认同。

为了使高梭教授不让我通过哲学这科的威胁失效，我采取一个聪明的对策。就在期末成绩即将公布之际，我请一位同学陪我到教授的研究室去。

"跟我一起来，我需要一名证人，"我告诉我同学。"如果我还未能智胜讲师，我会非常失望。"

我问高梭教授他对我试卷的评分，他摇摇头。

"你不在及格名单里，"他胜利地说，然后在桌上一大叠试卷里找寻。"你的试卷根本不在这儿，无论如何，你没有及格，因为你考试缺席。"

我低声轻笑。"先生，我有应试。我可以自己翻寻那叠试卷吗？"

教授困惑地同意了，我很快就找到我的试卷，试卷上我很

小心只写学号而省略其它任何身分识别资料。未受到我名字的
"红旗"警示，教授给我的作答打了高分，即使我的答案没有
教科书文句的润饰[1]。

识破我的计谋，他现在怒吼道："全凭厚脸皮的运气！"
他心怀希望地续道："你文学士毕业考肯定过不了。"

对于其它科目的考试，我得到些辅导，尤其是从我亲爱的
堂弟兼好友普尔哈斯·川达·果栩 (Prabhas Chandra Ghosh)，撒
拉达叔叔的儿子。尽管步履蹒跚，我辛苦但成功地以最低及格
分数通过所有期末考。

上完四年大学后，现在我具备参加文学士学位考试的资格；
然而，我一点也不想享有这项殊荣。比起加尔各达大学文学士
的艰难测验，塞伦波尔学院的毕业考只不过是儿戏。我几乎每
天都去拜访圣育克铁斯华，因此到校园的时间很少，我的出席
比缺席更能引起同学们的惊声尖叫！

我多数每天的例行活动从早上九点半开始，骑着单车出发，
手上拿着给古鲁的献礼——我在磐第宿舍花园摘的几朵鲜花。
上师会亲切地招呼我，邀我一起午餐，我总是欣然接受，很高
兴能将当天学校的事抛诸脑后。与圣育克铁斯华共处的几个小
时，我倾听他无与伦比的智慧如泉涌出或是帮忙道院里的工作，
到了午夜我才依依不舍地返回磐第。偶而我会整晚待在古鲁身
边，如此快乐地全神贯注在他的话语，让我很少察觉黑夜已转
为黎明。

一天晚上，大约十一点钟，我正穿鞋[2]准备骑车返回宿舍，
上师严肃地问我。

---

1 我必须为高校教授说些公道话，我承认我们之间的紧张关系错不在他，而完全
   归咎于我的缺席。高校教授是一位哲学知识丰富的杰出演说家，后来几年，我
   们对彼此有了真诚的了解。

2 在印度修道院中，弟子一向都会脱掉鞋子。

"你文学士学位考试什么时候开始？"

"离现在还有五天，先生。"

"我希望你都准备好了。"

我惊慌地怔住，一只鞋子还提在半空中。"先生，"我抗议道，"您知道我整天都跟您而不是跟那些教授们在一起，我怎能去参加那些困难的毕业考，不是给人看笑话吗？"

圣育克铁斯华眼光转为锐利地望着我，"你必须参加。"他的口气冷静而不容置辩。"我们不能让你父亲和其他亲戚有理由批评你对修道生活的选择。只要答应我，你会应试并尽你所能作答。"

普尔哈斯·川达·果栩与帕拉玛罕撒·瑜伽南达1919年12月在加尔各达合照。果栩尊者是瑜伽南达上师的堂弟，也是上师终身的至交及弟子，曾任印度YSS副会长近四十年，直至1975年逝世。

无法控制的泪水在我脸上簌簌而下，我觉得上师的要求不合理，而且说来他的关心无论如何也太迟了。

"如果您希望的话，我会出席的，"我啜泣地说。"但已经没有时间作适当准备。"我喃喃自语地说道："作答时，我会以您的教导填满每张试卷！"

隔天当我在平常的时间进入修道院时，我悲伤地献上花束给圣育克铁斯华。看到我忧愁的神情，他笑着说道：

"慕昆达，上帝曾经让你在任何考场或其它地方失败过吗？"

"没有，先生，"我热诚答道。感恩的记忆像苏醒的潮流般涌现。

"是你对上帝的强烈热衷而非懒散使你无法在大学求取优异成绩。"古鲁慈爱地说。一阵沉默后，他引述道："你们要先求上帝的国和祂的义，这一切就都要加给你们了。"[3]

有千百回，我觉得重担在上师面前消失了。我们提早的午餐结束后，他建议我回到磐第。

"你的朋友罗门绪·川达·杜特 (Romesh Chandra Dutt) 还住在你的宿舍吗？"

"是的，先生。"

"跟他联络，上帝会感召他帮你准备考试。"

"好的，先生。可是罗门绪特别忙，他是我们班上的荣誉生，课业比其他同学重。"

上师不理会我的反驳。"罗门绪会有时间给你的，现在就去。"

我骑单车回到磐第，在宿舍院内碰到的第一个人就是好学的罗门绪。好像日子过得很悠闲似的，他亲切地同意我羞怯的

---

3 马太福音第六章三十三节。

请求。

"没问题！尽管吩咐。"当天，还有接下来的几天，他花了许多小时辅导我不同的科目。

"我相信英国文学考题中很多会有关海罗德公子 (Childe Harold) 旅游的路线，"他告诉我。"我们必须马上找一本地图集。"

我赶紧到撒拉达叔叔家借了一本地图集。罗门绪在欧洲地图上标示出这位拜伦的浪漫旅人到访过的地方。

几个同学聚集过来听罗门绪的指导。"罗门绪给你的建议是错误的，"其中一人在课程结束时对我说，"通常只有百分之五十的考题与著作有关，另一半会是关于作者的生平。"

当我参加英国文学考试当天，第一眼看到试题时，感激的泪水夺眶而出，流下面颊弄湿了试卷。监考人员来到我桌边，同情地询问。

"我伟大的古鲁预言罗门绪会帮助我，"我解释道。"您看，罗门绪要我留意的问题就在试卷上！"我补充说，"我很幸运，今年有关英国作家的考题非常少，对我而言，他们的生平笼罩深邃的神秘！"

我回去时，宿舍里一片骚动。那些原本嘲笑我信任罗门绪指导的男孩们，现在对我的恭贺声震耳欲聋。考试的那一周，我持续尽可能地跟罗门绪在一起，他明确地陈述认为教授们可能会出的考题。一天又一天，罗门绪预测的考题几乎一字不差地出现在试卷上。

类似奇迹出现的消息在学院内广为流传，心不在焉的"疯和尚"似乎很有希望通过考试。我并未试图遮掩这个事实，当地教授无权改变加尔各达大学教授准备的试题。

一天早上，我仔细回想英国文学考试时，意识到我犯了一个严重错误。有部份试题被分为两组：A或B，及C或D。我没有在各组中考虑作答一个问题，却在第一部份回答了两个问题，而粗心地忽略掉第二部份。这张考卷我最高只可能拿到三十三分——比及格分数三十六分还少三分。

我匆忙赶到上师那儿倾诉我的烦恼。

"先生，我犯了一个不可原谅的大错。我不值得上帝藉由罗门绪带给我的祝福，我真没用！"

"开心点，慕昆达。"圣育克铁斯华的语调轻松无虑。他指着蓝色的苍穹，"日月在天上交换位置比你得不到文凭的可能性还高。"

离开道院时，我心情平静许多，虽然以数字看来，我很难想像自己能够及格。我担心地望了天空一两眼，白昼之神似乎稳当当地维持着惯常的轨道。

回到磐第，我无意中听到一个同学说："我刚听说今年英国文学考试首度降低及格分数的要求。"

我一个箭步冲进那个男孩房间，引起他惊慌错愕地看着我。我急切地追问。

"长发和尚，"他笑着说，"怎么突然对学术事有兴趣？为什么到最后关头才在喊叫？不过及格分数确实刚刚降为三十三分。"

我欢喜跳跃地回到自己房间，双膝跪地赞美天父完美的计算。

每一天，神圣力量相随的意识令我兴奋激动，我清楚地感觉到祂透过罗门绪引导我。一件意义重大的事件发生在孟加拉文课的测验上。当时罗门绪并未辅导我这一科，一天早上，在我离开宿舍前往考场途中，他叫唤我。

"罗门绪在叫你，"一位同学不耐烦地对我说。"别回去，我们进考场会迟到的。"

不理会他的劝告，我跑回宿舍。

"通常我们孟加拉男孩可以轻易通过孟加拉文考试，"罗门绪说道。"但我刚刚有一个预感，今年教授们打算由必读的书籍中出考题让考生全军覆没。"然后他简述十九世纪一位著名孟加拉慈善家维迪亚萨格尔 (Vidyasagar) 的两则生平故事。

我谢过罗门绪后，快速地骑单车到考场。我在那发现孟加拉文的试卷包含两部份，第一部份的指示是："举出二则维迪亚萨格尔的慈善事迹。"[4] 当我将片刻前才获得的知识转移到答案纸上时，不禁低声自语地感谢我有留意罗门绪最后一刻的召唤。如果当时我不知道维迪亚萨格尔的善行（现在包含了对我的恩惠），我不可能通过孟加拉文考试。

考卷第二部份的指示是："用孟加拉文写一篇短文叙述启发你最深的人的生平。"亲爱的读者，我不需要告诉你我选谁作为题材。当我一页又一页写满我对古鲁的赞美时，我微笑着意会到我的低声预言应验了："我会以您的教导填满每张试卷！"

我未觉得在哲学科目上需要请教罗门绪，在圣育克铁斯华长期的训练下，我有信心地不顾教科书上的解释。在所有试卷中，我的哲学拿到最高分，而所有其它科目都勉强在及格边缘内。

值得一提的欣喜之事，我这位不自私的朋友罗门绪自己也以优异成绩毕业。

父亲对于我能毕业喜形于色。"我以为你不会通过考试，

---

4 我已不记得试题指示所使用的确切字眼，但我记得是罗门绪刚告诉我有关维迪亚萨格尔的故事。

学者伊诗瓦·川达 (Ishwar Chandra) 以其博学在孟加拉邦以"维迪亚萨格尔"（Vidyasagar，意为"学识渊博，深如大海"）的头衔广为人知。

慕昆达，"他坦言，"你花那么多时间跟你的古鲁在一起。"
上师的确正确地察觉父亲没有说出口的批评。

长久以来，我一直不确定是否有朝一日会看到文学士头衔
挂在我名字后头，我用到此头衔时常想到这是上天因某种难解
的理由而赐予我的礼物。偶尔我会听到大学生评论那些以填鸭
方式得来的知识，很少在他们毕业后还被记住，此种坦言稍微
安慰我无可否认在学究上的缺乏。

一九一五年六月，我得到加尔各达大学学位的那一天，我
跪在古鲁足前，感谢所有从他灌流[5]到我生命中的祝福。

"起来，慕昆达，"他疼惜地说。"上帝只是觉得让你毕
业比重新安排日月位置方便多了！"

5　此种影响他人心念及事情发展的力量，在帕坦加利的《瑜伽经》第三章二十四
节称为"维菩提"（vibhuti，意为瑜伽力），该处解释"维菩提"为"宇宙怜
悯"的结果。（两本论述《瑜伽经》的学术书籍，一为《帕坦加利的瑜伽系
统》〔Yoga-System of Patanjali；第十七册，东方系列，哈佛大学出版〕，另一
为达斯笈多〔Dasgupta〕所著的《瑜伽哲学》〔Yoga Philosophy；Trubner's，Lon-
don〕）。

　　所有经典皆表明，上帝以祂无所不在的形象创造人。控制宇宙看似超越自
然，实际上，此力量对于每一个能够"正确忆起"神性起源的人，皆为与生
俱来且自然拥有的。像圣育克铁斯华这样已经证悟上帝的人已没有自我意识
(ahamkara)，亦无自该意识衍生出的私欲。真正的上师，其举止行动皆毫不费
力地符合自然的正义 (rita)。引述爱默生所言，所有伟人变成"非持善德，而
是善德本身；然后世界万物的结局有了答案，上帝因此欢喜满意。"

　　凡觉证神性的人皆能施展神迹，因为，像基督一样，这样的人了解宇宙
万物的微细法则，但并非所有上师皆选择施展非凡的力量（见第二十四章注
12）。圣者各以自己的方法彰显上帝，在这个没有两颗沙粒是完全一样的世界
里，个体化的表达是基本。

　　没有任何固定法则可以将证悟上帝的圣者公式化：有些会施展神迹，有些
则不会；有些是不活跃的，有些（像古印度迦拿卡王〔King Janaka〕及阿维拉
圣女德瑞莎〔St. Teresa of Avila〕）则事务繁忙；有些教书、旅行、收弟子，有
些则像影子般默默无闻地度过一生。世间没有评论家能解释记载因果业力的神
秘卷轴，如何为每一位圣者展开不同的人生脚本。

第二十四章　我成为尊者僧团中的修道士

"师父，我的父亲非常希望我接受孟加那普铁路公司的行政职务，但我已明确拒绝。"我满怀希望地接着说，"先生，您不使我成为尊者僧团的修道士吗？"我恳切地望着古鲁。先前几年，为了测试我的决心，他拒绝同样的请求；但今天，他慈蔼地笑了。

"很好，明天我就让你受戒进入僧团之门。"他平静地继续说道，"我很高兴你坚持为僧的愿望。拉悉利·玛哈夏常说：'如果你不在夏日邀请上帝作客，祂不会在你生命的寒冬中出现。'"

"亲爱的师父，能像尊贵的您般成为僧团的一员，是我从未放弃过的愿望。"我带着无比深情的微笑望着他。

"没有娶妻的，是为主的事挂虑，想怎样叫主喜悦；娶了妻的，是为世上的事挂虑，想怎样叫妻子喜悦。"[1] 我分析过许多朋友的生活，他们在经历某种灵性训练后而结婚，在世俗责任的汪洋中汲汲营营，已忘却深入静坐的决心。

对我而言，将上帝置于生命中次要的地位[2]是难以想像的。祂是宇宙唯一的主人，为生生世世的人类默默地倾注恩赐。人类能够回报的献礼只有——他的爱，而每个人都有选择保留或给予爱的天赋权利。

造物主费尽千辛万苦，将自己神秘地隐身于宇宙万物的原子中，只有一个可能动机，也是感性愿望：即人们以自由意志独一地寻求祂。祂不正以丝绒手套的一切谦卑掩盖祂那全能的

1　哥林多前书第七章三十二至三十三节。

2　"留次位给上帝的人，心中实无祂的地位。"——路斯金 (Ruskin)

铁腕吗！

第二天是我一生中最值得纪念的日子之一。我记得那是一九一五年七月，我从大学毕业后几周的一个晴朗的星期四。在塞伦波尔修道院的内阳台上，上师把一块新的白色丝绸浸染成尊者僧团传统的赭色，干了之后，古鲁把它披在我身上，作为出家人的僧袍。

"有一天你会到西方去，那儿丝绸较受欢迎，"他说道。"我象征性地为你选择了丝绸布料而不是传统的棉布。"

在印度，僧侣依从清贫的理想，衣着丝袍的僧人并不常见，不过许多瑜伽行者会穿丝绸服装，因为它比棉布更能保存某些细微的身体能量。

"我不喜欢拘泥于仪式，"圣育克铁斯华评论道，"我会以毕得瓦特（bidwat，非仪典）方式使你入僧门。"

毕比涤萨 (bibidisa) —— 复杂的入僧仪式 —— 包括火典，当中举行象征性的葬礼，表示徒弟的肉体已死，在智慧的火焰下烧成灰烬。接着这位新生的尊者会受到一首歌咏："此灵魂 (atma) 即梵天 (Brahma)"[3] 或"祢是那"或"我是祂"。不过圣育克铁斯华崇尚简仆，免除所有形式上的仪礼，只要求我选一个新名。

"我给你自己选择名字的殊荣。"他笑着说道。

"瑜伽南达[4]，"我思考片刻后答道。这个名字意为："经由与神合一（瑜伽 yoga）达到极乐（阿南达 ananda）。"

"就这个名字。放弃你的俗名慕昆达·拉尔·果栩，从此你就称为'瑜伽南达'，在尊者僧团中隶属'吉利'(Giri) 支系。"

3　字义上为："此灵魂即圣灵。"至高无上的圣灵为**永久自存**的，是完全无条件的（非此，非彼〔neti，neti〕），但在吠陀哲学中通常意指"萨特—契特—阿南达"（Sat-Chit-Ananda），意即"本体—智慧—极乐"。

4　"瑜伽南达"(Yogananda) 是一个相当普遍的尊者法名。

当我跪在圣育克铁斯华的面前，第一次听他念我的新名字时，内心满溢感激。他多么慈爱且孜孜不倦地辛劳教诲，使少年慕昆达有这么一天成为僧人瑜伽南达！我高兴地唱了几句出自圣主商羯罗[5]的长篇梵文赞美诗歌：

> "非心智、非思维、非我执、非情感；
> 非天空、非土地、亦非金属。
> 我是祂，我是祂，神圣的灵，我是祂！
> 我无生、无死、无世袭阶级；
> 父亲、母亲，我皆无。
> 我是祂，我是祂，神圣的灵，我是祂！
> 超越奇想的奔放，我无形无体；
> 渗透生命的枝干，
> 我无惧束缚；我无拘无束，永远自由，
> 我是祂，我是祂，神圣的灵，我是祂！"

每一位尊者都是自远古以来就在印度受到尊敬的僧团制度的成员。自从远世纪前商羯罗查尔雅将僧团重新整顿为现今模式后，领导者一直是一脉相传的尊师（每一位都承传"迦嘎

---

5 商羯罗 (Shankara) 通常被称为商羯罗查尔雅（Shankaracharya，acharya 意为"宗教导师"）。商羯罗所处的年代常为学者争议的中心，有些记载指出，这位无与伦比的一元论者存在于西元前六世纪；贤哲阿南达吉利 (Anandajiri) 则提出西元前四十四至十二年的时期；西方历史学家认为商羯罗是西元八世纪或九世纪初的人——与他相关的事迹横跨许多世代！

　　位于普里的古"葛瓦邨僧院"(Gowardhan Math)，其已故的迦嘎德古鲁·圣商羯罗查尔雅·巴拉提·克里希那·提尔塔尊者 (His Holiness Bharati Krishna Tirtha)，曾于一九五八年造访美国三个月。这是首度商羯罗查尔雅出访西方，此历史性的参访由ＳＲＦ赞助。这位迦嘎德古鲁在美国几所主要大学演讲，并与杰出历史学家阿诺·汤恩比 (Arnold Toynbee) 博士参与世界和平的研讨。

　　（编按：一九五九年，普里的圣商羯罗查尔雅接受ＳＲＦ前会长达雅·玛塔尊者的邀请，担任ＳＲＦ—ＹＳＳ的上师代表，为两位ＹＳＳ的僧侣印心，认证尊者资格。典礼在位于普里、纪念圣育克铁斯华的瑜伽真理修道院〔Yogada Satsanga Ashram〕举行。）

德古鲁·圣商羯罗查尔雅"〔Jagadguru Sri Shankaracharya〕的头衔）。许多僧侣——也许有上百万——组成尊者僧团（Swami Order），加入的必要条件是从已身为尊者的人接受入门仪式。尊者僧团的所有僧侣自此将其道脉追溯至一位共同的古鲁——商羯罗查尔雅始祖（Adi〔第一〕Shankaracharya）。他们发誓谨守清贫（不执着拥有物）、禁欲和服从领导或灵修权威。在许多方面，天主教派的修道团体与更古老的尊者僧团相似。

尊者会在新法名后面加上一个附加名，表示其正式隶属尊者僧团的十个支脉之一。这些分支（dasanamis）或十个附加名包括吉利（Giri，山），这是圣育克铁斯华尊者·吉利与我所属的支脉。其它分支如：萨迦拉（Sagara，海）、巴拉提（Bharati，地）、普里（Puri，广阔地域）、萨拉思瓦提（Saraswati，大自然智慧）、提尔塔（Tirtha，朝圣地）及阿兰雅（Aranya，森林）。

尊者法名的梵文字尾通常为"阿南达"（ananda，极乐），表示他渴望藉由某特殊灵修途径、境界或神质——爱、智慧、明辨、奉献、服务、瑜伽，以达至最终解脱；他的附加名象征与大自然的和谐关系。

为人类无私奉献与放弃个人羁绊及野心的理想，促使多数尊者在印度或偶尔在国外积极从事人道与教育工作。尊者遵行四海一家的信念而摒弃种姓、信条、阶级、肤色、性别及种族的偏见。他的目标是与圣灵完全合一，让"我是祂"的意念渗透清醒及沉睡的意识，他怡然漫游世间却不属于世间。唯有如此，他的尊者（Swami，意为追求达到与**自性**〔Swa 或 Self〕合一的人）头衔才实至名归。

圣育克铁斯华既是尊者也是瑜伽行者。尊者是藉由与神圣僧团的关系而正式成为僧侣的人，但不一定是瑜伽行者。任何为求证悟神性而修练科学方法的人皆为瑜伽行者，他可以是已

商羯罗查尔雅摄于 SRF-YSS 总部

来自印度普里的圣迦嘎德古鲁·商羯罗查尔雅·巴拉提·克里希那·提尔塔摄于 SRF 洛杉矶国际总部（由帕拉玛罕撒·瑜伽南达于 1925 年所创）。这位迦嘎德古鲁（尊者僧团领导前辈）在 SRF 的赞助下，于 1958 年到美国造访三个月。在古老的尊者僧团历史上，这是首次有商羯罗查尔雅至西方出访。

婚或单身；可以是有世俗责任或献身宗教的人。

可以想见，尊者可能只遵循枯燥理论，或过着淡漠的出家生活；但瑜伽行者却致力于明确的渐进程序以训练自己的身体和心智，并逐渐解放灵魂。瑜伽行者修习最初由古代先知们设计出的一系列经过彻底验证的法门，而不是无根据地投入情感境域或依靠信念。在印度每一个世代，瑜伽都曾孕育出完全解脱的真正基督——瑜伽行者。

像任何其他科学一样，瑜伽适用于各个不同时地的人。某些无知的作者提出瑜伽对西方人"具危险性"或"不适宜"的理论完全错误，令人惋惜地阻止了许多有心追求瑜伽诸多利益的学生。

瑜伽是抑制思绪自然骚动的方法，否则思绪会不偏私、不分国界地阻碍所有人一窥其性灵的真正本质。就像具有疗愈力的阳光，瑜伽对东方及西方人同样有助益。多数人的思绪是起伏多变的，因此对瑜伽存在着明显的需要——一门统制心的科学。

古代先知帕坦加利[6]定义瑜伽为"中立交替波动的意识"[7]。他精要的经典之作《瑜伽经》构成印度哲学六大体系之一。不同于西方哲学，印度的六个系统[8]都兼具理论及实用性的教谕。

6　帕坦加利的年代不详，尽管许多学者认为他是西元前二世纪的人。先知们写下的论述包含广泛议题，其深刻见解历经千载而不衰。然而令历史学家惊讶的是，圣哲们并不试图在其文学著作上附注自己的年代或个人特征，他们知道自己短暂的生命仅有暂时的重要性，只是广阔无限**生命**的闪现；而真理是不受时空限制的，既不可能贴上商标，也无法私自拥有。

7　原文为 Chitta vritti nirodha（《瑜伽经》第一章二节），也可以翻译为"心识本质变更的息止"。Chitta 是思想原则的统称，其包含生命能量、末那识（manas，心或感官意识）、我慢（ahamkara，自我意识）及菩提（buddhi，直觉的智慧）。Vritti 字义上为"漩涡"，指的是人类意识中起伏不断的思想及情绪波动。Nirodha 意为中立化、息止、控制。

8　以吠陀为基础的六个正统体系为：数论（Sankhya）、瑜伽（Yoga）、吠檀多（Vedanta）、弥曼差（Mimamsa）、正理（Nyaya）、胜论（Vaisesika）。学究型的读者会喜经过一切能想像得到的本体论探索后，印度系统制定六套明确的戒律，旨在永久灭除苦难及达到永恒极乐境界。

晚期《奥义书》认同在六大系统中《瑜伽经》包含了直接体悟实相最有效的方法。透过瑜伽实际的修练，人们从此远离凭空臆测的荒漠之地，而从体验中认知真实的**本质**。

帕坦加利所述的瑜伽系统，即所谓八步功法[9]。第一步为(1)道德行为 (yama) 及(2)修道遵循 (niyama)。道德行为的实践包括不伤害他人、真诚、不偷盗、节欲，及不贪妄。修道遵循的规定为身心纯净、恒常知足、自制、自修求知（沉思），及对上帝与古鲁虔诚奉献。

接下来的步骤是(3)正确姿势 (asana)，保持脊柱挺直，并使身体稳固于舒适的静坐姿势；(4)微细生命能量的控制（pranayama，prana 意为微细生命能量）；(5)收摄六根，远离外缘 (pratyahara)。

最后步骤为瑜伽本体的形式：(6)专注 (dharana)，集中注意力于单一念头；(7)静坐 (dhyana)；和(8)三摩地（samadhi，超意识体验）。此瑜伽八步功法引导修练者达到唯一 (Kaivalya) 的最终目标，瑜伽行者于此境地中澈见超越一切智力所能领悟的**真理**。

"哪一个比较崇高？"有人或许会问，"尊者或是瑜伽行者？"一旦达到与上帝合一的境界，各修行途径的异同业已消失；然而，薄伽梵歌指出瑜伽的方法是全面涵括的，其技巧不

爱苏仁达那·达斯笈多 (Surendranath Dasgupta) 教授于其著作《印度哲学史》第一册（A History of Indian Philosophy，Vol I；剑桥大学出版社）中对这些古老架构的精微广博所作的归纳。

9　有别于佛教作为个人行为指引的"八正道"：(1)正见（正确的见解）；(2)正思维（正当的思想动机）；(3)正语（正直的语言）；(4)正业（正确的行为）；(5)正命（正当的谋生方式）；(6)正精进（正确的努力）；(7)正念（正确的忆念〔自我真实本质〕）；(8)正定（真正的证悟〔三摩地〕）。

单适用于某些类型及属性的人，比如那些少数倾向出家生活的人。修练瑜伽并不需要形式上的忠诚，因为瑜伽科学满足普遍的需要，所以它具有自然的普遍吸引力。

一个真正的瑜伽行者仍可负担世间职责，在那他像是浮在水面的奶油；不同于缺乏训练的人们，就像是未经搅拌、轻易就被稀释的牛奶。只要内心维持不受我执欲望牵缠，并在生活中扮演乐意遵从神旨的角色，履行世俗责任并不须使人与上帝分离。

现今有一些欧美或其他非印度裔的卓越人物，虽毕生未闻"瑜伽行者"或"尊者"的字眼，却是这些词实至名归的典范。透过他们对人类无私的奉献，或对其热情和思想的掌握，或对上帝全心全意的爱，或透过深层的专注力，在某种意义上，他们已是瑜伽行者。他们为自己设定了瑜伽的目标——自制。这些人若被授以明确的瑜伽科学，将可提升到更高境界，使其心灵及生命有更自觉的方向。

瑜伽受到某些西方作家肤浅的误解，但其批评者从来都不是瑜伽修练者。在许多深度推崇瑜伽的文献中，有一篇为瑞士著名心理学家荣格 (C. G. Jung) 博士所写。

"当一个宗教法门推举自己'符合科学'时，可以确定它会在西方广被接受；瑜伽符合这项期望，"荣格博士写道[10]。"彻底撤开新鲜迷人及让人无法全然理解的魅力，瑜伽会有许多支持者是有充分理由的。它提供了可控制经验的可能性，因而满足科学对'事实'的要求。除此之外，也由于它的深度和广度、令人尊敬的久远历史，以及涵盖各个生命阶段的教义与方法，瑜伽承诺着想像不到的可能性。"

10　荣格博士参加了一九三七年举行的印度科学会议 (Indian Science Congress) 并获加尔各达大学颁发荣誉学位。

"每种宗教或哲学上的修习都意味着一种心理的锻炼，意即心理的保健方法。多种纯粹身体方面的瑜伽练习[11]也意味着生理上的保健，其优于一般体操和呼吸练习，因为它不仅符合机械及科学原理，同时也兼顾哲学精神。在训练中，身体各部位与精神整体结合。举一相当明显的例子，在'生命能量控制法'的练习当中，生命能量是气息，也是宇宙遍存的动力……

"倘若缺乏构成瑜伽基础的观念，练习瑜伽……是无效的，它以格外完整的方式结合身体与心灵。"

"东方是这些理念和实践成形之地，数千年未曾中断的传统在此建构了必要的精神基础。我完全相信，瑜伽是融合身心、使两者形成一体的完美而适当的方法；此结合体甚少被质疑，它产生的心理特质带来超越意识的直觉可能。"

自我控制的内在科学被视为与外在征服大自然同等必要，此日子在西方即将到来。透过现今科学上无争论的事实——物质实为能量的聚集，原子时代将见证人类的心灵变得清醒且宽阔。人的心灵能够且必须从内在释放比石头及金属所蕴藏更大的能量，以免最近才松绑的物质原子巨人转变为对世界无情的毁灭。人类对原子弹的担忧所带来的间接恩典是对瑜伽科学益增的实际兴趣[12]：真正的"防弹庇护所"。

---

11 荣格博士此处指的是体位瑜伽 (Hatha Yoga)，一个专门以身体姿势和技巧达到健康长寿的瑜伽支系。体位法有其益处，而且能在身体上展现惊人效果，但致力于灵性解脱的瑜伽行者很少运用此瑜伽支系。

12 许多未深入了解的人以为体位瑜伽即所谓的瑜伽，或以为瑜伽是一种"魔术"，一种可以获致惊人能力的黑暗神秘法术，但学者言及瑜伽时指的实为《瑜伽经》（又称为《帕坦加利箴言》）阐述的体系：即胜王瑜伽 (Raja Yoga)。该论著涵括如此博大精深的哲学概念，因此启发了一些印度伟大思想家的评注，其中包括证悟上师萨达锡梵札的注释（见第四十一章注11）。

   如同其它五个以吠陀为基础的正统哲学体系，《瑜伽经》认为道德净化的"魔术"（"道德行为"及"修道遵循"的"十戒"）为健全哲学研究不可或缺的准备动作。此针对个人的要求在西方并未被强调，却是印度六大戒律的活力泉源。维持天地万物的宇宙秩序 (rita) 与支配人类命运的道德秩序并无不同，一个不愿遵守宇宙道德戒律的人并无追求真理的决心。

《瑜伽经》第三章提到瑜伽各种不同的神奇力量（维菩提 vibhutis 及徒地意 siddhis）。真正的知识必具力量，瑜伽之路分为四阶段，每一阶段各有不同的维菩提表现。瑜伽行者在获致某种能力时即明白自己已顺利地通过四阶段之一的考验。特征性力量的出现是瑜伽系统科学结构的证明，关于"灵性进步"的错觉幻想在此被排除；证据是必须的！

帕坦加利告诫信徒，唯一的目标应是与圣灵合一，而不是拥有维菩提，那只是圣径旁偶然一见的花朵。但愿被追求的是**永恒的给予者**，而不是祂所赐予的神奇礼物！上帝不会对一个满足于次等成就的寻求者揭露自己，努力不懈的瑜伽行者因此小心谨慎，避免施展神奇的法力，惟恐生起我慢心而偏离了进入最高唯一 (Kaivalya) 境界的目标。

当瑜伽行者达到其**无极目标**，他可以依所愿地运用或避免使用维菩提力。那时他的一切行为不论是否属超自然，皆不受因果业报牵引；只有在自我意识磁铁仍存在之处，业力的铁屑才会被吸附。

第二十五章　哥哥阿南塔与妹妹娜里尼

"阿南塔活不久了，他此生注定的寿命已如细沙漏尽。"

一天早上当我静坐入定时，这些无法阻挡的无情字眼进入我的内在意识。加入尊者僧团后不久，我重返出生地葛拉普，到哥哥阿南塔家中作客。哥哥突然病倒在床，我情深地照顾他。

脑海中那个严肃阴郁的宣告使我忧伤满怀，我觉得我无法继续待在葛拉普，眼睁睁看着哥哥在我无助的眼前离去。在亲戚不谅解的批评声中，我搭上最早的船班离开印度，航经缅甸及中国海驶向日本。我在神户上岸后只停留几天，沉重的情绪使我无心观光。

航返印度途中，船停靠上海。随船医师密斯拉(Misra)带我到几家古董珍品店，我为圣育克铁斯华、家人和朋友们选购了不同的礼物。我为阿南塔买了一个大型竹雕，中国店员一把这竹雕纪念品交给我，它即掉落在地，我呼喊道："我买了这给我亲爱的亡兄啊！"

一阵清晰的领悟掠过心中，我清楚感应到哥哥的灵魂刚刚在**无极**中解脱，纪念品象征性地猛烈碎落。我一面啜泣，一面在竹面上写道："给我亲爱的阿南塔，今已远离。"

同行的这位医生，带着冷讽的笑目睹整个过程。

"省省泪水吧，"他说道。"还没确定他的生死，何必先掉泪呢？"

我们的船抵达加尔各达时，密斯拉医生再度伴随我。幼弟毕胥努在码头等着迎接我。

"我知道阿南塔已经离开这人世。"在他还来不及开口前，我就跟毕胥努说道："请告诉我及这位医生，阿南塔何时走的？"

毕胥努说的日期正是我在上海买纪念品的那一天。

"听着！"密斯拉医生叫出："这件事千万别传出去！教授们会在已经够长的医学课程中再加入一年的心电感应研习！"

我进家门时，父亲温暖地拥抱我，"你回来了，"他亲切地说，两颗偌大的泪珠从眼里滑落。父亲的感情通常不外显，他从未在我面前表露情感。父亲表面上是位严父，内心却有一颗温柔的慈母心，他父兼母职地照料家中大小事务。

阿南塔过世不久，妹妹娜里尼 (Nalini) 经由灵疗，从死亡的门槛被带回。在讲述这个故事前，我先提几个我们早年生活的片段。

娜里尼与我的童年互动在本质上并不是非常愉快。我很瘦，但她更瘦，借着某种心理学家不难识别的不自觉动机，我经常取笑妹妹的外表，而她的反击同样也充满了童稚的无情率直。有时母亲会出面调停，轻轻给身为兄长的我一记耳光，暂时结束我们幼稚的争吵。

娜里尼学业结束后与加尔各达一位具人望的年轻医师潘嘉南·伯斯 (Panchanon Bose) 订婚，精心规划的婚礼如期举行。当天晚上，我与一大群洋溢喜气的亲戚在加尔各达家中的客厅。新郎倚靠在一个金色的大织锦缎枕上，娜里尼在他身边。哎，就是华美的紫色丝绸纱丽[1]也无法完全掩盖她的瘦骨嶙峋。我躲在新妹婿的枕头后面，友善地对他露齿一笑，他没见过娜里尼，要到婚礼这天，才会知道自己中了什么婚姻大奖。

感受到我的同情，伯斯医师悄悄指着娜里尼，在我耳边问道："说吧，这是什么？"

---

1 原文 sari，优雅地披裹在身上的印度女性服饰。

"喔，医生，"我答道，"这是让您观测用的一副骨架！"

随着时光过去，伯斯医师赢得我们家人的喜爱，只要有人生病就会去找他。他和我很快成为挚友，我们常开玩笑，而娜里尼经常是我们玩笑的对象。

"这是医学怪象，"有一天妹婿跟我提到，"我在你削瘦的妹妹身上试过各种方法——鱼肝油、奶油、麦芽、蜂蜜、鱼、肉、蛋、补药，她还是连百分之一吋都胖不起来。"

几天后我到伯斯家，办完几分钟的差事后正准备离去，以为娜里尼没注意到我，走到前门时，我听到她的声音，恳挚但带点命令的语气。

"哥哥，到这里来，这一次你别溜走了，我想跟你谈谈。"

我登上阶梯到她的房间，惊讶地发现她满脸泪水。

"亲爱的哥哥，"她说道，"我们前嫌尽释吧！我看到你现在双脚稳健地踏在灵修路上，我也希望我的一切能跟你一样。"她满怀希望地补充道："现在你体格健硕，你愿意帮助我吗？我的丈夫不近我身，我却是如此深爱他！但我首要的愿望是在证悟上帝方面有所进步，即使必须维持单薄削瘦[2]且不具吸引力的外貌。"

我的心深被她的恳求打动，我们新生的友谊稳定地发展。有一天她请求成为我的弟子。

"用任何你喜欢的方式训练我，我信任上帝而非补药。"她抱起满怀的药品，将它们倒入窗外的排水沟。

为了考验她的信念，我要求她在饮食中去除所有的鱼、肉和蛋。

几个月之后，我去拜访她，期间她严格遵守我略述的多项规则，并且克服种种困难，坚持素食。

2　在印度，由于多数人体格瘦削，适度丰腴较为人喜爱。

"妹妹，你很用心遵从灵修的戒条，你的奖赏近了。"我淘气地笑着对她说："你想变得多丰满？像婶婶那样，胖到已好几年看不到自己的脚吗？"

"不！但我渴望像你一样结实。"

我庄重严肃地答道："蒙上帝恩典，我一向言必属实，我此刻亦言真语[3]。经神圣赐福，你的身体从今起将着实变化，一个月之内，你会与我等重。"

这些由衷说出的话实现了。三十天之内，娜里尼的体重与我相等。过去没有的丰腴之美使她的丈夫深爱上她，原来不被看好的婚姻如今变得幸福理想。

我从日本返回时，得知娜里尼在我离开期间感染了伤寒。我赶到她家，惊骇地发现她已极度憔悴衰弱，陷入昏迷。

妹婿告诉我："在她神智尚未陷入恍惚前，她常说：'如果哥哥慕昆达在这里，我就不致如此遭遇了。'"他含泪地接着说："其他医生和我都看不到任何一丝希望，伤寒症拖了很久，现在已出现出血性痢疾。"

我竭力祷告，试图扭转乾坤。在一名英裔印度护士的全力配合下，我在妹妹身上使用各种瑜伽疗法，出血性痢疾消失了。

但伯斯医师悲伤地摇摇头，"她只不过是没有多余的血可以外流。"

"她会恢复的。"我坚定地答道："七天内她会退烧。"

3　印度经典指出，习于说实话的人会发展出使自己所言成真的力量。任何他们由衷说出口的号令皆会实现（《瑜伽经》第二章三十六节）。

　　由于天地以真理为基石，所有经典将真理赞扬为使人类调谐慧命以与**无极**融合的美德。圣雄甘地经常说："真理就是上帝"；他毕生致力使其意念、言语及行为与完美无瑕的真理一致。长久以来，奉行真理 (satya) 的理想渗透印度社会，马可波罗告诉我们，婆罗门"绝不会为世上任何一件事物说句谎话。"一位在印度的英国法官威廉·斯里门 (William Sleeman) 曾在其著作《奥都之旅 1849-50》(*Journey Through Oudh in 1849-50*) 中提到："我曾经审理过数百个如此的案件，当一个人的财产、自由，甚至性命完全仰赖于他编造谎言，他还是拒绝说谎。"

一周后，我兴奋激动地看到娜里尼张开眼睛，以认出我的眼神深情地望着我。从那天起，她复原迅速。虽然体重恢复，但这场几乎致命的疾病却在她身上留下一个令人难过的伤痕：她的双腿就此瘫痪。印度和英国的专家皆宣称她的残疾已无复原希望。

与她的病魔交战时的持续祷告使我精疲力竭，我到塞伦波尔请求圣育克铁斯华的援助。当我告诉他娜里尼的境况时，他的眼神流露出深切的同情。

"你妹妹的双腿在一个月后会复原。"他补充道："让她戴个手环，紧贴着皮肤，手环上要有一颗未穿孔、用钩环固定的两克拉珍珠。"

我如释重负，俯地顶礼师足。

"先生，您是一位大师，您说出她会复原的话就够了；但如果您坚持，我会马上找颗珍珠给她。"

古鲁点点头："那就照办。"他继而精确地描述娜里尼的身心特质，即使两人素未谋面。

"先生，"我问道，"这是星象分析吗？您并不知道她的生辰时日啊。"

圣育克铁斯华笑了起来，"更深层的星象学是不依据日历钟表的证言的。每个人都是造物者——亦即宇宙体——的一部分，同时具有灵体及肉体。肉眼只能看见肉身，但灵眼却可以深层透视，甚至看穿宇宙原型，每个人都是整体宇宙中不可或缺的独特个体。"

我回到加尔各达买了一颗珍珠[4]给娜里尼。一个月后，她瘫

---

4 珍珠及其它珠宝，以及金属与植物，直接接触体肤时能对身体细胞产生一种电磁效应。人体内含有同样存在于植物、金属及珠宝中的碳和各种金属元素，有朝一日，先知们在这些领域上的发现，无疑会得到生理学家的确认。人类具有生命电流的敏感身体是许多未解奥秘的核心。

虽然珠宝及金属手环对身体有疗效，圣育克铁斯华建议穿戴它们另有其

痪的双腿完全复原。

妹妹要我向古鲁转达她由衷的谢意，古鲁静静地听我传达信息，但当我正要离去时，他意味深长地说道："许多医生都曾告诉你妹妹她无法受孕，向她保证，几年内她会有两个女儿。"

几年后，娜里尼欢喜地生下一个女儿；又过了几年，另一个女儿也出世。

因。上师们从来不愿以伟大的灵疗者自居，只有上帝是真正的**灵疗者**，因此圣人通常以各种伪装物掩盖他们谦卑获自上帝的能力。人们通常信任有形物，每当有人前来请求古鲁给予灵疗，古鲁会要求他们戴手环或珠宝，以提振他们的信心，同时转移他们对古鲁的注意力。手环及珠宝除了本身具有的电磁疗力，同时蕴藏了上师神圣的祝福。

与神交融中的达雅·玛塔尊者

沉浸于神圣定境的达雅·玛塔尊者，SRF-YSS 第三任会长，于 1968 年摄于印度访问期间。"帕拉玛罕撒·瑜伽南达教我们灵修之道，"她曾写道，"不只透过言教及神圣身教，他还教我们 SRF 科学静坐的方法。只阅读真理无法满足灵魂的饥渴，除非深入汲取真理之泉——上帝。自我证悟正是此义：直接体验上帝。"

正如她的名字所意味，达雅·玛塔尊者是一位真正的"慈悲尊母"，她一生敬爱上帝，并与众生分享上帝的爱。

第二十六章　科里亚瑜伽科学

透过我的师祖拉悉利‧玛哈夏的引介，本书中多处提到的"科里亚瑜伽"科学在现代印度已广为人知。"科里亚"(kriya)的梵文字根 kri 是"做"、"行动"和"反应"的意思，与自然因果定律的"业"(karma) 一字有相同字根。因此科里亚瑜伽意为："经由某种行动或仪式（即科里亚）与无极境地合一（即瑜伽）。"一个忠诚修练此法门的瑜伽士，能逐渐脱离业或因果循环的法则锁链。

基于某些古瑜伽士训诫，我无法在一本针对一般读者的书中详述科里亚瑜伽。实际的方法必须向经ＳＲＦ—ＹＳＳ授权的科里亚瑜伽士 (Kriyaban) 学习[1]，这里只能概略提出。

科里亚瑜伽是一种简单的生、心理方法，可排除人体血液中的碳酸，增加血中带氧量。这些新增的氧原子转变成生命能量流，活化头脑与脊椎中心。藉由中断静脉血的聚积，瑜伽士能减少或防止组织的老化。高深的瑜伽士能将身上的细胞转为能量；以利亚 (Elijah)、耶稣、喀比尔 (Kabir) 以及其他先知，都是过去曾以科里亚或类似方法，随意志使身体现形或消失的大师。

科里亚是门古老科学，曾在黑暗时期失传，经巴巴吉重新发现、阐明方法，并重新命名，简称"科里亚瑜伽"。拉悉利‧玛哈夏即是从其伟大古鲁巴巴吉身上得受此法。

1　帕拉玛罕撒‧瑜伽南达授权那些接替他成为其协会（ＳＲＦ—ＹＳＳ）会长及精神领袖者，为合适的学生传授科里亚瑜伽及印心，或任命ＳＲＦ—ＹＳＳ的神职者进行。他也透过所编撰的ＳＲＦ课程 (Self-Realization Fellowship〔Yogoda〕Lessons)，为永久传播科里亚瑜伽科学做准备。读者可向ＳＲＦ洛杉矶国际总部订阅该课程（见第563页）。（编按）

"在此十九世纪,我要透过你传给全世界的科里亚瑜伽,"巴巴吉告诉拉悉利·玛哈夏,"正是数千年前克里希那传给阿朱那(Arjuna)同样法门的再生,之后,帕坦加利、基督、圣约翰、圣保罗及其他门徒亦得闻此法。"

印度最伟大的先知克里希那圣主在薄伽梵歌中两度提到科里亚瑜伽,其中一个章节记载:"引吸入之气于呼出之气,又引呼出之气于吸入之气,瑜伽行者中和两股气息,因此他得以由心释放"普拉那"(prana,生命力),生命能量因而由行者掌握。"[2]这段话的解释为:"瑜伽行者藉着缓和心肺的活动,而获得额外生命力的供给,能阻止身体衰退,并藉由控制"阿潘那"(apana,消除能量流)而阻止身体生长的变化。藉中和生长与衰退,瑜伽行者学会控制生命力。"

薄伽梵歌另一个章节记载:"静坐精进者(muni)追求**至高无上目标**,藉集中目光于两眉之间,又于鼻肺之中调和"普拉那"及"阿潘那",控制其感官觉受及心智,摒除欲望、恐惧、嗔怒等,故能远离外缘[3],永得解脱。"

克里希那也讲述到[4],他在某一个前世将不灭的瑜伽传给一位古代觉者维瓦斯瓦特(Vivasvat),后者再传给伟大的立法家玛奴[5],接着玛奴指导印度"太阳勇士王朝"的创始者伊克诗瓦库(Ikshwaku)。受到先知守护的尊贵瑜伽,如此代代相传直到物质主义时期[6];之后由于僧侣密藏及人们漠视,这神圣的知识逐渐

2　薄伽梵歌第四章二十九节。

3　薄伽梵歌第五章二十七至二十八节。见第 545 页及第 547 至 549 页对呼吸科学的进一步解释。

4　薄伽梵歌第四章一至二节。

5　Manu,著作《摩那瓦法典》(*Manava Dharma Shastra*)或称《摩奴法典》(*Laws of Manu*)的史前作者。这些被奉为圣典的法条纲要至今在印度仍有其效力。

6　根据印度经典的推算,物质主义时期始于纪元前三一〇二年。该年为"昼夜平分点周期"中最后一个下降的"杜瓦帕拉时期"的开始,也是"宇宙周期"(Universal Cycle)中"卡莉时期"的开始(见第 200 至 201 页)。多数人

失传。

瑜伽的主要阐述者、古圣者帕坦加利曾两度提到科里亚瑜伽，他写道："科里亚瑜伽包含身体戒律、心念控制及对'嗡'的冥想。"[7]帕坦加利谈到上帝为静坐中听到的真实宇宙声音"嗡"[8]。"嗡"是太初之道，即上帝具创造性的"话"，为**宇宙发动机**的运转声，也是**神性存在**的见证[9]。即使瑜伽初学者也能很快听到这个美妙的"嗡"音。受此灵性极喜的鼓舞，瑜伽士可以确信自己与超自然界的亲密交流。

帕坦加利两度提到科里亚瑜伽方法或生命力控制时写道："藉由分开吸气与吐气过程以达能量控制可使人获致解脱。"[10]

圣保罗懂得以科里亚瑜伽或类似方法将生命能量自感官输出或收回，因此他能这么说："我在我主基督里以我们的喜悦宣称，我每日死去。"[11]藉由一种身体所有生命力向内集中的方法（生命力通常是向外发散至感官世界，致使它看来似乎更具真实性），圣保罗每天经历一种与基督极喜意识合一的瑜伽体验。在此法喜境地，他清楚意识到自己在感官幻觉或摩耶世界

类学家相信，一万年前人类处于原始石器时代，他们粗略地以"神话"一词含糊带过在利莫里亚(Lemuria)、亚特兰提斯、印度、中国、日本、埃及、墨西哥等其它多处流传深远的古老文明传统。

7 《瑜伽经》第二章一节。当提到"科里亚瑜伽"一词时，帕坦加利指的是之后由巴巴吉所教授的技巧或类似方法。帕坦加利所提生命能量控制的具体法门，在其《瑜伽经》第二章四十九节的箴言中得到证实。

8 《瑜伽经》第一章二十七节。

9 "那为阿们的，为诚信真实见证的，在神创造万物之上为元首的……"——启示录第三章十四节。"太初有道(Word)，道与神同在，道就是神……万物是借着祂造的（道或宇宙原音"嗡"）；凡被造的，没有一样不是借着祂造的。"——约翰福音第一章一至三节。吠陀中的"嗡"(Aum)转化成西藏人的圣音"嗡"(Hum)，伊斯兰教的"阿米"(Amin)，埃及人、希腊正教、罗马天主教、犹太教及基督徒的"阿们"(Amen)，其意在希伯来文的意思为"确信、忠诚"。

10 《瑜伽经》第二章四十九节。

11 哥林多前书第十五章三十一节。"我们的喜悦"是正确翻译；一般译为"你们的喜悦"是不正确的。圣保罗指的是普遍存在的基督意识。

中死去或解脱。

在与上帝交流的最初状态中（即"有种子三摩地"），信徒的意识融入宇宙圣灵，他的生命力从体内撤离，看起来似乎是"死了"或僵硬不动，此时瑜伽行者完全清楚自己体内活动暂停的状态。然而，当他进步到更高的灵性境界"非细考三摩地"时，他与上帝交流时已不需身体固定不动，而可以在平常的清醒意识中，甚至在艰辛的世俗工作中进行。[12]

"科里亚瑜伽是一种可加速人类进化的工具，"圣育克铁斯华对学生解释。"古瑜伽士发现宇宙意识的奥秘与呼吸的掌控有密切关连，这是印度对世界知识宝库独特而永恒的贡献。人们必须藉由平息毫不停歇的呼吸的方法，将通常用于维持心脏的生命力释放出来，以进行更高层次的活动。"

科里亚瑜伽士在内心引导生命能量沿着六个脊椎中心（延髓、颈椎、背脊、腰椎、荐骨和尾椎神经丛）上下循环，这六个中心对应黄道十二宫，即"宇宙人"的象征。能量在人敏感的脊椎地带循环半分钟，即可在进化过程中产生微妙的提升作用；这半分钟的科里亚相当于一整年灵性自然开展的效果。

人类星灵体系统有六个内在星宿（两极对分成十二个星座），在全知灵眼的体内太阳周围环绕，与自然界的太阳及黄道十二宫相互关连，因此每个人都受到人体小周天与宇宙大周天的影响。古代先知发现，人类属地与属天的环境以十二年为一周期，推动他向前自然进化。经典上明载，在正常无恙的进化下，人类需要一百万年的时间才能使其头脑完美而达宇宙意识。

---

12 在梵文中，bikalpa 意为"差异、非同"。有种子三摩地 (sabikalpa samadhi) 是一种"具差异性"的入定境界，而非细考三摩地 (nirbikalpa samadhi) 是一种"不具差异性"的入定境界。意即，在有种子三摩地的境界中，信徒仍存有一丝与上帝分离的觉受；但在非细考三摩地的境界中，他已充份证悟与圣灵一体。

瑜伽行者一天八个半小时练习一千次科里亚，相当于他在一千年内的自然进化：即一年可达三十六万五千年的进化。因此科里亚瑜伽行者在三年内凭着明智的自我努力可达到一百万年自然法则所带来的同样效果。当然，只有境界高深的瑜伽行者能够采用科里亚捷径。行者在古鲁的指引下为其身体及头脑作妥善准备，以承受密集练习所产生的力量。

科里亚初学者练习此瑜伽方法仅十四到二十四次，一天练习两回。一些瑜伽行者在六年、十二年、二十四年或四十八年达到证悟解脱。瑜伽士若在完全证悟前过世，过去勤练科里亚的善业仍将随着他，在新的生命里他会自然地驱向**无极目标**迈进。

一般人的身体像盏五十瓦特的灯，无法承受过度练习科里亚所产生十亿瓦特的能量。以规律渐进的方式练习此安全简单的科里亚技巧，人的身体逐日灵体化，终致合适表现出宇宙能量的无穷可能性。此宇宙能量亦是圣灵最初显化、生动表现的构成要素。

科里亚瑜伽截然不同于被一些误导的狂热者所教的不科学的呼吸运动。试图用力憋住肺部的呼吸，不仅违反自然，且明显令人不适；相反地，科里亚一开始就伴随平静的感觉，及脊椎处因活力再生效果所带来的抚慰感。

古老的瑜伽技巧将气息转变为心识。随着灵性的进化，瑜伽士能够将气息视为一种精神概念、一种心识行为：即如梦气息。

有许多例证可说明人的呼吸速率和意识状态变化的密切关系。当一个人全神贯注时，比如专注于周详精密的知性辩论，或试图做一些精细困难的肢体技艺时，呼吸自然放缓。注意力的集中仰赖于缓慢的呼吸；急促或不规则的呼吸无可避免地伴随着恐惧、欲望、愤怒等有害情绪。相对于人类每分钟平均呼吸十八次，片刻不休的猴子每分钟呼吸高达三十二次；那些以长寿著称的大象、乌龟、蛇与其它动物的呼吸速率则小于人类。比如，寿命可达三百年的巨龟，每分钟只呼吸四次。

睡眠之所以能让人恢复活力是由于人暂时忘却身体和呼吸。沉睡者变成一名瑜伽行者；每晚，他不自觉地执行瑜伽仪式，抛开肉身的自我认同感，在大脑的主要区域及脊椎中心的六个如同次要发电机处融入生命力及灵疗电流。如此，在不知情下，沉睡者得以再充满维持所有生命的宇宙能量。

出于自愿的瑜伽行者有意识地进行简单、自然的步骤，不像慢步调的沉睡者般地不自觉。科里亚瑜伽士运用技巧，以永不衰微的光充填他身上所有的细胞，维持它们性灵磁化的状态。他科学地使呼吸变得不需要，且于练习期间，不会进入睡眠、无意识，或死亡的消极状态。

受摩耶及自然法则牵制的人，其生命能量朝外在世界流动，能量过度消耗于感官觉受上。练习科里亚瑜伽倒转流向，生命力经意念引导至内在宇宙，与细微的脊椎能量融合。生命力经过如此强化，瑜伽行者的身体及脑细胞彷佛被灵性的不老仙丹滋养而焕然一新。

一个只顺应自然法则及其宿命计划的人，藉由适当饮食、阳光，及和谐的意念，能够在一百万年间自我证悟。即使脑结构轻微的精炼都需要十二年正常的健康生活；要充分净化脑部以显现宇宙意识，需要一百万个"太阳回归"(solar returns) 的时间。然而，科里亚瑜伽行者藉由灵性科学，可以排除自身长期遵行自然法则的必要性。

科里亚瑜伽解开了系灵魂于肉身的呼吸绳索，生命因此得以延长，意识得以扩充至无限。瑜伽技巧平息了心识与物质缠绕的觉受之间的竞赛拔河，使信徒得以解脱而再度继承其永恒国度。那时他就能明白，其真实存在既不受肉体也不受呼吸束缚；那是凡夫受空气、自然界天然强制力量奴役的象征。

科里亚瑜伽士能驾驭身心，故终能战胜"最后敌人"[13]——"死神"。

故你当以死神为食，因死神以人为食：
死神一旦亡故，就不再有死亡。[14]

内省或"安静地坐着"，是以非科学的方式尝试强行分开由生命力系在一起的心识和感官。沉思的心灵试着归返神性，却不断被生命能流拉回感官。科里亚透过生命力直接驾驭心识，是通往**无极**最简单、有效，且最科学的途径。相对于其它同样追求上帝但缓慢不明的"牛车"神学途径，科里亚瑜伽可以被正当地称为"飞机"途径。

瑜伽科学以所有形态的专注与静坐技巧的实证考量为基础。瑜伽能使信徒随心所欲开启或关闭通往色、声、香、味、触五种感官的生命能流。有了这种切断感官觉受的能力，瑜伽行者发现可以轻易让自己的心灵随时与圣境或物质世界连结，他不再不情愿地被生命力带回这个充满浮躁觉受及不安思绪的红尘俗世中。

境界高深的科里亚瑜伽行者，其生命非受过去行为的影响，而是完全遵照灵魂给予的方向。信徒因此免于一般人生活中利

13　"最终将被毁灭的敌人，就是死亡。"（哥林多前书第十五章二十六节）。帕拉玛罕撒·瑜伽南达大体不腐的现象（见第556页）证明他是一位已臻完美的科里亚瑜伽行者；不过，并非所有伟大上师都会在身后显现大体不腐坏的现象（见第三十三章注10）。印度经典告诉我们，这种奇迹只因某种特殊原因而发生。以帕拉玛罕撒·瑜伽南达上师的例子而言，其"特殊原因"无疑是要说服西方人瑜伽的价值。瑜伽南达上师经巴巴吉及圣育克铁斯华指派到西方服务传法，他在生前及身后皆不负所托。（编按）

14　莎士比亚十四行诗第一四六首。

己行为（不论好坏）的缓慢进化监督；对如鹰高翔的心灵而言，那就像蜗牛般笨重迟缓。

以灵魂为中心的高等生活方式使瑜伽行者得到解脱，他们跳脱我执监狱而尝到无所不在至深境界的空气；相较下，顺其自然的生活束缚使人以屈辱性的缓慢速度进化。只是顺应进化常态的人，无法使自然法则让步而加快进化。虽然以不违反身心法则的方式生活，他仍需以一百万年戴上不同面具的轮回时间才能达到最终解脱。

对那些不想花百万年的人而言，要用瑜伽行者有远见的方法。瑜伽行者解除自己对肉体与心理的执着认同，以追求灵魂的自性。那些无法与大自然更遑论自身灵魂和谐相处的普通人，因追求违反自然的错综关系，而侵害了身体及意念中美妙的自然本质。对这些人而言，此数值还要再被放大，即使两个百万年都难以获得解脱。

凡夫很少或从未领悟，他的身体是王国，灵魂是君主，坐在头颅王座上，辅助的摄政王位于六个脊椎中心，即意识领域。在平均六十年的寿命中，此神权王国统治一群顺服的臣民：二十七兆个细胞（被明确赋予一种看似自然天成的智慧，身体上所有生长、转化和分解的工作皆依此智慧执行），以及五千万个基本想法、情感以及人类意识中交替变化的各种状态。

身体或心理若有任何明显违反**灵魂君主**的情况发生，就会表现出疾病或精神异常，这不是由于谦卑的子民不忠，而是由于人们过去或现在误用与灵魂同时被赋予、且永不可废止的那份自性或自由意志。

对浅薄我执的认同，让人理所当然地以为是自己在思考、意志、感觉、消化食物及使自己活着，却从未透过内省（一些足矣！）承认，在他平凡的一生中，他只不过是过去行为（业）

及自然或环境的一个傀儡罢了。每个人的心智反应、感觉、情绪和习惯，全只是此生或前世的过去因所造的果；然而，他崇高的灵魂完全不受这些影响。科里亚瑜伽行者摒弃瞬息的现象与短暂的自由，超越一切幻相，进入独立自由的**本体**中。世上经典皆宣言：人不是会腐败的肉体，而是永生的灵魂。透过科里亚瑜伽，人们找到可以证实经典主张的方法。

"外在仪式无法消灭无明，因两者并非对立物，"商羯罗在他著名的《诗歌世纪》(*Century of Verses*) 中写道。"由证悟所得知见才能摧毁无明……惟不断探究始得产生知见。'我是谁？宇宙从何而生？经何者所创？其物质起因为何？'此为要观照、探究之问题。"智识无法解答这些问题，因此先知们发展出瑜伽作为灵性探究的方法。

一个实修的瑜伽行者自身体欲望的错误执着中抽离，而收摄其思绪、意志和感觉，在脊椎圣殿中让心灵与超意识力量合为一体，因此他是活在上帝计划的世界里。他不受过去刺激的催逼，也不受现世不智之举推动。由于**至高欲望**已获满足，他能在用之不竭的极喜圣灵天堂中，找到最终的安全避风港。

提到瑜伽的可靠性和方法的实效性，克里希那曾如此赞扬那些重方法的瑜伽行者："瑜伽行者之伟大犹胜修练身体之苦行者，更甚于依止智慧法门（Jnana Yoga，智慧瑜伽）或行动法门（Karma Yoga，行动瑜伽）之信徒。噢！阿朱那徒儿，成为一名瑜伽行者吧！"[15]。

15　薄伽梵歌第六章四十六节。
　　现代科学开始发现，止息状态对身心所产生的惊人疗愈及恢复青春的功效。纽约内科暨外科医学院 (College of Physicians and Surgeons) 的亚闻·巴拉科 (Alvan L. Barach) 博士首创当地养肺疗法，成功帮助许多结核病患恢复健康。他使用一种等压舱让病患停止呼吸。一九四七年二月一日出版的《纽约时报》中曾引述巴拉科博士所言："在中央神经系统止住呼吸的效果十分令人瞩目。四肢随意肌的运动脉冲明显降低，病患可以躺在舱内数小时而不移动双手或变换姿势。当随意呼吸停止，抽烟欲望也随之消失，即使病患已习于一天抽

　　科里亚瑜伽常在薄伽梵歌中被称颂为真正的"火祭"。瑜伽士将其人性的所有渴望抛向一神祭典的拙火中，供奉给唯一的真神，这才是真正的瑜伽火典，所有过去和现在的欲望都在此祭典中被圣洁的爱火烧尽。**至上火焰**接收所有人类疯狂行为的祭品，人得以不留残渣地净化。他象征性的骨头从充满欲望的肉体中剥离，带业的骨架经智慧之阳净化而洁白无染，在人与造物主前所行皆正，最终他变得洁净无瑕。

两包烟。许多病例显示，由于病患如此自然放松，连休闲活动也不必要了。"巴拉科博士于一九五一年公开确认该疗法的价值，他说："不止肺脏、甚至整个身体都得到休养，似乎也利益心性。比如，心脏的工作量减少了三分之一，受试者停止烦恼，没有人感到无聊。"

　　我们可以从这些事实逐渐了解，瑜伽士如何长时间静坐而身心完全不起焦躁行为的冲动。一个人只有如此寂寂不动，才能使其灵魂找到通往上帝的路。虽然一般人需靠停留在等压舱内才能获取止息的一些利益，但瑜伽士只需要科里亚瑜伽就可使身心受益，并使灵魂觉悟。

在三摩地境界的西方人

拉札西·迦拿卡南达尊者（詹姆士·林〔James J. Lynn〕）

摄于 1937 年一月，在加州茵欣尼塔市（Encinitas）的一处私人海滩。当时林先生每日勤练科里亚瑜伽已有五年时间，已达三摩地境界（超意识），可由至福的灵眼观中觉证无极上帝，即内在荣光。

"林先生均衡的生活可作为全人类的典范，"瑜伽南达说道。在尽责地卸下俗世本份后，林先生仍能每日抽出时间深入静坐，冥思于上帝。这位成功的商人成为一位证悟的科里亚瑜伽士。

帕拉玛罕撒尊者经常爱惜地以"圣林"指称林先生，并于 1951 年授予林生生"拉札西·迦拿卡南达"（Rajarsi Janakananda）法名，是以古印度一位注重灵修的明君"迦拿卡"（King Janaka）的名字命名。"拉札西"（rajarsi）的头衔字义为"尊贵的先知"，由 raja（国王）＋ rsi（即 rishi，伟大圣人）而来。

第二十七章　在兰栖创办瑜伽学校

"你为何这样排斥组织的工作？"

上师的问题让我有点吃惊。的确，当时的我，私下觉得组织就像"黄蜂窝"一样。

"那是吃力不讨好的工作，先生，"我答道。"不论领导者做或不做什么，都会被批评。"

"你要一个人独享全部的圣酪吗？"古鲁带着严峻的眼神驳斥我。"如果不是慷慨无私的师祖们愿意将其所知留传下来，你和其他人能够藉由瑜伽与上帝亲密交流吗？"他接着说，"上帝是蜂蜜，组织是蜂巢，两者皆不可缺。当然，若是缺乏精神内涵，任何形式都是无用的，可是你为什么不开创一个充满灵性甘露的热闹蜂巢呢？"

他的忠告深深打动我。虽然我表面上没作回应，但心中起了一个坚定决心：我要尽我所能与同修们分享我在师足前学习到的解脱真理。"主啊，"我祈祷，"愿祢的爱永远照亮我虔诚的圣殿，愿我能在每个人心中唤醒祢的爱。"

在我加入僧团之前，有一次圣育克铁斯华突如其来地说道：

"在你老的时候，你会多么想念有个妻子陪在身边！"他说道。"你不觉得持家者克尽己职照顾妻小，在上帝眼里，是扮演一个值得赞扬的角色？"

"先生，"我惊惶地抗议道，"您知道我此生所愿只为追求**宇宙至爱**。"

上师笑得如此开心，我知道他说这些话只为了试探我。

"记住，"他徐缓地说，"抛弃世俗责任的人，只有经由在公益的大家庭中承担责任才能为自己行为的正义辩护。"

为青少年提供适当教育的理想一直盘绕我心。我清楚看到以发展体能及智能为目标的一般教育的枯燥成果；若没有道德和灵性价值的培养，人无法获得快乐，这是正式课程所缺乏的。我决心创办一所学校，培育年轻男孩发展为各方面高度兼备的理想成人。我朝这个方向努力，第一步从孟加拉邦一个小乡村迪西卡 (Dihika) 的七个儿童开始。

一年后，一九一八年，透过卡辛巴札尔 (Kasimbazar) 邦主曼尼达·川达·南迪 (Manindra Chandra Nundy) 先生的慷慨赞助，我得以将快速成长的团体迁往兰栖。这个位于贝哈尔省 (Bihar) 的城镇，距离加尔各达约二百英哩，是印度几个拥有宜人气候的地点之一。在兰栖的卡辛巴札尔宫成为新学校的主要建筑，我将之命名为"瑜伽真理梵行学校"[1]。

我筹划针对初小及高中的课程，包括农业、工业、商业及学术科目。依照古先知们的教育理念（他们的森林精舍就是古代印度年轻学子的学堂，兼顾宗教与非宗教教育），我安排多数课程在户外教授。

我教兰栖的学生瑜伽静坐及一套健康及体能发展的独特系统——"瑜伽达"（Yogoda，系统瑜伽），我在一九一六年发现其原理。

我了解到人体就像颗电池，可透过意志的直接作用，以能量对其充电。人若没有意志力，任何行动都不可能发生，人可以利用他最根本的驱动器——意志力，重获力量，而不需藉助

1　原文 Yogoda Satsanga Brahmacharya Vidyalaya。Vidyalaya 意为"学校"，Brahmacharya 在这里指的是吠陀经中对人生规划的四个阶段其中之一。四阶段包括：(1)独身学生（brahmachari，梵志期）；(2)有世俗责任的在家人（grihastha，居家期）；(3)隐士（vanaprastha，住林期）；(4)居住山林或遊方者、无任何世俗牵挂的人（sannyasi，比丘期）。这种理想的生活规划已不再在现代印度被广泛遵行，但仍有许多虔诚的拥护者，弟子在一名古鲁终身带领下虔诚地完成这四个阶段。

第四十章有对兰栖瑜伽真理梵行学校的进一步介绍。

繁重的仪器或机械性的运动。藉由简单而有系统的瑜伽技巧，人们可以在意识清楚的状况下即刻从无限供应的宇宙能量中重获生命力（位于延髓中心）。

在兰栖的男孩们对系统瑜伽的训练反应很好，他们发展出极佳的能力，能够将生命能量从身体某部位转移到另一部位，并可以在具难度的瑜伽姿势下保持完美坐姿[2]。他们展现出来的力量和持久性是许多强壮的成年人比不上的。

我的小弟毕胥努·查伦·果栩也加入兰栖学校，之后他成为一位著名的体能培育家。他和其一名学生于一九三八至一九三九年间到西方旅行，展示体力及肌肉控制的技巧，纽约哥伦比亚大学及欧美许多大学的教授们对此种以心念控制肉体的能力都啧啧称奇。[3]

兰栖在第一年结束时，申请入学的学生已达两千人，但学校在当时完全是住校性质，只能容纳一百人，很快我们就加开日校课程。

在校内，我必须同时扮演父亲及母亲的角色来照顾那些孩童，并处理许多行政上的难题。我常想起基督的话："我实在告诉你们，人为我和福音撇下房屋，或是弟兄、姊妹、父母、儿女、田地，没有不在今世得百倍的，就是房屋、弟兄、姊妹、母亲、儿女、田地，并且要受逼迫，在来世必得永生。"[4]

圣育克铁斯华如此诠释这段话："那些为了承担更大的责任——为社会公益（'在今世得百倍的，就是房屋、弟兄'），而舍弃婚姻与育养家庭经历的信徒，从事的工作常因世间误解

---

2 已有几本关于瑜伽姿势 (asanas) 的图解书问世，反应出西方社会对此主题日益增加的兴趣。

3 毕胥努·查伦·果栩 (Bishnu Charan Ghosh) 于一九七〇年七月九日于加尔各答辞世。（编按）

4 马可福音第十章二十九至三十节。

而受到困扰，但视自己等同众生的宏观帮助他们超越私心而获得神圣报偿。"

有一天，父亲到兰栖来看我，给予我抑制已久的父爱祝福；因为先前我拒绝他在孟加那普铁路公司为我作的工作安排，伤了他的心。

"儿子，"他说道，"现在，我能认同你对生命的选择。看到你在这群快乐、渴望的孩子当中，这给予我欣喜。你属于这里，而不是铁路时刻表那些没有生命的数字。"他向一群紧跟着我的小朋友们挥挥手。"我只有八个孩子，"他眼睛闪亮地观察，"不过我可以体会你的感受！"

我们有二十五英亩肥沃的土地任我们使用，学生、老师及我自己都很喜欢每天的园艺时间及户外活动。我们有许多宠物，包括一只相当受到孩子们锺爱的小鹿。我自己也非常疼爱它，所以允许它睡在我的房间里。天蒙蒙亮，这个小家伙就会跌跌晃晃地到我床边要我给它早晨的抚抱。

有一天，我必须到兰栖镇上办事，比平常时间提早喂小鹿。我告诉男孩们，在我回来之前不要再喂它；但一个小朋友不听话，喂小鹿喝大量牛奶。当天傍晚我回来时，迎接我的是令人悲伤的消息："小鹿喂食过度，生命垂危。"

我流着眼泪，把显然已无生命迹象的小鹿放在我膝上。我哀凄地向上帝祷告让它活下来，几个小时后，小鹿睁开眼睛，站起来，虚弱地走着，全校一片欢呼声。

不过，当晚我学到一个我永远都不会忘记、意义深远的功课。我陪着小鹿，一直到半夜两点才入睡。它在我梦中出现，对我说：

"您留住了我，请让我走吧，让我走吧！"

"好吧，"我在梦中回答它。

我立刻醒来，大声叫道："孩子们，小鹿快死了！"男孩们急忙赶到我身边。

我冲到房间里安置小鹿的角落，它做了最后一丝的挣扎，起身向我走来，随即扑倒在我脚边，死了。

根据操控动物命运定数的共业法则，小鹿的生命已经结束，并准备要进化到更高的形态。但由于我至深的依恋（后来我了解那是自私的行为）加上迫切祷告，我能够把它留在有所限制的动物形体中，即使它的灵魂亟欲解脱。小鹿的灵魂在梦中恳求我，因为没有我怜爱的首肯，它不愿意、也没能力离开。我一答应，它就走了。

所有忧伤远离我。我再次领悟：上帝要袖的子民爱一切宛如袖的一部份，而不会困惑地以为死亡结束一切。无明者只看到无法超越的死亡围墙似乎永远隔绝了他的至友；但一个不执着者，爱他人如同上帝所显化，他能了解：挚爱的死别只是为了返回神的怀抱，安享喜乐。

兰栖学校从一所简单的小学堂逐渐发展为贝哈尔省及孟加拉邦知名的学府。学校许多部门的经费是由那些乐见先知的教育理想永续留存的人所赞助。在密那波尔 (Midnapore) 及拉汉普尔 (Lakhanpur) 也陆续设立分校。

兰栖总部设立一个医务部门，为当地穷人提供免费的药品及医疗服务，平均一年就诊的病患超过一万八千人。学校在体育竞赛方面也十分出色，并且在学术领域也享有盛名，许多兰栖毕业的校友在日后的大学生活都有杰出的表现。

在过去三十年中，东西方许多知名人士都曾到兰栖学校参访。巴拿纳斯"有两个身体的圣人"普罗那班南达尊者曾于一九一八年到兰栖停留数日。当这位伟大的尊师看到在树下别具一格的课程，又在傍晚看到年轻男孩们数个小时一动不动地

YSS 分会精舍 (Yogoda Satsanga Branch Math)

位于印度兰栖的 YSS 分会精舍暨修道院是帕拉玛罕撒·瑜伽南达 1918 年将他所创办的青少年男子学校迁移至此地时所建立。现今此分会精舍服务 YSS 会员并将帕拉玛罕撒·瑜伽南达尊者的科里亚瑜伽传播至印度各地。除了灵修活动之外，这个中心也负责几个教育组织及一间慈善诊疗所。

静坐，他深受感动。

"我心充满喜悦，"他说道，"看到拉悉利·玛哈夏为青少年提供完善训练的教育理想，在这个学府延续下去，它定深受古鲁祝福。"

坐在我身边的一个男孩大胆向这位伟大的瑜伽行者请教。

"先生，"他说，"我应该成为僧侣吗？我的生命只为追求上帝吗？"

普罗那班南达尊者虽然温和地微笑，但他的目光穿透未来。

"孩子，"他答道，"你长大后，会有一个美丽的新娘子等着你。"（男孩在经过多年进入僧团的计划后，最后还是结婚。）

在普罗那班南达尊者造访兰栖之后，有一天我陪着父亲到这位瑜伽行者在加尔各达暂居的住所。普罗那班南达尊者多年前对我说的预言浮现脑海："以后，我会再见到你，连同你的父亲。"

当父亲进入尊者的房间时，这位伟大的瑜伽行者从座位上起身，给父亲一个充满敬意的深情拥抱。

"巴各巴提，"他说道，"你都在忙些什么啊？你没看到你儿子正快马加鞭地往**无极**迈进吗？"听到他在父亲面前如此称赞我，我涨红了脸。尊者继续说道，"你记得我们神圣的古鲁经常说道：'巴纳特，巴纳特，班哉！'[5]；所以勤练科里亚瑜伽不要间断，很快就能抵达天国大门。"

我第一次在巴拿纳斯拜访普罗那班南达时，当时他体格壮硕，现在他明显变老了，不过姿势仍然令人赞佩地笔挺。

"敬爱的尊者，"我直视他的眼睛询问道，"请告诉我，您不觉得岁月飞逝吗？当身体日渐衰老，您对上帝的觉受有丝毫减少吗？"

他带着天使般的笑容回答我："至爱的神从没比现在更亲近我了。"他全然的信念淹没感动了我的心灵。他继续说道，"我依旧享有两笔退休金——一笔来自巴各巴提，另一笔来自天上。"尊者的手指着天，入定片刻，脸上闪烁着神圣的光辉；我的问题已得到充份的解答。

我注意到普罗那班南达的房间里有许多植物和一袋袋种子，我问起它们的用途。

"我已永远离开巴拿纳斯。"他说道，"我正在前往喜马拉雅山的途中。在那儿我会为弟子设所修道院，这些种子会长出菠菜及一些其它蔬菜，我的爱徒们会过着简单的生活，把时间用在与上帝交融的法喜境地中。其它都不需要了。"

父亲问他的师兄何时会返回加尔各达。

---

5 原文 "Banat，banat，ban jai." 为拉悉利·玛哈夏最喜欢说的一句话之一，他常用这句话来鼓励学生勤于静坐。字义为："持续，再持续，总有一天会达成。"也可以意译如下："努力，再努力，神圣目标在眼前。"

"永远不回来了，"圣人答道。"今年是拉悉利·玛哈夏告诉我永远离开心爱的巴拿纳斯到喜马拉雅山的年份，在那儿我将抛开我的凡夫之躯。"

听到这番话，我热泪盈眶，但尊者平静地微笑。他使我想起天堂的小孩，安稳地坐在圣母膝上。岁月的重担并未对拥有无上灵性力量的伟大瑜伽行者造成不良影响。他可以随心所欲更新身体，但有时他不会刻意去延缓老化过程，反而任其业力在肉体运作，并视目前的身体为时间节约机，以排除来世还要清除余业的必要性。

几个月后，我遇见老友萨南丹 (Sanandan)，他是普罗那班南达一位亲近的弟子。

"我敬爱的古鲁过世了，"他在啜泣声中告诉我。"他在里希克虚附近建了一所修道院，并慈爱地训练我们。当我们都安顿好，且在他的陪伴下灵性快速成长时，有一天他提出要宴请里希克虚的群众。我问他为何请那么多人。

"'这是我最后一次的庆典，'他说。当时我并不了解他话中的含意。

"普罗那班南达尊者帮忙烹煮大量食物，我们供应了大约两千名宾客。餐宴结束后，他坐在高台上对大众开示。最后，在上千人的注视下，尊者转向我，当时我就坐在他的讲台旁边，他以一种不寻常的力道对我说：'萨南丹，准备好，我要踢掉这躯壳了。'[6]

"我愣住片刻，然后大声哭喊道：'上师，不要这么做！求求您千万别这么做！'群众维持一片静默，不明白我的话。普罗那班南达尊者对我微微笑，但他的双眼早已凝视永恒了。

"'不要自私，'他说，'也不要为我悲伤。我欢喜地服

6　"放弃身体"的意思。

务你们全体很久了，现在开心点，祝我一路平安吧。我要去见**我的宇宙至爱**了。'接着，普罗那班南达尊者低语说道：'我很快就会转世。待我在无极乐境一段时间后，我会重返地球加入巴巴吉[7]的行列。你很快将会知道我的灵魂在何时何地进驻一个新的身体。'

"他再一次喊道：'萨南丹，我要用二级科里亚瑜伽踢开躯壳了[8]。'

"他看着面前一片群众的脸孔，赐予祝福。他的目光转向内在的灵眼，全身静止不动。困惑的群众以为他已入定，但他早已离开这暂居的躯壳，将灵魂投入无边的宇宙了。弟子们触摸他莲花坐姿的身体，此时尊者已无体温，只剩下僵直的躯壳；客居壳身的他早已遁入永恒的彼岸。"

当萨南丹说完整个过程，我心想："这位受祝福的'两个身体的圣人'，其临终与其在世，皆充满戏剧性的传奇！"

我问萨南丹，普罗那班南达尊者会在哪里转世。

"我将此讯息视为一个神圣的托付，"萨南丹答道。"我不能泄露给任何人，也许你可以由其他渠道得知。"

多年后，我从喀娑班南达尊者[9]处得知，普罗那班南达转世到一个新出生的身体之后几年，即到喜马拉雅山的巴椎那拉扬(Badrinarayan)，在那里加入一群圣人，终日伴随伟大的巴巴吉。

---

7 拉悉利·玛哈夏的古鲁，仍活在世间（见第三十三章）。

8 普罗那班南达所使用的方法即为ＳＲＦ高等科里亚践行者所熟悉的三级科里亚瑜伽。当拉悉利·玛哈夏传给普罗那班南达时，后者由这位瑜伽化身(Yogavatar)身上领受的是二级科里亚。精通二级科里亚的弟子能够随时随地在清楚的意识下离开或返回身体。层次高深的瑜伽行者在临终时即是此方法；他们都能无一例外地事先预知死亡时刻。

   伟大的瑜伽行者能够随意"进出"灵眼，即生死解脱的门户(the pranic star)。耶稣基督说："我就是门；凡从我进来的，必然得救，并且出入得草吃。盗贼（摩耶，或世间幻相）来，无非要偷窃、杀害、毁坏；我（基督意识）来了，是要叫羊（或人）得生命，并且得的更丰盛。"——约翰福音第十章九至十节

9 Swami Keshabananda。我与喀娑班南达的相遇在第四十二章中有描述。

第二十八章　我找到转世的卡西

"请不要进到水里，我们就用桶子舀水上来洗吧。"

我告诉这群随我步行八英哩路到附近山丘的兰栖年轻学子。眼前池塘看似动人，但一阵嫌恶感从我内心升起。大部分男孩开始用桶子汲水，但有几个男孩禁不住凉水的诱惑，他们一跳进水中，巨大的水蛇立即在他们身边舞动起来。男孩们的尖叫声在水花泼溅中此起彼落，他们敏捷、滑稽地跳出池塘，场面令人发噱。

抵达目的地后，我们享用了一顿野外午餐。我坐在一棵树下，一群男孩们围坐在我身旁。他们发现我充满灵思，争相问我问题。

"先生，请告诉我，"一个男孩问道，"我是否该一直跟随您过着出家人的生活？"

"喔，不，"我答道，"你会被迫回家，之后你会结婚。"

他不相信，强烈抗议道："只有我死了，才会被带回家。"但几个月之后，他的父母前来带他离开，尽管他哭着抵抗。几年以后，他确实结婚了。

回答了许多问题之后，轮到一个名叫卡西 (Kashi) 的少年。他大约十二岁，很聪明的学生，受到大家的喜爱。

"先生，"他说，"我的命运如何？"

"你不久即会死。"似乎有一股不可抗拒的力量迫使这句话从我口中说出。

透露这个讯息后，我与在场的每一个人同样感到冲击与悲伤。默默地自责就像磨人的顽童般，我拒绝再回答任何问题。

我们返回学校后，卡西到我的房间来。

卡西
兰栖学校的学生

"如果我死了，您能在我转世时找到我，并再次带我走灵修的路吗？"他啜泣着问我。

我觉得必须拒绝这个困难玄秘的责任，但卡西在接下来的几周不死心地对我请求。看到他烦恼不安到近乎崩溃，最后我安慰他。

"好吧，"我答应他。"如果天父帮忙，我会尽力找到你。"

暑假期间，我须作一趟短途旅行。遗憾不能带卡西同行，离开前我叫他到我房间来，谨慎吩咐他，不管别人如何游说，都要待在学校具神圣保护的磁场环境里。我暗自觉得，只要他不回家，也许可以避掉即将发生的灾祸。

我一离开，卡西的父亲即抵达兰栖。有十五天的时间，他企图打消儿子的意志，并对他解释，只要卡西肯到加尔各达停留四天探望母亲，他即可回来。卡西坚定地拒绝。这个父亲最后说要找警察帮忙把男孩带走，这个威胁令卡西十分不安，他不愿意因为自己造成学校声誉受损。他没有选择余地，只好跟着走。

几天后我回到兰栖，当我听到卡西是如何被带走时，我立即搭火车前往加尔各达。在那里我租了一辆马车。出乎我意料之外的是，当马车行经恒河上的豪拉桥时，迎面而来的正是卡西的父亲及其他亲戚，全穿着丧服。我急忙叫车夫停下来，我跳下车，瞪着这位不幸的父亲。

"凶手先生，"我有些失去理性地哭喊道，"你害死了我的孩子！"

这个父亲已经了解到他不该强行把卡西带到加尔各达。男孩在那儿停留的几天内，吃到被污染的食物，感染霍乱而过世。

我对卡西的爱，及答应在他死后找到他的承诺，日夜萦绕我心。无论我走到哪儿，他的脸总是隐隐浮现我面前。为此，我开始了一段难忘的寻人之旅，就像很久以前寻找我失去的母亲般。

我觉得上帝既然给了我推理判断的能力，我必须运用它并尽我最大力量找到微细的宇宙法则，藉此寻获男孩在星灵界的下落。后来我发现，他的灵魂振荡着未完成愿望的波动，在有无数发光灵体的星灵界中某处，他的灵魂是一团飘浮的光。在如此众多振荡的发光灵体中，我如何微调自己，对准他的频率呢？

我透过一种玄秘的瑜伽方法，以两眉之间[1]的灵眼做为"广

---

1 自眉心发出的意志力是思想的广播器。当一个人平静地将情感觉受专注于心，能使它成为心灵的收音机，接收他人来自远距或近距的讯息。在心电感应的过程中，人思绪里的纤细振波先经过灵界以太的微妙波动传输，再透过浊重的尘世以太传送出去而产生电波，渐次在他人心中转化为思想的波动。

播器"，对着卡西的灵魂发射我的爱。我直觉卡西很快就会回到地球来，只要我不断对他召唤，他的灵魂将会回应。我知道卡西传送出来即使是最微弱的脉波，我的手指、手臂，及脊椎神经将能感应到。

以高举的双手做为天线，我经常转来转去，试着找出我相信他已转世成为胚胎的地理方位。我希望我内心专注微调的"收音机"能够收到他的回应。

卡西死后大约有六个月的时间，我以毫不衰减的热忱持续运用这个瑜伽方法。一天早上，当我跟几个朋友走在加尔各达拥挤的包巴札 (Bowbazar) 区时，我像平常一样高举双手，这是第一次我得到回应；我非常兴奋地侦测到电流般的脉波微细地流进我的手指和手掌。这些电流在我意识深处转化为一个强烈的念头："我是卡西，我是卡西，到我这儿来！"

当我专注于内心的"收音机"时，这个念头几乎变成听得见的声音。以卡西特有、略带沙哑的低语声[2]，我听到他一次又一次地呼唤。我抓住其中一个同伴普罗卡西·达斯 (Prokash Das) 的手臂，开心地对他微笑。

"看来我似乎找到卡西了！"

我开始不断转身，我的同伴和路过的行人见状都忍不住发噱。只有当我朝附近一条适巧被名为"蜿蜒巷"的小巷时，电流般的脉波才会刺穿我的手指；当我转到其它方向时，那股灵界的电流即消失。

"啊，"我叫道，"卡西的灵魂一定住在这条巷子某位母亲的子宫里。"

同伴和我走近蜿蜒巷，我高举的双手感觉到愈来愈强烈的

---

2 每个灵魂在纯净的状态下都是全知的。卡西的灵魂记得男孩卡西生前所有特征，因此重现他沙哑的声音以便让我认出他来。

振波。像被磁铁吸住般，我被拉往小巷的右侧。走到某栋屋子的门口时，我吃惊地发现自己完全怔住不动。我摒住气息，极度兴奋地敲门。我感觉这段漫长而不寻常的寻觅终于有了成功的结果！

一个仆人出来应门，告诉我主人在家。主人从二楼走下楼梯，好奇地对我微笑。我几乎不知如何适切提出那个看似有礼却又冒昧的问题。

"先生，请您告诉我，您和夫人是否已期待一个小孩的出生大约六个月了？"[3]

"是的，确实如此。"看到我是一个身着传统赭色僧袍的出家尊者，他客气地补充道，"请告诉我，您是如何知道我的事情。"

听完有关卡西的故事和我所作的承诺，惊讶的主人相信我所说的话。

"你们会生一个肤色白皙的男孩，"我告诉他。"他会有一个宽阔的脸型，额上会有鬈发。他会明显有着修行人的清灵气质。"我很有把握地觉得这个即将出生的孩子会拥有这些与卡西相似的相貌特征。

3　虽然很多人在肉身死亡后会在星灵界停留五百至一千年，但每次转世前的停留时间并无一定的规则（见第四十三章）。人在肉体或灵体的时间是根据个人业力注定。

死亡，甚至睡眠（短暂死亡），是未证悟的凡夫从感官束缚中暂时得到解脱的必要经历。由于人的本质为灵，一个人可以从睡眠或死亡中复苏他本无形体的记忆。

印度经典所阐述的因果平衡法则指的即是行为与反应、起因与结果、栽种与收获之间的关系。在自然正义 (rita) 的演进中，一个人的思想及行为会变成塑造他命运的源起。无论出自理性或非理性，任何宇宙能量一被启动，终究会回归出发点，即回到个人身上；就像自动画成圆圈的那股无法阻挡的力量。"世间彷佛一个方程式，无论你如何置换，它终究自行平衡。冥冥中，所有秘密都被揭发，所有罪行都受惩罚，所有善德皆得奖赏，所有错误皆获补偿，无一遗漏。"——出自爱默生的《报偿》(Emerson, *Compensation*)。当了解业力是生命不平等下的公平法则，将有助于人心脱离对上帝及人的憎怨（见第十六章注20）。

　　后来我去探访那孩子，他的父母让孩子沿用旧名卡西。即使还是个婴儿，他的外貌已和那位深受我疼爱的兰栖学生十分神似。孩子立即对我表现出亲切的感情，过去彼此相吸的情谊，如今苏醒后加倍深厚。

　　几年后，当我在美国时，这个十几岁的男孩写信给我，告诉我他想出家修行的深切盼望。我引导他到喜马拉雅山找一位上师，最后，转世的卡西成为这位上师的弟子。

第二十九章　罗宾卓纳斯·泰戈尔与我比较学校

"罗宾卓纳斯·泰戈尔 (Rabindranath Tagore) 教我们以唱歌作自然的自我表达，就像小鸟不费力地唱歌。"

一天早上，在我称赞柏拉·纳斯 (Bhola Nath) 悦耳的歌声后，这个兰栖学校聪颖的十四岁男孩给了我这样的解释。不论是否受到激励，这男孩随时都能哼唱出和谐动人的曲调。他先前曾在泰戈尔设于波普尔 (Bolpur) 的著名学校"桑提尼克坦"（Santiniketan，和平避风港）就读。

"我年少时就经常哼唱泰戈尔的歌，"我告诉这位同伴。"全孟加拉邦的人，即使是目不识丁的农夫，都能从他高洁的诗句中获得乐趣。"

柏拉和我一起咏唱数首泰戈尔的迭句。泰戈尔将数千首印度诗谱成乐曲，有一些是他自己的创作，其它则源于古老的诗词。

"泰戈尔获得诺贝尔文学奖后不久，我曾与他晤面，"合唱后我说道。"当时我想去拜访他，因为我佩服他以不曲意奉承的勇气面对那些文学评论家。"我轻声笑道。

柏拉好奇地想知道这故事。

"学者们严厉抨击泰戈尔采用一种新的孟加拉诗体，"我开始说道。"泰戈尔混合口语与古典的表达，无视于学究们谨遵的旧有诗规。他的歌在感性的诗句中体现深刻的哲学真理，很少顾虑公认的标准诗律。

"一个具影响力的评论家不怀善意地形容泰戈尔是个'为

了一分钱而把他的咕咕声付印纸张出售的鸽子诗人'（译注：'鸽子'一词在英文有'愚者'的轻蔑含意）；但泰戈尔的复仇机会旋即到来。在他将自己的作品《吉檀迦利》（*Gitanjali*，合十礼赞）译成英文后，整个西方文学界对他肃然起敬，学者专家坐满整列火车，包括先前批评他的人都到桑提尼克坦向他道贺。

"在故意耽搁很久后，泰戈尔才出来接待客人，然后以严峻的沉默听着他们的歌功颂德。最后他以这些人惯用的批评武器加以还击。

"'大家好，'他说道，'各位光临寒舍的美意很不谐调地搀杂着过去各位轻蔑我的敌意。我获得诺贝尔奖和各位突然拥有敏锐的欣赏力有任何可能的关联吗？我依旧是那个在孟加拉文学殿堂第一次献上我卑微花朵即不受你们欢迎的诗人。'

"报纸报导了泰戈尔不假辞色的斥责。我欣赏一个人不迷失于阿谀奉承而能直言不讳，"我继续道。"在加尔各达，身着简单孟加拉腰布的秘书安杜鲁斯先生[1]引我去见泰戈尔。他提到泰戈尔时都敬爱地以"圣师"(Gurudeva)称之。

"泰戈尔亲切地接待我，他散发着温文儒雅的迷人风采。在回答我有关他文学背景的问题时，泰戈尔告诉我，他主要是受到宗教史诗及十四世纪一位广受欢迎的诗人维札帕提(Vidyapati)作品的影响。"

受到这些记忆的灵感启发，我唱起泰戈尔改编的一首孟加拉古歌"点燃祢圣洁的爱"。柏拉和我漫步在校园里，同时愉快地吟唱着。

大约在兰栖学校建校两年后，我收到泰戈尔请我到桑提尼克坦与他讨论教育理念的邀请函，我欣然前往。当我进屋时，

---

1 C. F. Andrews，英国作家及政治评论家，也是圣雄甘地的至交。安德鲁斯先生因其在移居地印度的诸多贡献而于当地广受推崇。

诗人正坐在书房里；如同我们首次见面时般，当时我心想，他出色的男子气概是所有人像画家梦寐以求的最佳典型：他长长的头发和平滑的胡须衬托出轮廓分明、高贵典雅的美丽面孔。深邃动人的大眼睛，天使般的笑容，及笛音般的迷人声调；体格高大结实，仪态庄严，他融合了几乎是女性的柔美亲切和孩子般的欢喜自发。对诗人的理想概念没有比这位温文的诗人更适切的体现了。

泰戈尔随即与我针对我们所创办的这两所不走传统路线的学校进行深入探讨与比较。我们发现许多相同特色——户外教学、单纯，及启发孩子创意的丰富空间。不过，泰戈尔着重文学与诗词的研习，及透过音乐和歌声自我表达，这点我已经由柏拉的表现注意到。桑提尼克坦的孩子们遵守禁语时段，但是学校没有给予特别瑜伽训练。

诗人全神贯注地听我描述兰栖学生所学促进能量的瑜伽运动，和教导专注的瑜伽技巧。

泰戈尔告诉我他自己早年的教育挣扎。"我五年级以后就逃学了，"他说着并笑了起来。我很能了解他天生纤细的诗人特质如何与课堂上沉闷、讲究纪律的气氛相互冲突。

"这也是为什么我在树荫下和灿烂的天空下创办桑提尼克坦。"他表情丰富地指向一小群在美丽花园中读书的孩子们。"孩子天生属于花香鸟语的世界，这种环境使孩子更容易展现个人的内在天赋。真正的教育不是由外灌注，而是协助引导出内在无限的智慧宝藏。"[2]

我同意此看法，并补充道："在一般学府里，年轻人追求

2　"灵魂经常再生，或如印度人所言：'灵魂经数千次诞生而遊历于有情世界。'……凡走过她必熟悉，无怪乎她能忆起……往昔所知。……因探究与学习全在记忆中翻陈出新。"——出自爱默生所著《代表人物》(*Representative Men*)。

罗宾卓纳斯·泰戈尔
深具灵思的孟加拉诗人，诺贝尔文学奖得主。

理想及英雄崇拜的本能，在专注于统计数字与年代次序的限制餐点中被饥渴地扼杀。"

诗人深情满怀地忆起鼓励他创办桑提尼克坦的父亲迪文卓纳斯 (Devendranath)。

"父亲给我这块肥沃富饶的土地时，他已经在上面盖了一所会馆与圣堂，"泰戈尔告诉我。"一九〇一年我在这里开始进行我的教育实验时，只有十个男孩。我得到八千英镑的诺贝尔奖金全数作为学校的运作基金。"

老泰戈尔——迪文卓纳斯——是远近驰名的"大贤

哲"(Maharishi)，从其自传就可看出他的显著不凡之处。他成年后曾花两年时间在喜马拉雅山静坐，他的父亲得瓦卡纳斯·泰戈尔 (Dwarkanath Tagore)，是以慷慨布施闻名全孟加拉邦的一位慈善家。这样的传承造就了一个才华洋溢的家族，不仅泰戈尔本人，他所有亲戚都以富创意著称。他的侄子葛高南卓 (Gogonendra) 及阿班宁卓 (Abanindra) 同为印度重要艺术家[3]；哥哥杜真卓 (Dwijendra) 是一位见解深入的哲学家，甚至连鸟儿和林中动物都爱慕他。

泰戈尔招待我在会馆过夜。傍晚时分，我被诗人和一群弟子坐在露台的景象所吸引。时光倒流：呈现我面前的就像是古代修道院的场景——愉快的诗人被弟子们环绕着，所有人都沉浸在爱的圣洁光环中。泰戈尔以和谐的系绳编织每一份友谊，从不独断的他以难以抗拒的魅力掳获人心。绝妙诗文在神国花园里繁荣绽放，以自然的芬芳吸引游人！

以具旋律性的悦耳声音，泰戈尔对我们朗读了几首他新近创作的优美诗篇，他大部份为了愉悦学生所写的歌曲和戏剧，都是在桑提尼克坦完成。对我而言，泰戈尔诗句之美在于几乎他每一节诗文都与上帝有关，却很少直接提及祂的圣名。"沉醉于歌咏的极喜中，"他写道，"我浑然忘我而称我主吾友。"

次日午餐后，我不舍地道别了诗人。我很欣喜他的小学校现已发展成一所国际大学"维斯瓦—巴拉提"[4]，来自世界各地的学者都认为这是一个理想的环境。

---

3 泰戈尔在六十多岁时曾认真研习绘画，他的画作几年前曾在欧洲几个首府及纽约展出。

4 虽然这位深受爱戴的诗人于一九四一年辞世，他所创建的"维斯瓦—巴拉提"(Visva-Bharati) 学府仍不断茁壮成长。一九五〇年一月，六十五名来自桑提尼克坦的师生在校长果梭先生 (Sri. S. N. Ghosal) 的带领下到兰栖的瑜伽真理梵行学校 (Yogoda Satsanga Brahmacharya Vidyalaya) 作为期十天的拜访。这群访客以泰戈尔的美丽诗歌《普迦里尼》(Pujarini) 作了一场精彩演出，深受兰栖学子喜爱。

"在昂首无惧之地；

在知识毫无保留之地；

在世界未被狭隘内墙断成碎片之地；

在言语出自真理深处之地；

在不断奋力伸展臂膀、拥抱完美之地；

在理智清流尚未迷失于陈年恶习的荒漠干土之地；

在祢引领心灵迈向永恒延伸的思想行为之地；

进入自由的天堂，天父，让吾土吾民苏醒吧！"[5]

——罗宾卓纳斯·泰戈尔

5　《吉檀迦利》(Gitanjali; Macmillan Co.)。对诗人的更深入研究，可参阅由著名
　　学者拉达克里诗南 (Sir S. Radhakrishnan) 所著的《泰戈尔哲学》(The Philosophy
　　of Rabindranath Tagore; Macmillan，1918)。

第三十章　奇迹法则

伟大小说家利奥·托尔斯泰[1]写了一篇意趣横生的民间故事《三隐士》(*The Three Hermits*)，他的朋友尼可拉斯·罗礼克(Nicholas Roerich) 将其概述如下：

"在一个岛上住了三位年老的隐士。他们如此单纯，唯一使用的祷词是：'我们有三位，您也是三位——怜悯我们吧！'在这纯真的祷告中总会出现伟大的奇迹。

"当地主教[2]听到这三位隐士及他们未经认可的祷词后，决定去拜访他们并教他们合教规的祷告方式。到了岛上，主教告诉隐士他们如此对上天祈祷是不庄重的，并教导他们许多惯用的祷文。主教随后即坐船离开；但紧随船后，他看到一道耀眼光芒，当它靠近时，他认出是那三位隐士，他们手牵着手在波浪上奔跑，努力追上他的船。

"'我们忘记您教的祷文了，'追上主教时隐士们喊道，'所以我们赶来请您重述。'吃惊的主教摇摇头。

"'亲爱的弟兄，'他谦卑地答道，'继续沿用你们以前的祷文吧！'"

那三位圣人如何能走在水面上？

基督如何能使被钉死在十字架上的身体复活？

拉悉利·玛哈夏和圣育克铁斯华如何能行使奇迹？

1　Leo Tolstoy；托尔斯泰有很多理想与圣雄甘地相同，两人曾在书信往返中讨论非暴力的理念。托尔斯泰认为基督的中心教导为"不要（以恶来）与恶人作对"（马太福音第五章三十九节），与恶"作对"的方法只能透过逻辑上有效的反作用力：善或爱。

2　这个故事显然有历史根据。依据编按，该主教是从阿尔坎觉 (Archangel) 航向斯罗维斯基修道院 (Slovetsky Monastery) 时，在德维纳河 (Dvina River) 口遇见这三位隐士。

现代科学尚未有答案，不过随着原子时代的来临，世界心灵的范围骤然扩大，"不可能"一词在人们的字典中已变得愈来愈不显著。

吠陀经指出，物质世界是在摩耶的一根本法则下运作，即相对性和二元性原则。上帝——独一生命 (Sole Life)——是完全合一 (Absolute Unity) 的，为了在万物身上呈现独特而多样的面貌，祂戴上虚妄不实的面纱，那虚幻的二元面纱即为摩耶[3]。近代许多重大的科学发现已证实古先知这个简要的宣言。

牛顿运动定律即为一个摩耶的法则："每一个作用力必有一个相等且相对的反作用力；任何两个物体间的相互作用力总是大小相等且方向相反。"因此作用力和反作用力是完全相等的。"单一力量不可能存在。作用力必须、且总是成对地存在，彼此相等且相反。"

所有基本的自然活动都透露出源自摩耶的特性。例如，电是一种相斥与相吸的现象，其电子和质子带着相反的电性。又比如：原子或物质的最终粒子，像地球般，是一块带着正负极的磁铁。整个现象界都处在无法阻挡的极性支配下，从未有物理、化学或任何其它科学的法则，能不受固有相反或相对原则的影响。

因此，自然科学归纳出的法则无法超越构成宇宙万物的摩耶。自然界本身就是摩耶，自然科学必然要面对她无可避免的本质。自然界在她自己的领域里是永恒不竭的，未来的科学家也只能从各个层面逐一探索她无穷无际的千态万状。科学因此停留在无休止的变迁状态，无法达到最终定论；它实际上适用于发现既存且运行中的宇宙法则，但无法看穿**法则建构者**与**唯一操作者**。万有引力与电力展现的宏伟现象众所周知，但万有

3　见第四章注 10 及第五章注 3。

引力和电力究竟为何，无人知晓[4]。

克服摩耶是千年以来先知们指派给人类的任务，超越宇宙万物的二元性并觉照造物主的唯一存在被认为是人类最高目标。那些执着于宇宙幻相的人，必须接受其基本的两极法则：盛与衰、起与落、日与夜、苦与乐、善与恶、生与死。这个循环型态在人类经历数千次轮回后呈现出某种极其痛苦的单调，人因此开始对摩耶强制支配的领域外寄予厚望。

揭开摩耶面纱也就揭开宇宙万物的奥秘。如此揭露宇宙面貌的人才是真正的一神论者，其他只是异端偶像崇拜。人只要还受自然界二元幻相的控制，双面摩耶就是他的女神，他无法认识唯一的真神。

摩耶——世间幻相，表现在人身上即为无明（梵语 avidya，字义上为无知、愚昧、妄想）。摩耶或无明无法以知性的信念或分析加以摧毁，只能经由非细考三摩地内在境界达成。旧约中的先知及世界各地的历代先知们都是在此意识状态中传讲。

以西结 (Ezekiel) 说道[5]："以后，他带我到一座门，就是朝东的门。以色列神的荣光从东而来。他的声音如同多水的声音；地就因他的荣耀而发光。"瑜伽行者经由额上（东方）的灵眼将其意识融入无所不在的状态时，能听见神语或"嗡"，即"多水"的圣音，是构成宇宙万物唯一真相的光振。

在上万亿的宇宙奥秘中，最特殊的就是光。不像音波的传导需要藉由空气或其它物质作为媒介，光波可以自由穿越星际真空。光波动说假设以太为星际间的光传播媒介，但它在爱因斯坦的假说中却被摒除——空间的几何特性否定以太存在的必

---

[4] 伟大的发明家马可尼 (Marconi) 曾就科学在究竟性的不足坦言如下："科学无力解释生命是无庸置疑的，如果没有信仰，这个事实会是很骇人的。生命的奥秘无疑是人类思维中最顽固难解的问题。"

[5] 以西结书第四十三章一至二节。

要性。在这两种假设中，光都是自然界最微细且最不倚赖物质的现象。

在爱因斯坦庞大的概念里，每秒186，300英哩的光速，是整个"相对论"的核心。就人类有限的心智而言，爱因斯坦在数学上证明光速是变迁的宇宙中唯一的常数。人类衡量时间与空间的标准取决于唯一"绝对"的光速。时间与空间是相对且有限的因素，并非如迄今所认为的那般抽象永恒；时空只能以光速为衡量标准而得出它们条件性的测量效度。

当时间成为时空的一个相对次元，它只剩下应属的本质：一个没有绝对定义的简单要素。爱因斯坦大笔挥下几个方程式，排除宇宙中除了光的恒常性外所有被认为固定不变的真实事物。

这位伟大的物理学家在其后来发展的"统一场论"中，试图以一个数学方程式涵盖万有引力与电磁定律。爱因斯坦将宇宙结构归纳为单一法则的变化，跨越时代回应先知们的声明：宇宙万物源于单一结构，即幻化无穷的摩耶。[6]

划时代的"相对论"发展出以数学探究最终原子的可能性。当今伟大的科学家们不仅大胆断言原子是能量而非物质，并认为原子能实质上是心识之物。

"真切了解自然科学是关于一个幻影的世界是科学界最意味深长的进展之一。"亚瑟·史坦利·艾丁顿爵士 (Sir Arthur Stanley Eddington) 在《物质世界的本质》(*The Nature of the Physical World*)[7]中写道："在物理学的世界里，我们观看影子戏

---

6 爱因斯坦确信电磁与重力法则之间的关联性可以用一个数学方程式（统一场论）表达。作者写此书时，爱因斯坦正专研于该理论，虽然他生前未能完成这项工作，但现代许多物理学家赞同他的信念，皆信有朝一日该关联性会被发现。（编按）

7 麦克米伦 (Macmillan) 公司出版。

在熟悉的日常生活中不断上演：当墨影流过纸影，我的肘影落在桌影上。这些全都是象征性的，就如同物理学家所留下的符号，接着这些符号再经像炼金术士般的**心智**转化……。粗略的结论就是世间之物全是心识之物。"

最近发明的电子显微镜明确证实原子的光本质以及自然界无可避免的二元性。《纽约时报》针对一九三七年"美国科学促进协会"(American Association for the Advancement of Science)会议举行前所展示的电子显微镜，有如下报导：

> 先前只能透过 X 射线间接了解的钨晶体结构，在萤光幕上轮廓分明地显现九个原子正确地排列在立方空间晶格上，每个角落及中间各有一颗原子。钨晶格中的原子在萤光幕上如同排列成几何图形的光点，在这光亮的立方晶体上，可以看到空气分子撞击造成的舞动光点，彷佛洒在波动水面上点点闪烁的阳光……
>
> 电子显微镜的原理最早在一九二七年由纽约市"贝尔电话实验室"的柯林顿·大卫森 (Clinton J. Davisson) 及莱斯特·葛莫尔 (Lester H. Germer) 博士发现。他们发现电子同时具有粒子与波动的双重特性[8]，波动性赋予电子光的特质，因此开启了以类似透镜聚光方式"聚焦"电子的研究。
>
> 大卫森博士发现电子"双重人格"的特质……显示整个自然界具有双重特性，并因此获得诺贝尔物理奖。

詹姆斯·金斯爵士 (Sir James Jeans) 在《神秘的宇宙》(*The Mysterious Universe*)[9] 中写道："知识发展的趋势朝向非机械性的实相，宇宙开始看似一个巨大思潮，而不是一部大机器。"

二十世纪的科学如此听来就像古老吠陀经中的一页。

若真如此，就让人类从科学中学到物质宇宙并不存在的哲

8　亦即物质与能量。

9　剑桥大学出版社。

学真理；宇宙以摩耶，即幻相，交织出经纬线。所有对真相的妄念在分析下荡然无存，当物质宇宙令人心安的支柱逐一崩塌，人们隐约觉察到自身对偶像崇拜的依赖，悖离"除了**我**以外，你不可有别的神"[10]的神谕。

爱因斯坦以其著名的质能互换方程式，证明任何物质粒子的能量等于它的质量或重量乘以光速的平方。物质粒子的消灭引起原子能量的释放，物质的"死亡"造就了原子时代的诞生。

光速成为数学标准或常数并非由于其每秒186，300英哩的绝对值，而是因为没有任何质量随速度增加的物体能够达到光速。换句话说：只有质量无限的物体才可能比得上光速。

这个观念把我们带进奇迹法则。

任何能够以光速移动、使自己身体或其它物体现形或消失的大师们，他们利用富有创造力的光线使任何物质即时展现眼前，已经符合该法则的条件：他们的质量是无限的。

一个已臻完美的瑜伽行者毫不费力地使其意识融入宇宙结构而非狭隘的身躯。不论是牛顿的"力"或是爱因斯坦的"惯性现象"，万有引力无力驱使大师展现重量的特性：所有物体特有的重力现象。当一个人明白自己无异于遍地存在的圣灵，他不再受限于时空中僵硬迟钝的身躯，禁锢的"圈套"已瓦解于"我是祂"的溶剂中。

"神说：'要有光'，就有了光。"[11]宇宙初创之际，上帝第一道命令使光成为一切存在的基础结构，一切神圣的显化都发生在此非物质媒介的光束上。每个世代都有信徒证明上帝以火和光的形式显现，"他的……眼目如同火焰"圣约翰告诉我

10　出埃及记第二十章三节。

11　创世纪第一章三节。

们，"……面貌如同烈日放光。"[12]

一个入定境界已臻完美的瑜伽行者因与造物主意识合一，而能觉照宇宙本质为光（生命能量的振动）；对他而言，构成水的光线与构成大地的光线并无二致。既超越物质意识、第三度空间及第四度时间，一位大师能够同等容易地令其光的身体凌驾或穿梭于地、水、火、风的光束间。

"你的眼睛若了亮，全身就光明。"[13]瑜伽行者因长期专注于通达解脱的灵眼而能断灭一切有关物质及其重力造成的幻觉，他所见的宇宙就如同神对它初创时一样：本质上是一团没有差异的光。

哈佛大学的查伦 (L. T. Troland) 博士告诉我们："光学影像的建立与普通'网版雕刻'的原理相同，皆是由微小到眼睛无法察觉的细点或点画所构成……视网膜极为敏锐，只要相当少量的适当光子就可以产生视觉效应。"

任何觉证万物本质为光的人皆能运用奇迹法则。大师们运用有关光现象的神性知识使遍存的光原子立即投映出可见形体，而所投射的形象（无论是一棵树、药剂还是人体）端视瑜伽行者的心愿及其意志与预想力量而定。

人在夜晚进入梦的意识状态，逃脱日日牵绕的虚妄自我意识的约束，并在睡梦中不时地一再展现全能的心智。瞧！梦里出现亡故已久的朋友、最遥远的陆地及重现的童年景象。

所有人在某些梦境中短暂经历的那个自由而无条件的意识，正是与上帝意识合一的大师们昼夜恒存的精神状态。在全然无个人动机下运用造物主赐予的创造意志，瑜伽行者重组宇宙间的光原子以满足信徒的任何虔诚祈祷。

12　启示录第一章十四至十六节。

13　马太福音第六章二十二节。

"神说，我们要照着我们的形像、按着我们的样式造人，使他们管理海里的鱼、空中的鸟、地上的牲畜，和全地，并地上所爬的一切昆虫。"[14]

这就是人类及宇宙万物被造的目的：人类应挺身成为摩耶的主宰，明白他对宇宙的统御。

一九一五年，在加入尊者僧团后不久，我经历了一个不寻常的灵眼观体验，从中了解人类意识的相对性，并清楚觉照**永恒光**的单一性，就藏在摩耶二元特性的苦海背后。一天早上，坐在父亲嘎帕路家中我的小阁楼房间时，这个体验突然降临。当时第一次世界大战已在欧洲如火如荼地进行了数月，我一直悲伤地沉思着战争带来的大量伤亡。

当时我正闭目静坐，我的意识突然转移到一名指挥战舰的船长身上，海岸炮兵与战舰炮弹交互开火，隆隆炮响划破天际。一颗巨大的炮弹击中火药库，把我的船舰炸得四分五裂，我与几名在爆炸中幸免于难的海军士兵跳进水里。

我安全抵达岸上，心仍怦怦地跳着。但是，啊呀！一发流弹在我的胸膛内结束它飞快的航程，我呻吟倒地。虽然全身瘫痪，我还能感觉到身体的存在，就好像一个人意识到自己麻木而失去知觉的腿。

"死亡的神秘脚步终于追上我了，"我心想。叹了最后一口气，当我正要陷入无意识状态时，一看！我发现自己正以莲花姿势盘坐在我嘎帕路的房间里。

异常激动的泪水扑流满面，我开心地碰触掐捏着我失而复得的所有物：一个胸口没有弹孔的身体。我来回摇摆、吸气吐气，以确定自己还活着。正在暗自庆幸之余，我发现自己的意识再度转移到躺在血染岸边的船长遗体上，我的心思陷入极度

---
14 创世纪第一章二十六节。

困惑。

"主啊，"我祈祷，"我是死了还是活着？"

耀眼眩目的光布满整个视野，轻柔的隆隆振动自行构成这段话：

"生或死与光有何关联？我以自己光的形像造你，生与死的相对性属于宇宙梦境，专注于你清醒无梦的存在本质吧！快觉醒，我的孩子，觉醒吧！"

在人类觉醒的过程中，上帝赋予科学家灵感，使他们适时适地发现神造万物的奥秘。近代许多发现有助于人们理解宇宙原为单一力量——光——在神性智慧引导下衍生的多样表现。不论是电影、收音机、电视机、雷达、光电池——神奇的"电眼"，或原子能等令人惊叹的事物皆是以光的电磁现象为基础。

电影艺术可以描绘任何奇迹。从令人震撼的视觉角度而言，没有奇观异象无法以摄影特技呈现。影片中，人可以成为从浊重肉身中脱壳而出的透明灵体、可以在水面上行走、让死人复活、颠倒自然发展顺序，也可以使时空陷入混乱。摄影师可以随心所欲组合影像以达到视觉奇观，类似大师们运用实际的光射线制造出的神迹。

电影栩栩如生的影像阐明许多关于万物的真理。**宇宙大导演**撰写了自己的剧本，并为世纪大演出召集了庞大的演员阵容。在永恒的黑暗放映室中，祂发出的光束透过绵延世代的电影软片，将影像投映在空间的银幕上。

就像电影画面看似逼真，实际上仅为光与影的组合，宇宙幻化无穷的现象同样也是使人迷惑的表象。有着无数生命形态的天体行星只不过是宇宙电影里的影像，瞬息场景被无极的创造光束投映在人类意识的银幕上，对人类的五官觉受有短暂的真实性。

电影院的观众可以抬头看到所有银幕影像都是透过一道无影像的光束而产生，多彩多姿的宇宙戏剧同样也是出自**宇宙源头**的单一白光。上帝以不可思议的巧妙创造力为祂的子民导演一出"超级巨型"的娱乐节目，让他们在祂的行星剧院中同时是观众也是演员。

有一天，我到电影院去看有关欧洲战场的新闻影片。第一次世界大战还在西方进行着，纪录大屠杀的影片如此写实，我带着忧虑不安的心离开戏院。

"主啊，"我祈祷，"为何祢允许这种苦难发生呢？"

欧州战役的实际现场突然出现在我的灵眼观中，这个立即性的回应令我惊讶不已，画面中尽是伤亡垂死的人，残酷程度远超过任何新闻影片的报导。

"注意看着！"一个温柔的**声音**向我的内在意识说着："你会明白，这些正在法国上演的场景只不过是一出明暗对照的戏，它们是宇宙动画，就像你刚才看的戏中戏——戏院放映的新闻影片，同样真实也同样不真实。"

我的心仍未被安抚，神圣的**声音**接着说道："宇宙万物是光也是影，否则无法构成影像。摩耶中的善与恶必须不断交替主导，如果世间的欢喜无止尽，人们还会想要追寻另一个境地吗？没有苦难，人们极少愿意回想自己已离开永恒的家。痛苦激起记忆，只有透过智慧才能得到解脱。死亡的悲剧并不真实，畏惧死亡的人就好像愚痴的演员，只是受到空包弹射击却在舞台上惊吓毙命。我的孩子是光之子，他们不会永远沉睡在迷惑中。"

虽然我读过经典中对摩耶的描述，却不曾像这次亲眼目睹的体验以及伴随的抚慰话语，为我带来如此深切领悟。当一个人终于坚信一切创造只不过是一出浩瀚戏剧，并体悟到他存在的真实乃不在戏内而是超乎其外，他的价值观会因此深切改变。

写完这一章后，我以莲花姿势坐在床上，房间[15]内昏暗地亮着两盏罩灯。目光上仰，我注意到天花板上布满了黄芥末色的小光点，闪烁颤动着如镭散发出的光泽，层层雨幕般的无数细丝光线汇聚成一道透明光束，静静地倾注在我身上。

我的身体顷刻失去浊重感，蜕变成灵体结构。我觉得一阵飘飘然，失去重量的身体左右交替地微微移动，几乎没有触碰床面。环顾房内，家具与墙壁依旧，但是那小光团已倍增到连天花板都看不见的程度。我惊讶地怔住了。

"这是宇宙电影的机械结构。"一个彷佛出自光团的**声音**说道。"光束照在白色屏幕的床单上，产生你身体的影像。看啊，你的形体只不过是光罢了！"

我看着自己的手臂并来回摆动，却感觉不到手臂的重量，极喜的欢愉淹没了我。就像从电影放映室发射出的光束将影像投映在银幕上般，宇宙光柱投映出我的身体，宛如是光的神圣复制品。

我的卧室成了微微被照亮的电影院，我在里面体验许久这场自身的电影。虽然我曾有过多次灵眼观经历，但不曾像这次这般独特。当我对固体肉身的幻觉完全消失，并深切体悟一切物体本质为光时，我仰头望着那些跳动的生命粒子 (lifetron) 光束，恳求地说着：

"**圣洁的光**，请收回我这卑微的身躯影像，让它回归于祢吧，就像以利亚乘着火焰马车升天[16]般。"

15　位于ＳＲＦ在加州茵欣尼塔市的静修院中。（编按）

16　列王记下第二章十一节。
　　　一般认为"奇迹"是一种缺乏或超越法则的效应或事件，但在我们精确校准的宇宙里，所有事件都是依法而生，循法可解。所谓伟大上师的神奇法力，其实是彻证运行于内在小宇宙意识的细微法则后所自然衍生的力量。
　　　世间实无所谓"奇迹"，除非我们就万物皆为神迹的深层角度来看。我这个祷告显然令人震惊；光束消失了，我的身体恢复了原来的重量，沉沉地落在床面，天花板上汇聚的光点在明明灭灭中逐渐消失。我离开世间的时机显然未到。

"此外，"我冷静地想，"以利亚可能对我的冒昧放肆会不悦吧！"

们每个人都同样被装在一个精细建构的身躯中，并且落脚在一个回旋穿梭于星际间的地球上——有任何事物比这更平凡无奇？或比这更神奇的吗？

伟大先知如基督及拉悉利·玛哈夏通常会行使诸多神迹。这些上师为人类福祉执行艰难重大的神圣使命，以神迹帮助不幸的人成为那使命的一部份（见第二十三章注5）。那些无法医治的疾病及不能解决的人类问题，必须经过上天的恩准才有可能被克服。圣经中有位大臣求耶稣医治他在迦百农垂死的儿子，耶稣带着挖苦的幽默回答他："若不看见神迹奇事，你们总是不信。"但他接着说，"回去吧，你的儿子活了。"（约翰福音第四章四十六至五十四节）

在这一章里，我提到吠陀对摩耶的解释，即构成现象世界的魔幻力量。西方科学界已发现在原子"物质"中遍存着一种虚幻的"魔力"；然而，不只是大自然，人类（以肉体而言）也受到摩耶支配，亦即受到相对性、对比性、二元性、逆转性，及对立状态等原则的影响。

我们不应揣测只有吠陀圣者理解摩耶真相，旧约先知称摩耶为撒旦（希伯来文字义为"敌人"），希腊新约圣经则使用与撒旦同义的"恶魔"(diabolos)。撒旦或摩耶是**宇宙魔术师**，制造多重形象以掩盖**无形的唯一真理**。在上帝的计划及剧本 (lila) 中，撒旦或摩耶的唯一功能是要诱使人类从圣灵降至物质层面，从真相坠入虚幻。

基督生动地以"魔鬼"、"凶手"、"说谎者"来形容摩耶。"魔鬼……他从起初是杀人的，不守真理，因他心里没有真理。他说谎是出于自己，因他本来是说谎的，也是说谎之人的父。"（约翰福音第八章四十四节）

"魔鬼从起初就犯罪。神的儿子显现出来，为要除灭魔鬼的作为。"（约翰一书第三章八节）亦即一个人自内在显现的基督意识能够轻易断灭幻觉或破坏"魔鬼的杰作"。

摩耶之所以"从起初"是因为它在现象世界的固有结构。现象世界永远处在过渡的变迁中，是神性永恒不变的对比。

第三十一章　拜访庄严师母

"尊敬的师母，我在婴儿时期即由您贵为先知的先生为我洗礼，他是我父母亲及我古鲁圣育克铁斯华的古鲁。我是否有此荣幸听闻一些发生在您圣洁一生中的事迹？"

我恳求的对象为拉悉利·玛哈夏的终生伴侣卡西·牟尼夫人 (Srimati Kashi Moni)。在巴拿纳斯短暂停留期间，我终于达成企盼已久的愿望——拜访这位尊贵的女士。

她在拉悉利家族位于巴拿纳斯市格鲁德斯瓦区 (Garudeswar Mohulla) 的家中和蔼地接待我。虽然已上年纪，她仍像一朵盛开的莲花般散发出灵性芬芳。她的身材中等、皮肤白皙、颈项细长，硕大的眼睛炯炯有神。

"孩子，欢迎光临。请到楼上来。"

卡西·牟尼夫人带领我到一个非常小的房间，她和她先生曾经住在这里。能够亲临无与伦比的大师降尊纡贵演出人类婚姻戏剧的圣地，我感到十分荣幸。这位温柔的女士示意我坐到她身旁一个有靠垫的座位上。

"我是在多年之后才明白我先生的高度神性，"她开始说道。"一天晚上，就在这个房间，我作了一个清晰的梦。光耀的天使们以不可思议的曼妙风采飘浮在我上方；画面如此真实，我立刻醒来，奇妙地，整个房间笼罩在灿烂的光里。

"我的先生以莲花坐姿飘悬在房间中央，身边围绕着天使。以祈请的高贵尊严，他们合掌对他礼敬。

感到无比惊讶，我相信自己还在作梦。

"'妇人，'拉悉利·玛哈夏说道，'你不是在作梦，就此摒弃你的沉睡吧。'当他慢慢降到地面时，我在他足前俯地礼拜。

"'上师,'我哭道,'我在您面前一叩再叩。您能原谅我一直以来将您视为我的丈夫吗？我羞愧难当地了解到自己身在一位觉证实相的人身旁,却一直沉睡于无知中。从今晚起,您不再是我的夫婿,而是我的古鲁。您能接受卑微的我为您的弟子吗？[1]'

"上师温柔地拍拍我。'圣洁灵魂,起来吧,我接受你了。'他示意我注目那些天使,'请逐一向这些圣者礼敬。'

"我谦恭跪拜后,天使之音齐声回响,宛如出自古老经典的合唱。

"'圣者的伴侣,您深受祝福,我们向您致敬。'他们在我足前顶礼,一瞧!他们灿烂的形体消失了。房间暗了下来。

"古鲁要我接受科里亚瑜伽的传法。

"'当然,'我答道。'很遗憾没有早一点在我生命中得到这份赐福。'

"'当时时机尚未成熟,'拉悉利·玛哈夏带着微笑安慰我。'我已默默帮你清除大部份业障,现在你愿意且作好了准备。'

"他触摸我额头时,四周出现回旋状光团,光芒逐渐形成乳白蓝色的灵眼,环状金边,中间为五角形白色星星。

"'让你的意识穿过星星进入无极领域。'古鲁以一种新的声调告诉我,柔和如远方音乐。

"内在影像一幕接一幕,彷佛海浪不断冲击我灵魂的堤岸。全景画面最终融入极乐汪洋,我沉醉于连绵波涌的幸福感受中。数小时后,当我的意识回到这个世界,上师传授我科里亚瑜伽的法门。

"从那晚之后,拉悉利·玛哈夏再也没睡过我的房间。他

1　"他只为上帝,而她为着他心中的上帝。"——米尔顿(Milton)的诗文

自此不曾再睡觉，他一直待在楼下前面的房间，日夜都有弟子伴随。"

这位杰出女士转为静默。了解她与崇高瑜伽行者的独特关系后，我最后大胆请求她进一步追忆。

"孩子，你真贪心。不过你还可以再听一个故事。"她靦腆地笑。"我要承认犯了一项对不起我古鲁丈夫的罪。接受传法后数月，我开始觉得孤独、被忽略冷落。一天早上，拉悉利·玛哈夏进到这个小房间来拿东西，我很快跟着他。被一时妄念所迷惑，我苛责他：

"'你整天和弟子在一起，你对妻小的责任都不顾了吗？我很遗憾你没把心思放在改善家庭经济上。'

"上师看了我一眼后，一瞧！他不见了。既敬畏又恐惧，我听到从房间所有方向传出一响亮声音：

"'一切皆空，你不明白吗？像我这样空空然如何为你带来财富？'

"'师父，'我哭道，'我千百万次地恳求原谅！我罪恶的眼睛不再看得到您，请您现出圣体吧。'

"'我在这里。'这个回答从我上方传来。我抬头一望，看到上师头顶着天花板出现在空中，他的眼睛有如眩目的火焰。我极度敬畏，在他安静地下降到地上后，我在他足前跪地啜泣。

"'妇人，'他说道，'寻求神国的财富，不要汲汲营营于俗世间的微薄小利。得到内在的宝藏后，你会发现外在的供给源源不断。'他又说：'我有一个修道弟子会确保你衣食无缺。'

"古鲁的话自然地实现，一名弟子留下一大笔钱给我们家人。"

我谢谢卡西·牟妮夫人和我分享她奇妙的经历[2]。次日我回到她家，与廷古利 (Tincouri) 和杜古利·拉悉利 (Ducouri Lahiri) 愉快地进行了数小时的哲学讨论。这两位圣人般的儿子紧紧追随这位印度伟大瑜伽行者无瑕的脚步。两人都有着白皙肤色、壮硕高大的体格、浓密的胡子、柔和的声音，及古典的迷人风采。

拉悉利·玛哈夏的妻子并不是他唯一的女弟子，包括我母亲在内还有其他数百名。有一次，一名女弟子向古鲁请求照片，他给了她一张，并说道："如果你认为它有保护作用，它就能保护你；否则它就只是一张照片。"

几天以后，这位妇女正巧与拉悉利·玛哈夏的媳妇一同研读薄伽梵歌，桌子后面挂了一张古鲁的照片。突然之间，雷电交加。

"拉悉利·玛哈夏，保护我们！"两人向照片鞠躬，闪电击中桌上的书本，但这两位弟子毫发无伤。

"我觉得好像有一层冰把我包围住，让我避开灼热的高温。"女弟子叙述道。

拉悉利·玛哈夏也因女弟子阿柏雅 (Abhoya) 之故行使两次奇迹。有一天，她与在加尔各达担任律师的丈夫启程前往巴拿纳斯去拜访古鲁。他们的马车因交通阻塞而延误，当他们抵达加尔各达的主要车站豪拉时，只听到开往巴拿纳斯的火车正鸣笛准备离去。

阿柏雅静静地站在售票口附近。

"拉悉利·玛哈夏，我恳求您让这列火车停驶！"她默默祈祷。"要多等一天才能见到您，我无法忍受这样的痛苦！"

火车头喷出腾腾蒸气，只见轮子不断转动却不见火车前进。

---

2 受人敬爱的师母于一九三〇年三月二十五日在巴拿纳斯去世。

火车司机和乘客都下车到月台上查看此怪象。一位英国籍的铁路警卫走近阿柏雅和她的丈夫，一反常态地，他主动提供服务。

"先生，"他说道，"车钱交给我，我帮你们买票，你们先上车。"

这对夫妻一坐下并拿到车票后，火车即缓慢前进。惊讶之余，司机和乘客们再次登上火车回到座位上，既不明白火车如何启动的，也不解最初为何停驶。

抵达拉悉利·玛哈夏在巴拿纳斯的家时，阿柏雅安静地顶礼上师，并试着礼触师足。

"定下来，阿柏雅。"他说道，"你真喜欢麻烦我！好像你就不能搭下一班火车来这儿似的！"

阿柏雅另有一次难忘的师徒会。这次她希望上师向上天的代祷无关火车，而是送子鹳。

"我祈求您赐福，让我的第九个孩子活下来，"她说道。"我生了八个婴儿，全都在出生之后即夭折。"

上师同情地微笑道："你将诞生的孩子会活下来，但请小心依照我的指示。这个婴儿是个女孩，她将在夜里出生；注意让油灯燃烧至破晓，不要睡着了而让灯火熄灭。"

阿柏雅果然在夜里产下一名女婴，正如无所不知的古鲁所预言。婴儿母亲指示护士随时添满灯油，两个女人警醒地守护到凌晨，但最后还是睡着了。灯油就要烧尽，灯火微弱地摇晃着。

卧房的门栓被拉开，一声巨响门被推开。她们吓一跳醒了过来，惊讶地看到拉悉利·玛哈夏的身形出现眼前。

"阿柏雅，留意啊，灯要灭了！"他指着油灯，护士赶紧添满油。当油灯再度亮起，上师即消失。门关了起来，门栓不经人手，自动锁上。

阿柏雅的第九个孩子存活下来。当我在一九三五年问起时，孩子仍健在。

受人尊敬的卡里·库玛·洛依是拉悉利·玛哈夏的弟子之一。他告诉我他与上师相处时的许多精彩迷人故事。

"我经常在他巴拿纳斯的家作客，一次停留几个星期，"洛依告诉我。"我看到许多圣者般的人物，像拄杖派的僧侣[3]，他们在安静的夜里抵达后，会到古鲁足前坐下，有时他们会作冥思和哲学观点的讨论；这些尊贵的客人天明时即离去。在我拜访期间，我不曾看见拉悉利·玛哈夏躺下来睡觉。

"我与上师往来的初期，还得应付老板的反对，"洛依继续说道。"他高度崇尚物质主义。"

"'我不希望员工对宗教狂热，'他会不屑地说。'遇见你那位神棍古鲁时，我一定会说几句话教训他。'

"这个威胁并未中断我的定期课程，我几乎每晚都在古鲁身边度过。一天晚上，老板跟着我，他无礼地冲进会客室，正如先前所承诺的，他显然决心出言伤人。他一坐下后，拉悉利·玛哈夏对着在座大约十二名弟子的团体说道：

"'你们想要看个影片吗？'

"我们点头，他要求我们让房间暗下来。'一个接在一个的后面，围成圆圈坐下，'他说，'手放在前面的人眼睛上。'

"我毫不惊讶地看到老板虽不情愿但也照着上师的指示做。几分钟之后，拉悉利·玛哈夏问我们看到什么。

"'先生，'我回答，'出现一个美丽的女子。她身着一件红色织边的纱丽服，站在一株秋海棠旁边。'其他弟子也作了相同描述。上师转向我的老板：'你认得那位女子吗？'

---

3 某一宗派的僧侣，依据仪礼，平日习于拄杖，象征梵天神的权杖，亦象征人体脊髓。七个脊髓中心的觉醒构成通往真理的道路。

"'是的,'显然他正内心交战,一反平常。'我一直愚蠢地在她身上花钱,虽然我已有一个好妻子。我对自己来此的动机感到羞愧,您能原谅我,并收我为弟子吗?'

"'如果你能六个月都过着有道德的生活,我就接受你。'上师补充道:'否则我将不需传法给你。'

"有三个月的时间,老板还能抵挡诱惑,但是之后他又恢复与那名女子的交往,并在两个月后过世。我这才明白为何古鲁隐约预言此人接受传法的可能性极低。"

拉悉利·玛哈夏有个非常出名的朋友柴兰迦尊者 (Trailanga Swami),据闻他已经超过三百岁。这两位瑜伽行者经常一起冥思静坐。柴兰迦声名远播,很少印度人会怀疑他惊人神迹的真实性;如果基督重返世间并走在纽约街头展现神力,他引起众人注目的程度,将与数十年前柴兰迦行经巴拿纳斯拥挤巷道所造成的盛况一般。柴兰迦是保护印度、使其不受时光磨损的几位成就者之一。

有好几次,尊者被目睹喝下致命毒药却毫无中毒现象。成千上万的人(包括那些笔者写此书时还活着的人在内),都曾见过柴兰迦漂浮在恒河上方;他会接连数日坐在水面上或很长时间隐身于波浪下。人们经常在曼尼卡尼加河阶 (Manikarnika Ghat) 边看到尊者寂然不动地坐在烧烫的石板上,整个人曝晒在无情的印度烈日下。

藉由这些神妙事迹,柴兰迦让世人了解:人的存活可以不必仰赖氧气或某种条件及预防措施。大师不论是在水面或水里,也不论身体是否向炎炎烈日挑战,他证明了他是依着神性意识而活,死亡无法触及他。

这位瑜伽行者不仅灵性伟大,身体也很壮硕。他的体重超过三百磅,等于一年增加一磅!由于他很少进食,更加让他神秘莫测。大师可以轻易地不理会所有健康常规，当他为了一些特别原因而意欲如此时，而这微妙的原因通常只有他自己知道。

那些从宇宙幻境中觉醒的伟大圣者已明白世间原为宇宙心灵的一个构思，身体只不过是可被操控的凝聚或冻结的能量形式，因此他们能够随心所欲处置身体。虽然自然科学家现在明白了物质不过是凝聚的能量，证悟的大师们却早已超越理论并实际应用于操控物质的领域上。

柴兰迦总是一丝不挂，束手无策的巴拿纳斯警方视他为棘手的问题孩子。自然不矫饰的尊者就像伊甸园的早期亚当对自己的赤裸浑然不觉；倒是警方十分在意，随便就将他拘禁起来。全面的难堪接着发生：一如往常，柴兰迦一览无遗的庞大身躯很快就被看见出现在监狱屋顶上。他的牢房依旧牢固地锁上，完全看不出他逃脱的痕迹。

沮丧的警察再次执法，这一次派了一个守卫在尊者牢房前站岗。强权再次不敌正义：这位伟大的大师很快又被看见不经心地在屋顶蹓跶。

正义女神总是戴着眼罩；在柴兰迦这个案件上，被智取的警方决定仿效女神。

这位伟大的瑜伽行者保持惯有的沉默[4]，虽然脸蛋丰满、肚如桶状，柴兰迦却很少进食。禁食几周后，他会停止断食，喝下信徒供养的一壶壶酸奶。有一次，一个怀疑者决定揭露柴兰迦为一名江湖术士，他把一大桶用来粉刷墙壁的石灰水放在尊者面前。

"大师，"这位唯物主义者假装尊敬地说，"我带了一些酸奶给您，请饮用。"

4　他是遵守"慕纳"（mauna，精神静默）教条的牟尼（muni，僧侣）。梵文"牟尼"近似希腊文的"独自、单一"（monos），也是英文字和尚（monk）及一元论（monism）等字的字源。

柴兰迦毫不犹疑地把一大桶具腐蚀性的石灰水一饮而尽，几分钟后这个作坏事的人极度痛苦地倒在地上。

"救命，尊者，救命啊！"他哭道。"我着火了！原谅我恶意的试验！"

这位伟大的瑜伽行者打破惯有的沉默。"嘲弄者，"他说道，"你不了解当你给我毒药时，我的生命与你的是一体的。若非我知道上帝存在于万物的每一个原子里，也存在于我的腹中，石灰水早已致我于死地。现在你明白自作自受的天意，不要再对任何人玩弄诡计了。"

这个罪人被柴兰迦的一番话治愈后，即虚弱地落逃。

痛苦的逆转并非上师意念使然，而是正义法则运作的结果[5]，该法则亦支撑摆荡在宇宙最远方的星球。像柴兰迦这般已证悟上帝的人，运作宇宙法则的效果是立即性的，他们已永远摆脱由自我意识产生的一切阻碍。

深信公理自动调整（以柴兰迦及本欲谋害他的人为例，人们经常在意想不到之处得到报偿）缓和了我们对人为不公义的愤怒。"主说：'伸冤在我，我必报应。'"[6]人们何必苦心谋算？宇宙对于因果报应早有计划。

驽钝的心智怀疑天理正义、大爱、全知及不朽的可能性。"空洞无实的经文臆测！"人的想法观点若如此麻木迟钝，对宇宙景象毫无敬畏，其生命会产生一连串不和谐的事件使他终究不得不寻求智慧。

耶稣在凯旋进耶路撒冷时曾提到全能的圣灵法则。当门徒及群众大声欢呼"天国和平，荣耀至上"时，一些法利赛人抱怨场面不庄重。"夫子，"他们抗议道，"斥责您的门徒吧。"

5　列王纪下第二章十九至二十四节。以利沙行神迹治好了耶利哥的水之后，一群童子戏笑他。"于是有两只母熊从林中出来，撕裂他们中间四十二个童子。"

6　罗马书第十二章十九节。

但耶稣回答："若是他们闭口不说,这些石头必要呼叫起来。"[7]

藉由对法利赛人的谴责,耶稣指出天理正义绝非抽象概念,且一个和平者纵使舌头被连根拔起,仍会发现他的言论辩护是宇宙万物的基石,即宇宙秩序本身。

耶稣表达的是,"你们以为可以叫和平的人不出声吗?那么你们也想压制上帝的声音吧,祂的每一粒石子都唱颂着祂的荣耀及无所不在。难道不要人们庆祝天国和平,却要他们因地面的战乱而聚众欢呼吗?若是如此,法利赛人啊!准备跳脱凡间的地基吧,因为温和的人们及每一粒石子或泥土,还有水、火、风都要起来反抗你们,为了见证确保宇宙万物保持神性的和谐。"

基督般的瑜伽行者柴兰迦曾经垂赐恩典给我舅舅。一天早上,舅舅在巴拿纳斯河梯一群弟子之间看到大师,他侧身挤到柴兰迦身边并谦卑地礼触尊足;舅舅惊讶地发现自己疼痛的慢性疾病立刻痊愈[8]。

这位伟大瑜伽士唯一已知仍在世的弟子是位女性,珊卡莉·麦·尤 (Shankari Mai Jiew)[9]。她是柴兰迦一名弟子的女儿,从小就接受尊者的训练。她有四十年时间住在喜马拉雅山沿着巴椎那、凯达纳 (Kedarnath)、阿玛纳 (Amarnath) 和帕苏帕提纳 (Pasupatinath) 接连的偏远洞穴里。这位女苦行者生于一八二六年,在世已超过一百年,却看不出老化迹象,仍有着乌黑头发、亮白牙齿,及惊人的活力。每隔几年她会离开其隐遁之处,参

---

7 路加福音第十九章三十七至四十节。

8 柴兰迦和其他伟大上师的一生提醒我们耶稣的话:"信的人必有神迹随着他们,就是奉我的名(基督意识)赶鬼、说新方言、手能拿蛇、若喝了什么毒物,也必不受害;手按病人,病人就必好了。"——马可福音第十六章十七至十八节

9 孟加拉文,等同于字尾附加 ji,表"尊敬"之意。

珊卡莉·麦·尤

女瑜伽行者珊卡莉·麦·尤为柴兰迦尊者唯一在世的弟子。此张照片摄于1938年于哈得瓦举办的昆巴美拉庆典，珊卡莉身边三位是YSS兰栖学校的代表；当时她已112岁。

加定期举办的宗教集会或庆典。

这位女圣者经常拜访拉悉利·玛哈夏。她曾提到，在靠近加尔各达的巴拉克普 (Barrackpore) 区，有一天当她坐在拉悉利·玛哈夏的身旁时，伟大的古鲁巴巴吉安静地进入房间与他们两人谈话。"这位永生的上师身上披着一条湿布，"她忆述，"好像刚从河里泡过水出来一般，他说了些灵性的建言祝福我。"

有一次，柴兰迦在巴拿纳斯一特定场合摒弃他惯有的静默，当众推崇拉悉利·玛哈夏，一名弟子反对道：

"先生，"他说，"您身为一位尊者及出家人，为什么对一个在家人如此推崇？"

　　"我的孩子，"柴兰迦回答，"拉悉利·玛哈夏就像天国的小猫，宇宙母亲把他放在哪儿他就留在哪儿。当他尽责地扮演凡夫角色的同时，他已达到完全自我证悟的境界；那正是我舍弃一切，甚至包括我的腰布，所一心追求的目标啊！"

第三十二章　死而复活的罗摩

"有一个患病的人，名叫拉撒路……耶稣听见，就说：'这病不至于死，乃是为神的荣耀，叫神的儿子因此得荣耀。'"[1]

一个晴朗的早晨，圣育克铁斯华在他塞伦波尔修道院的阳台上解释基督经文。除了上师的几名弟子，我和一小群兰栖学生也在场。

"在这段章节中，耶稣称自己是神的儿子，虽然实质上他已与神合一，他此处所言具有深层的非个人意义，"古鲁解释道。"神的儿子就是人本具的基督或神性意识。没有肉身凡人能荣耀上帝，人唯一能光耀造物主的方法即是追寻祂；人无法荣耀连自己都不明白的**抽象体**。环绕在圣人头上的'荣光'或光轮，是一种他们有能力敬天的象征性见证。"

圣育克铁斯华继续讲解拉撒路复活的精彩故事。结束时，上师陷入很长的静默，圣书还摊在膝上。

"我也曾有幸见过类似的奇迹，"古鲁最后带着严肃神色感怀地说。"拉悉利·玛哈夏让我一个朋友死后复活。"

我身边的孩子们带着兴致高昂的笑容；我也童心未泯，不仅享受其中哲理，我特别喜爱圣育克铁斯华讲述有关与他古鲁的奇妙经验。

"罗摩和我是形影不离的朋友，"上师开始说道。"由于他较害羞，性喜隐遁，他只选择在午夜至黎明时分当白天弟子们都不在时，才去拜访我们的古鲁拉悉利·玛哈夏。我是罗摩的至交，他对我吐露许多深层的灵性体验，我从这份理想的友谊中得到鼓舞启发。"古鲁忆旧时神情恬静柔和。

1　约翰福音第十一章一至四节。

"罗摩突然受到严峻的考验，"圣育克铁斯华继续道，"他感染了亚洲型霍乱。上师从不反对寻求医生治疗重病，因此请来了两位专家。在慌乱照顾病人的过程中，我迫切向拉悉利·玛哈夏祈祷求助。我赶到他家啜泣着叙述整个事件。

"'医生们正在医治罗摩，他会好的。'古鲁愉悦地微笑。

"我松了一口气回到我朋友的病榻边，却发现他处于濒死状态。

"'他拖不过一两个小时了。'一个医生绝望地告诉我。我再度赶到拉悉利·玛哈夏那儿。

"'那些医生很谨慎，我确信罗摩会好起来。'上师轻快地打发我回去。

"回到罗摩身边，我发现两位医生都离开了。其中一名留了一张字条给我：'我们已经尽力，但他的病毫无希望。'

"我的朋友确实呈现出垂死的景象，我无法理解拉悉利·玛哈夏的话怎么可能不实现，但是看到罗摩快速褪去的生命力，我心里不断想着：'现在一切都结束了。'在信任与怀疑的浪涛间来回摆荡，我尽力照顾我的朋友。他起身喊道：

'育克铁斯华，快到上师那儿告诉他我走了，请他为我的身体作最后祝福。'罗摩说完这些话，沉重地叹口气后即过世。"[2]

"我在他的床边哭了一个小时。一个喜爱宁静的人，现在已是全然僵直不动的死亡状态。来了另一名弟子，我请他守在屋里直到我回来。我在茫然恍惚中蹒跚地走回古鲁那儿。

"'罗摩现在情况如何？'拉悉利·玛哈夏脸上挂满笑容。

"'先生，您很快就会知道他是如何了！'我情绪化地脱口而出，'几个小时后，在他的遗体被移到火葬场前，您就会

---

2 霍乱病人通常直到死亡那一刻神智仍保持完全清醒。

看到他了。'我全然崩溃，放声哀嚎。

"'育克铁斯华，冷静下来，平静地坐下来冥想。'古鲁进入三摩地状态，下午及夜晚在寂静无声中滑逝，我挣扎着尝试恢复内心平静却徒然无功。

"天亮时，拉悉利·玛哈夏同情地望着我。'我看你仍然烦乱不安。你昨天为什么不告诉我，你期望我给罗摩一些药品的有形帮助？'上师指着一盏盛着蓖麻油的杯状油灯。'从灯里盛一小瓶油，滴七滴至罗摩口中。'

"'先生，'我抗议道，'他昨天中午就死了，现在给他油有什么用？'

"'别担心，就照我的要求去做。'拉悉利·玛哈夏的愉快心情令我难以理解，我的丧友之痛仍未能平息。我倒了少量的油，带到罗摩家里。

"我发现朋友的遗体已僵硬。不顾他苍白的模样，我用右手食指拨开他的嘴唇，设法以左手握软木塞沾油，一滴一滴地将油滴进他紧咬的牙齿上。当第七滴油接触到他冰冷的双唇时，罗摩全身猛烈颤抖；他疑惑地坐起身，肌肉从头到脚颤动着。

"'我在一道强光中看到拉悉利·玛哈夏！'他大声说道。'他光耀如太阳。''起来吧，别睡了，'他命令我。'与育克铁斯华一起来看我。'"

"看到罗摩在致命的疾病之后自己穿上衣服，并且强壮到能走到古鲁家，我几乎无法相信自己的眼睛。一到古鲁家，他带着感恩的泪水在拉悉利·玛哈夏面前俯地顶礼。

"上师十分开心，淘气地对我眨了眨眼。

"'育克铁斯华，'他说道，'从今起，你必定不会忘记随身携带一瓶蓖麻油！每当你看到尸体时，只要滴些油就有救

了！七滴灯油必能挫阻阎罗[3]！'

"'古鲁吉，您在戏弄我。我不明白，请古鲁指正我错误之处。'

"'我跟你说了两次，罗摩会好起来，但你没有完全相信我，'拉悉利·玛哈夏解释。'我不是指医生能治愈他，我只说他们会照顾。我不想干扰医师，他们也需要生计。'古鲁以愉悦的声调继续说，'永远记得，不论是否有医生，全能的帕拉玛图曼[4]能治愈任何人。'

"'我知道错了，'我后悔地承认。'我现在知道您简单的几句话足以驾驭整个宇宙。'"

圣育克铁斯华讲完这段令人肃然生敬的故事后，一个兰栖学生大胆问了一个问题。小孩如此提问是可以理解的。

"先生，"他说，"为什么你的古鲁用蓖麻油？"

"孩子，给那些油是没有特别意义的，因为我期待有形物质，为了唤醒我更大的信心，拉悉利·玛哈夏选择就近的灯油象征有形物。因为我有所怀疑，上师允许罗摩死去。但神圣的古鲁知道，只要他说过弟子会安然无恙，灵疗必定发生，即使他必须将罗摩从死亡——通常是最后疾病——中救回！"

圣育克铁斯华解散小团体，要我坐在他足前的毯子上。

"瑜伽南达，"他以异于平常的严肃口吻说道，"你从一出生就有拉悉利·玛哈夏的大弟子们围绕在你身边。这位伟大的上师过着半隐居的崇高生活，而且一直不允许追随者创办任何团体宏其法要；然而，他曾经说过一个重要预言：

"'我过世后大约五十年左右，'他说，'西方社会会对瑜伽深感兴趣，有关我的生平事迹会被记录下来。瑜伽会在全

---

3 死神。

4 Paramatman，字义为"至高的灵魂"。

世界掀起风潮，帮助人类建立四海皆兄弟的理想——直接觉受**唯一天父**所达致的和谐。'

"我的孩子瑜伽南达，"圣育克铁斯华继续说道，"你必须尽你之责传播瑜伽讯息，并将此神圣生命记录下来。

拉悉利·玛哈夏于一八九五年圆寂，五十年后本书在一九四五年完成，我不得不惊讶这一切的巧合。一九四五年也正是新纪元的开始——原子能革命的时代。有识之士前所未有地转向和平与四海皆兄弟的迫切性难题，以免持续使用武力驱逐所有人类及其伴随的问题。

虽然人类的建设因时间推移或炸弹破坏而消失无踪，太阳并不会偏离轨道，星辰在天上的守夜也依旧不变。宇宙法则不能被阻止或变更，人若与其和谐相处自会平安顺利。如果宇宙对抗强权，如果太阳不在天上领战而在适当时候退隐给星辰去支配，我们武装的拳头又有何用？难道和平会因此出现吗？是善念而非暴行撑起宇宙支柱，和平共处的人类将会尝到源源不绝的胜利果实，比在血腥土壤孕育出来的更加甜美。

国际间的有效联盟将会是人与人心灵间自然无名的盟约。疗愈人间苦难所需的宽阔悲悯及敏锐洞察无法仅由人类多元的知性考量产生，而是来自对人类和谐的最深体悟——与神的血缘关系。愿瑜伽这门与神亲密接触、朝向世界最高理想——领悟四海一家共臻和平——的科学，有一天能传播至世界各地每一个人。

虽然印度有全世界最古老的文明，很少有历史学家注意到她至今仍能存在并非偶然，而是印度每一世代的最佳子民虔诚奉献给永恒真理，而使这民族有了合理的延续性。经过无数世代的承传（满身尘埃的学者们真能告诉我们的有多少？）印度对于时间的挑战给了最有价值的答案。

有一则圣经故事[5]：亚伯拉罕恳求耶和华，如果能在城中找到十个正义之士，就赦免所多玛城，上主回答："为那十人故，我将不会剿灭它。"这则故事让印度免于被世人遗忘的启示有了新的意义。那些曾经与印度同时代、精于战术的强权王国，如古埃及、巴比伦、希腊及罗马早已灭亡。

上主的回答清楚告诉我们，一个国家的延续不在其物质成就，而在土地上的人杰出深远的影响。

在此二十世纪，在二度血染大地的前半段过去之前，让神圣的话语再度被聆听：在不受贿赂的上帝面前，能产生十位伟人的国家将不灭绝。

怀此信念，印度证明自己在诡谲多变的时代变迁中并非愚者，每个世代中都有觉证实相的大师祝福这块土地。近代如基督般的圣者像拉悉利·玛哈夏与圣育克铁斯华，其出现即在昭示众生，证悟实相的瑜伽科学对人类幸福与国家长存扮演至关重要的角色。

有关拉悉利·玛哈夏的生平及其宇宙教理很少被印为文字[6]。三十年来，我发现在印度、美国和欧洲，人们对上师解脱生死的瑜伽讯息深感兴趣。对上师生平的纪录，如他所预言，对当代伟大瑜伽行者生平事迹甚少听闻的西方国家，如今出现殷切需求。

拉悉利·玛哈夏在一八二八年九月三十日出生于一个虔诚的婆罗门世家。他的出生地古尼 (Ghurni) 村，位于孟加拉邦靠近克里希那噶 (Krishnanagar) 的那迪亚 (Nadia) 区内。他是穆塔卡西 (Muktakashi) 的独子，穆塔卡西是受人尊敬的高尔·摩

5　创世纪第十八章二十三至三十二节。

6　一篇由萨特亚南达尊者 (Swami Satyananda) 以孟加拉文所著的短篇传记《伟大的圣夏玛·查伦·拉悉利·玛哈夏》(*Sri Sri Shyama Charan Lahiri Mahasaya*) 于一九四一年出版。我从文中节译几段有关拉悉利·玛哈夏的生平收录于此。

罕·拉悉利 (Gaur Mohan Lahiri) 的第二任妻子（首任妻子在生了三个儿子后死于朝圣旅途中）。因男孩童年丧母，我们对母亲所知不多，只知道一件饶富启示的事实：她是希瓦神（经典上喻称"瑜伽士之王"）[7]的忠诚信徒。

男孩全名为夏玛·查伦·拉悉利 (Shyama Charan Lahiri)，他在古尼村的老家度过童年。三、四岁左右，即经常被看见以瑜伽姿势隐身在沙中静坐，只露出头部。

一八三三年冬天，拉悉利的家产在附近札南济河 (Jalangi River) 改变河道、纳入深广的恒河水域时被摧毁，拉悉利家族建造的一座希瓦神庙与其家园一起被河水冲走。一位信徒从河流漩涡中救起希瓦神的石像，将它安置在新的神庙，此即为现在著名的"古尼希瓦祠"(Ghurni Shiva Site)。

高尔·摩罕·拉悉利和家人离开古尼村成为巴拿纳斯居民，并即刻在当地建了一座希瓦神庙。他依吠陀教规带领家人，定期参与礼拜仪式、慈善活动及经典阅读。他行为公正、胸襟开阔，从不忽视新思潮带来的益处。

7　神格中三位一体——梵天、毗希奴、希瓦的其中之一；祂们的宇宙工作依次是创造、维持、毁灭—重建。希瓦（Shiva 有时拼成 Siva）在神话中代表"弃俗者的圣主"，以不同化身（比如头发缠结的苦行者摩诃第瓦〔Mahadeva〕和宇宙舞者娜塔拉嘉〔Nataraja〕）对其信徒显像。

对多数人而言，希瓦神或"毁灭者"的概念是较难想像的。在普斯帕丹塔 (Puspadanta) 所著的《赞颂希瓦》(Mahimnastava) 诗歌中，这名希瓦信徒忧伤地问："祢既创造世界，因何将之毁灭？"《赞颂希瓦》其中一段诗文如下（由亚瑟·阿瓦伦〔Arthur Avalon〕译为英文）：

> "经祢双足踩踏，稳固尘世瞬间危难；
> 经祢壮硕如铁棒的双臂一挥，天空星星尽散落。
> 经祢散发鞭打，天庭乱了秩序，
> 而祢总是舞姿曼妙！
> 搅乱世界只为拯救它——
> 是何玄秘？"
> 　　　但古诗人作此结论：
> "我的心性变化巨大——
> 见解有限，易于感伤——
> 而祢永恒不灭的光辉，超越一切属性！"

男孩拉悉利在巴拿纳斯的读书团体学习印地语 (Hindi) 和乌都语 (Urdu)。他在一所由乔伊·纳兰扬·果梭 (Joy Narayan Ghosal) 所办的学校学习梵文、孟加拉文、法文和英文。这位年轻的瑜伽士专注于吠陀经的研读，热切地倾听由博学的婆罗门所带领的经典探讨，其中包括一位名为那格巴特 (Nag-Bhatta) 的马拉他 (Mahratta) 梵文权威。

夏玛·查伦是一位温和善良且勇敢的青年，深受同伴们喜爱。他的体格匀称，健康壮实，擅长游泳及许多手工技艺。

夏玛·查伦·拉悉利于一八四六年与第纳拉扬·山雅先生 (Sri Debnarayan Sanyal) 的女儿卡西·牟尼女士结婚。卡西·牟尼是一位典型的印度家庭主妇，她欢喜地持家并尽女主人之责接待宾客及穷人。两个圣人般的儿子廷古利与杜古利，加上两个女儿，共同赐福这个结合。拉悉利·玛哈夏在一八五一年，二十三岁时接受英国政府军事工程部门的会计师一职，服务期间数度被晋升。因此他不仅在上帝眼中是名成就者，在小小的人间舞台上，他也成功扮演一名谦卑文员的角色。

工程部门曾数度调派拉悉利·玛哈夏至噶自普尔 (Gazipur)、密佳普尔 (Mirjapur)、奈尼达、达纳布尔 (Danapur) 及巴拿纳斯工作。父亲死后，年轻的拉悉利担负起整个家庭的责任，他在巴拿纳斯僻静的格鲁德斯瓦区为家人购置一新宅。

拉悉利·玛哈夏[8]到了三十三岁才完成他转世要履行的目的。他在喜马拉雅山靠近峦尼克特 (Ranikhet) 处遇见伟大的古鲁巴巴吉，并接受其古鲁科里亚瑜伽的传法。

此一带有吉兆的事件不单发生在拉悉利·玛哈夏身上而已，它对全人类也是一福祉，让失传已久的瑜伽最高法门，得以重见天日。

8　梵文宗教尊称"玛哈夏"(Mahasaya)，意为"广博之心"。

拉悉利·玛哈夏

"我是灵，你的相机能照出无所不在、眼睛看不见的灵吗？"摄影师用掉了数卷底片仍无法捕捉拉悉利·玛哈夏的影像，这位瑜伽化身最后终于同意让他的"身体殿堂"被拍摄下来。"师父不曾再被拍照，至少我不曾见过。"帕拉玛罕撒尊者如此记述。（见第030页。）

就像印度传说中从天上流入人间的恒河[9]为干渴的信徒巴

9　被印度人爱称为"恒河母亲"的恒河为印度圣河，发源于喜马拉雅山终年飘雪的寂静洞穴中。多少世纪来，成千上万的圣者安于恒河边的生活，河岸上仍荡漾着他们为众生祈福的灵光（见第二十章注2）。

　　恒河一个特别、也许是独一无二的现象为其不受污染的特性。始终无育化能力的恒河不生细菌，千百万印度人取恒河水沐浴及饮用却不曾因此生病。这个现象令现代科学家百思不解，其中一位为约翰·浩渥·诺绰 (John Howard Northrop) 博士，这位一九四六年诺贝尔化学奖的共同得奖人说道："我们知道恒河污染程度极高，但印度人在恒河游泳，也饮用恒河水，却显然不受影

赫吉拉斯 (Bhagirath) 降下甘霖般，科里亚瑜伽这条圣流也于一八六一年从喜马拉雅山的密地要塞流入尘封已久的人类心灵。

响。"他满怀希望地接着说："也许是噬菌体使河水变得无育化能力吧。"

吠陀经教导我们要尊重自然界一切现象。虔诚的印度教徒深深体会阿西西圣法兰西斯的一句颂辞："我主，为了我们的水妹妹，愿祢受赞颂，她是如此利益众生、谦卑、纯洁，又如此珍贵。"

第三十三章 现代印度的瑜伽基督
——巴巴吉

　　喜马拉雅山北面峭壁靠近巴椎那拉扬处，至今仍受到拉悉利·玛哈夏在世古鲁巴巴吉的祝福。这位与世隔绝的上师几百年、甚至几千年以来一直保有其肉身。永生的巴巴吉是一位"阿瓦塔"（avatara 或 avatar，神化身），梵文字义为"下降"，字根"阿瓦"(ava) 意为"向下"，"塔"(tri) 意为"通过"。在印度经典里，"阿瓦塔"表示神下降至肉身。

　　"巴巴吉的灵性境界超越人类的理解，"圣育克铁斯华向我解释。"人渺小的视野无法透视巴巴吉这位超凡之星。即使试着臆测这位"阿瓦塔"的境界都是枉然，因为无法想像。"

　　《奥义书》详细分类灵性发展的每个阶段。"悉达"（siddha，完美存在）为由"吉凡穆塔"（jivanmukta，在世解脱）的阶段发展至"帕拉穆塔"（paramukta，至高解脱——完全超越死亡的力量）。"帕拉穆塔"已完全脱离摩耶的束缚及轮回转世，因此很少投胎转世；如有转世，则是"阿瓦塔"（神化身），一个上天派来赐福人间的媒介。"阿瓦塔"不受宇宙天则的影响，他的纯净身体有如光影像般清晰，无任何对自然界的债务。

　　一个人不经意瞥见"阿瓦塔"时并不会发现其形体有任何异于常人之处，但有时他不会投射身影或在地上留下脚印，这些是内在完全光明并脱离物质束缚而表现于外的象征性证明，只有这样证悟上帝的人明白生死相对性背后的真理。广受误解的欧玛尔·凯亚姆 (Omar Khayyam) 在不朽经典《鲁拜诗集》

(*Rubaiyat*) 中歌咏这种解脱生死的人 [1]：

> "啊！我锺爱的月亮不知有圆缺，
>
> 天上的月儿再度升起；
>
> 今后，多少次她将升起
>
> 而在同样的花园里寻找我——终究惘然啊！"

"锺爱的月亮不知有圆缺"指上帝是永恒的北极星，永不过时。"天上的月儿再度升起"指的是受限于周期循环法则的外在宇宙。透过自我证悟，这位波斯先知已永远从须被迫重返人间的束缚中解脱——大自然"花园"或摩耶幻相。"今后，多少次她将升起而在同样的花园里寻找我——终究惘然啊！"迷乱的宇宙要试图寻找纯粹虚无是何等挫折！

基督用另一种方式表达自由："有一个文士来，对他说：'夫子，你无论往那里去，我要跟从你。'耶稣说：'狐狸有洞，天空的飞鸟有窝，人子却没有枕头的地方。'" [2]

基督具无所不在的宽广，除了包罗一切的圣灵，他真的能被追随吗？

克里希那、罗摩、佛陀和帕坦加利皆属古代印度的"阿瓦塔"。许多泰米尔 (Tamil) 诗歌文学的发展以南印度一位"阿瓦塔"阿格斯提亚 (Agastya) 为中心，阿格斯提亚在基督纪元之前及之后的数百年中行使了许多奇迹，被相信至今仍以肉身存在世间。

巴巴吉在印度的使命是协助先知们履行他们特殊的天命，因此他符合经典中"摩诃阿瓦塔"（Mahavatar，伟大神化身）

1　译自爱德华·菲兹杰拉德 (Edward FitzGerald) 的英文译作。

2　马太福音第八章十九至二十节。

的分类。他曾说过，他将瑜伽传给整顿古僧团制度的商羯罗[3]和著名的中世纪成就者喀比尔，他十九世纪的大弟子即是我们所知、使一度失传的科里亚瑜伽重现人间的拉悉利·玛哈夏。

巴巴吉一直与基督在意识上相互交流，他们共同发出救赎世人的念力，并为拯救这个世代擘划出灵修的方法。这两位完全证悟的大成就者——一位具有肉身、一位不具肉身——的工作在鼓励各个国家放弃战争、种族仇恨、宗教派系及物质主义所带来的作茧自缚恶行。巴巴吉深知当今时代趋势，尤其是西方文明的影响力与复杂性，亦了解同时在东方及西方传播瑜伽自我解脱法门的必要性。

我们不需为历史文献缺乏对巴巴吉的记载而感到惊讶。这位伟大的古鲁未曾在任何世纪中公开出现，舆论的褒贬完全不在其千年计划内。就像造物主举世独一却寂静无声，巴巴吉也以谦卑隐匿的姿态工作。

伟大先知如基督和克里希那因殊胜的目的而降世，一旦目的达成，他们就离开了。其他"阿瓦塔"如巴巴吉，所承担的工作偏向于人类多世纪以来的缓慢进化，而非历史的任何一个显著事件；这样的上师总是隐匿自己、避开公众的注目，并且有能力随心所欲隐遁自己的形体。因此缘故，再加上他们通常交待弟子对有关他们的事保持缄默，一些灵修道行高的成就者一直不为世人所知。我在此所描述的仅是巴巴吉生活的端倪，是一些他认为适合公开透露并能利益众生的几个事实。

被编史者视为珍贵重要——有关巴巴吉的家庭或出生地的有限资料，从未被发现过。他通常说印地语，但也能轻易以任何语言交谈。他采用巴巴吉（尊贵之父）此简单的名字；其他

---

3 历史上已知商羯罗的上师为圣主乔频陀 (Govinda Jati)。商羯罗在巴拿纳斯接受巴巴吉科里亚瑜伽的传法。巴巴吉对拉悉利·玛哈夏及可巴兰南达尊者详述他与这位伟大一元论者会面时的许多引人入胜的细节。

来自拉悉利·玛哈夏弟子们的尊称，包括摩诃牟尼·巴巴吉·摩诃胜王（Mahamuni Babaji Maharaj，至上极乐成就者）、摩诃瑜伽行者（Maha Yogi，伟大瑜伽士）、传巴克·巴巴（Trambak Baba）或希瓦巴巴（Shiva Baba，希瓦神化身的称号）。对于这样一个完全解脱的大师，我们不清楚其父姓又有何妨？

拉悉利·玛哈夏曾说："只要恭敬地称颂巴巴吉之名，该弟子必即时得受灵性祝福。"

这位永生的古鲁身上未留下岁月的痕迹，他看起来像一个不超过二十五岁的年轻人。他的皮肤白皙，身材中等，健美的身体散发出显著的光辉。他有着平静温柔的深色双眸及赤铜色的亮丽长发。有时巴巴吉的容貌与拉悉利·玛哈夏神似，两人偶尔看起来如此相似，晚年的拉悉利·玛哈夏就像外表年轻的巴巴吉的父亲。

我那位圣人般的梵文家庭教师可巴兰南达尊者，曾与巴巴吉[4]在喜马拉雅山共度一段时间。

"这位无与伦比的大师和他的团体在山中不时迁移，"可巴兰南达告诉我。"这支小队伍包含两名境界高深的美国弟子。在一个地方停留一段时间后，巴巴吉会说：'Dera danda uthao.'（'我们拔营离开吧。'）他带着一根竹杖（danda），这句话就是指示团队瞬间迁往他处的信号。他并非每次都使用这种星灵界的移动方式，有时他也会徒步越过一座座山峰。

"巴巴吉只有在他有此意愿时才会让人看见或认出来。他以稍有变化的形象出现在不同信徒面前——有时留着胡子和八字须，有时没有。他永不衰颓的身体不需要食物，因此上师很少进食。基于对探视弟子的社交礼貌，他偶尔会接受水果或以

4　"巴巴吉"（尊贵之父）是一个常用头衔，印度许多著名的老师都被称为"巴巴吉"，但都不是拉悉利·玛哈夏的上师巴巴吉。这位伟大上师的存在，首度于一九四六年出版的本书原著（*Autobiography of a Yogi*）披露于世。

牛奶和清奶油煮的米饭。

"我知道两件有关巴巴吉的惊人事迹，"可巴兰南达继续说。"一天晚上，他的弟子们围坐在一团为吠陀仪典而燃烧的熊熊营火旁。上师突然抓了一块燃烧的木头，对着一名坐在火边的徒弟的裸露肩膀轻轻敲了一下。"

"'先生，多么残忍啊！'当时在场的拉悉利·玛哈夏抗议道。

"'按照他过去的业报，你宁愿看他在你眼前烧成灰烬吗？'

"巴巴吉将他具有疗愈力的手放在弟子毁伤的肩膀上，并说：'今晚我已让你免于痛苦的死亡，你轻微的灼伤已满足因果业律。'

"另一次，巴巴吉的修行队伍因一个陌生人的来访而受到干扰。他以惊人的技巧爬上靠近上师营地旁一座人迹罕至的岩壁。

"'先生，您一定是伟大的巴巴吉。'陌生人的脸闪现着无法用语言表达的恭敬，'数月来我不断在这险峻的峭壁间寻找您，我恳求您收我为弟子。'

"伟大的古鲁没有回应。陌生人指着层层峭壁下的深谷，'您若拒绝我，我就从山上跳下去。得不到您带我与天合一的指引，生命对我不再有意义。'

"'那就跳吧，'巴巴吉无动于衷地说，'以你目前发展的状态，我无法接受你。'

"陌生人立即往悬崖纵身一跳。巴巴吉指示震惊的弟子们找回陌生人的遗体。血肉模糊的躯体被带回后，上师将他的手按在死者身上。瞧！他睁开眼睛，谦卑地拜倒在全能的古鲁面前。

"'现在你为师传关系作好准备了。'巴巴吉慈爱地笑着对复活的弟子说。'你已勇敢地通过艰难的考验[5]，死亡不再能触及你，现在你是我们永世不灭的成员之一了。'接着他那句立即迁移的信号'Dera danda uthao'一发出，整个团队顿时从山中消失。"

"阿瓦塔"活在无所不在的圣灵意识中，没有一处与他之间存有距离。因此，促使巴巴吉一世纪接着一世纪维持其肉身的动机只有一个：希望为人类自身的可能性提供一个具体榜样。若人们从未有幸一瞥神性在肉身的显现，他将一直受到沉重的摩耶幻相禁锢压迫，认为自己无法超越死亡的命运。

耶稣从一开始即知道自己生命依序将发生的事，他所经历的每一事件不是为了自己，也非出于业力强制的力量，而完全是为了提升沉思的人类。四大传播福音的门徒——马太、马可、路加和约翰——为了后代的利益福祉而记录下难以名状的戏剧性事件。

对巴巴吉而言也一样，没有过去、现在和未来的相对性，他从一开始就知道自己生命的每个阶段。为了顺应人们有限的理解，他在一人或多人的见证下，多次展现其神性生命的恩典。因此，当巴巴吉认为公开长生不朽可能性的时机已经成熟时，拉悉利·玛哈夏的一名弟子也在场；他在拉姆·高普·慕尊达面前作出承诺，以启发其他求道者的心灵。圣者的言论以及他们对看似自然事件过程的参与，全是为了人类福祉，正如耶稣所说："父啊……我也知道你常听我，但我说这话，是为周围

5　这个考验与顺从有关。当这位已证悟的上师说："跳吧，"男子立即照办；倘若他有一丝犹豫，代表他否定自己所说"得不到您带我与天合一的指引，生命对我不再有意义"这句话，同时也透露出他对上师缺乏完全的信任。因此，虽然考验的方式极为严厉且异于寻常，以当时情况而言，它是非常恰当的。

站着的众人，叫他们信是你差了我来。" [6]

我在兰巴普拜访拉姆·高普这位"不眠圣人" [7]时，他叙述了与巴巴吉首次会面的奇妙经历。

"有时我会离开隐居的洞穴而到巴拿纳斯坐在拉悉利·玛哈夏跟前，"拉姆·高普告诉我。"一天午夜，我与他一群弟子正在静坐时，上师作了一个令人意外的要求。

"'拉姆·高普，'他说，'立刻到达萨斯瓦美沐浴河梯（Dasaswamedh bathing ghat）。'

"我很快就到了那个僻静之处。当晚月色明亮，星光点点。我静默耐心地坐了一会儿后，脚边一块巨大石板吸引了我的注意。石板渐渐升起，露出一地下洞穴。接着石板被某种不明力量支撑着而静止不动，一位身着宽袍、容貌十分姣好的年轻女子从洞穴中出现，升浮在空中，她的身体被柔和的光环围绕着，她慢慢降到我面前后就站着不动，完全沉浸在极喜的意识中。最后她动了一下，温柔地说：

"'我是玛塔吉 [8]，巴巴吉的妹妹。我请他今晚与拉悉利·玛哈夏到我洞穴来讨论一件要事。'

"一团朦胧的光迅速浮升在恒河上，奇妙的冷光映照在黑压压的水面上。它愈来愈近，直到眩目的亮光一闪，它出现在玛塔吉身旁，并顿时凝聚成拉悉利·玛哈夏的人形。他谦卑地在这位女圣者足前顶礼。

"还来不及回神，接着我吃惊地看到一个神秘的旋转光团在空中移动。火焰般的漩涡迅速下降，靠近我们这群人时化现

6　约翰福音第十一章四十一至四十二节。

7　这位无所不在的瑜伽行者注意到我在塔拉克斯瓦神祠前没有行礼（第十三章）。

8　Mataji，意为"神圣母亲"。玛塔吉同样已在世许多世纪，她的灵性境界几乎与她的兄长一样高深。她在达萨斯瓦美河岸石阶附近一个隐蔽的地下洞穴里维持极喜的意识状态。

为一位俊美青年，我立刻认出他即是巴巴吉。他的容貌酷似拉悉利·玛哈夏，只是巴巴吉看起来较年轻，而且留着亮泽的长发。

"拉悉利·玛哈夏、玛塔吉和我跪在伟大的古鲁足前。一接触到他的圣体，一种灵妙的喜乐感受震颤了我身上每一寸纤维。

"'沐浴神恩的妹妹，'巴巴吉说道，'我打算抛弃形体，投入**无极洪流**。'

"'亲爱的上师，我瞧见您的计划了。今晚，我想跟您讨论这件事。为何您要离开您的形体呢？'这位充满荣光的女子恳求地望着他。

"'我的**灵**像大洋，穿上有形或无形的波浪有何差异？'

"玛塔吉灵光一闪，巧妙地答道：'永生的古鲁，既无差异，那么请永远不要抛弃您的形体。[9]'

"'就依你所愿，'巴巴吉严肃地说。"我永远不会离开我的肉身，至少这世上总有少数几人能看见它。上帝的愿望经由你之口说出。"

"我以敬畏之心聆听这几位圣者的对话，伟大的古鲁突然亲切地转向我说：

"'拉姆·高帕，勿恐惧，'他说，'上帝赐福给你，让你见证这个永世不朽的承诺。'

"随着巴巴吉甜美悦耳的声音渐渐消褪，他和拉悉利·玛哈夏的形体缓缓升起并退回恒河上空。耀眼的光环围绕圣体，伴随他们消失在夜空中。玛塔吉的形体飘向洞穴后往下降，石板自动落在洞穴上闭合起来，彷佛被无形的手推动。

---

9 此事件使人想起泰利斯 (Thales)，这位伟大的希腊哲学家教导人们生与死并无区别。"那么，为什么你不死？"一位批评者问道。泰利斯回答："因为没有区别。"

　　"得到无限的启发，我回到拉悉利·玛哈夏的住处。当时天刚亮，我在古鲁面前顶礼时，他给了我会心的一笑。

　　"'我为你感到高兴，拉姆·高帕，'他说。'你经常跟我提起希望见到巴巴吉和玛塔吉，现在终于神奇地实现。'

　　"我的师兄弟们告诉我，当天午夜我离开后，拉悉利·玛哈夏未曾离开过讲台。

　　"'在你前往达萨斯瓦美河梯后，古鲁讲了一堂令人惊叹的有关永生的课。'其中一名弟子告诉我。经文中描述有关自我证悟的人可以同时于不同地方出现两个或更多分身，这是我第一次完全领会其真实性。

　　"有关上帝对这个地球潜藏的神圣意旨，后来拉悉利·玛哈夏对我解释其间的许多宇宙哲学特征，"拉姆·高帕总结道。"值此特别的世界周期，上帝选择巴巴吉保留其身体。尽管时代不断变迁，这位看尽多少世纪红尘幻梦的永生上师[10]，将依然在此人间舞台上。"

10　"我实实在在的告诉你们，人若遵守我的道（不间断地维持基督意识），就永远不见死。"——约翰福音第八章五十一节

　　耶稣此处所指的不是肉体不死——一个极少分配给罪人的沉闷禁锢，更别说是圣人了！耶稣所说的证悟者指的是从死亡的无明幻相中觉醒而进入永生的人（见第四十三章）。

　　人的本质是无形体、遍地存在的**灵**。因强制性或由业力导致的形体化乃无明（avidya）的结果。印度经典教导人们，生与死是摩耶——宇宙幻相的具体显现，生与死的意义只存在于二元相对的红尘世间。巴巴吉并不受限于肉体或地球环境，他是为了遵行上帝的旨意而来人间完成特别的使命。

　　伟大上师如普罗那班南达尊者（见第 292 页）以新身份重返人间的原因只有他们自己知道。他们到地球转世并非业力使然，这种自发性的折返称为"惟它那"（vyutthana），即不再受摩耶迷惑的天人折返地球过人间生活。

　　一个证悟上帝的上师无论其临终过程平凡无奇或异于寻常，他都能在地球居民面前起死回生。对一个与上帝合一的圣者而言，令身体的原子聚形几乎不耗费他的力量，因上帝所创的太阳系超越人类的计算。

　　"因我将命舍去，好再取回来。"耶稣对众人说，"没有人夺我的命，是我自己舍的。我有权柄舍了，也有权柄取回来。"——约翰福音第十章十七至十八节

巴巴吉

摩诃阿瓦塔（伟大神化身）
拉悉利·玛哈夏的上师

　　瑜伽南达尊者协助一位艺术家绘出这幅十分近似现代印度伟大基督瑜伽士巴巴吉的图像。

　　伟大神化身巴巴吉拒绝对弟子透露任何有关他出生时地的世俗资料。他已在喜马拉雅山的雪地上生活了许多世纪。

　　"只要恭敬地称颂巴巴吉之名，"拉悉利·玛哈夏说，"该弟子必即时得受灵性祝福。"

第三十四章　在喜马拉雅山化现一座宫殿

"巴巴吉与拉悉利·玛哈夏的首次相遇是个扣人心弦的故事，也是少数几个让我们得以细窥这位永生古鲁的故事之一。"

这段话是可巴兰南达尊者对一个不可思议故事的前言。第一次听他叙述时，我听得出神忘我，好几回哄诱我个性温和的梵文家庭教师重述，后来圣育克铁斯华也用大体上相同的字眼告诉我这个故事。这两位拉悉利·玛哈夏的弟子都是直接从他们古鲁的口中听到这个令人敬畏的故事。

"第一次遇见巴巴吉是在我三十三岁那年，"拉悉利·玛哈夏说道。"一八六一年的秋天，我被派驻达纳布尔担任政府军事工程部门的会计师。一天早上，部门主管召见我。

"'拉悉利，'他说，'我们刚收到来自总部的电报，你将被调派到峦尼克特，一个正在建立的军营[1]。'

"我带着一个仆人，开始了五百英哩的旅程。我们乘坐单马拉行的轻便马车，三十天之后抵达喜马拉雅山的峦尼克特[2]。

"由于办公室的工作并不繁重，我有很多时间可以在壮阔的山丘上漫游。传闻当地有幸得到伟大圣者的亲临，我强烈渴望见到他们。一日午后，我在散步中惊讶地听到一个遥远的声音在呼唤我的名字；我持续奋力地往庄吉利 (Drongiri) 山上爬，想到也许无法在夜色降临丛林之前沿着原路返回，心中带着些许不安。

"最后，我到了一块两旁满布洞穴的小空地，在一块岩石

1　之后成为一所军方疗养所。英国政府在一八六一年已在印度建立电报系统。

2　阿尔摩拉 (Almora) 区内的峦尼克特位于南达德维峰 (Nanda Devi) 山麓，该山峰为喜马拉雅山最高峰之一 （25，661 英呎）。

突起处站着一位面带笑容的年轻人，他伸出手来表示欢迎。我惊讶地发现除了他那赤铜色的头发外，我们有着极为相似的外表。

"'拉悉利[3]，你来了！'这位圣者亲切地用印地语对我说。'到这个洞穴来休息吧，刚才是我在呼唤你。'

"我进入一间整洁清爽的小洞穴，里面有数张羊毛毯和几个水壶 (kamandalus)。

"'拉悉利，你记得那个座位吗？'这位瑜伽行者指着角落一张折叠的毛毯。

"'不记得了，先生。'对于自己这个不寻常的历险觉得有些茫然，接着我说：'我必须趁天黑前离开，明早办公室还有事要办。'

"这位神秘的圣者以英语回答：'办公室是为你设立的，你不是为办公室设立的。'

"我惊讶地愣住了，这位隐士不仅能说英语，而且还改述基督的话[4]。

"'我知道我的电报生效了。'不能理解这位瑜伽行者的话，我请他解释。

"'我指的是那封把你召唤到这个偏僻地区的电报；那个默默在你的上司心里提议将你调到峦尼克特的人是我。当一个人觉照自己与全体人类融为一体时，全人类心灵都变成传输站，任他随心所欲地运作。'他接着说：'拉悉利，你一定觉得这

3　巴巴吉实际上是说："恒葛达"(Gangadhar) —— 拉悉利·玛哈夏的前世名称。"恒葛达"（字义为掌握恒河的人）是希瓦神诸多名称之一。根据《往世书》上的传说，恒河圣水从天上来，为避免世间无法承受恒河从天而降的巨大威力，希瓦神以其缠结的发束拦截恒河水，再温和地释放水流。"恒葛达"的玄学意义为"能控制脊椎中生命能流之'河'的人"。

4　"安息日是为人设立的，人不是为安息日设立的。" —— 马可福音第二章二十七节

个洞穴很眼熟吧？'

"正当我困惑地哑口无言，圣人走过来轻轻敲了一下我的额头。在他具磁性的接触下，一股不可思议的电流掠过我的大脑，释放出前世甜蜜的记忆种子。

"'我记得了！'我喜极而泣，半哽咽着说：'您是一直属于我的古鲁——巴巴吉！过往景象历历在目，我的前世有许多年在这个洞穴里度过！'回忆一幕幕涌现，激动之情难以言喻，我泪水婆娑地拥抱师足。

"'三十多年来，我一直在等你回到我身边！'巴巴吉的声音回响着神圣的爱。

'你悄然离开后即消失在越过死亡的生命狂澜中，被你业力的魔杖一点，你就迷失了！虽然你忘了我，我却未曾忘记你！我追随你到圣洁天使航行的星灵光海，像一只母鸟守护小鸟般陪你度过狂风暴雨，走过黑暗与光明。当你度过人类子宫生活而出生成为婴儿，我的目光始终关注着你；当你年幼的身躯以莲花坐姿埋在古尼村的沙堆中时，我也隐形在场。月复一月，年复一年，我耐心地看护着你，等待着这个完美的日子。现在你在我身边了！这是你昔日锺爱的洞穴，我一直保持其干净好让你随时可用；这条是你神圣的瑜伽毯，你每天坐在上面让上帝填满你不断扩展的心灵；这是你的碗，你经常用它啜饮我配制的甘露；看我保持铜杯如此光泽闪闪，为了让你有朝一日能再用它饮水。我的孩子，现在你明白了吗？'

"'我的古鲁，我能说什么呢？'我喃喃低语道。'有谁听过这般不朽的爱？'我入神般地久久凝视着我的永恒宝藏——我跨越生死的古鲁。

"'拉悉利，你需要净化。喝下这碗里的油，到河边躺下。'忆起巴巴吉实用的智慧永远是领先群伦的，我顿时露出忆旧的微笑。

"我遵从他的指示。虽然喜马拉雅山冰冷的夜晚正在降临，但一个散发着温暖舒适的热源开始在我体内涌动，我十分惊讶，是那碗不知名的油带给我宇宙热能吗？

"黑暗中，刺骨寒风飕飕吹过，发出尖锐激烈的挑衅声，高葛士河 (Gogash River) 冲击着岩岸的冰冷浪花不时轻拍着我的身体，老虎在附近怒吼，但我的心却无所惧，内在方才产生那股散发温暖的力量担保着无懈可击的保护。几个小时飞快过去，另一世褪色的记忆被编织进当前我与神圣古鲁团聚的鲜明图像。

"我独自的沉思被逼近的脚步声打断。在黑暗中，有人伸手轻扶我起身，递给我一些干衣服。

"'兄弟，跟我来吧，'我身旁的人说。'上师在等你。'

他带路穿过森林，到了路径的转弯处，昏暗的夜晚突然被远方的持续光辉照亮了起来。

"'那可能是日出吗？'我问。'整个夜晚肯定还没过去吧？'

"'现在时刻是午夜。'带路的人轻声笑着说。'远处亮光是一座黄金宫殿夺目的光辉，是无与伦比的巴巴吉今晚在此化现出来的。在模糊久远的过去，你曾经表示想要欣赏华美宫殿的愿望，现在上师满足你的心愿，藉此让你脱离最后的业力束缚。'[5]他接着说：'这座华丽的宫殿将是今晚你接受科里亚瑜伽传法的场景，所有弟兄都在这里齐声歌颂来欢迎你，庆祝你结束流浪的日子。看吧！'

"在我们面前矗立着一座闪闪发光的巨大黄金宫殿，被饰

5　因果法则下，每个人的欲望都必须得到最终满足，因此非灵性的欲望是束缚人类转世轮回的锁链。

以无数珠宝，座落在景观花园中，照映在静谧的水池上，呈现出一幅空古绝今的壮丽景色！高耸的拱门上细工镶嵌大颗钻石、蓝宝石及绿宝石，因镶满红宝石而红光夺目的大门旁有几位天使般面孔的人站岗。

"我跟随着同伴进入一间宽敞的接待厅，空气中飘荡着薰香味和玫瑰花香，朦胧的灯散发出多彩光辉。弟子三五成群，有些皮肤白皙，有些较黝黑，或轻柔地唱诵，或以打坐姿势静静坐着，全都沉浸于内在宁静中。空气中弥漫着鲜动的喜悦气氛。

"'尽情饱览吧，享受这座宫殿的艺术光华，这完全是为你而化现的。'这位引领我的人说完，对我的惊呼露出会意的微笑。

"'师兄，'我说，'这座建筑之美超越人类想像的极限，请指点我它的源起之谜。'

"'我很乐意解答你的困惑。'这位伴随我的人有双闪烁着智慧光芒的深黑瞳子。'这个无中生有的现象并不难解释。整个宇宙是造物主思想的映射，飘浮在太空中的这颗沉重泥团——地球，是上帝的一场梦，祂用心念创造万物，正如同人在梦境意识中复制创造物并赋予其生命一样。'

"'上帝最初先产生地球的意念，当祂赋予其生命力，原子能及物质依序形成，祂将地球原子群组合成一个实体星球，其中所有分子皆由上帝的意志所维系。当祂撤回意志，所有地球原子会变成能量，原子能量会回归源头，即意识；地球的意念将自外在现实消失。

"'做梦者的潜意识思想令梦境实体化；一旦醒来，凝聚的思想被撤回，梦及其要素也就消散了。一个人闭上眼睛创造梦境，醒来后毫不费力地使其消失，因为他遵循上天的原型模式；同样的，当他在宇宙意识中觉醒，他可以轻易地断灭宇宙梦境中的幻觉。

"'巴巴吉与成就万物的**无极意志**合一，故可令元素原子聚合并以任何形态显现。这座瞬间形成的黄金宫殿是真实的，就像地球是真实的一样。巴巴吉以心念创造出这座华美的宫殿，并用他的意志力维系构成宫殿的原子；就像上帝以意念创造了地球，并以其意志力维系它一样。'他又说：'一旦这栋建筑的目的达成，巴巴吉会让它消失无形。'

"就在我心生敬畏、不发一语之际，我的向导手势一挥表示：'这座饰以精美珠宝的闪亮宫殿并非由人力建造，其黄金和宝石也非用劳力开采。它屹立坚固，对人类而言是一项巨大的挑战[6]。任何像巴巴吉那样已经觉照自己为上帝之子的人，皆能够藉由其内在隐藏的无限力量达成任何目标。一颗普通石子蕴藏着惊人的原子能量[7]，就连最卑微的凡人也是神圣发电所。'

"这位贤哲从近旁的桌上拿起一只典雅花瓶，瓶柄上的钻石灿烂夺目。'我们伟大的古鲁凝固了无数自由的宇宙射线而创造这座宫殿。'他接着说：'摸摸这只花瓶和瓶上的钻石，它们会通过所有感官体验的测试。'

"我检视瓶身，其珠宝足以作为国王的收藏。我伸手触摸房间墙壁，墙面满覆着闪闪发光的黄金，深切的满足感蔓延我心。累世以来，隐藏在我潜意识里的一股欲望顿时消失，它似乎在被满足的那一刻也同时断灭。"

6　"何谓奇迹？它是一种责备；它是一种对人类的含蓄讽刺。" ——爱德华·杨 (Edward Young) 的《夜思》(*Night Thoughts*)。

7　物质原子结构的理论在古印度《胜论》(*Vaisesika*) 及《正理》(*Nyaya*) 的论著中有详细解释。"浩瀚世界就在每个原子的中空内部，如日光中的微尘一样多样化。" ——《维绪塔瑜伽》(*Yoga Vasishtha*)。

"我尊贵的同伴带我穿过华丽的拱门和回廊，经过一连串以皇宫风格装饰得富丽堂皇的寝室，我们进入了一间极宽敞的大厅。大厅的正中间立着一个黄金宝座，镶嵌其上的宝石散发出缤纷眩目的色彩，至尊巴巴吉正以莲花姿势盘坐在宝座上，我跪在他足前闪亮的地板上。

"'拉悉利，你还在享受对黄金宫殿的梦想渴望吗？'古鲁的双眼像他所拥有的蓝宝石般闪烁着，'醒来吧！所有你尘世的渴望即将永远止息。'他低声说了几句神秘的祝福语，'孩子，起来吧。接受传法，透过科里亚瑜伽进入上帝的国度。'

"巴巴吉伸出手，一道祭火（homa）出现了，周围环绕着鲜花和水果。我在这座燃烧着火焰的圣坛前接受解脱生死的瑜伽法门。

"仪式在晨曦初现时完成。在极喜意识下，我并不觉得需要睡眠。我到置满宝藏及精致艺术品的宫殿房室中漫步，再到花园参观，我注意到附近是我昨日所见的洞穴和荒芜岩壁，但是当时并没有邻接大建筑及花卉绽放的露台。

"我再度进入在喜马拉雅山冬阳下闪闪发光的宫殿。我回到殿里寻找上师，他仍在宝座上，身边围绕着许多安静的弟子。

"'拉悉利，你饿了。'巴巴吉又说：'闭上眼睛。'

"当我再度睁开双眼，迷人的宫殿和花园已消失无踪。我的身体，还有巴巴吉和他的弟子们的形体现在全都坐在消失宫殿原座落处的裸地上、离阳光照亮的石窟入口不远处。我想起我的向导曾提到宫殿会消失，那些被禁锢的原子会被释回它们源起之处，即意念本质。虽然惊讶，但我信任地望着古鲁，经过这一天的奇迹，我无法预期接下来会发生些什么。

"'创造宫殿的目的现在已达成，'巴巴吉解释。他从地上拾起一只陶碗，'手放在那里，接受任何你想吃的食物。'

"我碰触那只宽平的空碗，热奶油乳吉士面包、咖哩以及甜点随即出现。我一边吃着，一边注意到碗里总是填满食物。用餐结束时，我环顾四周找水喝，古鲁指向我面前的碗，食物消失了，取而代之的是碗中装盛的水。

"'很少人知道上帝的国度包含实现世俗之愿的领域，'巴巴吉评述道。'上帝的领域延伸到尘世，但天性虚幻的后者无法包含**实相**的本质。'

"'敬爱的古鲁，昨晚您让我见识了天上与人间之美的连结！'我微笑地回想那座消失的宫殿，肯定没有任何简朴的瑜伽行者曾经在比此更奢华的环境中接受圣灵的庄严密法！我平静地凝望眼前鲜明对比的景象：荒凉地表、蔚蓝天顶、提供简朴庇护的洞穴——这一切彷佛是为了我身边这群天使般的圣人而设的天然庄重的布景。

"那天下午我坐在被自己前世觉照经验圣化的毯子上，圣洁的古鲁走近我并将手从我头上挥过，我进入'非细考三摩地'的境界，持续了七天的极喜意识。穿越层层相继的**自我**觉证，我穿透**实相**的永生境域，所有幻相的约束皆远离，我的灵魂完全稳立在宇宙圣灵的祭坛上。

"第八天我跪倒在古鲁足前，恳求他让我在这片神圣的荒野中永远待在他身边。

"'我的孩子，'巴巴吉拥抱我并说道，'你必须在众人的注目下扮演这一世的角色。在你出生之前有幸独自静坐了许多世，现在你必须融入世俗人群中。

"'你一直到结婚，有了朴实的家庭及工作职责后才在此刻遇到我，这个事实背后有深层的目的。你必须把加入我们在喜马拉雅山这个秘密团队的想法搁置一旁，你要在市区人群中生活，树立瑜伽居士的典范。

"'世间许多迷途男女的号哭并非没有传达到圣者的耳里，'他继续，'你被选派来世间，要藉由科里亚瑜伽带给无数诚挚寻求者心灵上的抚慰。无数被家庭及沉重世俗义务所牵绊的人，将从同样担负家庭责任的你身上得到崭新的鼓舞，你必须引导他们了解一个人拥有家庭责任并不会阻碍他达成最高瑜伽成就。即使过着入世生活，瑜伽行者在无私人动机或执着下忠实履行责任，也能平稳踩在追求证悟的道路上。

"'没有必要迫使你离开尘世，因为你的内心已经切断世间每一个业力的束缚。虽不属于这个世界，你仍然必须留在其中，你还有许多年的时间需要尽本份地完成你在家庭、事业、公民和灵性的职责。神性渴盼的清新气息将会渗透世人干涸的心，他们将会从你均衡的生活方式明白：解脱乃取决于内在的出世心，而非外在的出家行为。'

"当我在喜马拉雅高山荒野上聆听古鲁的法语时，我的家庭、办公室，和整个世界显得如此遥远！但他的话中回响着坚定的真理，我顺从地同意离开这个深受祝福的宁静避风港。巴巴吉教导我古代古鲁传授弟子瑜伽法门的严格规范。

"'科里亚之钥只传授给合格弟子，'巴巴吉说道。'发愿作一切牺牲以寻求上帝的人，才适合经由静坐科学解开生命最终奥秘。'

"'天使般的古鲁，您既已帮助人类恢复失传的科里亚法门，何不放宽对门徒身分的严格要求以利益更多众生？'我恳求地望着巴巴吉，'请您准许我将科里亚传给所有诚心寻道者，即使他们一开始无法立誓做到内在完全舍弃。饱受三重[8]折磨的世间男女需要特别的鼓励，如果不将科里亚传给这些人，他们可能永远不会尝试走向解脱之路。'

8　身、心、灵的痛苦，分别表现在疾病、心理障碍或"情结"，以及灵魂的无明。

巴巴吉在喜马拉雅山的洞穴

洞穴地点靠近峦尼克特，有时巴巴吉居住此地。拉悉利·玛哈夏的一名孙子阿南达·摩罕·拉悉利（着白衫者）及另外三名弟子拜访圣迹时所摄。

"'那就这么做吧。上帝藉由你彰显其愿，将科里亚传给所有谦卑请求帮助的人。'慈悲的古鲁答道。[9]

---

[9] 最初巴巴吉只允许拉悉利·玛哈夏传授科里亚瑜伽给他人，之后这位瑜伽化身(Yogavatar)请求巴巴吉也准许他的几名弟子能传授科里亚。巴巴吉同意并指示未来只有科里亚精进修行者始得传授科里亚，并且必须由拉悉利·玛哈夏本人或由这位瑜伽化身授权弟子所建立的管道获得传授资格。所有经正式授权科里亚老师传法的忠诚科里亚瑜伽士，巴巴吉慈悲地承诺担负其生生世世灵性福祉的责任。

ＳＲＦ—ＹＳＳ严格要求接受传法者签署一份不对外泄露科里亚技巧的誓约。如此，科里亚简单但精确的技巧得以保存其不腐化的原有形式，不会被未经授权的老师予以改变或扭曲。

虽然巴巴吉为使众生得以从科里亚瑜伽中获益而不再坚持苦行及出家生活的古老限制，不过他仍要求拉悉利·玛哈夏及所有同脉继承者（ＳＲＦ—ＹＳＳ一脉相传的古鲁）强制规定所有欲求法的弟子须事先经过一段科里亚瑜伽练习的准备时期，作为求法前的灵性训练。修练像科里亚如此高度进化的法

"一阵沉默后，巴巴吉又说：'对每个弟子复述这段出自薄伽梵歌[10]的庄严承诺： Swalpamapyasya dharmasya trayate mahato bhayat.' （'即使只是稍微修练此法〔dharma，意为宗教仪式或正义的行为〕都能令你脱离巨大的恐惧〔mahato bhayat〕'——生死重复循环中固有的巨大痛苦。）

"隔天早晨我跪在古鲁足前接受临别祝福时，他感觉到我极度不舍离开他。

"'我的爱子，我们之间没有分离。'他慈爱地轻触我的肩膀，'无论何时何地，只要你呼唤我，我将立即与你同在。'

"经他这番玄妙的承诺安抚，满载着新发现的上帝智慧宝藏，我步上下山之路。到了办公室，同事们欢迎着我，十天以来他们都以为我在喜马拉雅丛林里迷失了。不久总部发来一封信。

"'拉悉利应返回达纳布尔办公室，'信上写着，'他被派到峦尼克特是一场误会，被调去峦尼克特任职的应是另外一人。'

"我微笑地思索着这一连串将我带到印度最远角落的事件，其背后所隐藏的交错横流。

"回到达纳布尔[11]前，我在莫拉达巴 (Moradabad) 一个孟加拉家庭暂住了几天，六个朋友聚集迎接我。当我将话题转到灵性方面时，主人沮丧地说：

门与散漫的灵修生活并不相容。科里亚瑜伽不只是一种静坐技巧，它同时也是一种生活方式，求法者必须接受一定的灵性训练及规范，ＳＲＦ—ＹＳＳ忠实执行这些传承自巴巴吉、拉悉利·玛哈夏、圣育克铁斯华及帕拉玛罕撒·瑜伽南达的教导指示。ＳＲＦ—ＹＳＳ课程及授权代表所教导、用以预备科里亚瑜伽的"弘娑"(Hong-Sau) 及"嗡"(Aum) 技巧，是科里亚瑜伽法门不可或缺的一部份。这些技巧对于将意识提升至自我证悟境界并使灵魂脱离束缚高度有效。（编按）

10 薄伽梵歌第二章四十节。

11 Danapur，靠近巴拿纳斯的城镇。

"'唉！印度这年头没有圣人了！'

"'先生，'我热切地抗议道，'这块土地上当然还有大成就者！'

"一股热烈激昂的情绪让我不得不说出我在喜马拉雅山上的神奇经历，这群伙伴委婉地表示着怀疑。

"'拉悉利，'其中一人安慰地说，'你的精神在稀薄的山间空气中承受了过度压力，那只是一场白日梦。'

"因急于证实，我不加思索便脱口而出：'如果我呼唤他，我的古鲁就会在这间屋里现身。'

"每个人的眼神闪烁着好奇，大家无疑都想目睹这个现象。我半不情愿地要求一个安静的房间和两条新毛毯。

"'上师会从虚空中化现，'我说道。'在门外静候，我很快会叫你们。'

"我沉入冥想状态，谦卑地召唤古鲁。昏暗的房间开始布满一片微弱的柔光，巴巴吉发光的身形出现了。

"'拉悉利，你为了一件小事唤我来吗？'上师眼神严厉，'真相是给诚心的求道者，而不是为了满足那些闲散的好奇者。一个人很容易相信亲眼目睹的事物，那就不再需要灵性追求了；那些克服自然唯物主义怀疑观的人，才能当之无愧地发现超越感官的真相。'然后他严肃地说：'让我走！'

"我跪倒在师足前乞求：'神圣的古鲁，我明白我严重的错误了，弟子谦卑地请求原谅。冒昧呼唤您来是为了让这些灵性上闭塞盲目的心灵产生信心，您既已应弟子的祈求而慈悲现身，请不要在尚未赐福我的朋友前离去。尽管他们是不相信者，但至少他们愿意探查我那些奇怪宣称的真实性。'

"'好吧，我会停留一会儿，我不希望你的话在朋友面前失去可信度。'巴巴吉的表情缓和了下来，但是他温和地接着

说：'孩子，从今以后，每当你需要我的时候，我就会现身，但不是每次你呼唤我的时候。'[12]

"当我打开门时，门外守候的那一群人处在一片紧绷的沉默中，他们彷佛不相信自己眼睛般地盯着毛毯座位上的光辉形体。

"'这根本是集体催眠！'其中一人公然大笑，'不可能有任何人在我们不知情的情况下进入这个房间！'

"巴巴吉面带微笑地走向他们，示意每个人碰触他温暖结实的身体。怀疑消散无踪，我的朋友们以敬畏的忏悔心对上师俯地顶礼。

"'准备哈卢瓦[13]。'巴巴吉要求，我知道他是要进一步让这群人确信他的肉体实际存在。粥还在煮沸时，这位圣洁的古鲁亲切地与大家闲聊，重要的是在场这些怀疑论者各个蜕变为虔诚的圣保罗。我们吃完后，巴巴吉逐一为我们赐福。一道闪光乍现，我们目睹巴巴吉身体的电子原素瞬间化解成如雾般扩散的光。意志力与上帝合一的上师释放了那些由虚空中聚合而构成其身体的原子群，数万亿生命粒子的小火花瞬间消褪到无限的宇宙储仓。

"'我亲眼目睹了征服死亡的人。'小团体中一名叫麦特拉[14]的朋友虔敬地说，片刻前的灵性觉醒使他的脸充满庄严的法喜。'至高无上的古鲁把玩时空，就像孩童玩弄泡沫一般；我

12　在通往**无极**的路上，即使是像拉悉利·玛哈夏这样已开悟的成就者也会有过度热衷而受到纪律约束的时候。我们在薄伽梵歌里读到许多有关圣主克里希那惩戒其最卓越弟子阿朱那的章节。

13　halua，一种浓稠的粥，作法为小麦粉先用奶油煎过，再加牛奶及糖熬煮。

14　Maitra，此人之后被称作麦特拉·玛哈夏（Maitra Mahasaya），并在自我证悟上达到极高境界。我高中毕业后不久遇见他，当时他到巴拿纳斯造访印度教法共修会静修院，而我正在那里长住。他告诉我巴巴吉在莫拉达巴化现于众人面前的故事，"由于这个奇迹，"麦特拉对我说，"我变成拉悉利·玛哈夏的终身弟子。"

见识了一位掌握天地之钥的人。'

"不久我回到达纳布尔，"拉悉利·玛哈夏结论道，"意识紧系于圣灵中，我再度担负起一家之主在家庭与事业上的种种责任。"

拉悉利·玛哈夏也告诉可巴兰南达尊者和圣育克铁斯华另一次与巴巴吉会面的故事，那也是至高无上的古鲁多次实现他的承诺："每当你需要我的时候，我就会现身"的时刻之一。

"那是在阿拉哈巴 (Allahabad) 的昆巴美拉庆典 (Kumbha Mela) 中，"拉悉利·玛哈夏告诉弟子。"我离开工作岗位到那儿短暂渡假。从远方前来参加圣典的僧侣和隐修士云集，我漫步在人群中时注意到一个手中持钵、身上抹着灰的苦行僧，当时我脑海出现了此人是伪僧的念头，虽然外表作出家人打扮，内在却没有相对应的德行。

"我一与苦行僧擦肩而过，即惊见巴巴吉出现眼前，他正跪在一个头发缠结的隐修士面前。

"'古鲁吉！'我赶紧到他身边，'先生，您在这儿做什么？'

"'我正在洗这位出家人的双脚，接着还要清洗他的炊具。'巴巴吉像个小孩般对我微笑。我知道他在暗示我不要批评任何人，而要明白上帝平等存在于所有身体殿堂中，无论尊贵或贫贱。

"伟大的古鲁继续说：'藉由服侍明智与无知的隐修士，我在学习最令上帝欢喜的至高美德——谦卑。'"[15]

---

15 "自己谦卑，观看天上地下的事。"（诗篇第一一三章六节）"凡自高的必降为卑，自卑的必升为高。"（马太福音第二十三章十二节）
　　使我执或假我谦卑，即在发现永恒的真我。

第三十五章　拉悉利·玛哈夏基督般的生命

"因为我们理当这样尽诸般的义。"[1] 耶稣对施洗者约翰说这些话，并请求约翰为他洗礼，表示他承认约翰为其古鲁的天命。

从东方[2]观点对圣经所作的虔敬研究，加上直观觉受，我确信施洗者约翰前世是基督的古鲁。圣经中有多处暗示约翰和耶稣的前世分别是以利亚 (Elijah) 和他的弟子以利沙 (Elisha)。（这是旧约中的拼法。希腊文的译者拼写为以利亚斯〔Elias〕和以利修斯〔Eliseus〕，在新约中，他们以此新名称再度出现。）

旧约的结尾是对以利亚和以利沙的转世预言："看哪，耶和华大而可畏之日未到以前，我必差遣先知以利亚到你们那里去。"[3] 因此比基督稍早出生的约翰（以利亚）在"耶和华……未到以前"被差遣来，作为基督的先驱。一位天使出现在父亲撒迦利亚 (Zacharias) 面前表明他即将诞生的儿子约翰正是以利亚（以利亚斯）。

"天使对他说，撒迦利亚，不要害怕，因为你的祈祷已经被听见了，你的妻子以利莎白要给你生一个儿子，你要给他起名叫约翰……他要使许多以色列人回转，归于主——他们的神。他必有以利亚的心志能力，行在他的前面[4]，叫为父的心转向儿

1　马太福音第三章十五节。

2　圣经上有许多章节揭示轮回法则在过去是被理解及接受的。较之西方理论认为"有"（自我意识）自"无"生出，然后以不同的强壮度存在三十或九十年，最后回归原始空无，轮回对人类不同的进化阶段较能有合理的解释。此种空无难以想像的本质，对满足中世纪学者是个问题。

3　玛拉基书第四章五节。

4　"在他的前面"就是"在主的前面"。

女，叫悖逆的人转从义人的智慧，又为主预备合用的百姓。"[5]

耶稣两次明白指出以利亚（以利亚斯）就是约翰："以利亚斯已经来了，人们却不认识他……门徒这才明白耶稣所说的，是指施洗者约翰。"[6]再次，耶稣说道："因为众先知和律法预言，到约翰为止。你们若肯领受，这人就是那应当来的以利亚斯。"[7]

当约翰否认他就是以利亚斯（以利亚）[8]时，他意指在约翰这个卑微身份里，他不再是以伟大古鲁以利亚的崇高外相现身。在前世中，他已将他荣耀的"衣钵"及灵性财富给了弟子以利沙。"以利沙说：'我祈求你，愿感动你的灵加倍地感动我。'以利亚说：'你所求的难得。虽然如此，我被接去离开你的时候，你若看见我，就必得着……'然后他拾起以利亚身上掉下来的外衣。"[9]

现在角色倒置，因为以利亚—约翰不再需要在外相上扮演灵性已臻完美的以利沙—耶稣的古鲁了。

当基督在山上改变形像[10]时，他看到的是他的古鲁以利亚斯和摩西。当耶稣在十字架痛苦到极点的时刻，他大声喊着："以利！以利！拉马撒巴各大尼？"就是说："我的神！我的神！为什么离弃我？"站在那里的人，有的听见就说："这个人呼叫以利亚斯呢！……且等着，看以利亚斯来救他不来。"[11]

约翰和耶稣之间那不受时间影响的师徒关系，也存在于巴巴吉和拉悉利·玛哈夏之间。这位永生的古鲁深情挂念地泗游

5　路加福音第一章十三至十七节。

6　马太福音第十七章十二至十三节。

7　马太福音第十一章十三至十四节。

8　约翰福音第一章二十一节。

9　列王纪下第二章九至十四节。

10　马太福音第十七章三节。

11　马太福音第二十七章四十六至四十九节。

于弟子两世生命间的漩涡深渊，引导拉悉利·玛哈夏由幼童迈向成人的每一个脚步。一直等到这弟子三十三岁那年，巴巴吉才认为公开恢复那从未断灭的师徒关系的时机已成熟。

在峦尼克特附近的短暂相会后，这位无私的古鲁并没有将他心爱的弟子留在身边，而是让拉悉利·玛哈夏离开，以尽世间的传道使命。"我儿，每当你需要我的时候，我就会现身。"人间的爱如何能实践这般永恒的承诺？

一八六一年，在不为大众所知的情况下，巴拿纳斯一个遥远的角落开始了一场伟大的灵性复兴。就像花朵的芬芳无法被抑制般，拉悉利·玛哈夏虽然安静地过着理想的居士生活，也无法隐藏其内在的荣光。为了从这位已得解脱的上师身上寻得灵性花蜜，信徒从印度各处蜂拥而来。

办公室的英籍主管是其中一位最早注意到自己员工这种不寻常的超自然变化，他昵称拉悉利·玛哈夏为"极喜先生"。

"先生，您似乎很忧伤，遇到什么困难吗？"一天早上，拉悉利·玛哈夏同情地问他上司。

"我太太在英国病得很重，让我极为忧心。"

"我会为您取得一些有关她的讯息。"拉悉利·玛哈夏离开房间，在一个隐蔽角落坐了一会儿，回来时他安慰地笑着。

"夫人正在康复中，她现在正写信给您。"这位无所不知的瑜伽行者引述了信上的部份内容。

"极喜先生，我早就知道你不是一般人，但我实在无法相信你可以随心所欲排除时空的限制！"

被承诺的信件终于来了。惊讶的主管发现信中不仅写着妻子痊愈的好消息，并且伟大上师几周前说过的话也只字不差地出现于信中。

几个月后，这位妻子来到印度。一见到拉悉利·玛哈夏，她恭敬地注视着他。

"先生，"她说，"数月前，我在伦敦的病榻上，看到的就是您被辉煌光环围绕的形体。就在那一刻，我完全康复！不久之后，我即能作长途的海上之旅到印度来。"

这位崇高的古鲁日复一日将科里亚法门传给一两位信徒。除了这些宗教义务及家庭与工作上的责任外，伟大上师也热忱地关注教育。他组织许多读书会，并在巴拿纳斯孟加利多拉(Bengalitola)区一所大型高中的发展上扮演活跃的角色。在后来被称为"梵歌聚会"的定期周会中，古鲁对许多热切的真理追求者阐述经义。

藉由这些不同的活动，拉悉利·玛哈夏试着回答常人的质疑："一个人在尽了工作和社会义务后，还有时间虔心静坐吗？"这位伟大的在家师父和谐平衡的生活方式，鼓舞激励了成千上万的善男信女。上师只赚取微薄的薪水，朴实无华、平易近人的他自然快乐地过着有纪律的俗世生活。

虽然稳居于至高无上的宝座，拉悉利·玛哈夏礼敬所有人，不管每个人各异的功过。弟子向他行礼时，他必鞠躬回礼。带着赤子般的谦逊，上师经常礼触他人的脚，但很少让他们对他行以类似的礼，即使如此礼敬古鲁的方式是东方古老的传统。

拉悉利·玛哈夏生平一个重要特点，即在他将科里亚的礼物传给不同信仰的人。不只是印度教徒，他的重要弟子也包括了伊斯兰教徒和基督教徒；无论是一元论或二元论者，各种不同宗教或无信仰者，都平等地得到这位普世古鲁的传法与指导。境界高深的弟子群中的一位叫阿布杜尔·古夫尔·可汗(Abdul Gufoor Khan)，他是位穆斯林。拉悉利·玛哈夏虽属于最高的婆罗门阶级，却勇于消除当时严格的种姓阶级的偏执。来自不同阶层的人在上师无所不在的羽翼下得到庇护，就像所有得到上

拉悉利·玛哈夏（1828-1895）

瑜伽阿瓦塔（瑜伽化身）

巴巴吉的弟子；圣育克铁斯华的古鲁

拉悉利·玛哈夏是使古老的科里亚瑜伽科学重现于现代印度的上师

帝启示的先知一样，拉悉利·玛哈夏带给社会上被遗弃及受压迫的人们新的希望。

"记住，你不属于任何人，也没有任何人属于你。你要经常这么想，有一天你会必须突然离开世间的一切——所以，现在就认识上帝，"伟大古鲁告诉弟子。"每天乘着灵性觉照的气球飞翔，为有一天将来临的死亡的星灵之旅做准备。因为幻相，你认为自己是血肉之躯，但它充其量不过是一堆麻烦的巢窟[12]。持续静坐，你很快会发现自己的**无限本质**，不受任何苦难的羁绊。不要再作身体的囚犯，使用科里亚的奥秘之钥，学会遁入圣灵中。"

上师鼓励不同宗教的学生坚守自己信仰中原有的优良传统戒律。拉悉利·玛哈夏只强调，本质涵盖一切的科里亚瑜伽是解脱生死的实际法门，然后即让弟子根据自己的环境与教育自由地选择生活方式。

"穆斯林每天应该礼拜阿拉五次[13]，"上师指出。"印度教徒每天应该静坐数次；基督徒每天应该跪拜数次，向上帝祷告并研读圣经。"

古鲁以其智慧的洞察，根据每位信徒天生的倾向引导他们步上奉献 (Bhakti)、业力／行动 (Karma)、智慧 (Jnana)，或胜王 (Raja，"皇家"或"完全"之意) 瑜伽之路。上师不轻许弟子进入僧门，总是告诫他们先审思修道士严谨的苦行生活。

伟大古鲁教导弟子避免对经典只作理论的讨论。"智者致力于领悟古老启示，而非只是停留于读经阶段，"他说。"透过静坐[14]解决所有问题，以实际与上帝的交融取代无益的推测。

12　"我们身上的死亡种类何其多！里头无一物，惟有死亡。"——马丁路德《案边闲谈》(*Table-Talk*)

13　伊斯兰教徒的主祷文每天复诵五次。

14　"在静坐中而非腐朽的书本上寻求真理；对着天空而非池塘寻找月亮。"——

"清除心中教义理论的碎片，让直接觉受的灵疗活水进入。微调自己到与活跃的内在**指引**合一，**神圣之音**对生命中每个难题都有答案。虽然人类自寻麻烦的才能似乎没有极限，但宇宙的**无限援助**也同样丰饶不虞。"

有一天上师在一群聆听他阐述薄伽梵歌的弟子面前展示他无所不在的能力。当时拉悉利·玛哈夏正在解释存在于一切具振动波的宇宙万物中的基督意识，突然间他倒抽一口气，大喊道：

"我在日本外海许多快要淹死的灵魂体内！"

隔天早上，弟子们从报纸上读到一则新闻：某艘船前一天在靠近日本之处沉没，许多人因此罹难。

拉悉利·玛哈夏远处的弟子知晓上师无处不在的能力。"我永远与修练科里亚的人同在，"他会这么安慰那些无法经常在他身边的弟子。"透过你们不断提升的觉照能力，我会引领你们回无极之家。"

伟大古鲁的一位杰出弟子普班达·纳斯·桑雅尊者[15]提到，一八九二年正值青少年的他，无法到巴拿纳斯去，于是他祈祷上师给他灵性指导，拉悉利·玛哈夏在他梦中显现并传法给他。后来这名男孩到巴拿纳斯请求古鲁传法，拉悉利·玛哈夏回答："我已在梦中传法给你。"

如果弟子疏忽了任何世俗责任，上师会温和地纠正并告诫他。

"拉悉利·玛哈夏的用辞委婉且具疗愈力，即使不得不公开指出弟子的错误，"有一次圣育克铁斯华这么告诉我。他遗憾地补充说："从来没有一个弟子能逃过上师锐利的评语。"

波斯谚语

15　Sri Bhupendra Nath Sanyal，桑雅尊者于一九六二年辞世。（编按）

我禁不住笑出来，但我真实地向古鲁保证，不论严厉与否，他的字字句句在我耳里听来都是美妙旋律。

拉悉利·玛哈夏周密地将科里亚分为四个循序渐进的传法阶段[16]，他只传授三个较高的法门给明确表现出灵性进步的弟子。有一天，某个弟子因深信自己的能力被错估而发出怨言。

"上师，"他说，"我确信自己可以接受第二阶段的传法。"

就在此时，门被打开，进来一位谦卑的弟子布伦达·巴格(Brinda Bhagat)，他在巴拿纳斯当邮差。

"布伦达，过来坐我身边。"伟大古鲁慈爱地对他微笑。"告诉我，你准备好接受第二阶段的科里亚瑜伽了吗？"

这位瘦小的邮差合掌恳求，"圣师，"他惊慌地说，"请不要再传法给我了！我如何能吸收更高等的法？我今天是来求您赐福，因为初级科里亚已让我如此沉醉于圣灵中，我都无法送信了！"

"布伦达已悠游于圣灵大海中。"拉悉利·玛哈夏这句话，让另一名弟子羞愧地低下头来。

"上师，"他说，"我知道自己是一个差劲的工匠，却说是工具的错。"

这位谦逊的邮差虽没有受过教育，但透过科里亚，他的洞察力已发展到连学者们有时都会请他解释经义。瘦小的布伦达对罪恶和语法一样地单纯无邪，但在博学的梵文学家领域中却赢得声望。

除了巴拿纳斯为数众多的弟子外，拉悉利·玛哈夏还有许多弟子来自印度的偏远地方。他自己也曾数次到孟加拉邦拜访他两个儿子的岳父，受到他亲临的赐福，孟加拉邦像蜂

16　科里亚瑜伽有许多支派，拉悉利·玛哈夏筛选出具有最高实用价值的四个必要阶段。

巢般陆续成立许多科里亚的小团体。特别是在克里希那诺格 (Krishnanagar) 和毕胥努普尔 (Bishnupur) 区，至今仍有许多信徒默默为这股无形的冥思潮流注入生命力。

在接受拉悉利·玛哈夏传法的许多圣人当中，可以特别一提的是巴拿纳斯著名的巴斯卡拉南达·撒拉斯瓦提尊者 (Swami Bhaskarananda Saraswati) 以及迪欧格尔 (Deoghar) 境界高深的苦行僧巴拉南达 (Balananda Brahmachari)。另外，拉悉利·玛哈夏一度担任巴拿纳斯大邦主阁下伊斯瓦里·拿芮颜·辛哈 (Maharaja Iswari Narayan Sinha Bahadur) 之子的家庭教师。体认到上师的灵性成就，大邦主与其子请求上师传授科里亚法门，就像大邦主乔丁达·摩罕·塔库尔 (Maharaja Jotindra Mohan Thakur) 曾向上师请法一样。

拉悉利·玛哈夏有几位在社会上深具影响力的弟子想要公开传扬科里亚，但被古鲁拒绝。有一位弟子——巴拿纳斯邦主的御医，计划称上师为"卡西巴巴"（Kashi Baba，巴拿纳斯上人）[17] 并广为宣扬，但再度被古鲁禁止。

"让科里亚的芬芳自然飘送，"他说。"科里亚的种子会深植于灵性富饶的心田里。"

伟大上师虽没有采用现代的组织模式或透过新闻媒体传道，但他知道他的讯息力量会上升，如一股无法抗拒的洪流溃决人类的心灵堤岸。信徒被改变及净化的生命，就是科里亚不朽生命力最简单的保证。

一八八六年，在峦尼克特接受传法的二十五年后，拉悉利·玛哈夏申领退休金退休 [18]。自此他白天有了空暇的时间，追随他的弟子不断增加。伟大古鲁现在多数时间都以固定的莲花坐姿

17　拉悉利·玛哈夏由其弟子给予的头衔尚有"瑜伽至圣"(Yogibar)、"瑜伽王者"(Yogiraj)、"至圣牟尼"(Munibar)，我再加上"瑜伽化身"(Yogavatar)。

18　他总共在同一个政府部门服务了三十五年。

安坐于静谧中，他很少离开小客厅，即使只是走走或到屋内他处。安静的信徒川流不息地前来，只为见到庄严的古鲁。

拉悉利·玛哈夏惯常的生理状态展现出超凡的特征——无息、不眠、无脉搏心跳、平静的双眼数小时不眨，以及深层的宁静气息——令所有在场者心生敬畏。访客莫不带着提升的性灵离去，知道他们已得到一位真正得证上帝者的无声加持。

上师现在允许他的弟子潘全隆·巴特查尔亚 (Panchanon Bhattacharya) 在加尔各达开办一所瑜伽中心"阿利亚传道会"(Arya Mission Institution)。中心分发一些瑜伽草药[19]，并以孟加拉文出版第一本平价的薄伽梵歌，印地语及孟

潘全隆·巴特查尔亚
拉悉利·玛哈夏的弟子

19　印度的医学论著称为《阿育吠陀》(Ayurveda)。吠陀医生使用精密的手术仪器，不但能够进行整型手术，明白如何中和毒气，实施剖腹产及脑部手术，并擅于强化药效。希波克拉底斯 (Hippocrates，西元前四世纪的古希腊名医) 的许多医学知识都来自印度。

加拉语版的《阿利亚梵歌》(Arya Mission Gita) 也自然地流入成千上万的家庭中。

依照古代习俗,上师通常给人一种苦楝树[20]油治疗各种不同疾病。当古鲁要求弟子蒸馏这种树油时,弟子可以轻易完成任务。但若有旁人试着照做,就会遇到奇怪的困难,他会发现在蒸馏过程中,树油几乎全数挥发;很显然地,上师的祝福是必要的成份。

下图是拉悉利·玛哈夏孟加拉文的手稿和签名。这段文字出现在一封写给弟子的信中,伟大上师解释一段梵文诗如下:"全然镇静而眼皮不眨者已证得'三诃比·慕达拉'境界[21]。"[左下角签字]"圣·夏玛·查伦·得瓦·沙曼"(Sri Shyama Charan Deva Sharman)。

像许多伟大的先知一样,拉悉利·玛哈夏自己并无著作,但他阐述经义,教导了许多弟子。我的至友也是上师已故的孙

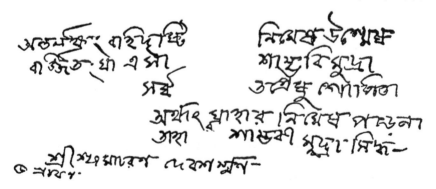

20　东印度楝树,其药效已经西方国家确认,西方人取其苦涩树皮做补药,树子油及树果则用于治疗麻疯病及其它疾病。

21　"三诃比·慕达拉"(Sambhabi Mudra) 意为"集中目光于两眉之间"。当瑜伽士达到某种心灵平和的境界时,因全然融入内在世界故眼皮不眨。
　　"慕达拉"(mudra,符号)通常指仪典中的结手印或以双手摆出各种印契。许多慕达拉印契借由影响某部份神经而令人产生平静感。古代印度论著详细分类人体内七万两千条经脉以及其与心智相对应的关系,因此在宗教礼拜及瑜伽法门中使用的慕达拉确有其科学根据。我们从印度的图解书及仪典舞蹈中,也可看到慕达拉的精致语言。

子，圣阿南达·摩罕·拉悉利 (Sri Ananda Mohan Lahiri) 写道：

"薄伽梵歌及《摩诃婆罗多》史诗的其他部分有几个症结 (vyas-kutas)，若不去质疑那些症结，我们读到的只是一些独特但易受误解的神话故事；若不去解开那些症结，印度经数千年实验[22]而以超凡耐力保存下来的一门科学就要流失。

"拉悉利·玛哈夏厘清寓意，清楚地呈现一度于经典文彩的迷雾中被巧妙掩藏的宗教科学。它不再是晦涩难懂的文字游戏，上师已证实吠陀的礼拜仪轨深具科学意义。

"我们知道人类通常很难抵抗邪恶的引诱，不过一旦透过科里亚达到更高层意识的觉醒和持久的极喜境界时，这些诱惑就变得毫无力量，人们也会发现自己不再有耽溺其中的动机。在此，放弃、拒绝低等本质和接受幸福唯美的体验将同时发生。若无此过程，那些仅表现负面性质的道德格言对我们而言毫无用处。

"在一切现象的背后是**无垠无际的能量之海**，我们对世俗活动的汲汲追求扼杀了我们对灵性的敬畏。现代科学不断告诉我们如何利用大自然的力量，我们因而忽略去领会在一切名相及形式背后那股'伟大生命力'。人类自以为通晓大自然而致漠视其最终奥秘，我们与大自然的关系是建立在实用的观点上。可以这么说，为了找到方法以强迫她达成人类目的，我们戏弄她，并取用她那来源尚不为人知的能量。在科学界，我们与大自然的互动就像一个傲慢人士与仆人间的关系般；或者，就哲

22　"近年从印度河流域考古遗址发掘出来的一些图章可以追朔到西元前三千年，这些图章上刻着的人物，以现在用于瑜伽系统的静坐姿势坐着，证实考古专家认为当时人们已具备瑜伽入门知识的推论。我们也许不能妄下结论，宣称印度五千年来已懂得借助有计划的方法作有系统的自省练习。"——诺曼·布朗 (W. Norman Brown) 教授发表于华盛顿特区《美国学术团体协会公报》(*Bulletin of the American Council of Learned Societies*)。
　　但印度经典的证言告诉我们，印度自数不清的千年以来早已深谙瑜伽科学。

学观点而言，大自然就像证人席上的囚犯，我们盘问她、质疑她，还以无法估量大自然潜力的人为量尺仔细评估她的证据。

"另一方面，当自性与更高的力量交融合一时，大自然会在没有压力或张力的情况下自动顺服人的意志。不明白的唯物论者称这种轻易操控大自然的现象为'奇迹'。

"拉悉利·玛哈夏树立的典范改变人们以为瑜伽是一种神秘修行的错误观念。尽管自然科学讲求实证，每个人都能经由科里亚瑜伽，找到一个明白自身与大自然特有关系以及对一切现象心存敬意的方式[23]，不论该现象为神秘或日常事件。我们不要忘记，许多在一千年前难以解释的情况现已真相大白，而当今被认为神秘的现象也可能在一些年后变成可理解的公开事实。

"科里亚瑜伽是一门永恒的科学，它像数学一样真实；如同规则简单的加减法一样，科里亚的定律永远不会被消灭。即使将所有数学书籍烧成灰烬，逻辑推理的心智仍能再度发现固有法则；同样地，就算摧毁所有瑜伽书籍，只要出现一位具有正念正解的圣者，瑜伽的基本法则就会再度被揭示。"

巴巴吉是"阿瓦塔"中的至圣之一，称为"摩诃阿瓦塔"（Mahavatar）；圣育克铁斯华是"迦南阿瓦塔"（Jnanavatar，智慧化身）；而拉悉利·玛哈夏则为"瑜伽阿瓦塔"（Yogavatar，瑜伽化身）[24]。

23　"一个无怀疑能力、也不习于怀疑（及礼拜）的人若成为数不清的'皇家协会'的主席，他一人头脑负责……所有实验室及观测台的总结梗概，其结果就会像是一付后面没有眼睛的眼镜。"——卡莱尔（Carlyle）的《衣装哲学》（Sartor Resartus）

24　圣育克铁斯华用"神圣之爱的化身"（Incarnation of divine love）指称其爱徒帕拉玛罕撒·瑜伽南达。
　　帕拉玛罕撒尊者去世后，他的主要弟子及精神继承者拉札西·迦拿卡南达尊者（Sri Rajarsi Janakananda，俗名詹姆士·林〔James J. Lynn〕）正式为上在质与量上，伟大上师提高了社会的灵性水平。拉悉利·玛哈夏以其之力提升启迪身边的弟子使其达到基督般的境界，并对普罗大众广传真理，他被列为是人类的救主之一。

身为先知，拉悉利·玛哈夏的独特处在于强调科里亚这个实际可行的明确方法，并首次对众生开放瑜伽解脱之门。除了自己生平的奇迹外，这位瑜伽化身将古代繁复的瑜伽简化至一般人容易学习的有效方法，已毫无疑问地达到一切惊叹的顶峰。

提到奇迹，拉悉利·玛哈夏经常说："未经明辨，不应公开讨论或发表一般大众不明白的微妙法则的运作。"如果读者觉得我在这些章节中所述似乎轻忽了上师的警语，那是因为我内心得到上师的支持。然而，当我记述巴巴吉、拉悉利·玛哈夏和圣育克铁斯华的生平事迹时，我觉得某些神迹省略不提较为适当，除非在提出时也充份解释其中深奥的哲理。

身为瑜伽居士，拉悉利·玛哈夏为当今世界带来适合人们所需的实用讯息。鉴于古代印度经济及宗教发达的盛况不再，伟大上师并不鼓励瑜伽士过着古代典型的托钵云游的苦行生活；他反而强调瑜伽士自给自足、不再由负担沉重的社会供养，以及在自家修练瑜伽的诸多益处。拉悉利·玛哈夏以身作则更为此建言增添鼓舞人心的力量，他是一位具新思想及效率的瑜伽士典范。如巴巴吉所计划，拉悉利·玛哈夏的生活方式意在成为世界各地有志瑜伽士的指引。

新人类新希望！这位瑜伽化身宣告："透过自身的修行努力，不倚赖神学教条或宇宙独裁者专断意志，与神合一是可能达到的。"

不相信人类本具神性的人，一旦启用科里亚之钥，最终将会在自己身上看到满溢的神性。

师追立"普莲阿瓦塔"（Premavatar）头衔，即"爱的化身"。（编按）

第三十六章　巴巴吉对西方的兴趣

"上师，您见过巴巴吉吗？"

在塞伦波尔一个宁静的夏夜，我与圣育克铁斯华并肩坐在修道院二楼阳台上，热带天空斗大的繁星在我们头上闪闪发光。

"见过。"上师微笑回答我直接的问题，眼神充满敬意。"我有幸三度见到这位永生的古鲁，我们第一次相遇是在阿拉哈巴的昆巴美拉庆典。"

这个自太古时代就已在印度举行的宗教庆典称为"昆巴美拉"，意在提醒大众时时记住修行的目标。每隔十二年数百万虔诚的印度教徒前来会见成千上万来自不同门派的隐修士、瑜伽士、僧人及苦行者。其中有许多隐士，除了前来参加法会[1]为普罗大众赐福外，平时不曾离开其隐居处。

"我遇见巴巴吉的时候还不是一个出家僧，"圣育克铁斯华接着说，"但我已从拉悉利·玛哈夏那儿接受科里亚瑜伽的传法，他鼓励我参加一八九四年一月在阿拉哈巴举行的昆巴美拉。那是我第一次与会，一波波喧嚣的人潮让我觉得有些茫然。我探寻地四下环顾，却看不到一位因证悟而面容发光的大师。经过恒河岸边的一座桥时，我注意到一个熟识者站在附近拿着乞食钵伸手乞讨。

"'唉，这个集会只不过是一团嘈杂的混乱和一群乞丐罢了，'我心里想着，梦想破灭。'我纳闷那些为增进人类福祉而致力于扩充知识领域的西方科学家，难道在取悦上帝的表现上还输给这些以宗教为名却伸手乞食的游手好闲者吗？'

"我对社会改革的忙碌思绪，被驻足在我面前一位身材高

1　见第四十二章注4。

大的出家僧打断。

"'先生，'他说，'一位圣人要找你。'

"'他是谁？'

"'你来就知道了。'

"这简短的几句话让我犹疑地跟了过去。我很快走近一棵树，它的枝干遮荫着一位古鲁与一群很吸引人注意的弟子。这位上师有着发亮的不寻常形体，黑色眼睛炯炯有神，他起身迎接并拥抱我。

"'敬爱的尊者，欢迎你来，'他亲切地说。

"'先生，'我强调，'我不是一个尊者。'

"'那些让我因上天指示而称为"尊者"的人，从不抛却该头衔。'圣者言语简洁，但话里的真义具说服力，我瞬间沐浴在灵性的恩典中。对于自己突然被擢升为古代尊者僧团一员[2]，我莞然一笑，为此殊荣，我在这位具肉身但显然是神化身的圣者足前顶礼。

"巴巴吉——的确就是他——示意我坐在树下靠近他身边的一个座位上。他年轻健壮，貌似拉悉利·玛哈夏，虽然我常听说这两位上师外表神似，但当时我并没有想到此相似处，巴巴吉具有阻止人产生特定念头的能力。这位伟大古鲁显然希望我在他面前能完全自在，不会因为知道他的身份而被吓倒。

"'你对昆巴美拉庆典有什么想法？'

"'先生，我非常失望。'我说，但赶紧补充道：'那是在我遇见您之前。圣者和这个喧闹场面似乎格格不入。'

"'孩子，'大师说道，虽然外表上我的年龄几乎是他的两倍，'不要以偏盖全。世上每样东西都有混合特性，就像沙

---

2 圣育克铁斯华后来在贝哈尔省菩提伽耶(Buddh Gaya)的僧院中经院长授戒加入僧团。

和糖的混合。要像一只聪明的蚂蚁，只抓住糖，而不碰沙子。虽然这里仍有许多隐修士妄念未断，但法会仍深受几位证悟的圣者祝福。'

"想到自己与这位伟大上师的相遇，我很快就同意他的看法。

"'先生，'我评论道，'我一直在想，那些最先进的西方科学家在聪明才智上比大多数聚集在这里的人优秀，他们住在遥远的欧洲和美国，信奉不同教理，对于像眼前这种宗教性集会的真正价值一无所知，这些人若遇上印度大师必能大大获益。但是，虽然在学术上卓然有成，许多西方人仍过度崇尚物质主义，而其他在科学与哲学上享有盛名者，也不了解所有宗教本质的一致性。他们的教理成为无法跨越的藩篱，恐怕永远与我们分离。'

"'我知道你同样关心东方与西方，'巴巴吉微笑赞同。'我可以感受到你内心的痛苦，你宽广的心足以涵纳一切众生，这也是为何我要你来的原因。

"'东方和西方必须建立一条精神与物质均衡的中间路线，'他继续说道。'印度在物质发展上仍有许多要向西方学习之处；相对地，印度可以教导西方人宇宙法则作为回报，西方国家将藉此将其宗教信仰建筑在瑜伽科学的稳固基石上。

"'你，敬爱的尊者，在东西方即将发生的和谐交流中，有个角色要你扮演。多年后，我会派一名弟子给你，由你训练他到西方传播瑜伽。那儿有许多追寻真理的灵，其密集的念力像潮水般涌向我。我看到美国和欧洲潜藏着许多等待被唤醒的圣者。'"

故事说到这里，圣育克铁斯华将其专注的目光转向我。

"孩子，"在皎洁的月光下，他微笑对我说，"你就是很多年前巴巴吉承诺要送来给我的弟子。"

　　知道是巴巴吉引领我与圣育克铁斯华相遇，我十分高兴，但还是很难想像自己会远离亲爱的古鲁和平静淳朴的修道院而前往遥远的西方。

　　"接着巴巴吉提起薄伽梵歌，"圣育克铁斯华继续说道。"令我惊讶的是，他在几句赞美我的话中显示他知道我写过薄伽梵歌其中几个章节的论述。

　　"'敬爱的尊者，请应我的要求，完成另一项任务，'伟大上师说。'可否写一本有关基督教和印度教经典之间基本精神一致的小书？两者根本的一致性现在因为人们的宗派歧异而不被明了。你要引述对应经文让世人明白，受到启示的"上帝之子"讲的是同样的真理。'

　　"'摩诃胜王[3]，'我不甚自信地回答，'这任务多么艰巨啊！我能完成它吗？'

　　"巴巴吉温柔地笑了起来。'我的孩子，你为什么怀疑呢？'他鼓励我。'事实上，这一切是**谁**之作？又**谁**才是一切行动的**使力者**？上帝要我说的都必实现成为真理。'

　　"我认为自己得到圣人的加持，而同意写书。感觉到离别的时刻来临，我依依不舍地从铺满树叶的座位上起身。

　　"'你认识拉悉利吗？'大师问道。'他是一个伟大的灵，不是吗？告诉他我们见过面了。'然后他要我带讯给拉悉利·玛哈夏。

　　"我谦卑地顶礼辞退时，圣者亲切地笑着说：'等你书写完，我会来找你，'他承诺。'暂时与你道别了。'

　　"第二天我离开阿拉哈巴，搭火车前往巴拿纳斯。一到古鲁家，我迫不及待地告诉古鲁我在昆巴美拉庆典中与伟大圣者

3　Maharaj，"伟大君王"——一种尊敬的头衔。

相遇的经历。

"'噢,你没有认出他来吗?'拉悉利·玛哈夏眼神带着笑意地问道。'看来没有,因为他不让你认出他来。他就是我那位无与伦比的古鲁,神圣的巴巴吉!'

"'巴巴吉!'我惊声重复。'那位瑜伽基督巴巴吉!若隐若现的救世主巴巴吉啊!噢,如果我能让时间倒转,让我再度回到他身边,在他莲花足前礼拜,那该多好啊!'

"'不要紧的,'拉悉利·玛哈夏安慰我,'他已经答应会再度来看你。'

"'师父,神圣的上师要我带讯给您。"告诉拉悉利,"他说,"他这一世贮备的能量即将用尽。"'

"这几句玄秘的话一说完,拉悉利·玛哈夏的形体像被雷电击中般全身颤抖。他瞬间变得寂然无言,笑容遽转为严肃,像一尊表情严峻的木雕像动也不动地坐着,全身毫无血色。我诧异不解,从没见过这个喜乐的灵变得如此肃穆,在场的弟子也担忧地望着上师。

"三个小时在寂静中过去。拉悉利·玛哈夏恢复了他原本轻快的举止,亲切地与每位弟子谈话。所有人都松了一口气。

"由上师的反应,我了解到巴巴吉的讯息是一清楚的讯号,意在让拉悉利·玛哈夏知道他即将脱离躯壳。拉悉利·玛哈夏寂然不动的表现证明他当下已自我控制,切断与物质世界的最后牵绊,隐遁到永恒圣灵的故乡。这是巴巴吉以他特有的方式表达:'我永远与你同在。'

"虽然巴巴吉和拉悉利·玛哈夏是全知的,并不需要藉由我或其他媒介相互沟通,但圣者通常屈尊在人间舞台参与演出。偶尔他们会用平常的方式传达预言,藉着预言的实现可以使听闻者对圣道生出更大的神圣信念。

"不久我离开巴拿纳斯，在塞伦波尔着手进行巴巴吉要求的圣书著作，"圣育克铁斯华接着说。"任务开始后不久，灵感即启发我作一首诗献给这位永生的古鲁。虽然之前我从没尝试写过梵文诗，但曼妙的诗句毫不费力地从我笔尖流泄而出。

"在寂静的夜里，我忙于比较圣经和萨那坦教理[4]的经文。我引述主耶稣的话，说明他的教义在本质上与吠陀经的启示是一致的。由于师祖[5]的加持，我所写的这本书 *The Holy Science*（暂译：《神圣科学》）[6]在很短的时间内完成。

"完稿之后的那个早晨，"上师接着说，"我到籁漪石梯处的恒河沐浴。此处的阶梯无人，我静止不动地站了一会儿，享受朝阳中的宁静，然后我在闪闪发亮的水里浸泡后才返家。在寂静的返程途中，只听见我身上那件被河水浸湿的衣服，随着每个脚步淅淅涮涮地发出声响。当我经过河岸边一棵大榕树时，一股强烈的冲动驱使我回头看：就在榕树的树荫下，我看到伟大的巴巴吉正坐在围绕他身边的一群弟子中间！

"'敬爱的尊者，日安！'上师清澈美妙的声音让我确信

---

4 Sanatan Dharma，字义为"永恒的宗教"，吠陀教义主文的名称。萨那坦教被称为印度教 (Hinduism)，因为希腊人在亚历山大大帝带领下侵略印度西北时，称印度河 (Indus) 岸居民为印度人（Indoos 或 Hindus）。正确而言，Hindus 这个字指的是萨那坦教理 (Sanatan Dharma) 或是印度教的追随者。而 Indians 这个字是印度本土上印度教徒、穆斯林和其他居民的统称。（由于哥伦布将地理位置混淆，这个字也包括在美国的蒙古人种原住民。）

印度古称"阿利亚瓦塔"(Aryavarta)，意为"阿利安人的居处"。梵文字根 arya 意为"值得的、神圣的、崇高的"。后来人种学专家误以"阿利安"象征物质而非精神方面的特质，致伟大的东方学者马克斯·慕勒 (Max Müller) 曾讽刺地说："对我而言，谈论阿利安人种、阿利安血统、阿利安眼睛和头发的人种学家，与言及长头字典或短头文法的语言学家一样罪过。"

5 师祖 (Paramguru) 指的是"古鲁的古鲁"，拉悉利·玛哈夏的古鲁巴巴吉因此是圣育克铁斯华的师祖。

"摩诃阿瓦塔"（Mahavatar，伟大神化身）巴巴吉是印度道脉相承上师的至上古鲁，其守护着所有忠实修练科里亚瑜伽的ＳＲＦ—ＹＳＳ会员的灵性福祉。

6 此书已由ＳＲＦ洛杉矶总会出版。

自己不是在作梦。'我知道你已完成那本书。如先前所承诺，我是到这儿来感谢你的。'

"我十足恭敬地在他足前俯地礼拜，心怦怦跳。'敬爱的师祖，'我恳求，'能否恭请您和您的弟子们光临我位于附近的寒舍？'

"伟大古鲁笑着婉拒。'不了，孩子，'他说道，'我们是喜欢树荫的人，这个地点相当舒适。'

"'请停留一会儿，上师。'我望着他恳求。'我很快会带一些特别的甜点回来。'[7]

"几分钟之后我带了一盘美食回来，却发现宏伟的榕树下已不见从天而降的那群人。我在附近河岸遍寻不着，心里明白这群人已遁入虚空。

"我的内心受到很大伤害。'即使我们再度见面，我也不想与他说话了。'我告诉自己。'他突然抛下我，一点也不慈悲。'这当然是出于爱的气愤，没有别的含意。几个月之后，我到巴拿纳斯拜访拉悉利·玛哈夏。一进客厅，古鲁笑容满面地迎接我。

"'欢迎，育克铁斯华，'他说道。'你刚才在我房门口见到巴巴吉了吗？'

"'什么？没有呀！'我惊讶地回答。

"'到这儿来。'拉悉利·玛哈夏轻触我的额头，我立即看到门边站着巴巴吉，他的形体就像一朵盛开的莲花那般完美。

"我记起旧日创伤，不愿行礼。拉悉利·玛哈夏惊讶地看着我。

"圣洁的古鲁用深不可测的眼神注视我。'你在生我的气。'

7　在印度，见到师父而不供养茶点是不敬的表现。

"'先生，难道我不该吗？'我回答。'您与您的弟子像变魔术般从天而降，却又随即遁入虚空。'

"'我告诉过你我会来看你，但没说会停留多久啊。'巴巴吉轻声笑道。'你的情绪过度激昂，是你躁动不安之心像刮起风暴般令我消失在虚空中。'

"这个恰当的解释立即满足了我。我跪在他的足前，伟大上师温柔地拍拍我的肩膀。

"'孩子，你必须勤加打坐，'他说道。'你的目光未臻完美——你还无法看到隐身在日光后的我。'巴巴吉以天笛般的声音说完这些话后，随即遁入隐秘的光辉中。

"那是我最后几次到巴拿纳斯拜访古鲁的其中一次，"圣育克铁斯华结语道。"正如巴巴吉在昆巴美拉庆典中所预示的，拉悉利·玛哈夏转世为瑜伽居士的生命即将结束。一八九五年夏天，他健壮的身体背后长了一个小脓包。他反对动手术切除，并以自己肉体上的病痛代替几名弟子偿还业债。最后在一些弟子极力坚持下，上师语带玄机地回答：

"'身体总得找个理由离开。你们想要怎么做，我都配合。'

"不久，这位无与伦比的古鲁就在巴拿纳斯抛弃身体。我不再需要到他的小客厅找他了，我发现我生命的每一天都有他无所不在的指引庇护着。"

几年后，从拉悉利·玛哈夏一位精进的弟子喀娑班南达尊者[8]的口中，我听到许多有关拉悉利·玛哈夏往生的不可思议细节。

"古鲁离开肉身的前几天，"喀娑班南达告诉我，"当时我坐在哈得瓦的修道院，他在我面前化现。

"'立刻到巴拿纳斯来。'说完这些话，拉悉利·玛哈夏

8　我到喀娑班南达 (Keshabananda) 的修道院拜访之事另于第四十二章描述。

就消失了。

"我立刻搭乘火车前往巴拿纳斯。在古鲁家中，我看到许多弟子聚集。那天[9]上师用了几个钟头阐述薄伽梵歌，然后他简单地对我们说：

"'我要回家了。'

"我们悲伤地哭了起来，像无法抑止的洪流爆发开来。

"'别哀伤，我会复活的。'语毕，拉悉利·玛哈夏从座位上起身，转圈三次，然后采莲花坐姿面向北方，荣耀地进入摩诃三摩地[10]境界。

"拉悉利·玛哈夏深受弟子依恋的完美身躯被送到神圣恒河边曼尼卡尼加石梯 (Manikarnika Ghat) 以庄严居士的仪式火化，"喀娑班南达继续说道。"第二天早上十点钟，当时我还在巴拿纳斯，我的房间遍布一道强光。瞧！在我面前站着的正是血肉之躯的拉悉利·玛哈夏！他跟以前一模一样，只是看起来更加年轻及容光焕发。圣洁的古鲁对我说：

"'喀娑班南达，'他说道，'是我。我已从火化瓦解的身体原子复活，重新组合成形体。我在世间扮演居士的任务已经完成，但我不会完全离开尘世，今后我将与巴巴吉在喜马拉雅山及宇宙中相处一段时间。'

"这位超凡的上师说了几句祝福我的话之后就消失了。玄妙的灵感漾满我心，灵性被鼓舞提升，就像基督和喀比尔[11]的弟

9　一八九五年九月二十六日是拉悉利·玛哈夏离开肉身之日，距离他的六十七岁生日还有几天。

10　原文 mahasamadhi。成就者在预知肉体临终时刻即将来临前会转身三圈，然后面朝北方，这是吠陀仪式中的一部分。成就者在临终静坐时将自身融入宇宙"嗡"音，称为摩诃三摩地（译注：或译圆寂）。

11　喀比尔 (Kabir) 是十六世纪的伟大圣人，他众多信徒中包括印度教徒和伊斯兰教徒。他死后，弟子们为了葬礼仪式争执不休。被惹恼的喀比尔从长眠中起身指示："我一半的遗体以穆斯林仪式埋葬，"他说，"另一半则用印度教圣礼火葬。"接着他就消失了。当弟子们打开复盖其遗体的寿衣时，发现遗

子们看到他们死后复生的古鲁那般。

喀娑班南达接着说："我带着神圣古鲁的部份骨灰返回哈得瓦静僻的修道院。我知道他已脱离时空的樊笼，无所不在的鸟儿自由了；但奉祀他的神圣骨灰带给我无比安慰。"

另一名有幸见到古鲁复活的弟子是圣人般的潘全隆·巴特查尔亚[12]。我到他位于加尔各达的住处拜访他，欢喜地听他描述他与古鲁多年共处的许多故事。最后他告诉我他一生中所发生最不可思议的事情。

"就在加尔各达这儿，"潘全隆说，"他火化后隔天早上十点，拉悉利·玛哈夏活生生地出现在我面前。"

"有两个身体的圣人"普罗那班南达尊者也向我透露他自己的神奇经历。他访问兰栖学校时告诉我：

"拉悉利·玛哈夏离开身体的前几天，我收到他一封信要我立刻前往巴拿纳斯，但我无法避免地被耽搁了，不能马上离开。就在我准备前往巴拿纳斯时，早晨十点左右，我突然看到古鲁闪闪发亮的身体出现在我房间，我高兴得说不出话来。

"'何必赶到巴拿纳斯？'拉悉利·玛哈夏微笑对我说。'你在那儿已看不到我了。'

"听出他话中含意，我心碎地痛哭起来，以为自己只是在幻影中看到他。

体不见了，只见里面布满美丽的花朵。穆斯林遵从上师意旨，将半数的花埋在马格尔 (Maghar) 圣祠中，至今仍受信徒祭拜。另一半则以印度教圣礼于巴拿纳斯火化，该处盖了一座圣殿 (Kabir Cheura)，吸引了大量信徒前来朝圣。

　　喀比尔年轻的时候，有两名弟子希望他阐述法要引导他们步上玄秘的修道路。上师简单回答：

　　　　"有'距离'才有所谓'修道路'；
　　　　如果祂近在咫尺，你无需任何'修道路'。
　　　　听到水中鱼喊渴，我笑了。"

12　见第 372 至 373 页。潘全隆在贝哈尔省 (Bihar) 迪欧格尔 (Deoghar) 一座十七英亩的花园中盖了一间供奉希瓦神像的庙，内有一幅拉悉利·玛哈夏的油画像。（编按）

"上师走过来安慰我。'这儿，摸摸我的身体，'他说。'我一直活着。别哀伤，我不是永远与你同在吗？'"

从这三位大弟子口中，得证一个不可思议的事实：在拉悉利·玛哈夏的遗体被火化后的隔天早上十点，这位复活的上师以真实但变貌过的身体同时出现在位于不同城市的三位弟子面前。

"这必朽坏既变成不朽坏的，这必死的既变成不死的，那时经上所记'死被得胜吞灭'的话就应验了。死啊！你得胜的权势在那里？死啊！你的毒钩在那里？"[13]

13　哥林多前书第十五章五十四至五十五节。"神叫死人复活，你们为甚么看作不可信的呢？" —— 使徒行传第二十六章八节

第三十七章　我前往美国

"美国！这些确实是美国人！"这是我在内观中看到许多西方脸孔[1]的全景画面时心中生起的想法。

我坐在兰栖学校储藏室[2]中几个布满灰尘的箱子后面专心打坐。那几年我与学童日夜相处，要找到一个隐密处并不容易。

画面继续：出现一大群人专注地看着我，像一群演员掠过我的意识舞台。

储藏室的门被打开，如往常般，一个小男孩发现我的藏身之所。

"毕玛 (Bimal)，到这儿来，"我高兴地叫道。"告诉你一个消息：上帝要我到美国去！"

"到美国？"男孩重述我话语的口气彷佛我是说"到月球去"。

"是的！就像哥伦布一样，我要前往发现美国。他以为自己找到了印度，这两块土地间无疑有着因果关系！"

毕玛跳跳蹦蹦地跑走，"两腿快报"旋即把消息传遍整个校园。

我召集困惑不解的教职员，同时把学校交给他们管理。

"我知道你们会将拉悉利·玛哈夏瑜伽教育的理想永远摆在前头，"我说。"我会经常写信给你们。若上帝应允，有一天我会回来。"

我噙着泪水，对着男孩们及阳光遍洒的兰栖校园投以最

1　许多我在内观中预见过的脸孔，我到了西方后立即辨认出来。

2　一九九五年是帕拉玛罕撒·瑜伽南达抵达美国七十五周年。该年兰栖学校在先前的储藏室地点盖了一座美丽的"传承纪念殿"(Smriti Mandir) 以纪念帕拉玛罕撒·瑜伽南达曾在该处于内观中预见美国。（编按）

后一瞥。我清楚地知道，我生命中的一个纪元已结束，今后我将居住在遥远的国度。内观画面出现后几个小时我搭乘火车前往加尔各达，隔天我即收到信函，邀请我代表印度出席在美国举行的"国际自由宗教大会"(International Congress of Religious Liberals)。会议那年在波士顿召开，由"美国唯一神派协会"(American Unitarian Association) 主办。

脑中思绪风起云涌，我前往塞伦波尔寻求圣育克铁斯华。

"古鲁吉，我被邀请到美国一个宗教会议演讲，我该去吗？"

"每一扇门都为你敞开，"上师简单地答道。"若不把握现在，就不可能了。"

"但，先生，"我沮丧地说，"我对公开演说一无所知，我很少演讲，更别提要以英语进行。"

"英语或非英语，西方都会听到你的瑜伽讯息。"

我笑了起来。"亲爱的古鲁吉，我想美国人不会学孟加拉语的！请您推我一把，让我克服英语的障碍。"[3]

当我告诉父亲我的计划时，他十分震惊。对他来说，美国似乎难以想像的遥远，他担心他将再也见不到我。

"你如何去？"他严肃地问。"谁资助你？"慈爱的父亲负担了我的教育费用以及我到目前为止的生活费，无疑地，他希望这个问题会令我难堪而萌生退意。

"上帝一定会资助我的。"我这样回答时，想起了很久以前在亚格拉我也曾对哥哥阿南塔说过类似的话。不带一丝狡黠，我补充道："父亲，也许上帝会让您起意帮助我。"

"不，不可能的！"他怜惜地望着我。

当第二天父亲递给我一张巨额支票时，我因此吓了一跳。

---

3 圣育克铁斯华和我通常用孟加拉文交谈。

"我给你这笔钱，"他说，"不是以父亲的角色，而是以拉悉利·玛哈夏忠诚弟子的身份。到那遥远的西方国度传播科里亚瑜伽无教条的教理吧。"

父亲这种能够迅速将私情摆一边的无私精神让我深受感动，他在前一晚已充分体悟到我出行国外并非为了满足个人欲望。

"也许此生我们再也见不到面。"这时已六十七岁的父亲难过地说。

帕拉玛罕撒·瑜伽南达
护照上的照片，1920 年摄于印度加尔各达

一股直觉让我脱口而出："上帝一定会让我们再次相聚。"

当我着手准备离开上师及家乡前往未知的美国，我并没有感到一丝恐惧。我听过许多有关"物质西方"的故事——一个与印度多少世纪以来深受圣人祝福的背景迥然不同的土地。

"一个敢面对西方世界的东方导师，"我心想，"必定要很刻苦耐劳，甚于喜马拉雅山寒霜的试炼！"

一天清晨，我开始祷告，下定决心要持续直到听见上帝的声音，即使在祷告中死去也在所不惜。我要祂的祝福，并担保我不会在现代功利主义的迷雾中迷失自己。我的内心已准备前往美国，但更加坚决的是要听到上天应许的抚慰。

我忍住啜泣，祷告再祷告。没有回应。到了中午，我达到顶点，我的头在痛苦的压力下天旋地转，我觉得如果我再哭一次，加深我内在情感的迫切性，我的头将会迸裂开来。

就在那时，我听到嘎帕路的家门口有人敲门。我打开门，看到一位作出家人简朴打扮的年轻人。他走进屋内。

"他一定是巴巴吉！"我眩惑地想着，因为眼前这人长得很像年轻的拉悉利·玛哈夏。他回答我的想法："是的，我是巴巴吉。"他以印地语悦耳地说道。"我们的天父听到你的祈祷，祂要我告诉你：遵照你古鲁的指示到美国去。不要害怕，你将会受到保护。"

在一阵语声回荡的停顿过后，巴巴吉再度对我说道："你是我选派到西方传播科里亚瑜伽讯息的人。很久以前，我在昆巴美拉庆典遇见你的古鲁圣育克铁斯华，那时我告诉他我会送你到他那儿接受训练。"

巴巴吉的现身让我因虔诚的敬畏而说不出话来，亲耳听到是他引领我与圣育克铁斯华相遇，让我深受感动。我在这位永生古鲁足前俯地礼拜，他慈爱地扶我起身。在告诉我许多有关我一生的事后，他给我一些个人指示，并说了几个机密预言。

"科里亚瑜伽——证悟上帝的科学法门，"他最后郑重地说，"终会传遍天下，并将透过每个人内在觉照**无极天父**而协助国际间的和谐。"

上师以无上能量注视我，顿时我像被电触到般，得以一瞥他的宇宙意识。

> "当穹苍突有一千颗太阳
> 射出不可思议的万丈光芒
> 淹没大地，
> 人们始得想像万能之神的荣耀圣光！"[4]

4　薄伽梵歌第十一章十二节（出自亚诺〔Arnold〕的英文翻译版本）。

过了一会儿，巴巴吉向门口走去，对我说：

"不要尝试跟我，你办不到的。"

"巴巴吉，求您不要离开！"我不断叫喊。"带我走！"

他答道："不是现在，会是以后。"

无法抑制情感，我不顾他的警告，就在我试图追他时，却发现我的双脚被牢牢固定在地上。巴巴吉在门口慈爱地看了我最后一眼，就在我盼望的眼神紧盯着他之际，他举手为我祝福之后即离去。

几分钟之后，我的脚自由了。我坐下来进入很深的静坐境界，我不断感谢上帝回应我的祷告并赐福我与巴巴吉会面。在与这位永生长青的上师接触后，我全身彷佛被净化，见到他一直是我长久以来的企盼。

在此之前，我从未对任何人提起我与巴巴吉会面的经历。我将它珍藏心中，视为我在世生命中最神圣的经验；但我想若我透露我曾亲眼见到他，这本自传的读者会更倾向相信与世隔绝的巴巴吉关注世间的真实性。我协助一位画家描绘出这位印度的现代瑜伽基督，此画像收录于本书中。

就在我前往美国的前夕，我前往寻求圣育克铁斯华的神圣赐福。"忘掉你生为印度人，也勿完全仿效美国人的作法，截取两者间的长处，"上师平静地传达他的智慧。"做真实的你，上帝的孩子。求取散布世界各地各种族中你所有兄弟最好的一面，将其融入你的生命中。"

接着他祝福我："凡追寻上帝、带着信念到你这儿来的人都会得到帮助。当你看着他们时，从你双眼散发出来的灵性电流会进入他们脑中改变他们的物质习性，使他们更能意识上帝。"他带着微笑继续说道："你命中注定容易吸引真诚的灵。你所到之处，即使是荒野，你都会找到朋友。"

　　圣育克铁斯华这两样祝福都被充分地证实。我只身到美国时并无任何朋友，但在那儿我发现成千上万人已准备好接受此跨越时空的灵性教导。

　　一九二〇年八月我搭乘斯巴达城号 (The City of Sparta) 离开印度，那是第一次世界大战结束后第一艘开往美国的客轮。在历程艰辛的护照核发过程被近似奇迹地克服后，我终于能够订船位。

　　在两个月的航程中，一位同船旅客发现我是出席波士顿会议的印度代表。

　　"瑜伽南达尊者，"他说道（这是我首次听到美国人日后对我名字的各式奇怪发音），"下星期四晚上，请您为船上旅客作场演讲。我想我们都会受益于'生命中的战役与如何战胜它'这场专题演讲。"

　　天啊！我在星期三发现我必须去打自己生命中这场战役！我拼命试着以英语构思我的演讲稿，但最后我放弃一切准备；像一匹看到马鞍拒绝就范的野马般，我的思绪也拒绝与任何英文语法配合。然而，基于对上师过去承诺的全然信任，我还是在星期四出现在客轮交谊大厅的观众面前。没有滔滔不绝的口才从我嘴中滑出，我站在观众面前说不出话来。在经过十分钟的耐力赛后，观众了解我尴尬的处境，开始笑了起来。

　　当时的情况对我来说并不有趣，我愤然地暗自向上师祷告。

　　"你做得到！说话吧！"他的声音立即在我的意识响起。

　　我的思绪瞬间与英文友好互动起来。四十五分钟后观众依然凝神倾听；由于这场演说，我日后受邀到美国许多团体演讲。

　　事后，我完全不记得我的演讲内容。在谨慎的探询后，我从几名乘客口中得知："你用正确且鼓舞人心的英语作了一场极具启发性的演讲。"听到这令人欢喜的消息，我谦卑地感谢

1920 年 10 月瑜伽南达尊者在麻州波士顿"国际自由宗教大会"作在美的处女演说。照片中为参与该会的几名成员，由左至右为：威廉斯教士 (Rev. T.R. Williams)、内崎教授 (S. Ushigasaki)、山德伦教士 (Rev. Jabez T. Sunderland)、瑜伽南达尊者，及温德教士 (Rev. C. W. Wendte)。

古鲁即时相助，再度体悟到他超越时空、一直与我同在。

演讲之后，在船上那段日子里，偶尔我对即将来临的波士顿大会上的英语演说仍会忧心忡忡。

"主啊，"我深切祷告，"请祢作为我唯一的灵感。"

九月下旬，斯巴达城号停靠在波士顿附近的码头。一九二〇年十月六日，我在大会上作了抵美之后的首次演说；听众反应良好，我松了一口气。"美国唯一神派协会"宽宏的书记长在一份公开发行[5]的大会记录中评论如下：

"瑜伽南达尊者代表印度兰栖梵志修道院 (Brahmacharya Ashram of Ranchi) 前来参加大会。他以流利的英语、有力的风格，对'宗教科学'的哲学性发表演说，该内容已印成小册以

5　《新心灵朝圣》(*New Pilgrimages of the Spirit*; Boston: Beacon Press，1921)。

供发行。他提到宗教的普遍性及一统性：我们不可能将独特的风俗习惯普遍化，但宗教共同的本质却可以普遍化，我们可以要所有人同样地遵循这样的本质。"

由于父亲那张巨额支票，我得以在大会结束后留在美国。我在波士顿的简朴环境下度过愉快的三年。除了公开演讲、授课之外，我写了一本诗集 *Songs of the Souls*（暂译：《灵魂之歌》）[6]，由纽约市立学院院长菲得瑞·罗宾森 (Frederick B. Robinson) 博士作序。

我自一九二四年开始横贯美洲大陆的巡回，我在许多主要城市对着数千听众演讲。在西雅图停留期间，我前往美丽的阿拉斯加渡假。

在学生慷慨赞助下，我于一九二五年底前，在洛杉矶的华盛顿山成立美国总部，这栋建筑曾出现在我多年前于喀什米尔的一次内观中。我赶紧将这些远在美国的活动照片寄给圣育克铁斯华，他以孟加拉文回了一张明信片给我，我翻译如下：

1924 年瑜伽南达尊者横跨洲陆巡回演讲，在前往阿拉斯加的火车车厢中。

6　由ＳＲＦ出版。罗宾森博士夫妇于一九三九年访问印度，并以贵宾身份出席瑜伽真理同修会议。

伟大古鲁在西方三十二年间，接受其传法的瑜伽学生人数逾十万名

1924 年瑜伽南达尊者在科罗拉多州丹佛市一讲台上授课。他在数百个城市教授全世界最大的瑜伽课。透过其著作及在家研读的课程，以及为训练僧讲师而设的僧修中心，瑜伽南达尊者确保"摩诃阿瓦塔"巴巴吉赋予他的世界使命得以承传延续。

帕拉玛罕撒·瑜伽南达摄于洛杉矶交响乐团礼堂 (Philharmonic Auditorium)

1925 年 1 月 28 日《洛杉矶时报》报导："交响乐团礼堂呈现开场前一小时数千人不得其门而人的特殊景象，因场内三千个座位已全数爆满，瑜伽南达尊者是众所瞩目的焦点。他以一个印度人的身份踏上美国领土，为以基督教为主要信仰的听众带来上帝的福音，并传扬基督教义的本质。"

我心爱的孩子，瑜伽南达！

看到你照片上的学校和学生，我的欢喜无法言喻；看到你来自不同城市的瑜伽学子，我何等喜悦。

得悉你教导信念唱诵法、灵疗磁场及神圣疗愈祷告等方法，我不禁由衷感谢你。

看到围墙大门、那条蜿蜒向上的山路，以及华盛顿山美丽的睥睨景致，我渴望亲眼目睹。

这里一切安好。蒙上帝恩典，祝你永远沉浸于极喜意识中。

圣育克铁斯华·吉利
一九二六年八月十一日

时光飞逝。我在新大陆各处巡回演讲，并到数百所社团、大学、教会及不同教派的团体中演说。在一九二○至一九三○年间，我的瑜伽课程有数万名美国人出席。我写了一本有关祈祷及冥思的新书 Whispers From Eternity（暂译：《来自永恒的耳语》）[7] 献给他们，这本书由雅美莉塔·佳丽库奇女士 (Mme. Amelita Galli-Curci) 作序。

有时候（通常是月初，当维持ＳＲＦ华盛顿山总部的帐单像雪片般飞来时），我就思念起印度单纯的平静生活；但每天我看到东、西方渐增的共识了解，我的心灵就感到欣慰。

"美国国父"乔治·华盛顿曾多次感觉到自己被上天带领，在其告别演说中，他以一段出自灵感的话送给美国：

"如果我们能够成为一个总是遵奉崇高正义与仁爱精神的民族，为人类树立宽厚而崭新的典范，我们便不愧为一个自由、文明，并且即将达到伟大地位的国家。如果我们始终如一地坚

7 由ＳＲＦ出版。

帕拉玛罕撒·瑜伽南达在乔治·华盛顿的棺木上置放花束。摄于 1927 年 2 月 22 日，维吉尼亚州维农山（Mt. Vernon）。

持这种方针，可能会损失一些暂时的利益，但是谁会怀疑，随着时间的推移与事物的变迁，收获将远远超过损失呢？难道上天没有将一个国家的永久幸福和它的品德联系在一起吗？"

〈美国颂歌〉(Hymn to America) ——渥尔特·惠特曼 (Walt Whitman)

（摘自《母亲与同等圣洁的子女》〔*Thou Mother with Thy Equal Brood*〕）

未来之日，

你将拥有更广大、健全的子女——运动家、有德之士及修行之人；南、北、西、东。

你富于道德财富及精神文明（在此之前，你最引以自豪的物质文明徒然无益），

你的崇敬礼拜，丰饶自足、全然含纳——非仅靠一本圣经、一个救世主，

实有无数救世主，潜隐于内在，与人平等，同样圣洁……

这些你将具足（势必应验）——我今预言。

在学生的慷慨资助下，瑜伽南达尊者于一九二五年买下华盛顿山地产。在买卖手续尚未完成前，他已先在这栋即将成为其世界总部的建物前广场，举办首次复活节日出祈祷会（Easter Sunrise Service）。

帕拉玛罕撒·瑜伽南达摄于白宫

帕拉玛罕撒·瑜伽南达与约翰·鲍福尔（John Balfour）拜访卡尔文·柯立芝（Calvin Coolidge）总统（立于屋内往窗外看者）后准备离去。

1927 年 1 月 25 日《华盛顿先锋报》报导：“瑜伽南达尊者……受到柯立芝总统明显的热忱接待，总统告诉尊者他读了很多关于尊者的事。这是印度历史上首次有僧团尊者接受总统正式接见。”

1929 年瑜伽南达尊者在墨西哥梭奇米哥 (Xochimilco) 湖的一艘船上静坐。

1929 年瑜伽南达尊者访问墨西哥市时，接受墨西哥总统艾米利欧·鲍德斯·吉尔 (Emilio Portes Gil) 阁下的接待。

第三十八章　玫瑰丛中的圣者
——路德·柏班克

"除了以科学方法促进植物生长外，还有一秘诀，就是'爱'。"当我与路德·柏班克 (Luther Burbank) 并肩走在他位于加州圣塔罗莎 (Santa Rosa) 的花园里时，他说出此智慧之语。我们在食用仙人掌苗圃边停步。

"进行'无刺仙人掌'培育实验时，"他继续说道，"我常对着仙人掌说话，以产生爱的磁场。'你们一点也不用害怕，'我告诉它们，'你们不需要防卫的针刺，我会保护你们的。'渐渐地，这种在沙漠里很有用的植物长出无刺品种。"

我对此奇迹十分着迷。"亲爱的路德，请给我几片仙人掌叶，让我种在华盛顿山的花园里。"

站在近旁的一名工人开始扯叶子，柏班克阻止他。

"我亲自为尊者采摘，"他交给我三片叶子。我后来种下之后，很高兴它们繁衍了一大片。

这位伟大的园艺家告诉我，他最早的显著成就是现今以他名字命名的大颗马铃薯。他以天才不屈不挠的创造力，不断为世人创造出数百种改良的自然界新品种——各种新的柏班克蕃茄、玉米、南瓜、樱桃、梅子、油桃、浆果、罂粟、百合与玫瑰。

当路德带我到那棵著名的胡桃树前时，我对准了相机的焦距；经由这棵胡桃树，路德证明自然演化可经人为操作而被加速。

"才十六年的时间，"他说道，"这棵胡桃树就结了大量坚果；若在没有帮助的自然情况下，会需要两倍时间。"

柏班克领养的小女儿跟她的小狗蹦蹦跳跳地进入花园玩耍。

"她是我栽种的'人类植物'，"路德慈爱地向她挥挥手。"我视人类为一株巨大植物，要达其最高成就，仅需爱、来自户外大自然的祝福，及（像植物一般）给予明智的配种与筛选。在我一生中，我观察到植物在进化上令人惊奇的进展，因此我乐观地期盼一旦孩子们被教以简单理性的生活原则，这个世界会健康、快乐。我们必需回归自然及创造自然的上帝。"

"路德，你一定会喜欢我兰栖学校的户外课程及其和乐纯朴的校园气氛。"

我的话触动了柏班克的心弦——他最关注的儿童教育。他不断问我问题，深邃平静的眼里流露出真切的关心。

"尊者，"最后他说道，"像你那样的学校是未来千年至福唯一的希望。我反对现今的教育制度，悖离自然且扼杀个人创意。我诚心肺腑地赞同你务实的教育理念。"

当我向这位温和的贤者告辞时，他亲笔签名一本小书相赠[1]。

"这是我对于《人类植物的训练》(*The Training of the Human Plant*)[2] 的书，"他说道。"新型态的训练是必需的——无畏一切的实验。有时最冒险的试验可以成功产出最好的果实与花朵；儿童教育的创新同样也应更具勇气及多样性。"

当晚我兴味盎然地阅读这本小书。展望人类充满荣景的未来，他写道："这个世间最顽固、最难改造的生物，是习惯已

1　柏班克也给我一张亲笔签名的照片，我珍惜它的程度就像从前一位珍藏林肯画像的印度商人般。美国内战期间，那位印度人身在美国，他十分崇拜林肯，在取得这位伟大解放者的画像之前，他不肯回印度。他坚决地守在林肯的门阶不肯离去，直到倍感惊讶的总统答应让纽约著名艺术家丹尼尔·杭庭顿 (Daniel Huntington) 为其画像。画像完成后，这位印度商人带着画像凯旋归返加尔各达。

2　New York: Century Co.，1922.

路德·柏班克

美国 加州 圣塔罗莎

1924 年 12 月 22 日

　　我检视了瑜伽南达尊者的瑜伽系统，我认为它非常适合训练人身、心、灵的调和。尊者的目标是在世界各地建立教导学生"如何生活"的学校，让教育不单局限于智力发展，同时也训练身体、意志与情感。

　　透过身心灵发展的瑜伽系统，以简单、科学的方法专注于静坐，生命中多数复杂的问题皆可迎刃而解，并为世界带来和谐善念。尊者正确的教育理念完全出于常识，没有任何神秘主义或不切实际的教条，否则不会得到我的认同。

　　我很高兴有此机会衷心地与尊者一起呼吁世界各地的学校著重生活艺术的课题，若能被认同，我相信太平盛世已不远。

[路德·柏班克 签署]

根深蒂固的植物……要知道，这种植物长久以来保留了它的个体性，也许它可以被追溯至太古以前的岩石本身，历经无数年代也不曾有过很大改变。你以为，经过如此长时期的重覆性，这株植物不会拥有一种无比固执的意志吗？如果你选择如此称呼的话。事实上，有些植物，像某些棕榈树，个性十分固执，人类的力量至今尚未能改变他们；与植物相比，人类的意志薄弱多了。但是，一旦经由配种混入新生命，这整株植物一生的固执即被打破，一种强力彻底的改变也因此产生。然后，经由几代耐心呵护与筛选，这株新的植物开始了新的生长方式，再也不会回到旧有模式，它的顽强意志最后终于被打破、改变。

"事情若像孩童本质那般纤敏、具可塑性，问题就变得容易多了。"

我深受这位伟大的美国人吸引而一再拜访他。一天早上，我与邮差同时到达，他送了大约一千封信到柏班克的书房；来自世界各地的园艺家与柏班克有书信通讯。

"敬爱的尊者，您的出现正好给我个理由到花园去，"路德愉快地说。他打开书桌一个大抽屉，里面有数百个旅游折叠夹。

"看，"他说，"这是我旅游的方式。被我的植物和信件通讯绑住，我藉由偶尔看看这些照片来满足到异地旅游的渴望。"

我的车就停在他门口，路德和我沿着小镇街道行驶，小镇花园里有各种鲜明灿烂的圣玫瑰、紫红玫瑰和柏班克玫瑰。

这位伟大的科学家在我先前的一次拜访中已接受科里亚传法。"敬爱的尊者，我一直都忠实地修练这个法门，"他说道。在深入问了许多有关瑜伽不同层面的问题后，路德徐缓地评论道：

"东方确实深藏了大量西方几乎未曾探索过的知识宝库。"[3]

由于柏班克与大自然亲密交流，许多自然界小心守护的秘密都为他开放，他因此由衷生出无比敬意。

"有时我觉得自己非常接近**无极力量**，"他觍腆地吐露，俊秀的脸庞闪烁着旧日回忆。"然后我开始能为周遭生病的人及植物治病。"

他提到他那位虔诚基督徒的母亲。"她过世后，"路德说道，"我曾多次有幸在内观中看到她，她还对我说话。"

我们不舍地开车返回他那有上千封信等着回覆的家。

"路德，"我说，"下个月我要创办一本杂志，介绍东、西方在真理上的贡献。请帮我为这份期刊取个好名字。"

我们针对期刊名称讨论了一会儿，最后同意用《东方与西方》(East-West)[4]。再度进入书房后，柏班克给我一篇他亲自写的文章"科学与文明"(Science and Civilization)。

"这篇文章会刊登在《东方与西方》首期创刊号，"我感激地说。

随着友谊日渐加深，我称柏班克为我的"美国圣人"。"看哪，这个人，"我释义引述道，"他心里是没有诡诈的。"[5]他那深不可测的心灵早就住着谦卑、坚忍与牺牲奉献的精神。他在玫瑰丛中的小屋十分简朴，他知道奢华无用，及所有物少的喜悦。尽管在科学界享有盛名，他仍一秉谦虚，这种精神经常

---

3 著名的英国生物学家暨"联合国教科文组织"(UNESCO)秘书长朱立安·赫胥黎(Julian Huxley)博士曾表示，关于如何进入极喜之境及控制呼吸，西方科学家应"学习东方技术"，"发生什么？怎么可能发生的？"他说。一九四八年八月二十一日发自伦敦的《美联社》电讯报导："赫胥黎博士告诉新成立的'心理健康世界联盟'(World Federation for Mental Health)有必要花时间深入了解东方玄学。若此知识可经科学方法加以研究，他告诉心理专家，'那么我认为你们的领域可因此跨出一大步。'"

4 一九四八年更名为《Self-Realization》。

5 约翰福音第一章四十七节。

让我想到，果实累累的树总是姿态低垂；不结果实的树却是将头高举、空洞地自夸。

一九二六年我在纽约时，这位挚友辞世了。流着泪，我心想："噢！我愿意从这里一路走到圣塔罗莎，就为了再看他一眼！"谢绝秘书和访客，接下来二十四小时我处于隐遁幽僻状态。

次日，我在一幅路德的巨照前举行一场吠陀纪念仪式。一群美国学生身着印度法衣，随着献供仪式唱诵古老圣歌，供品包括鲜花、清水和火，象征身体元素回归**无极源头**。

虽然柏班克的遗体躺在多年前他于圣塔罗莎花园中亲自栽种的黎巴嫩松树下，我却看到他的灵魂被奉祀在路边每一朵盛开的花朵里。有好一度，我遁入大自然辽阔的心灵，那难道不是路德在她的风中耳语、在她的晨曦中散步吗？

路德·柏班克与帕拉玛罕撒·瑜伽南达
摄于 1924 年加州圣塔罗莎

他的名字现在已变成一般语言常见的传统用语。《新韦氏国际辞典》将"柏班克"列为及物动词，定义为："交配或接枝（植物）。因此，比喻性地指要改良（任何事物的过程或惯例），经由筛选好的并移除不良的特征，或经由加入好的特征。"

"心爱的柏班克，"我读完定义后哭道，"你的名字现在已是善德的同义词！"

第三十九章　天主教圣痕使徒
——泰瑞莎·纽曼

"回印度来吧！我已耐心等候你十五年，很快我就要泅离此肉身到**光之所在**。瑜伽南达，回来吧！"

我在华盛顿山总部静坐时，圣育克铁斯华的声音令人吃惊地自我的内在之耳传来。眨眼的瞬间穿越万里，他的讯息像闪电般穿透我。

十五年了！没错，我了解到，现在是一九三五年，我在美国传扬古鲁的教理已有十五年时间。现在他召唤我回去。

稍后，我对好友詹姆士·林描述这个经历。每日勤练科里亚瑜伽，让林先生的灵性有显著发展，我经常称呼他"圣林"。我很高兴从他及其他西方人士身上应证巴巴吉的预言：透过古老的瑜伽途径，西方也会出现自我证悟的圣者。

林先生慷慨地坚持赞助我的旅费，经费问题遂就此解决；我安排航程经由欧洲前往印度。一九三五年三月，我依加州州法将"ＳＲＦ"(Self-Realization Fellowship) 登记立案为无宗派、非营利的法人组织，意在永续存在。我将一切个人财产包括所有著作权，全数捐给ＳＲＦ。像多数宗教及教育组织般，ＳＲＦ的经费完全来自会员及一般大众的捐赠。

"我会回来的，"我告诉学生，"我永远不会忘记美国。"

至交好友在洛杉矶为我设宴饯行，我久久望着他们的脸，心中感恩地想着："上帝啊，那记得您是**唯一给予者**的人，绝不会在人群中缺乏甜蜜的友谊。"

一九三五年六月九日，我搭乘欧罗巴 (Europa) 号从纽约出航。两名学生随行：我的秘书李察·莱特 (C. Richard Wright) 先生和一位来自辛辛那提的年长女士艾蒂·布列慈 (Ettie Bletch)。相对于数周前的忙碌，我们享受着海上平静的日子。悠闲时光过得特别快，现代轮船的速度也有叫人遗憾之处！

像任何好奇探究的旅游团体，我们四处游览伦敦这个庞大古老的城市。抵达后的第二天，我受邀至卡克斯顿厅 (Caxton Hall) 一大型会议中演讲，由法兰西斯·杨赫斯本爵士在会议中将我介绍给伦敦的听众。

我们一行人受邀在哈利·劳德爵士 (Sir Harry Lauder) 的苏格兰庄园度过愉快的一天。几天后我们这个小团体渡过英吉利海峡抵达欧洲大陆，因为我想要到巴伐利亚朝圣。我觉得这将是我拜访康能露斯 (Konnersreuth) 伟大天主教神秘使徒泰瑞莎·纽曼 (Therese Neumann) 的唯一机会。

几年前我曾读到一篇有关泰瑞莎的惊人报导，该内容摘要如下：

(1)泰瑞莎生于一八九八年耶稣受难日（复活节前的星期五），二十岁时于一场意外中受伤，从此眼盲及瘫痪。

(2)经由向里修斯 (Lisieux)"小花"圣德瑞莎 (St. Thérèse) 的祷告，泰瑞莎·纽曼于一九二三年奇迹似地恢复视力，后来她的肢体也瞬间痊愈。

(3)自一九二三年起，泰瑞莎除了每天吞下一小片圣饼外，完全摒弃食物和饮料。

(4)一九二六年，泰瑞莎的头、胸，及手足皆出现基督受难的圣痕。自此每个礼拜五[1]，她经历基督受难，在自己身上体验

---

1 自从二次大战起，泰瑞莎不再于每礼拜五经历基督的临死苦难，只有在每年几个神圣的节日发生。有关她生平的著作有《泰瑞莎·纽曼：当代圣痕使徒》(Therese Neumann: A Stigmatist of Our Day) 和《泰瑞莎·纽曼深入纪实》(Further Chronicles of Therese Neumann)，两本书皆由弗利德里希·瑞特 (Friedrich Ritter

他所有历史上的磨难。

(5)泰瑞莎平常只知道她村里简单的德语，但在礼拜五的出神杳冥状态中，她会说出一些异国语句，经学者确认为古代亚拉姆语 (Aramaic)。（译注：古代叙利亚、巴勒斯坦等闪族系语言，被多数学者认为是基督所用的语言。）有时在内观体验中适当的时候，她也会说希伯来语或希腊语。

(6)在教会许可下，泰瑞莎经历过几次严谨的科学观察。德国新教报编辑佛利兹·葛里克 (Fritz Gerlich) 博士本打算到康能露斯去"揭发天主教的骗局"，结果却恭敬地写下有关她的传记。

一如以往，无论在东方或西方，我总是渴望会见圣者。当我们一行人在七月十六日进入康能露斯古雅的村庄时，我倍感兴奋。巴伐利亚的农夫们对我们从美国带过来的福特汽车以及这个什锦团体——一位美国青年、一位年长女士，及一位把长发扎进大衣领内的橄榄肤色东方人，感到十足兴趣。

泰瑞莎的小屋干净整齐，古老的水井旁盛开着天竺葵，但遗憾的是，门静静地关着。邻居、甚至路过的村里邮差都无法提供我们任何讯息。雨丝开始飘下，我的伙伴们提议离去。

"不！"我顽固地说，"我要待在这儿直到我能找到泰瑞莎的线索。"

两小时之后我们依旧坐在陷于阴沉细雨中的车内。"主啊，"我抱怨地叹口气，"如果她已消失，为何祢带我来此地？"

一位会讲英语的人在我们旁边驻足，礼貌地提供协助。

"我不确定泰瑞莎在哪儿，"他说，"但她经常拜访艾克

von Lama) 所著；另外有《泰瑞莎·纽曼的故事》(The Story of Therese Neumann) 由辛柏格 (A. P. Schimberg，一九四七年) 所著，均由 Bruce Pub. Co.，Milwaukee，Wisconsin 出版。另外，《泰瑞莎·纽曼》(Therese Neumann) 由约翰斯·史坦纳 (Johannes Steiner) 所著，Alba House，Staten Island，N.Y. 出版。

斯塔特 (Eichstätt) 大学外文系教授法兰斯·伍兹 (Franz Wutz) 的家，距离这里有八十英哩。"

第二天早晨，我们一行人驶向艾克斯塔特这个宁静的小镇。伍兹博士热诚地在家中接待我们，"是的，泰瑞莎在这儿。"他派人告知她有关访客的讯息，传话的人很快带回她的回覆：

"虽然主教要求，没有他的允许勿接见任何人，不过我会接见这位来自印度具神意识的人。"

深受此言感动，我跟随伍兹博士到楼上客厅。泰瑞莎随即进来，她身上散发出一种宁静喜乐的气息。她身着黑袍，戴着一条洁白的头巾。这时的她三十七岁，但看起来比实际年龄年轻许多，确实拥有孩子般的清新魅力。健康、身材匀称、双颊红润且神情愉快，这就是那位不进食的圣人！

泰瑞莎以非常轻柔的握手欢迎我。我们于微笑中默默在内心交流，彼此知道对方是爱慕神的人。

伍兹博士和善地协助翻译。我们都坐下后，我注意到泰瑞莎以一种纯真的好奇看着我，显然印度人在巴伐利亚是很少见的。

"您不吃任何东西吗？"我想从她口中亲自得到答案。

"是的，除了每天早上六点钟的一片圣饼[2]外。"

"圣饼有多大？"

"像纸一样薄，一个小铜板的大小。"她补充说："我吃它是为了圣礼的原因；如果未经圣化，我无法吞咽。"

"整整十二年来，您不可能只靠它过活？"

"我靠上帝的光而活。"她的回答多么简单，多么的爱因斯坦！

"我知道您了解能量从以太、阳光与空气流入您的身体。"

2　一种圣餐所用、由面粉做的威化饼。

她的脸上立刻绽放出笑容。"我真高兴知道您了解我是如何生存的。"

"您神圣生命的每一天都在展现基督所说的真理:'人活着,不是单靠食物,乃是靠神口里所出的一切话。'"[3]

她再度对我的解释表现出欣喜。"的确如此。我今天在世间的原因之一,就是要证明人可以靠上帝无形的光而活,而不是单靠食物。"

"您可以教其他人如何不靠食物而活吗?"

她看起来有些震惊。"我不能那样做,这非上帝所欲。"

当我的眼光落到她坚实优雅的双手时,泰瑞莎向我展现两个手背上新近痊愈的方形伤痕。然后她指出两个掌心中较小的新月形新愈伤痕,两个伤口都穿过手掌。这个景象使我清楚想起东方至今仍在使用的一种新月形尖端的方形大铁钉,但我不记得曾在西方见过。

这位圣者告诉我有关她每周出神杳冥状态的一些事。"就像一名无助的旁观者,我看着基督受难的整个过程。"每个礼拜,从星期四午夜到星期五下午一点,她的伤口会裂开流血,平常一百二十一磅的体重会减少十磅。虽然在怜悯的爱怀中深深受苦,但泰瑞莎仍旧欢喜地期待每星期从内观中见到上主的体验。

3　马太福音第四章四节。人类身体的能量并不单靠粗糙的食物(面包)维持,而是仰赖振动性的宇宙能量(神口里所出的"话",亦即太初之"道"或嗡),该无形能量经由延髓入口流入体内,这第六个人体中心位于颈背上五个脊椎轮位(chakra,梵文意为"轮子"或生命能量的辐射中心)的顶端。

延髓是供应身体宇宙生命能量("嗡")的主要入口,以极性与基督意识中心(Kutastha,位于两眉之间的灵眼,为人意志力所在处)直接相通。宇宙能量因此而储存于第七个中心,位于脑内,是无限潜能的储藏所(吠陀经称此为"光之千瓣莲花")。圣经中形容"嗡"音为圣灵(Holy Ghost)亦或维系万物的神圣无形生命力。"岂不知你们的身子就是圣灵的殿吗?这圣灵是从神而来,住在你们里头的;并且你们不是自己的人。"——哥林多前书第六章十九节

　　我立即明白她独特的一生乃为上帝安排，为的是向所有基督徒证实新约记载的耶稣生平，及被钉死在十字架的历史真实性，并以戏剧性的方式展现这位加利利上师与其信徒之间永世不灭的联系。

　　伍兹教授描述了他与这位圣者相处的一些经验。

　　"我们一群人包括泰瑞莎在内，经常在德国作为期数天的旅游，"他告诉我。"真是强烈对比——泰瑞莎什么也不吃，我们则日食三餐。但她总是像玫瑰花般朝气十足，毫无疲态。每当我们饿了，忙着找路边客栈时，她会笑得很开心。"

　　教授补充了一些有趣的生理细节："由于泰瑞莎不进食，她的胃早已萎缩，故无排泄物；但汗腺仍有作用，她的皮肤总

泰瑞莎·纽曼、李察·莱特，及瑜伽南达尊者
摄于 1935 年 7 月 17 日，巴伐利亚，艾克斯塔特镇

是柔软结实。"

离去前，我向泰瑞莎表达希望能在她出神杳冥状态时在场的意愿。

"好的，请在下礼拜五到康能露斯来，"她亲切地说。"主教会给你许可证，我很高兴你到艾克斯塔特来找我。"

泰瑞莎温柔地握手数回，并且送我们到门口。莱特先生打开汽车音响，圣者带着些低声的轻笑，开心地检视。看到一大群年轻人围聚过来，泰瑞莎退回屋内，我们看到她在窗边像个孩子般盯着我们并对我们挥手。

从次日与泰瑞莎两个非常亲切友善的兄弟交谈中，我们得知这位圣者每晚只睡一至两个小时。虽然身上伤痕累累，她依然充满活力。她喜爱鸟儿，照料了一缸鱼，并经常在她的花园里工作。她的通信量庞大，天主教徒经常写信请求她代祷并祝福病愈，许多身患重疾而前来寻求她帮助的人因此而康复。

她二十三岁左右的弟弟斐迪南 (Ferdinand) 解释道，透过祷告，泰瑞莎有能力将别人身上的病痛转移到自己身上再予以排除。这位圣者不进食的习惯始于一次祷告，当时教区一位准备加入圣职的年轻人患有喉疾，她祈求上天将该年轻人的疾病转移到她自己的喉咙上。

星期四下午我们一行人开车前往主教的家，主教看到我平滑的长发有些吃惊。他很快就开出许可证，且不收取费用；教会订下这个规矩，纯粹为了保护泰瑞莎不受蜂拥而来的观光客打扰，因为在先前几年每星期五总有数千名前来康能露丝参观的人潮。

我们在星期五早上九点半左右抵达。我注意到泰瑞莎的小屋有部分是玻璃屋顶，以提供她充足的阳光。我们很高兴看到门不再紧闭，而是大大敞开欢迎我们。我们与约二十名持有许可证的参观者一同排队等候，许多人为了目睹泰瑞莎玄秘的出神杳冥状态而从远地来。

泰瑞莎在教授家时以直觉识出我拜访她乃出于灵性原因，而非为了满足偶发的好奇，她因而通过我第一道测验。

第二道测验始于我上楼进她房间之前，我让自己进入瑜伽出神杳冥状态以便拥有与她一致的心电感应及灵视能力。我走进她挤满访客的房间，她身穿白袍躺在床上。我一踏入门槛，受眼前异常惊悚的景象所震惊，停下了脚步，莱特先生紧随在我身后。

泰瑞莎的下眼睑汩汩流出约一时宽的鲜血，她的目光凝聚于前额中央的灵眼位置。荆冕造成的圣痕伤口流出鲜血，浸湿了裹住头部的那块布。久远以前耶稣身上遭受士兵给予最后侮辱、以尖矛刺入的地方，如今在泰瑞莎侧身同样部位流出鲜血，在白袍位于心脏之处沾满了血迹。

泰瑞莎以慈母恳求的姿势张开双手，脸上的表情既有饱受折磨的痛苦但又深具神圣的荣光。她看起来较为消瘦，于内于外皆有微妙的改变。口里喃喃说着异国语言，在超意识的状态中，她的双唇略微颤动，正与内观中看到的灵魂对话。

我与她意识合一时，开始能看到她内观中所见景象：她看见耶稣背负着十字架走在嘲笑他的人群中[4]。突然间，她惊愕地抬起头，见到上主在残忍的重担下垮了下来。景象消失，泰瑞莎炽烈的怜悯心疲惫不堪，沉重地陷入枕头。

此时，我听到身后传来一声砰然巨响。回头一望，我看到两名男子将一位倒在地上的人抬了出去。由于我刚从深层的超意识状态中退离，没有立即认出倒下的人。我再度凝望泰瑞莎

---

4 在我到达前的数个小时，泰瑞莎已经历基督生命最终时日的许多内观画面。她在出神杳冥状态中的经历通常始于"最后的晚餐"之后的事件，结束于耶稣死在十字架上，偶尔会延至他的葬礼。

的脸，她因先前血流而惨白的面色，现在恢复平静，散发出圣洁的光辉。稍后我回头看见莱特先生站在后面，一手压住脸颊上鲜血渗出之处。

"迪克，"我焦急地问，"倒下的人是你吗？"

"是的，看到这么吓人的画面我晕了过去。"

我安慰他说："你再次回来观看是很有勇气的。"

想起还有许多朝圣者正耐心等候，莱特先生和我静静地向泰瑞莎道别后就离开她神圣的居处。[5]

第二天，我们一行人开车南下，庆幸我们不必倚赖火车，而能在乡村任何地点随处停下福特汽车。我们享受在德国、荷兰、法国和瑞士阿尔卑斯山之旅的每一分钟。在意大利，我们特别前往阿西西向谦卑使徒圣法兰西斯致敬。欧洲之旅的终点站是希腊，我们在那儿参观了雅典神庙以及温和的苏格拉底[6]喝下致命毒药的那所监狱。古希腊人到处在雪花石膏上发挥想像力的艺术能力令人赞叹。

我们乘船渡过阳光璀璨的地中海，在巴勒斯坦上岸。在这块圣地漫游了数日，我更加坚信朝圣的价值。对于纤敏的心而

5　一九四八年三月二十六日国际新闻社 (INS) 从德国发出的一份报导指出："一名德国农妇于本周五耶稣受难日躺在床上，头、手，及肩膀沾满血迹，与基督被十字架上的钉子及荆冕刺伤流血的部位相同。数万名心存敬畏的德国及美国人安静地排队走过泰瑞莎·纽曼乡间小屋的床边一睹圣迹。"
　　这位伟大的圣痕使徒于一九六二年九月十八日逝世于康能露斯。（编按）

6　在《尤西比乌斯》(Eusebius) 中有一段文字描述苏格拉底与一位印度贤哲的有趣相遇。文中写道："音乐家亚里士多塞诺斯 (Aristoxenus) 讲述一则有关印度人的故事。其中有一人在雅典遇见苏格拉底，问起他的哲学领域。'探索人类现象。'苏格拉底答道。这名印度人听到后笑出声来：'一个人若对神性现象一无所知时，'他说，'他如何能探索人类现象？'"
　　一个在西方哲学产生共鸣的希腊思想："人啊，认识你自己吧！"印度人则会说："人啊，认识你的*自性*吧！"笛卡尔的名言："我思，故我在"，并不是有效的哲学论述。专司理论的官能无法解释人最终的存在实相，人心就像现象界一样忙于认知，永远处在浮沉变迁的状态而无法究竟。智识的满足不是最高目标，追寻上帝的人是不变真理 (vidya) 的热爱者，其它一切则是相对性的知识 (avidya) 而已。

言，基督的灵遍布整个巴勒斯坦。在伯利恒 (Bethlehem)、客西马尼 (Gethsemane)、髑髅地 (Calvary)、神圣橄榄山 (Mount of Olives)、约旦河 (River Jordan) 和加利利海 (Sea of Galilee)，我虔敬地走在他身边。

我们一行人造访了耶稣诞生的马槽、约瑟夫的木匠工作坊、拉撒路的墓地、马大和马利亚的房子，以及"最后晚餐"的厅堂。久远以前的画面一幕幕浮现，我看到基督为了历代世人而一度演出的神圣戏剧。

继续前往埃及，看到现代化的开罗和古老的金字塔。船然后行经狭长的红海，越过辽阔的阿拉伯海；瞧，印度就在眼前！

第四十章　回到印度

我心存感激，呼吸着印度深受祝福的空气。一九三五年八月二十二日我们的船"拉吉普塔纳"号停泊在孟买大港。上岸的第一天，我们已预尝到未来一年马不停蹄的日子。朋友们带着花环聚集在码头欢迎我们，很快地，在下榻的泰姬玛哈旅馆(Taj Mahal Hotel)，我们接见了成群的记者和摄影师。

孟买对我而言是个新都市，我发现它朝气十足，非常现代化，许多创新皆从西方引进。宽广的林荫大道两旁种了成排棕榈树，宏伟的市政建筑与古老庙宇竞相争辉；但是观光的时间并不多，我急切想要见到我挚爱的古鲁和其他至亲好友。我们将福特汽车交付托运后即坐上火车往东向加尔各达奔驰[1]。

抵达豪拉车站时，庞大人潮聚集欢迎我们，一时之间我们无法下车。卡辛巴札尔邦的年轻邦主和弟弟毕胥努带领迎接团，如此盛大温馨的欢迎场面完全出乎我意料之外。

布列慈女士、莱特先生和我从头到脚被挂满了花环，锣鼓与海螺隆隆地吹奏着欢乐的曲调，我们在汽车与摩托车列队引导下缓缓驶向父亲的家。

彷佛见到死而复生的亲人般，年迈的父亲紧紧拥抱我；我们彼此相视许久，高兴得说不出话来。兄弟姐妹、伯叔姑婶、堂表亲，及多年未见的学生及老友全都围绕在我身旁，各个眼眶含着泪水。记忆匣中温馨团圆的那一幕，如今回想依旧生动鲜明，难以忘怀。至于与圣育克铁斯华的会面，我已无法用言语表达，就让我秘书的下则笔记来描述当时情景：

1　为了与住在沃达(Wardha)的圣雄甘地见面，我们在跨越州陆一半的几个中央省份停留。有关那些日子记述于第四十四章。

"今天，我带着最大的期待，从加尔各达开车载瑜伽南达尊者到塞伦波尔，"莱特先生在他的旅游日记上写道。

"我们经过几家奇妙有趣的商店——其中一间是瑜伽南达尊者大学时代最喜欢去的小吃店——最后进入一条有墙壁的窄巷。突然一个左转，出现在我们面前的正是师祖那幢两层楼砖造修道院，有栏杆的阳台自二楼延伸出来，整体予人一种宁静隐僻的感觉。

"我非常谦卑地紧随在瑜伽南达尊者后面，走进修道院围墙内的中庭，我们前行在老旧的水泥阶上，心怦怦跳，这阶梯无疑曾被无数真理追寻者踩踏过。我们愈大步前行，紧张的感觉愈强烈；就在靠近楼梯口处，伟大的圣育克铁斯华尊者的身影，以圣者的庄严姿态，静静地出现在我们面前。

"这位圣者的崇高风采让我如沐恩典，我的心为之澎湃激荡。瑜伽南达尊者立即跪下，磕头献上灵魂的深切感恩与敬意，并以手礼触古鲁双足，再以前额谦卑礼敬，看到这一幕，我已是泪眼婆娑。他随后起身，圣育克铁斯华尊者将他紧拥入怀。

"起初完全静默，但炽烈的情感透过灵魂无声的言语传递。他们的眼神闪耀着重聚的温馨！温柔的氛围弥漫于静谧的露台，连太阳都从云端中出现，为这刻加添一道光辉。

"我在师祖面前跪下，表达我没有道出的爱与感谢，我礼触师祖长时间因道务奔忙而生茧的双足，他为我加持。起身后，我凝望他美丽的双眸——内省深邃但流露出喜悦的清朗。

"我们进入他的起居室，它与从街上一眼可见的阳台相接。师祖坐在水泥地上一有护套的垫子上，身体倚着一张老旧的沙发。瑜伽南达尊者和我坐得很靠近古鲁足前，用橘色靠垫倚背并纾解我们在草席上的坐姿。

"我试图听出两位尊者以孟加拉语交谈的内容梗概却收获

"由于我古鲁没有惊人举止，同时代只有少数几人知道他境界超凡。"瑜伽南达尊者说："虽然像其他人一样生为凡躯，圣育克铁斯华已达到与时空统治者合一的境界，没有任何障碍能阻挡他进入天人合一状态。后来我才了解，除了人类性灵的怠惰怯懦外，这样的障碍是不存在的。"

不大（我发现他们相处时很少以英语交谈，即使这位被他人以'伟大尊者'〔Swamiji Maharaj〕称呼的古鲁有能力且经常使用英语）。但是透过他温暖人心的笑容及闪闪发亮的眼睛，我不难感受出这位圣者的圣洁。从他时而轻松时而严肃的谈话，可以轻易肯定地辨识出圣贤的特质——圣者之为圣乃因他知其所知，因他认识上帝。师祖的大智慧、成就力及决心清楚展现在每一方面。

"他穿着简朴，那些先前染成赭黄色的腰布及衬衫，如今已褪成橘色。有时我恭敬地细察师祖，注意到他的体格高大壮硕，出家生活的磨练及牺牲奉献使他的身体更加坚实。他的仪表威严，腰背挺直且举止尊贵。偶尔从他胸腔深处传来的轻快笑声，会让他整个身体为之颤动。

"他严竣的脸庞明显散发出神圣的力量。中分的头发在前额处已全白，其他部位则有滑亮的金色与黑色头发相间，卷曲的发尾散放在肩上，稀疏的胡须更加衬托出他的五官。师祖宽广的额头彷佛直达天庭，来自天际的蓝色光晕围绕着他黑色的双瞳。他有一个较大但灵通的鼻子，没事他会像个孩子般好玩地用手指弹弹它或扭扭它。沉静时，他的嘴唇严肃但不失温柔。

"我环顾四处，发现有些陈旧的房间透露出主人对物质舒适的不执着。长形的房间四周，白色的墙受天候影响而渐斑黄，并出现褪色的蓝色灰泥斑纹。房间一端挂着拉悉利·玛哈夏的珍贵照片，上有被虔诚献上的朴素花环。另一张旧照片摄于瑜伽南达尊者初抵波士顿时，与宗教大会的其他代表同摄。

"我注意到新旧摆饰的雅趣对比。一盏用刻花玻璃烛台做的吊灯因久未使用而布满蜘蛛网，而墙上却挂着一本亮闪闪、即期的月历，整个房间弥漫着宁静愉悦的馨香。

"在阳台之外，高耸参天的棕榈树彷佛默默守护着修道院。

"师祖只需拍掌，在掌声未断前弟子就会来应答。其中一名身材瘦小的弟子叫波夫勒[2]，他有着长长的黑发、亮澈的黑瞳及天使般的笑容；当他嘴角上扬时眼睛闪闪发光，就像黄昏的天空乍现群星及一轮新月般。

"圣育克铁斯华显然对于他的'产物'归来特别高兴，他似乎也对他的'产物的产物'——即我——感到有些好奇，只是这位伟大圣者深具智慧的本性让他不将情感形于外。

"瑜伽南达尊者献上礼物，这是弟子回到古鲁身边的传统礼节。我们之后坐下来享用简单但美味的米饭蔬菜餐，圣育克铁斯华尊者颇欣喜地看到我遵循几项印度传统——譬如以手就食。

"数个小时在孟加拉语一来一往，及温馨笑容与欢喜相视中滑逝，我们在他足前顶礼后，双手合十[3]告退，然后带着这份与圣者晤面的永恒回忆前往加尔各达。虽然我主要记述师祖给我的外在印象，但我一直意识到他的灵性光辉，我感受到他的能量，也会永远留住这份觉受，做为我灵性的祝福。"

我从美国、欧洲、及巴勒斯坦带了很多礼物送圣育克铁斯华，他带着笑容收下礼物但不作评论。我先前在德国为自己买了一支可兼作雨伞的手杖，在印度时我决定将它送给上师。

"这礼物我很喜欢！"古鲁不寻常地如此评论，他慈爱地望着我，彷佛领会我的心意。在所有礼物当中，他独挑这支手杖向访客展现。

"师父，请允许我为您的起居室换上新地毯。"我注意到

---

2 波夫勒 (Prafulla) 即是有一次当眼镜蛇靠近圣育克铁斯华时，在其身边的那名男孩（见第143页）。

3 pranam，字义为"完全礼敬"，梵文字根 nam 意为敬礼或鞠躬；字首 pra 为"完全"之意。双手合十的 pranam 手势主要为对出家人或德高望重者所行之礼。

圣育克铁斯华位于塞伦波尔修道院的二楼用餐阳台，摄于 1935 年。
瑜伽南达尊者（中间）坐在他的古鲁（右边站立者）旁。

圣育克铁斯华的虎皮垫放在一张破旧的毯子上。

"如果这么做会令你欢喜的话，那就换吧。"古鲁的声音
并不热切。"你看，我的虎皮垫干净好用；我是我的小王国中
的君王，王国外是只对外相感兴趣的红尘俗世。"

这些话把我带回往日时光，我彷佛再度是当年那个每天在
师父斥责炼火下被严格调教的年轻徒弟。

在依依不舍地告别塞伦波尔及加尔各达后，我随即与莱特
先生前往兰栖。那儿的欢迎场面如此盛大！全校师生热烈鼓掌
的那幕令我深受感动！我噙着泪水拥抱那些无私奉献的老师，
是他们在我离开的十五年中，始终让校旗在空中飘扬。住校生

帕拉玛罕撒·瑜伽南达

1935 年 12 月 13 日摄于印度大摩达（Damodar），当时尊者回到他创立的第一所男子学校探视，该校于 1917 年建于迪西卡（Dihika）附近。尊者在一座坍塌殆尽的高塔入口静坐，该塔曾为与外隔绝的最佳角落。

及日校生容光焕发的脸庞与快乐的笑容充份证明完善的学术教育及瑜伽训练的价值。

　　遗憾的是，兰栖学校的经费十分拮据。将卡辛巴札尔宫殿转变为学校主要建筑、且大额捐助的年迈邦主曼尼达·川达·南迪先生已辞世，学校许多免费的慈善活动因缺乏足够的大众捐款而岌岌可危。

　　我在美国这些年学习到美国人的务实智慧——不畏艰难的精神。我在兰栖停留一星期处理一些棘手的问题，之后除了与加尔各答几位重要的领导者及教育家会面之外，我也与卡辛巴札尔的年轻邦主长谈，并向父亲请求财务上的援助。终于，摇摇欲坠的兰栖学校的根基重新被扶正，许多来自我美国学生的

瑜伽南达尊者（中间坐者）与他的秘书李察·莱特（右边坐者），1936 年 7 月 17 日摄于兰栖。围绕他们身边的是瑜伽南达尊者为原住民女孩所建学校的师生。

1936 年瑜伽南达尊者与兰栖 YSS 青少年男子学校师生合影。该校由瑜伽南达尊者创立，1918 年从孟加拉邦迪西卡迁移至此，经费由卡辛巴札尔邦主赞助。

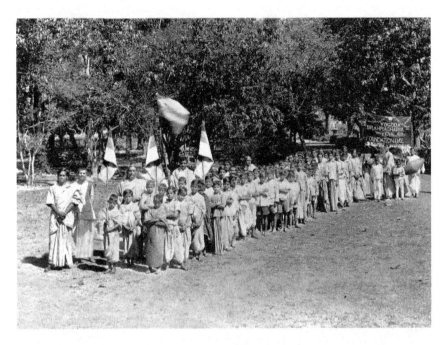

1938 年 3 月兰栖学校师生校庆日遊行

YSS 兰栖青少年男子学校的学生，摄于 1970 年。为维持瑜伽南达尊者的创校理想，该校很多课程在户外进行。男孩们接受瑜伽训练、学术教育，以及职业训练。

捐款也在关键时刻寄达。

在返回印度的几个月内，我很欣喜看到兰栖学校依法立案，我一生梦想成立一所永久提供瑜伽训练的教育中心终于实现。这热忱让我一路从一九一七年七个男孩的简陋小团体开始，至今丝毫未减。

这所"瑜伽真理梵行学校"(Yogoda Satsanga Brahmacharya Vidyalaya) 在户外进行文法及高中科目的课程，住校生及日校生也接受一些职业训练。

男孩们自己透过自治委员会管理许多活动。在我还是教育者的早期生涯我就发现，那些调皮捣蛋、喜欢向老师挑战的学生会很乐于接受同学订立的风纪规则。我自己从不是模范学生，因此对于男孩恶作剧及各种问题我深具同情。

学校也鼓励运动及游戏，操场上总是回荡着男孩们练习曲棍球及足球[4]的声音，兰栖学生经常在竞赛活动中赢得奖杯。男孩们由瑜伽课程中学会透过意念强化肌力，即经由心念引导，将生命能量传递至身体任何部位，他们也学习瑜伽体位、剑术及棍术。兰栖学生也接受救援训练，当省内发生水灾或饥荒时，他们也参与值得赞扬的救灾服务。男孩们并在园里工作，种植自己食用的蔬菜。

学校也提供印地语的初级课程给省内可尔斯 (Kols)、山陀斯 (Santals)，及孟达斯 (Mundas) 原住民部落；提供给女生的课程仅在邻近村庄进行。

兰栖教育的一项特色为提供科里亚瑜伽传法。男孩们每天练习能量运动、唱诵梵歌，并透过言教及身教被教导素朴、牺牲奉献、荣誉，及真理的美德。学校强调，恶行导致悲惨结果；善行则带来真正快乐。恶行就像有毒的蜂蜜，虽诱惑人却满载

4　英式足球 (football)，在美国被称为 soccer。

致命危机。

学校训练学生以心念集中的方法克服焦躁不安的身心，获致惊人成效。在兰栖校内随时可见年约九、十岁可爱幼小的身躯不动地静坐一、两个小时或更久，两眼不眨地往上向灵眼集中。

果园里有一间希瓦神庙，内有神圣上师拉悉利·玛哈夏的雕像。每日祈祷及经典课程都在园里的芒果树荫下进行。

盖在兰栖土地上的"瑜伽真理医院"（Yogoda Satsanga Sevashram Hospital，意为"服务之家"）为数万名印度穷人提供免费手术及医疗服务。

兰栖位于海平面两千英呎，气候温和稳定，二十五英亩大的腹地紧邻一座可沐浴的大池塘，并包括印度最优美的其中一座私人果园，内有五百株果树，包含芒果、枣子、番石榴、荔枝，及波罗蜜树。

兰栖图书馆里有多种期刊及一千多册英文及孟加拉文藏书，全来自东、西方的捐赠，馆内并有世界经典收藏。一座详细分类的博物馆展示着珍贵矿石及考古学、地质学及人类学方面的收藏品，多数是我在神的各地疆域行旅时带回的纪念品[5]。

兰栖学校的高中部分校在各地接连成立，同样提供住校及瑜伽课程。一所为只收男孩的"瑜伽真理学校"(Yogoda Satsanga Vidyapith)，位于西孟加拉邦的拉克汉普村 (Lakhanpur)；另一所高中及静修院，位于孟加拉邦米那波区 (Midnapore) 的伊加马立查村 (Ejmalichak)[6]。

一九三九年，一所位于达克希内思瓦、面对恒河的瑜伽精

5　西方有一个类似的展览馆，位于加州太平洋帕利塞德 (Pacific Palisades) ＳＲＦ的湖畔圣祠 (Lake Shrine)，该馆藏为帕拉玛罕撒·瑜伽南达所搜集。（编按）

6　从这个最初的核心开始，印度ＹＳＳ已陆续在印度许多地方兴建许多供男孩及女孩就读的教育组织，课程涵括从初级到大学程度的教育。

舍 (Yogoda Math) 成立。精舍距离加尔各达北部只有几英哩远，为都市居民提供了一个宁静的避风港。

达克希内思瓦瑜伽精舍是ＹＳＳ及散居印度各地学校、中心，及修道院的总部。ＹＳＳ正式立案为美国加州ＳＲＦ洛杉矶国际总部的分支机构。ＹＳＳ (Yogoda Satsanga Society)[7] 的活动包

印度达克希内思瓦瑜伽精舍

印度 YSS 总部，座落于靠近加尔各达的恒河边，为帕拉玛罕撒·瑜伽南达于 1939 年所创建。

7　"Yogoda" 一字由 yoga（结合、和谐、平衡）与 da（授予）而来。"Satsanga" 一字则包含 sat（真理）及 sanga（同修会）。

　　一九一六年帕拉玛罕撒·瑜伽南达发现从宇宙来源引导能量进入人体的法则后（见第 285 至 286 页），而创造 Yogoda 这个新词。

　　圣育克铁斯华称其修院团体为"真理同修会"(Satsanga)，其弟子帕拉玛罕撒·瑜伽南达自然地希望保留该名。

　　"印度瑜伽真理同修会"（Yogoda Satsanga Society of India，简称ＹＳＳ）为非营利组织，意在永续存在。瑜伽南达尊者将其在印度的志业及基金会并入该组织下运作，现在该组织由位于西孟加拉邦达克希内思瓦瑜伽精舍的理事会妥善管理。ＹＳＳ的许多静坐中心现在印度各地蓬勃发展。

　　在西方，瑜伽南达尊者以英文 Self-Realization Fellowship（简称ＳＲＦ）命名其组织，并将其在西方的志业纳入ＳＲＦ下运作。梅娜里尼·玛塔尊者 (Sri Mrinalini Mata) 同时为ＳＲＦ及ＹＳＳ现任会长。（编按）

括每季出版瑜伽期刊及两周一次邮寄课程给印度各地学生，该课程详述ＳＲＦ的能量运动、心念集中法，及静坐技巧。忠实修练该技巧可为高等科里亚的学习奠立基础，符合条件的学生即可在后续课程中研习科里亚瑜伽。

瑜伽活动无论在教育、宗教，以及人道方面，均需要许多老师及工作者的服务参与及虔诚护持。由于人数众多，我并未在此列出姓名，但在我心中，每一人都有其闪亮的特别位置。

莱特先生与兰栖学校的许多男孩建立了深厚的友谊，穿着简单的腰布，他与男孩们生活了一段时日。在游历孟买、兰栖、加尔各达，及塞伦波尔后，我这位极具叙事天赋的秘书，总会生动地写下他的游记。一天傍晚我问他这个问题：

"迪克，你对印度的观感如何？"

"详和，"他深思地说，"整个族裔充满了详和氛围。"

1935 年瑜伽南达尊者在一艘沿着亚穆纳河划行的船上，地点为与薄伽梵·克里希那出生地及童年有关的圣城马督拉(Mathura)。中间坐者为阿南塔·拉尔·果栩（瑜伽南达尊者的长兄）的女儿、萨南达·拉尔·果栩（瑜伽南达尊者的弟弟），以及李察·莱特。

第四十一章　南印度田园乐曲

"迪克，你是第一个进入那座圣殿的西方人；许多人尝试要进去，都徒劳无功。"

听到我说这些话，莱特先生吃惊之余，颇为欢喜。我们刚离开印度南部那座位于山丘上俯瞰麦索尔 (Mysore) 的美丽茶孟蒂 (Chamundi) 庙，我们在那里对着金银色圣坛上的茶孟蒂女神像合掌行礼，她是麦索尔统治家族的守护神。

"我会一直保存这些被祭司用玫瑰水喷洒过的花瓣，"莱特先生小心翼翼地收起几片玫瑰花瓣时说道，"作为获得这项殊荣的纪念品。"

我的同伴和我[1]于一九三五年十一月应邀至麦索尔邦作客一个月，邦主[2]继承人——王储殿下坎希拉瓦·纳拉辛诃惹迦·瓦第亚先生 (Sri Kantheerava Narasimharaja Wadiyar) ——邀请我与秘书参观他文明进步的领地。

在过去两星期，我在市政厅、邦主学院，及大学医学院向麦索尔数万名市民及学生演讲；也在位于班加洛 (Bangalore) 的国立高中、中级学院，及捷地 (Chetty) 市政厅三场三千多人聚集的大型集会中演说。

我不知道热切的观众是否能相信我所描绘的美国的热情，但每当我说到东西方交流长处可为双方带来益处时，掌声总是特别热烈。

现在莱特先生和我在热带的宁静中休息。他在旅游日记里

1　布列慈女士留在加尔各达我的亲戚那里。

2　Maharaja，全称为克里希那·罗真达·瓦第亚邦主四世 (Maharaja Sri Krishna Rajendra Wadiyar IV)。

描述了对麦索尔的如下印象：

"许多让人心神荡漾的快乐时光，就在我以悠闲的心情凝望变化无穷的天空中渡过。就像上帝展开跨越穹苍的画布，祂的润触足以产生与清新生命共振的色彩，一旦人们试着用颜料模仿，色彩的朝气尽失，因为神用的方法更为简单快速，既不用油料也非颜料，只用光线。祂在这里抛出一道光，立即映射出红彩；彩笔再度一挥，红彩渐渐混成橙色及金色；然后祂将彩笔一戳，将云朵刺成一抹紫红，伤口渗出暗红，晕染了云朵轮廓。就这样，祂不停玩弄，夜以继日，变化无穷，永远如新，永不重覆，每刻的形状及颜色绝不相同。从白天到夜里，从夜里到天明，印度的变化之美无处可比，天空经常就像上帝对着穹苍抛洒祂彩盒中所有颜色似地，呈现出万花筒般的缤纷艳彩。

"我必须记述有一次我们在黄昏时到克里希那惹迦·萨噶尔大水坝[3]参观所见到的壮丽景色。该水坝距离麦索尔市区约十二英哩，瑜伽南达尊者和我搭乘一辆小巴，随行还有一名帮忙使力或"电池替代者"的男孩。一行人沿着平滑的泥土路出发，此时夕阳像一颗过熟的蕃茄，缓缓落入地平线。

"我们行经常年存在的方型稻田，经过凉爽宜人的榕树丛，两边是高耸的棕榈树。无论何处，这里的植物几乎就像丛林里的植物般茂密。快到山顶时，我们看到一座巨大的人工湖，湖面倒映出繁星及棕榈与其它树木的轮廓，湖周围有美丽的梯形花园及成排路灯。

"在水坝边缘底下，我们看到一幅眩目的景观：七彩光在间歇泉般的喷泉上轻舞，彷彿明亮的彩墨争相喷涌，形成艳蓝、红、绿及黄色相间的瀑布，石雕巨象也不断喷出水来。这座水

---

3 Krishnaraja Sagar Dam，一座灌溉水坝建于一九三〇年，供麦索尔市附近地区使用，该市以丝绸、肥皂，及檀香油闻名。

坝（被照亮的喷泉让我想起一九三三年在芝加哥举行的世界博览会）在到处是稻田及纯朴居民的古老土地上显得相当现代、醒目。印度人如此亲切地欢迎我们，恐怕我得费尽力气才能将瑜伽南达尊者带回美国。

"另一项稀有的殊荣——我生平第一次骑大象。昨天王储邀请我们到他的避暑宫殿去骑大象，那是他几只大象的其中一只，十分庞大。我爬梯子登上在高处的象背，坐在有丝绸座垫的箱型背鞍上，然后一路摇摇晃晃、颠簸起伏地骑到一处小峡谷——过程惊险刺激到我来不及担忧或尖叫，只能紧抱不放以求保命。"

具有丰富历史及考古遗迹的南印度，有着绝对迷人却难以言尽的魅力。麦索尔以北是海德拉巴 (Hyderabad)，波涛汹涌的高达瓦瑞河 (Godavari River) 流经这座风景如画的高原地。除了宽广肥沃的平原及景致迷人的"蓝色山脉" (Nilgiris) 外，还可见到荒芜的石灰岩或花岗岩山。海德拉巴有一段多姿多采的悠久历史，始于三千年前的安得拉 (Andhra) 王朝历任国王，经过印度各朝代，一直到西元一二九四年该地区由穆斯林统治者接管。

在海德拉巴的艾洛拉 (Ellora) 及阿旃陀 (Ajanta) 地区许多古老的石雕洞窟中，可以发现全印度最令人叹为观止的建筑、雕刻品及画作。位于艾洛拉地区的凯拉萨 (Kailasa) 庙是由独块巨石建成，内有以米开朗基罗精准比例雕刻的神像、人像及动物。阿旃陀地区建了二十五间修道院及五间大教堂，所有出土岩块皆有石雕巨柱支撑，艺术家及雕刻家在此让其天赋永恒不朽。

欧斯曼尼亚大学 (Osmania University) 及气势雄伟、有万名穆斯林聚集祷告的麦加清真寺 (Mecca Masjid Mosque)，让海德拉巴市成为一受恩宠的雅都。

位于海平面三千英呎的麦索尔邦，富有多处茂密的热带林：野象、野牛、熊、豹及老虎的家。两个主要城市班加洛及麦索尔，洁净迷人，有许多美丽的公园及对大众开放的花园。

从十一世纪到十五世纪间，由于印度历代国王的赞助，印度建筑及雕刻艺术在麦索尔达到顶峰。位于贝鲁尔 (Belur) 的圣殿，完成于维希努瓦达那王 (King Vishnuvardhana) 统治期间，其鬼斧神工、精雕细琢，举世无出其右。

在麦索尔北部发现的碑文可以追溯至西元前第三世纪，碑文阐明阿育王[4]辽阔疆土包括印度、阿富汗，及俾路支斯坦 (Baluchistan)。以不同方言刻记的阿育王"石碑训文"见证了当时教育普及的情况。碑文十三谴责战争："一切征服皆不真实，惟有宗教取胜。"碑文十宣称，国王的真正荣耀取决于他在提升国民道德方面的发展。碑文十一为"真正的礼物"下的定义为：非物质 (goods)，而是美德 (Good)——真理的传播。碑文六记载，广受爱戴的国王邀请其臣民无论日夜任何时候与他商议公共事务，又言，藉由忠实尽完国王义务，他自此"从亏欠胞民的债务中得到解脱"。

阿育王是势不可当的旃陀罗笈多·摩利耶 (Chandragupta Maurya) 的孙子。旃陀罗笈多摧毁由亚历山大大帝派驻印度的部队，并于西元前三〇五年击败入侵印度的塞琉古马其顿军 (Macedonian Army of Seleucus)。旃陀罗笈多又在他位于华氏城[5]

---

4 阿育王在印度各地建了八万四千座佛塔 (stupas)。十四篇碑文及十个石柱被留存至今，每个石柱都是工程、建筑，及雕工艺术的极致表现。他建设了多项工程，包括许多水库、水坝、灌溉水闸、高速道路、林荫道路及沿途供旅人休息的客栈、药用植物园，及分别供民众及动物看诊的医院。

5 华氏城 (Pataliputra，现名巴特那〔Patna〕) 有一段迷人的历史。佛陀在西元前六世纪到该地时，那儿还只是一个不重要的堡垒。他如此预言："阿利安人将于此游憩，商人将经常造访，华氏城将成为他们的主要都市及所有货物交易中心。"（《大般涅盘经》）。两世纪后，华氏城变成旃陀罗笈多·摩利耶所的宫廷内招待希腊使者梅格士廷斯 (Megasthenes)，他留下文献描述当时印度快乐进取的社会风气。

西元前二九八年，屡战屡胜的旃陀罗笈多将印度统治权移交其子。旃陀罗笈多生命中最后十二年游方至南印度过着身无分文的苦修生活，在梭凡纳贝勒古拉 (Sravanabelagola) 一个岩洞中闭关追求证悟，该地现已成为麦索尔的一座圣祠。在同一地区，有一座夸称为全世界最大的独块巨石雕像，该雕像于西元九八三年由耆那教徒雕自一大圆石，以纪念圣者古马特斯瓦喇 (Gomateswara)。

希腊史学家及其他曾经伴随亚历山大大帝或在其后远征印度者，巨细靡遗地记录下旅途中的轶闻。阿里安 (Arrian)、戴奥德洛斯 (Diodoros)、普鲁塔克 (Plutarch)，及地理学家斯陀保 (Strabo) 的记述，经麦克柯林道尔 (J. W. McCrindle) 博士翻译后[6]，后人始得一窥古老印度的面貌。在亚历山大失败的侵略中，最叫人赞扬之事就是他对印度哲学及那些他不时遇见的瑜伽行者及圣者的高度兴趣；他热切渴望与这些圣者为伍，向他们请益。这位西方战士抵达位于北印度的塔西拉后，旋即派遣欧尼斯克里多斯 (Onesikritos，希腊狄奥根尼 [Diogenes] 犬儒学派的弟子) 前往寻找塔西拉一位名为丹达米斯 (Dandamis) 的苦行者。

"拜见尊者，噢！婆罗门之师！"欧尼斯克里多斯在丹达米斯的林间隐修处找到他。"威武的宙斯神之子及全人类的至高大帝亚历山大要您去见他。若您配合，他会以重礼酬谢；若是拒绝，他会砍掉您的头！"

创建的孔雀王朝的首都，其孙阿育王更进一步将此大都会带入富足繁荣的盛况。(见第 561 页)

6 有关《古老印度》(*Ancient India*) 的译作共六册 (Calcutta: Chuckervertty，Chatterjee & Co.，15 College Square; 1879，reissued 1927)。

　　瑜伽行者冷静地听着这个相当具强迫性的邀请，但"并未从铺满树叶的座位上稍微扬起头"。

　　"我也是宙斯之子，倘若亚历山大是如此，"他评论。"亚历山大的东西我一样也不要，我满足于我所有的。倒是我看他与其臣民流浪远征陆海却毫无所获，而且其徬徨徘徊永无终止。

　　"回去告诉亚历山大，至尊之王上帝从来不是卤莽恶行的'发起者'，而是光、宁静、生命、水、人体，及灵魂的'创造者'。一旦人们由死亡解脱，上帝就将他们接回，不再受邪恶之疾所苦。祂才是我独一崇敬的神，既憎恶屠杀，也不教唆战争。

　　"亚历山大并非神，因为他必须体尝死亡，"贤哲语带蔑视平静续道，"一个未能登上自己内在宇宙统辖王座的人，如何号称世界主宰？他未能活着进入冥府，也从不知太阳在这土地广大区域移动的轨迹，多数国家甚至没有听过他的名字！"

　　一番谴责后——这无疑是"世界之主"听过最尖刻的话——贤哲接着反讽地说："如果亚历山大目前辽阔的疆土还不足以满足他的欲望，让他跨越恒河吧，那里他会发现一个能供养其所有士兵的国度。[7]"

　　"亚历山大允诺的礼物对我毫无用处，"丹达米斯继续说道，"真正对我有价值并为我所珍视的是那些能让我遮阳避雨的树木、能提供我每日食粮的茂盛植物，还有能为我解渴的水。带着患得患失之心所累聚的财物总是为那些蓄积它的人带来痛苦，只会徒增未开悟者的忧烦。

　　"对我而言，躺在林间落叶上，不必看守任何东西，合眼就能酣睡；反之，若我拥有任何世间价值之物，如此负担将驱

7　亚历山大和他的属下将军皆不曾渡过恒河。在西北受到坚决抵抗，马其顿军叛变不愿继续往前，亚历山大被迫离开印度，改向波斯征战。

赶我的睡眠。这土地供应我一切所需，就像母亲以母奶喂养孩子般。我随兴来去，不受物质牵绊。

"纵使亚历山大砍掉我的头，他也无法毁灭我的灵魂。那时，我的头寂然无声，我的身体就像件破衫，留在地球上，身体的构成元素亦取自其中。我变成'灵'，飘升到上帝身边。祂让我们以肉身之躯活在世间，以确认我们会遵循祂的律法；然后在我们离开世间时，祂会审阅我们一生的功过。祂是一切罪行的**审判主**，受压迫者的哀号注定迫害者的惩罚。

"亚历山大只能恐吓那些贪财怕死的人，他的武器对婆罗门士毫无力量，我们既不爱黄金也不畏死亡。回去告诉亚历山大：丹达米斯不需要你任何东西，因此不会来找你；如果你想要从丹达米斯身上有所获，你就过去找他吧。"

欧尼斯克里多斯照实传达讯息，亚历山大很仔细地聆听，并"生起比从前更急切想见丹达米斯的强烈欲望。丹达米斯虽然是个不着衣衫的老人，却是这位许多国家的征服者唯一所遇更胜一筹的对手。"

亚历山大邀请几位婆罗门苦修士前往塔西拉，他们擅以简洁精炼的智慧回答哲学问题而著称。普卢塔克记述了口头辩论的情况，题目皆由亚历山大所拟订。

"死的与活的，何者为数较多？"

"活的，因为死的非如此。"

"海洋与陆地，何者哺育较多动物？"

"陆地，因海洋只是陆地的一部份。"

"哪一种动物最聪明？"

"人类尚未熟悉的那一种。"（人害怕未知事物。）

"日与夜，何者先存在？"

"'日'早了一日先存在。"这个回答令亚历山大不经意地露出惊讶，婆罗门士接着说："不可能的问题需要不可能的答案。"

"人如何让自己受他人爱戴？"

"一个拥有大权却不为人所惧者，必将受爱戴。"

"人如何成为神？"[8]

"做那些人做不到的事。"

"生与死，何者强？"

"生，因其背负诸多邪恶。"

亚历山大成功从印度获得一位实修的瑜伽行者担任其导师。此人为卡里亚那（Kalyana，史芬司尊者〔Swami Sphines〕），希腊人称之为卡拉诺斯 (Kalanos)，这位贤哲与亚历山大同往波斯。在波斯的苏萨 (Susa) 一地，卡拉诺斯于预定的日子抛弃其垂老的身躯：他在马其顿大军面前走进火葬堆。史学家记录当时士兵吃惊地看着这位瑜伽行者不怕痛苦与死亡的情景，他在火堆中燃烧时不曾稍微移动其身体。火化前，卡拉诺斯与许多至交拥抱，惟独未向亚历山大道别，这位印度贤哲只对他说了一句话：

"我将与你在巴比伦相见。"

亚历山大离开波斯，一年后死于巴比伦。这位印度古鲁藉由这句预言，暗示无论生死，他皆与亚历山大同在。

希腊史学家留给我们许多有关印度社会生动且深具启发性的描述。阿里安告诉我们，印度法律保护人民并"规定没有人在任何情况下应成为奴隶；但在享受自由的同时，也应尊重所有人拥有的平等权利。"[9]

8　从这个问题我们可以推论这位"宙斯之子"一度怀疑自己已臻完美。

9　所有希腊文化观察家都提到印度无奴隶制度的现象，这与希腊社会结构大相径庭。
　　班诺·库玛·萨卡尔教授 (Prof. Benoy Kumar Sarkar) 所著的《富创造力的

"印度人，"另一段文献记载："既不放高利贷，也不知如何借款。他们不作恶也不容许人作恶，因那有违其风俗；因此他们不订合约，也不要求担保品。"我们被教导，疗愈是透过简单自然的方法。"治疗是透过调整饮食而非倚赖药物的使用。最被看重的药物是膏药及敷药，其它皆被视为相当有害。"只有刹帝利阶级才能从事战争。"敌人遇到在土地上工作的农夫也不会伤害他，因为这种阶级的人被视为有利众生，故有不受任何伤害的保护，土地因此不受劫掠而能有丰富的农产供居民享用。"

麦索尔遍处存在的宗教圣殿，不断提醒我们印度南部许多伟大的圣者。其中之一为大成就者德伍玛纳瓦 (Thayumanavar)，他留给后人这首寓意深长的诗：

> 你也许能驾驭一头狂野的大象；
> 你也许能闭上熊与老虎的嘴巴；
> 骑在狮背上并戏耍眼镜蛇；
> 或靠炼金术行走江湖；
> 你也许还能隐姓埋名遍游天下；
> 使诸神臣服；甚至长生不老；
> 你也许能在水面行走或在火中存活；
> 但更高明也更难做到的，却是驾驭你的心。

在印度最南端的特拉凡哥尔 (Travancore) 风景美丽、土地肥沃，境内交通倚靠河流及运河。邦主每年承袭传统，为战争及久远以前并吞数个小邦成为特拉凡哥尔邦过程中所造罪行进行

印度》(Creative India) 清楚描绘印度在古今的成就，以及在经济、政治科学、文学、艺术及社会哲学方面的独特价值。(Lahore: Motilal Banarsi Dass，Publishers，1937，714 pp.)

　　另外推荐的书为凡卡特斯瓦拉 (S. V. Venkatesvara) 所著的《历代印度文化》(Indian Culture Through the Ages; New York: Longmans，Green & Co.)。

忏悔。每年有五十六天的时间，邦主每天到圣殿三次听吠陀经文唱诵，赎罪仪式在圣殿点亮千万盏灯 (lakshadipam) 中结束。

在印度东南岸的马德拉斯省 (Madras Presidency) 包括宽广辽阔、四面环海的马德拉斯市及"黄金之都"坎吉翡伦 (Conjeeveram)，该都为西历纪元最初几世纪间帕拉瓦王朝 (Pallava Dynasty) 历任国王的首都所在。圣雄甘地的"非暴力"理想在现代化的马德拉斯省有很大进展，醒目的白色"甘地帽"到处可见。甘地在南部各地有效推动许多重要的寺庙改革，利益印度"贱民"阶级，并进行种姓制度的革新。

由伟大立法者玛奴 (Manu) 所制定的种姓制度原本立意崇高，他清楚看到人经自然演化被区分为四大类：一类为以身体劳力为社会提供服务者（首陀罗，Sudras）；一类为以智力、技能、农耕、交易，及从事一般商业行为者（吠舍，Vaisyas）；一类为具执行、管理才干与保护能力的统治者及战士（刹帝利，Kshatriyas）；一类为习于冥想、灵性受到启发，并能启迪他人者（婆罗门，Brahmins）。"一个人是否为'二度降生'，譬如婆罗门士，无法由其出身、圣誓、学问，或家谱决定，"《摩诃婆罗多》指出，"只能由其品格及行为决定。"[10] 玛奴教导社

---

10 "种姓制度四个阶级最初并非取决于一个人的家世，而是取决于他在达成自订人生目标过程中所展现的天赋能力，"泰拉·玛塔在《东方与西方》期刊一九三五年一月刊上写道。"目标有四种：(1)欲望 (kama)，以感官为主的生命活动（首陀罗阶级）；(2)获致 (artha)，在控制欲望下达成（吠舍阶级）；(3)自律 (dharma)，尽责及行直的一生（刹帝利阶级）；(4)解脱 (moksha)，修行及宗教教育的一生（婆罗门阶级）。这四个阶级服务人类的方式是经由(1)身体，(2)心智，(3)意志力，及(4)灵性。

"这四个阶级对应自性特质 (gunas) 的三个永恒要素：无明 (tamas)、活力 (rajas) 及证悟 (sattva)，分别象征窒碍、活动、扩展；亦或代表滞重、能量、智慧。四个自然的种姓阶级显出下列自性特质：(1)无明 (tamas)，(2)无明及活力的混合 (tamas-rajas)，(3)正行及证悟的混合 (rajas-sattva)，(4)证悟 (sattva)。每个人的阶级依其自身一种或两种自性特质的混合而决定。当然，每个人都具有三种自性特质，只是所占比例不同。古鲁有能力正确判断一个人的阶级或进化状态。

"在某种程度上，所有种族及国家即使不谈理论，在实务上仍按照各阶

会要尊重拥有智慧、美德者，也要尊敬长者、亲属，最后才是尊敬富人。被积藏起来或不用于慈善公益的财富，在吠陀时代的印度社会是受到鄙视的；极富有却不慷慨布施者在社会上被归于低等阶层。

经过数多世纪，种姓制度逐渐演变成一种根深蒂固的世袭束缚，严重的罪行因此衍生。印度自一九四七年独立以来，对重建种姓制度的古老价值有缓慢但确实的进步，其主要基于天赋能力而非家世血统。世上每一个国家皆有其特有的悲惨业债要处理及正直地清偿。印度，以其强韧的适应力及不屈不挠的精神，正证明她有同等能力挑起种姓制度改革的重担。

南印度如此令人沉醉，莱特先生和我渴望延长这段田园乐曲，但光阴总是无情，一刻也不让我们多留。我被安排旋即到加尔各达大学印度哲学大会的闭幕会议中演讲。麦索尔行程结束前，我拜访了印度科学研究院 (Indian Academy of Sciences) 院长拉曼爵士 (Sir C. V. Raman) 并与之相谈甚欢。这位杰出的印度物理学家以其在光扩散的重大发现，称为"拉曼效应"(Raman Effect)，于一九三〇年获颁诺贝尔奖。

莱特先生和我依依不舍地向马德拉斯一群学生及朋友挥手道别后，继续我们的旅程。途中我们在一座纪念萨达希瓦婆罗门[11]的小祠堂停留，萨达希瓦是十八世纪的人，一生奇迹

级特征分类。在自由开放的地方，尤其是自然阶级两个极端一经通婚，种族会慢慢消失直到灭绝。《往世书大集》(The Purana Samhita) 将此般结合的后代与不孕的杂交种——比如无法自行繁衍下一代的骡——相比较；人为的种到最后都会灭绝，历史提供了许多大种族不再留有后代的很多实证。虽然有许多古代种族已全然消失，但由于印度深具远见的思想家，种姓制度像一道防御过度解放的系统，它保留了种族的精纯度，陪伴印度历经几千年盛衰兴败。"

11　Sadasiva Brahman，他的正式称号是萨达锡梵札·萨拉思瓦提尊者 (Swami Sri Sadasivendra Saraswati)。他用此名评注《梵天经》及帕坦加利的《瑜伽经》，受到印度当代哲学家的高度尊崇。

　　升葛里精舍的商羯罗查尔雅——圣萨奇达南达·希瓦毕纳瓦·那拉辛哈·

不断。另一间较大的萨达希瓦祠堂由普杜喀台的王公 (Raja of Pudukkottai) 建于那鲁尔 (Nerur)，该处为朝圣地，见证许多灵疗。普杜喀台历任的继位统治者，将萨达希瓦于一七五〇年写给在位亲王的修道指导视为珍藏圣典。

许多有关这位完全证悟并受人敬爱的成就者的轶闻，至今仍流传于南印度村民之间。有一天，萨达希瓦被看到在卡维里 (Kaveri River) 河岸入定，突然间，一股洪流将他冲走。几个星期后，他被发现深埋在靠近康北特区 (Coimbatore) 可都木迪 (Kodumudi) 一堆土中。当村民的铲子敲到他的身体，这位圣者立即起身精神奕奕地离去。

萨达希瓦的古鲁曾训斥他不应在辩证中击败一位年长的吠檀多学者，自此萨达希瓦成为一名"牟尼"（不语圣人）。"你这个年轻人什么时候才能学会闭上嘴巴？"古鲁说道。

"在您的祝福下，即从此刻起。"

萨达希瓦的古鲁是帕拉玛希文达·萨拉思瓦提尊者 (Swami Sri Paramasivendra Saraswati)，他是 *Daharavidya Prakasika* 的作者，并且为《优陀罗赞歌》(*Uttara Gita*) 做深度评注。有些凡夫对沉浸在上帝意识中的萨达希瓦经常"仪容不雅"地在街上跳舞感到被冒犯，而向萨达希瓦的博学古鲁抱怨。"先生，"他们说，"萨达希瓦像个疯子一样。"

但帕拉玛希文达喜悦地微笑说道："噢！如果其他人也像他那样疯就好了！"

居中拨转的手在萨达希瓦的一生中显化了许多奇特美丽的奇迹。世间许多看似不公正的行为，但上帝的信徒总可以在无数事例中证实祂的即时正义。有一晚，处于三摩地意识中的萨

巴拉提 (His Holiness Sri Sacchidananda Sivabhinava Narasimha Bharati) 曾对萨达希瓦写下深具启发的颂辞。

达希瓦，在一户有钱人家的粮仓边停步。三个防止外贼潜入的仆人举起棍棒，正要捶打这位圣人之际，手臂突然无法动弹，像石雕一样，他们的手臂高举，宛如一幅独特的活人画，直到黎明时萨达希瓦离开后才恢复。

另有一次，这位伟大的成就者被一名带领工人搬运燃料的路过领班粗暴地要求加入搬运，这位不说话的圣人谦卑地扛着重担到指定地点，并在很高的燃料堆上卸下重担，顿时，整堆燃料喷出巨焰燃烧了起来。

萨达希瓦和柴兰迦尊者一样都不着衣衫。一天早上，这位赤裸的瑜伽行者不经心地进入一个穆斯林首领的帐篷内，两名女子惊声尖叫，这位首领战士举刀猛然刺向萨达希瓦，砍断了他的手臂，萨达希瓦毫不在意地离去。又敬畏又后悔，这位穆斯林首领从地上拾起手臂，向前追上萨达希瓦，瑜伽行者静静地将断臂接回血流不止的残肢断处。当首领谦虚地向萨达希瓦请益如何修行时，行者以手指在沙中写道：

"勿做你想做的，之后你就可以做你喜欢做的。"

这位穆斯林被提升到心灵净化的境界，于是明白此番看似矛盾的建言意在指引他透过自我的控制达到灵魂解脱。短短两句话却在精神上深深影响这位战士，而使他成为一名杰出的弟子，他之前经常出没之处从此不复见其踪影。

有一次，村里的小孩在萨达希瓦面前表示他们很想见识一百五十哩外的马都拉 (Madura) 宗教庆典。瑜伽行者要孩子们触碰他的身体，一瞬间，一群人被带到马都拉。孩子们高兴地在数万名朝圣客间游历，数个小时后，瑜伽行者再度用他那简单的交通方式把一群孩童带回家。吃惊的父母们听着孩子们生动地描绘马都拉游行盛况，并注意到孩子们带回一袋袋马都拉的甜点。

一位心存怀疑的年轻人不相信这件事而嘲笑圣者。下一次宗教庆典在斯里兰根 (Srirangam) 举办时，这名男孩前来找萨达希瓦。

"大师，"他轻蔑地说道，"您怎么不带我去斯里兰根的庆典，就像您带其他小孩去马都拉一样？"

萨达希瓦应允，男孩立刻发现自己身处远地人群中。但是，当他想离开时，圣人在哪儿？最后，疲倦的男孩只有靠传统的徒步方式走回家。

离开南印度之前，莱特先生和我到靠近提鲁凡那马里

罗摩那·玛哈希与瑜伽南达尊者摄于罗摩那尊者的阿轮那迦喇僧修院（Arunachala Ashram）

(Tiruvannamalai) 的阿轮那迦喇山 (Arunachala) 朝圣，拜访罗摩那·玛哈希 (Ramana Maharshi) 尊者。在他的修道院里，贤哲亲切地欢迎我们，并指了旁边一叠《东方与西方》期刊。在我们拜访他和其弟子的数小时内，他多数时间安静不语，温和的面容散发出神性的爱与智慧。

为了帮助受苦众生重返被遗忘的**完美境界**，罗摩那尊者教导人应经常自问："我是谁？"——确实是**大哉问**。藉由严格排除其他念头，弟子很快发现自己进入愈来愈深的真实**自性**，脱轨的纷乱思维也停止出现。

这位南印度的证悟先知写道：

二元性及三元性依事相而生，
若无支撑依据，它们不会显现。
该依据一经探究，其虚妄即崩解；
真理确凿，得见者永不动摇。

圣育克铁斯华尊者与帕拉玛罕撒·瑜伽南达摄于 1935 年加尔各答的宗
教游行中。旗上两行梵文诗句为：（上行）"跟随圣者的道路"；（下
行为商羯罗尊者的名言）"与圣人同行，即使片刻，亦能救赎我们。"

第四十二章　与古鲁在一起的最后日子

"古鲁吉，我很高兴今早看到您一个人在这儿。"我刚抵达塞伦波尔修院，带来芬芳满溢的水果及玫瑰花。圣育克铁斯华温煦地看了我一眼。

"你要问什么问题？"上师在房间四下环顾，彷佛有所闪避。

"古鲁吉，我刚到您身边时还是一名高中青年，现在我已经是成年人，甚至长出了一两根白发。虽然从一开始到现在，我都沐浴在您默默的关爱下，但您知道吗，您只有在我们初次见面的那天对我说过一次'我爱你'？"我以恳求的眼神望着他。

上师双眼低垂，"瑜伽南达，我非得将被沉默心灵最佳呵护的温暖情感，用冰冷的言语表达吗？"

"古鲁吉，我知道您爱我，但是我渴望亲耳听到您这么说。"

"就如你愿吧！我在婚姻生活时，常盼望有个儿子能接受我瑜伽法门的训练，你进入我生命后，我的心愿得到满足；我在你身上找到我的儿子。"两颗清澈的泪珠在圣育克铁斯华眼眶打转，"瑜伽南达，我始终都爱你。"

"您的答覆是我到天堂的通行证。"他这番话让我如释重负。我知道他不表露情感，总是沉默寡言，但是他的缄默常让我不明其意，有时我担心自己是否未能完全满足他。他的个性独特，从不让人全然猜透，是一种外界无法探测的深邃沉静，已超越世俗一切价值。

几天后，我在加尔各达的亚伯特厅 (Albert Hall) 对一大群观众演讲，圣育克铁斯华同意与山多绪 (Santosh) 邦主及加尔各达市长同坐于讲台上。上师并没有作任何评论，但演讲过程中有时我会看他一眼，觉得他似乎满意我的演说。

接着我对塞伦波尔学院的校友演讲。我看着老同学，他们也望着这位昔日的"疯和尚"，此刻欢喜的泪水毫无遮掩地流下。我那位辩才无碍的哲学教授高梭前来问候我，往昔一切误解经过魔术般的时光推移早已烟消云散。

冬至节庆在十二月底于塞伦波尔修道院举行，像往常一样，圣育克铁斯华的弟子从远近各地前来庆祝。虔诚的圣歌唱颂、克里斯多大哥天籁之音的独唱、年轻弟子准备的盛宴、上师在弟子群聚的庭院星空下触动人心的深刻开示——往事历历在目！多少年欢乐庆典早成过去，但是今晚有个新节目。

"瑜伽南达，请用英语对大家演说。"上师眼光闪闪发亮，很不寻常地提出这个双重要求，是否他正想着我第一次以英语演讲前，在船上经历的那个窘境呢？我对着观众席上的师兄弟讲述这个故事，并以对古鲁的由衷颂扬作结语。

"他对我无尽的引导不仅发生在船上，"我结论道，"并且发生在过去十五年我在广大、盛情美国土地上的每一天。"

宾客离去后，圣育克铁斯华要我到他的卧房，在那儿他曾允许我睡在他的床上（仅仅一次，在一个类似的庆典过后）。今晚古鲁静静地坐着，弟子们成半圆形地围坐在古鲁足前。

"瑜伽南达，你现在要前往加尔各达了吗？明天请到这儿来，我有些事要告诉你。"

隔天下午，圣育克铁斯华以简短几句话祝福我，赐我更高的僧者头衔"帕拉玛罕撒"(Paramahansa)[1]。

1　parama 字义为"最高的"；hansa 为"天鹅"。白天鹅在神话中是造物主梵天神的坐骑。据说神圣的天鹅有能力从牛奶与水的混合液中只汲取牛奶，因此为灵性辨识力的象征。

1935年12月圣育克铁斯华尊者最后一次举办冬至节庆。作者坐在其伟大的古鲁（桌前中间者）身旁，地点为塞伦波尔修道院的中庭。帕拉玛罕撒·瑜伽南达在此静修院接受圣育克铁斯华尊者十年的灵性训练。

1935年瑜伽南达尊者（中间立者，穿深色长袍）与部份科里亚瑜伽学生合影。这些学生参与他在父亲加尔各达家中所教授的瑜伽自悟课程，由于学生人数众多，上课地点在瑜伽南达尊者的幼弟毕胥努·果栩——著名体能训练家——接邻的露天体育场。

"现在，你先前的'尊者'(Swami)头衔已正式被取代，"上师对跪在他面前的我说道。想到我的西方学生将会如何饶舌地称呼"帕拉玛罕撒吉"(Paramahansaji)[2]，我暗自在心中笑了起来。

"我的人间任务已完成，你必须传承下去。"上师轻声说着，眼神平静而柔和。我的心惶恐地扑扑跳。

"请派人接管我们在普里的道院，"圣育克铁斯华继续说道，"我一切都交代给你，你将成功扬起你的生命之帆，带领修道团体抵达圣岸。"

我含着泪水紧抱师足，他起身慈爱地祝福我。

隔天我唤来兰栖弟子塞巴南达尊者(Swami Sebananda)，派他到普里接管道务。之后古鲁与我讨论如何处理他的房产的相关法律细节，他亟于预防亲属在他过世后透过诉讼取得他两所修道院及其他财产所有权的可能性，他希望其遗产只被转让作慈善用途。

一天下午，同修弟子阿姆拉雅(Amulaya)先生告诉我："最近我们安排上师造访吉得坡(Kidderpore)，但他没去。"一股预兆让我起了一阵寒栗。在我不断追问下，圣育克铁斯华只回了一句："我不会再去吉得坡了。"上师像个受到惊吓的小孩般颤抖了片刻。

（"依恋居处之肉身，源于其天性[3]，此现象即使于伟大圣者身上亦有轻微程度之显现，"帕坦加利写道。在古鲁对有关死亡的论述中，他经常会加上这句话："就像长期被关在笼里

Ahan-sa 或 han-sa（发音 hong-sau，音近"弘娑"）字义为"我是祂"。这些有力的梵文音节与吸进及呼出的气息振动有关，因此人能不知不觉地在每一次呼吸之间确认其存在的真理：我是祂！

2　他们通常避开发音上的困难而称呼我"先生"。

3　意即来自古老根源里过去的死亡经验。这段话出现在帕坦加利的《瑜伽经》第二章九节。

的鸟儿，门虽被开启，它仍犹豫于要离开习惯的旧巢。"）

"古鲁吉，"我哭诉请求他，"不要这么说！永远都不要跟我说这些话！"

圣育克铁斯华宽慰地展现平静的笑容。虽然离八十一岁生日不远，他看起来仍十分硬朗。

日复一日，我沉浸在古鲁如和煦阳光般的爱之中，虽未透过言语，但可强烈地感受；我驱除意识中他透露即将往生的各种暗示。

"先生，昆巴美拉庆典这个月即将在阿拉哈巴举行。"我在孟加拉年历上指出庆典日期[4]。

"你真的想去吗？"

没有察觉圣育克铁斯华并不希望我离开他，我继续说道："您曾在阿拉哈巴昆巴美拉庆典中遇见巴巴吉圣尊，也许此行我也有幸遇见他。"

"恐怕你不会在那儿见到他。"古鲁陷入沉静，不愿阻挠我的计划。

次日我和几个人准备前往阿拉哈巴，上师如往常般静静地为我祝福。显然我一直没有将圣育克铁斯华言行中的暗示放在心上，因为上天要避免我无助地被迫目睹古鲁往生。在我一生当中，每当我亲爱的人往生时，上帝总是慈悲地安排我远离现

---

4 古代《摩诃婆罗多》中提及宗教性集会。中国旅行家玄奘记述了西元前六四四年在阿拉哈巴举行的一场盛大的昆巴美拉庆典。该庆典每三年举办一次，依次在哈得瓦、阿拉哈巴、那锡克 (Nasik)、乌贾因 (Ujjain)，再回到哈得瓦举行，完成十二年一循环。每一个城市在主办昆巴美拉庆典之后的第六年另举办一次"半昆巴"(Ardha Kumbha)，因此昆巴及半昆巴每三年各在不同城市举办一次。

玄奘告诉我们，北印度君王哈尔夏 (Harsha) 将王室宝库五年内积存的财富分赠给昆巴美拉庆典中的僧侣及朝圣者。在玄奘启程返回中国之前，他推辞哈尔夏给他作为临别礼物的珠宝和黄金，但带走更为珍贵之物——六百五十七部宗教手稿。

场[5]。

我们一行人在一九三六年一月二十三日抵达昆巴美拉庆典。将近两百万人参加的拥挤人潮，场面十分壮观，甚至具有压倒性的气势。印度人特有的天赋在于即使是最卑微的乡下人，对圣灵价值以及对为神圣依归而放弃世俗的僧侣与圣者，都持有与生俱来的尊敬之心，其中确实也掺杂了冒充及伪善者，但为了少数以圣洁祝福照亮这块土地的圣哲，他们同样受到印度人民的尊敬。看到如此浩大场面的西方人难得可以有机会感受这个国家的脉动，灵性追求的热情赐予历经时间考验的印度生生不息的活力。

我们一行人纯粹观看度过了第一天。千万名朝圣者在神圣恒河沐浴洗涤罪恶；婆罗门祭司进行庄严的敬神仪式；静默不语的僧侣脚边散满信徒的虔诚供养；成排大象、披挂装饰的马匹、来自拉吉普塔纳的骆驼一列列缓步前进，紧随于后的是由裸身苦行僧组成的奇特宗教游行队伍，这些僧侣挥舞着金、银色的权杖或丝绒制的长幡。

只穿着腰布的隐修士三五成群地静静坐着，身上涂灰以抵抗寒暑，他们在额头以檀香油涂上一点，生动地象征灵眼。数以千计的剃发尊者身着赭袍，手持竹杖及乞食钵，无论是在步行间或与弟子作哲学讨论，他们的脸上总是散发着出家人宁静的气息。

在多处树下成堆的烧柴边是宛如画中人物的隐修者[6]，他们编成辫子的头发盘缠于头顶，有些则留了几呎长的胡须，蜷曲而绑成须结。他们或静静打坐、或伸出双手祝福行经人群——
乞丐、骑大象的邦主、穿着彩色纱丽服的妇女，其手镯及踝环
叮当作响、怪异地高举削瘦手臂的穆斯林苦行者、携带静坐肘
架的梵行者 (brahmachari)，还有以严肃面容藏住内在极喜的谦
虚贤哲。远离喧嚣的上方不断传来寺庙的钟响。

庆典第二天，同伴和我走进多家修道院及临时搭建的小屋，
对圣者合掌行礼。我们得到尊者僧团吉利宗派领导者的祝福，
他是一位削瘦的苦行僧，眼神透露出愉悦的热情。接着，我们
一行人拜访一所隐修处，其古鲁在过去九年间持禁语戒，并严
格谨守只吃果实的誓言。在修道院会堂的讲台上坐着一位眼盲
的圣者——普罗迦那·查可庶[7]，他是精研圣典的博学之士，深
受各宗派尊敬。

在我以印地语简要讲述《吠檀多》后，一行人离开宁静的
隐修处去拜访附近一位尊者——克里希那南达 (Krishnananda)。
这位僧人五官俊秀，双颊红润，壮硕的肩膀令人印象深刻。倚
在他身边的是一只驯服的母狮，臣服于这位僧人的灵性感召
——我确定不是受到他孔武有力的身躯影响！这只丛林动物不
吃任何肉食，却偏爱米饭及牛奶。尊者教这只黄褐色的猛兽以
低沉动人的声音吼出"嗡"声——一个猫科信徒！

我们接下来的际遇是与一位年轻博学的隐修者会晤，在莱
特先生才华洋溢的旅游日记中有生动的记录。

"我们开着福特汽车过一座吱嘎作响的浮桥，跨越相当低
浅的恒河，匍匐蛇行穿越人群及蜿蜒窄巷，经过河岸一处，瑜
伽南达尊者告诉我那是巴巴吉与圣育克铁斯华相遇的地点。过
了不久，我们下车走一段距离，穿越隐修者们的营火浓烟，再

---

7 Prajna Chakshu，该称呼的字面意义为："以心智观看的人"（因缺乏肉眼视
   觉）。

克里希那南达尊者与他那只温驯、会发出低沉而迷人"嗡"声的素食母狮，摄于1936年在阿拉哈巴举行的昆巴美拉庆典。

跨越一片平滑沙地，走到泥草搭建的简陋小茅房群集处。我们在其中一间不起眼的临时小屋前停步，入口低矮无门，以智慧出众闻名的年轻游方隐修者喀拉·帕帝利(Kara Patri)暂居于此。他盘腿坐在一堆稻草上，他唯一的遮蔽物，也是唯一所有物，是一条披肩的赭色布。

"我们低身爬进屋内，在这位证悟圣者足前合掌礼敬，他以真实的圣洁慈容微笑迎接我们。入口的煤油灯火明灭不定，在茅草墙上舞出诡异的灯影。他的脸上，尤其是双眼及完美的牙齿，闪闪发亮。虽然我不明白印地语，但他的表情流露着真情，他充满热忱、慈爱与灵性的光辉，没有人感受不出他的伟大。

"想像那种不迷恋物质世界的快乐人生：不用烦恼衣物；不曾渴求食物，从不乞讨，隔日才碰熟食，从不带乞食钵；从不受金钱牵绊，从不理财，从不储藏，总是信赖上帝；没有交通上的烦恼，从不搭乘交通工具，总是在圣河岸边步行；从不在一地停留超过一星期，以避免产生执着。

"如此谦逊的人！他对吠陀异常精通，自巴拿纳斯大学获得文学硕士学位及'经典权威'(Shastri) 的头衔。在他脚边坐下时，我心中充满一种升华的感受，这一切似乎满足了我想看见真实、古老印度的渴望，因为在这块灵修巨擘聚集的土地上，他是一名真正的代表。"

我问喀拉·帕帝利有关他四处游方的生活："您在冬天没有多的衣服穿吗？"

"没有，这件就够了。"

"您携带任何书本吗？"

"不带，我凭记忆教导那些想听我说的人。"

"您还做什么其他的事？"

"我在恒河边漫步。"

听到这几句恬静话语，我对他简单的生活方式由衷生起一股强烈渴望，但我想起美国及所有我肩负的责任。

"不，瑜伽南达，"我忧伤地想了一会儿，"此生，漫步恒河岸的生活不属于你。"

在隐修者告诉我一些他的灵性证悟后，我问他一个很突兀直接的问题。

"这些叙述是出自经典还是您的内在体验？"

"一半出自书籍研读，"他带着坦率的笑容回答我，"一半来自体验。"

我们在冥想的宁静气氛中愉快地坐了一会儿。离开他神圣的风采后，我告诉莱特先生："他是坐在黄金稻草宝座上的君王。"

当晚我们就在星空下的昆巴庆典的场地上用晚餐，装盛的碗盘是用细枝条别住的叶子，清洗碗盘的工作在印度已被降到最低程度！

我们又过了两天迷人的昆巴美拉，接着我们沿着亚穆纳河岸朝西北向亚格拉前进。我再度凝望泰姬玛哈陵，记忆中吉天卓就站在我身边，惊叹着梦幻般的大理石建筑；然后我们前往喀娑班南达尊者的布伦达班修道院。

我拜访喀娑班南达的目的与此书有关，我一直没忘记圣育克铁斯华要我写下拉悉利·玛哈夏的生平故事。在印度停留期间，我把握任何一个连络这位"瑜伽化身"嫡传弟子或亲属的机会，我将他们的会话内容收录成大量笔记，查证事实与日期，收集照片、旧信函及文件。我的拉悉利·玛哈夏人物侧写记录已日渐丰富，惊觉艰巨的写作工作就摆在眼前，我祈祷自己能够胜任为这位伟大古鲁做传记的任务。他的几名弟子担心一旦写成文字，他们的上师将有可能被贬抑或误解。

"冰冷的文字很难正确记述神圣化身的生平。"潘全隆·巴特查尔亚曾经如此告诉我。

其他与上师关系密切的弟子同样满足于将这位瑜伽化身留作深藏于心的不朽导师；然而，由于谨记着拉悉利·玛哈夏对其传记的预言，我不遗余力地取得及证实其外在生活的事迹。

喀娑班南达尊者在他位于布伦达班的喀塔亚尼·毗德 (Katayani Peeth) 修道院中亲切地欢迎我们，这座显眼的砖造建筑有着巨大的深黑梁柱，座落在美丽的花园内。他立刻带我们进到一间挂了拉悉利·玛哈夏巨照的客厅。尊者年近九十，但是他强壮的身体仍散发出健康与活力，他留着长发及雪白胡须，眼神喜悦闪亮，真正体现尊长的风范。我告诉他我打算在我有关印度成就者的著作中提及他。

"请您告诉我您的早年生活。"我带着微笑请求他；伟大的瑜伽行者通常沉默寡言。

喀娑班南达神态谦虚地说："我极少攀附外缘，实际上我的一生都在喜马拉雅山隐居，赤足走过一个又一个寂静的洞穴。

1936 年瑜伽南达尊者一行人拜访位于亚格拉有 "大理石梦幻" 之称的的泰姬玛哈陵

我曾在哈得瓦外郊一间四面围绕高大树丛的小型修道院住持了一段时间。由于眼镜蛇到处存在，这个静谧之处少有访客。" 喀娑班南达轻声笑道。"之后一场恒河水灾冲走了道院，也带走了眼镜蛇，弟子们于是帮我盖了这间布伦达班修道院。"

我们当中一人问尊者如何保护自己不受喜马拉雅山老虎的伤害。

喀娑班南达摇摇头，"在如此高灵性的境域里，"他说，"野生动物很少干扰瑜伽行者。有一次我在丛林中正面遇见一只老虎，在我的突然喊叫声下，老虎瞬间变成像石头般怔住不动。"尊者回想这件事，再度笑了起来[8]。

8　显然智胜老虎的方法有很多。澳洲探险家法兰西斯·博托斯 (Francis Birtles) 曾详述他发现印度丛林 "景色美丽，变化多端，而且安全"。他的平安符是苍蝇纸。"每晚我都在营帐四周铺上大量的苍蝇纸，而从未受到打扰。"他解释："这是心理原因。老虎是自尊意识很强的动物，它四处巡行并挑战人类，直到

喀娑班南达尊者（左边站者）——拉悉利·玛哈夏的九十岁弟子——与瑜伽南达尊者及李察·莱特（瑜伽南达尊者的秘书）于 1936 年摄于喀娑班南达尊者位于布伦达班（Brindaban）的修道院

"有时我会离开隐居处去巴拿纳斯拜访古鲁，他过去经常笑我在喜马拉雅山荒野中不停歇地旅行。

"'你的脚上印着流浪癖的标志，'有一次他对我说，'我很高兴神圣的喜马拉雅山辽阔到足以吸引你。'

"有很多次，"喀娑班南达继续说道，"拉悉利·玛哈夏在生前及身后都曾以肉身出现在我面前。对他而言，喜马拉雅山再高他都能登上。"

它碰到苍蝇纸后即逃之夭夭。没有一只有尊严的老虎在涂满黏胶的苍蝇纸上蹲坐后还胆敢面对人类！"

两个小时后，他带领我们到露台用餐。我暗自惊愕地叹了口气，又是一顿十五道菜的大餐！在印度的盛情招待下，不到一年我的体重已增加五十磅了！但是，这些永无止尽的盛宴是为了礼遇我而精心准备的，若不接受其中任何一道菜，将被视为极其失礼。在印度（别处无此现象，唉！）人们喜欢看到圆圆胖胖的尊者。

晚餐后，喀娑班南达引我到一隔开的隐蔽处。

"你来此地并非意料之外，"他说，"我有个讯息给你。"

我很惊讶，因为没人知道我拜访喀娑班南达的计划。

"去年我在喜马拉雅山北边靠近巴椎那拉扬一带漫游时，"尊者继续说道，"我迷了路，这时眼前出现一个可供庇护的大洞穴，除了余火仍在岩石地面的坑洞里燃烧之外，洞穴里空无一物。不知这个寂寥的隐蔽处为谁所用，我在火堆边坐下，凝望洞口阳光射入之处。

"'喀娑班南达，我很高兴你在此。'声音从我背后传来，我转过身，惊见巴巴吉，我为之目眩不已！"伟大古鲁在洞穴深处化现自己，多年后再度见到他，我极端欣喜地在他圣足前顶礼。

"'是我召唤你来的，'巴巴吉继续说道，'这是为什么你会迷路并被带引到我暂居的洞穴。自从上次会面，已经过了一段很长时间，我很高兴再度欢迎你。'

"这位永生不朽的上师说了一些有助灵性的话祝福我，接着他说：'我给你一个带给瑜伽南达的信息。他回印度时会来拜访你，许多有关他古鲁和拉悉利在世弟子的事会占用他全部时间，因此，告诉他虽然他热切期望，这次我不会与他见面，但我会在其它时机见他。'"

听到喀娑班南达亲口传达巴巴吉这段安慰人心的承诺，我深受感动，内心某种创伤消弭无形，我不再因巴巴吉未出现于昆巴美拉庆典而伤心，即使圣育克铁斯华早已暗示过。

在修道院客留一夜后，隔天下午我们一行人往加尔各达出发。车子行经跨越亚穆纳河的桥梁时，我们欣赏着布伦达班天际的壮丽景色，太阳正为天空染上一片火光，色彩彷佛罗马神话中火神伏尔坎 (Vulcan) 的熔炉，光辉投映在我们脚下的平静水面。

亚穆纳河滩上仍留着克里希那圣主的童年圣迹，他纯真温柔地在这里扮演与牧牛女 (gopis) 间的戏剧 (lilas) 角色，是神圣化身与弟子之间超凡圣爱的永恒典范。克里希那圣主的生平受到许多西方评论家的误解。经典的寓意对只依照表面字义读经的人而言是困惑难解的，一个有趣的误译可说明这点。故事是有关中世纪一位得到上天启示的圣者——鞋匠拉维达斯 (Ravidas) ——他以自己行业的简单用语，唱出隐藏于每个人内在的灵性光辉：

> 在辽阔的蓝色穹苍下
> 住着暗藏在隐蔽处（译注：英文原为 hide）的神性。

听到一位西方作者对拉维达斯的诗作出以下如此陈腐平庸的诠释时，不禁让人掩面而笑：

> "他后来盖了一间小屋，在其中设置了一尊皮革（译注：英文 hide 亦可作皮革之意）制的偶像，致力崇拜它。"

拉维达斯和伟大成就者喀比尔是师兄弟，戚陀尔 (Chitor) 的王妃是拉维达斯的一位杰出女弟子，她为了荣耀上师，宴请众多婆罗门士，但他们拒绝与一个地位低下的鞋匠共餐。当这些婆罗门士高傲地坐下来吃自己未受玷污的宴餐时，赫然发现身边都出现了拉维达斯的形体。这个庞大的视觉影像促成了戚陀尔广泛的灵性复兴。

几天后，我们的小团体抵达加尔各达。由于我渴望见到圣育克铁斯华，听到他已离开塞伦波尔到了往南三百英哩的普里，我十分失望。

"速往普里道院。"这封电报在三月八日由一位师兄传给上师在加尔各达的弟子阿图尔·川达·罗羿·乔舵利 (Atul Chandra Roy Chowdhry)。消息传到我耳中，我对电文的暗示深感痛苦，立刻跪下恳求上帝让古鲁活下来。当我正准备离开父亲的家去搭火车时，一个神圣的声音从我内在传来。

"今晚勿前往普里，你的祷告不被应允。"

"主啊，"我悲恸欲绝地说，"祢不想为了须拒绝我为上师生命所做的迫切祷告，而与我在普里进行拉锯之战，那么，他必须依祢指示而为更重要的任务离去是吗？"

顺从内在指示，我那晚没有到普里。第二天傍晚，我出发去搭火车。半路上，七点的时候，一片来自星际的乌云突然笼罩天空[9]。不久，当火车隆隆驶向普里时，圣育克铁斯华的影像出现在我面前，他表情非常严肃地坐着，两侧各有一道光。

"一切都结束了吗？"我举起双手恳求他。

他点点头，然后慢慢消失。

次晨，我站在普里车站的月台时，依然抱着一丝希望，一位陌生人向我走来。

"有听说你的上师过世的消息吗？"他没有说别的话就离开了，我一直都不知道他是谁，也不明白他如何知道在那里找到我。

我震惊不已，身体失去重心倚在月台墙上，我知道古鲁用

9　圣育克铁斯华在此时刻过世——一九三六年三月九日晚上七时。

不同方式试着向我传达这个噩耗。此刻，我的灵魂就像一座火山，猛烈翻腾地抗拒着。抵达普里修道院时，我已近乎崩溃，但是一个内在声音不断温柔地重覆："打起精神，冷静下来。"

我进入修道院的房间，难以想像地，上师仍像活着的时候一样，以莲花姿势坐着，十足健康慈祥的模样。古鲁过世前不久曾轻微发烧，但在他升至**无极**的前一天，他的身体已完全康复。无论我如何再三望着他亲爱的形体，都无法认清它的生命早已离开。古鲁的皮肤仍然光滑柔软，脸上神情静谧安详；他已在神秘召唤的时刻有意识地抛弃其肉体。

"孟加拉之狮走了！"在迷乱中我哭道。

三月十日我主持了一场庄严仪式，并以古代尊者的礼俗将圣育克铁斯华安葬[10]于普里修道院的花园里。之后，来自远近各地的弟子前来春分悼念仪式向古鲁致敬。加尔各达首要报纸 *Amrita Bazar Patrika* 刊登他的照片并报导如下：

> 吉利派宗师伟大圣育克铁斯华尊者逝世，享年八十一岁。印度丧礼 (Bhandara ceremony) 于三月二十一日在普里举行，许多弟子前来悼祭。
>
> 伟大尊者是薄伽梵歌最重要的阐述者之一，他是巴拿纳斯"瑜伽王者"夏玛·查伦·拉悉利·玛哈夏 (Shyama Charan Lahiri Mahasaya) 的卓越弟子，也是印度多所瑜伽真理同修中心的创办者。他亦是其首要弟子瑜伽南达尊者将瑜伽运动带到西方国家的主要幕后灵感来源。圣育克铁斯华的预言能力及深层证悟，启发瑜伽南达尊者远渡重洋到美国传播印度大成就者的讯息。
>
> 圣育克铁斯华为薄伽梵歌及其它经典所作的阐述，不仅证明他已深度掌握东西方哲学的精髓，同时也是启发东方与西方结合的重要论述。他相信所有宗教信仰本质一致，在不同教派领导者

---

10 印度葬礼习俗要求在家居士用火葬，尊者和其他僧团的僧侣则用土葬（偶尔有例外）。僧侣的肉体在立誓出家时，被认为已象征性地经智慧之火焚化。

的合作响应下，圣育克铁斯华尊者成立圣者协会 (Sadhu Sabha)，以传扬宗教的科学精神。临终前，他指定瑜伽南达尊者继任圣者协会主席。

　　如此巨擘的陨落着实使印度更加贫困。愿所有有幸亲炙圣育克铁斯华风范者，能勉励自己培养在其身上所体现的印度文化及实修的真正精神。

我返回加尔各达。尚无把握自己能前往充满圣洁回忆的塞伦波尔修道院，我请圣育克铁斯华在塞伦波尔的小弟子波夫勒过来，安排他进入兰栖学校。

"您出发前往阿拉哈巴庆典的那天早上，"波夫勒告诉我，"上师沉重地跌坐在长沙发上。

"'瑜伽南达走了！'他叫道，'瑜伽南达走了！'他语意隐晦地说：'我得用其它方法告诉他。'然后他静静地坐了几个小时。"

我的日子排满了演说、课程、访谈，及与老友相聚的行程。在空洞的笑容及马不停蹄的活动背后，徘徊不去的深沉忧思，污染了多年来在我所有觉受砂粒下蜿流而行的至喜心河。

"那位圣哲到哪儿去了？"我自痛苦的心灵深处呐喊。

没有回应。

"上师已与**宇宙至爱**合而为一，这是最好的，"内在的声音要自己放心，"他在不朽的境地中永远光耀明亮。"

"你再也不会在塞伦波尔那栋旧房子里见到他了，"我暗自悲悼，"你不能再带朋友来见他了，或骄傲地说：'看，坐在那儿的是印度的智慧化身！'"

莱特先生安排我们一行人在六月初从孟买搭船至西方。五月有两星期的时间我在加尔各达出席各方饯别盛宴及演说，之后布列慈女士、莱特先生与我三人搭福特汽车前往孟买。到了孟买，轮船管理局因我们到欧洲需要继续使用的福特汽车没有舱位而要我们取消行程。

"不要紧，"我郁郁地对莱特先生说，"我想再次回普里。"

我在心中默语："就让我再次泪洒古鲁坟前吧。"

圣育克铁斯华纪念圣殿
位于普里静修院的花园内

第四十三章　圣育克铁斯华复活

"克里希那圣主！"这位神化身的光辉形体在闪耀光芒中出现，当时我正坐在孟买丽晶饭店的房间里，从三楼敞开的长窗往外凝望，这个无法言喻的景象突然乍现眼前，光辉照亮对街的高楼屋顶。

圣洁的形体对我挥挥手，面带笑容地点头致意，就在我不解圣主克里希那的确切讯息之际，他以祝福我的姿势离去。被奇妙的力量提升，我觉得他预示某件圣事即将发生。

我的西方之旅暂时取消。回访孟加拉邦之前，我被安排在孟买作几场公开演说。

一九三六年六月十九日下午三点——克里希那显现一周后——我坐在孟买旅馆房间的床上，一道圣洁赐福的光将我从静坐中唤醒。我睁开眼睛，惊愕地看见整个房间变成一个奇幻世界，阳光变成神圣的光辉。

圣育克铁斯华的血肉之躯出现眼前，狂喜如波浪般淹没我！

"我的孩子！"上师温柔地说，脸上挂着天使般迷人的笑容。

我急切向前渴望地抱住他，这是我生平第一次没有跪在足前问候他。多么珍贵的一刻！当下灌流在我身上的极喜使过去数月来的悲伤变得无足轻重。

"我的上师，我的至爱，您为何离开我？"我因过度欣喜而语无伦次，"您为何让我去昆巴美拉庆典？我多么痛心自责离开您！"

"你欢喜期待前往我首次遇见巴巴吉的圣地，我不想干扰你。我只是离开你一会儿，我不是又和你在一起了吗？"

"但这真的是您吗，上师？那位**上帝之狮**吗？您的身体是我埋葬在普里无情沙土下的那个身躯吗？"

"是的，我的孩子，我一如以往。这是血肉之躯，虽然对我来说它是灵体，在你眼中却是肉体。我从宇宙原子中创造出一个全新的身躯，与你在宇宙幻梦世界中埋葬在普里幻梦沙土下的那个幻梦肉体完全一样。实际上我是复活了——不在地球上，而在一个星灵界的星球上，该处居民比地球人类更能符合我的崇高标准。你和你身边精进的人有一天会到这儿与我相聚。"

"永生的古鲁，再多告诉我一些！"

上师开心地笑了几声。"我亲爱的孩子，"他说道，"你不能轻一点抱我吗？"

"只能一点点！"我像八爪鱼般紧紧抱住他，我可以闻到跟他从前身体一样天生特有的淡雅芳香。每当我回想这个曼妙时刻，手臂内侧及手掌心与他神圣肉体接触时的兴奋犹存。

"就像先知降世帮助人们消解身业，同样地，上帝派我在星灵界的一个星球上担任救主，"圣育克铁斯华解释。"该星球名为'喜兰亚洛加'(Hiranyaloka)，意为'明亮的星灵星球'，我在那儿协助先进的星灵界人去除其星灵界的业，使其从星灵界轮回中解脱。喜兰亚洛加的居民皆已在灵性上高度发展，全都在其最后转世人身期间，在死亡时刻经由静坐获得自觉离开肉身的能力。在世间尚未超越'有种子三摩地'而达到更高的'非细考三摩地'境界者[1]，无法进入喜兰亚洛加。

1　见第 276 页。进入"有种子三摩地"的信徒已得证与圣灵合一的境界，但他们只有在身体不动的入定状态才能维持其宇宙意识。借由持续静坐可进入更高层的"非细考三摩地"，此时信徒能在世间随意行动仍丝毫不失觉受上帝的意识。

瑜伽行者在"非细考三摩地"境界中化解他最后残存的物质或尘世间的业，但是他可能仍有某些星灵界及起因界的业要清除，因此会在具有高度振动

"喜兰亚洛加的居民已经经历了一般星灵界域——那是几乎所有世间生命死亡时必须前往之处。他们在该处消灭许多自身在星灵界所造过去业的种子，只有层次高的信徒能有效地在星灵界域进行如此赎偿工作[2]。然后，为了不让灵魂拥有一丝星灵界的业，这些精进的灵受宇宙法则牵引而在如同星灵太阳或天堂般的喜兰亚洛加以新的星灵体重生，我目前就在那儿协助他们。在喜兰亚洛加，也有近乎完美的灵来自较高层次的起因界。"

此刻我与古鲁心灵完全相通，这些文字表达的景象，他部份藉由言语，部份透过思想传递给我，我很快就收到他心念的摘要。

"你在经典中读过，"上师接着说，"上帝将人类灵魂依次围绕在三个界体内：首先为意念或起因体；其次为微妙的星灵体，即人的心灵及情感本性所在之处；最后是浊重的物质界体。地球上的人具有肉体感官；星灵界的人则运用意识、感受及以生命粒子[3]构成的形体；仅具有起因体的灵则停留在意念的极乐境地，我的工作即在帮助那些准备进入起因界的星灵界人。"

"敬爱的上师，请多告诉我一些星灵宇宙的模样。"虽然我应圣育克铁斯华的要求稍微放松拥抱的力气，我的双臂仍然围绕着他。古鲁笑看死亡地出现眼前，让我如获至宝！

"星灵界里有许多星球，上面住满星灵界生命体，"上师

波的界域先化身星灵体再进入起因体。

2 因为大多数人享受星灵界的美而不觉得有必要在灵性上努力。

3 圣育克铁斯华使用"生命力"（prana）这个词，我译为"生命粒子"（lifetrons）。印度经典不仅谈及"原子"（anu）和"超出原子"（paramanu）的更细微电子能量，也提到"具创造性的生命粒子力"（prana）。原子和电子是盲目的力，但生命粒子具有天赋智能。比如说，在精子及卵子中，具生命力的生命粒子根据个人业力的设计而引导胚胎的发育。

开始说。"这些居民利用星灵界飞行物即光团在星球间旅行，比电及放射性能量快速。"

"星灵宇宙是由光与色彩的各种微细振动所构成，比物质宇宙大数百倍，整个物质世界宛如一个固体小篮子，吊在巨大发光气球般的星灵宇宙下。就像物质界许多恒星与其它天体在太空中漫游，星灵界里也有无数太阳系及星辰系统，其行星有星灵日月，比物质世界里的日月更美。星灵界的发光天体很像北极光——明耀的星灵极光比如月光般温和的极光更眩目；星灵界的昼夜比地球的更长。

"星灵界是无尽地美丽、纯净，并且井然有序；其中无任何死寂星球或荒地，也没有地球上的缺点——野草、细菌、昆虫、蛇等。不像地球上多变的气候及季节，星灵界里的星球气温恒常，四季如春，偶尔飘着发光的白雪或光泽多彩的细雨，到处可见乳白色的湖泊、清澈明亮的海洋，及五彩缤纷的河流。

"一般星灵世界——指不是更精微的星灵天堂喜兰亚洛加——住的数百万星灵界人大致都是最近才从人世间来的，还有无数仙子、美人鱼、各种鱼类、动物、妖精、土地神、半人半神和精灵，全依业力条件居住于不同的星灵星球上。各种不同的球状宅第，即振动区域，提供给善、恶灵。善灵可以自由旅行，但恶灵则有区域限制。如同人类住在陆上、虫住土里、鱼在水中、鸟儿在空中一样，不同等级的星灵生命体也被分配到适合其振动频率的居住区域。

"被其它世界驱逐的堕落天使，会相互以生命粒子炸弹或心念咒语[4]所产生的振动射线制造冲突与战争，这些星灵生命体

---

4 咒语为借由内心专注力量发射出的复诵种子音。《往世书》（古代圣典或论著）描述神明 (devas) 与恶魔 (asuras) 之间的咒语战：曾有一恶魔企图以强力的咒语杀害某位神明，但由于发音错误，这枚念力炸弹像回力棒一样自食其果地杀了恶魔。

住在阴暗不堪的低层星灵宇宙里消除其恶业。

"在黑暗的星灵牢狱之上是一片光辉亮丽的辽阔区域。星灵界比人世间更能自然地与上帝的旨意及完美计划谐调，星灵界里一切物体的化现主要来自上帝的旨意，部分来自星灵界人的意念召唤，星灵界的人有能力修正或增进任何上帝所创事物的雅致和外形，上帝赋予祂的星灵子民随意改变或改进星灵宇宙的自由与特权。在地球上，固体必须经过自然或化学程序才能转化成液体或其它形式，但星灵界里的固体只要经由星灵界居民发出心念就能立刻被转变成星灵界的液体、气体或能量。

"在黑暗的地球上，海、陆、空各处都存在战争与屠杀，"古鲁接着说，"但在星灵界域却拥有和谐与平等的快乐。星灵界的人能随心所欲使自己的形体化现或消失，花朵、鱼儿或动物能将自己暂时变形成星灵人，所有星灵界生命体皆可自由地以任何形体呈现，并可轻易地亲密交流。他们不受固定、有限的自然法则的约束——例如，任何星灵树木都可在要求下成功地长出星灵芒果或其它想要的花、果，或事实上任何其它物体。星灵界仍存有某些业力的限制，但对于各种不同形体的向往则无区分，每样事物都生气勃勃地充满了上帝创造性的光。

"没有后代是经由女人所生，星灵界人透过其宇宙意念，化现出具特殊浓缩型态的星灵后代。刚脱离物质界体的灵魂，即在受到相似心智及精神倾向的吸引下，被邀请到星灵家庭里。

"星灵体不受寒暑或其它自然情况影响，其结构包括星灵脑部，即光之千瓣莲花，以及星灵脑脊髓中枢 (sushumna) 里的六个觉醒中心。心脏自星灵脑部汲取宇宙能量和光，再将其输送到星灵神经及身体细胞或生命粒子中。星灵界人可用生命粒子的力量或神圣咒语的振动力影响自己形态的改变。

"在大多数情况下，星灵体与其上一个物质界的形态一模一样，星灵界人的面容及体型与他先前停留人世期间年轻时的外貌相似。偶尔，有些星灵界人会像我一样，选择保有老年的模样。"散发着年轻气息的上师开怀地笑了起来。

"不像具三度空间的物质世界只能凭藉五种感官认知，一切尽知的第六感官知觉——直觉——可以看见星灵界所有领域，"圣育克铁斯华继续说。"所有星灵界的人只要全然透过直觉感受就能看、听、闻、尝、触。他们有三个眼睛，其中两个半开半合，第三个也是最主要的星灵眼是睁开的，垂直置于前额。星灵界的人具有一切外部感官——耳、眼、鼻、舌及皮肤，但他们透过身体任何部位以直觉体验感受。他们可以用耳、鼻或皮肤观看，用眼或舌听，也可以用耳或皮肤品尝等等[5]。

"人类肉体暴露在无数危险中，而且很容易伤残；虚无飘渺的星灵体偶尔也有割伤或擦伤，但仅凭意念就能立刻复原。"

"圣师，星灵界里的人都很美吗？"

"在星灵世界中，美被认为是一种精神上的特质而不是外在形态，"圣育克铁斯华答道，"因此星灵界人不重视容貌。不过他们有能力随意化现成新颖多彩的星灵形体以装扮自己，就像世人为庆典盛装打扮一样，星灵界人也会视场合以特殊设计的形态装扮自己。

"在像喜兰亚洛加般较高等的星灵星球上，当一个灵魂因灵性进展而脱离星灵世界，并准备进入起因天堂时，就会举行欢喜的星灵庆典。在此种场合下，隐形的天父以及与祂合一的圣者们会化现成自己所选的身形来参加星灵庆典。为了取悦钟爱的信徒，上主会化现成任何所愿的形象。如果信徒以虔诚的奉献礼敬神，就会看见上帝以圣母形象呈现；对耶稣而言，无极天父的形象比其它任何概念更能吸引他。造物主赋予每个创

5　地球上也不乏这样的例子，海伦·凯勒及其他少数人即具备如此的能力。

造物独特性，使其对神的千变万化作出一切可想尽或超乎想像的要求！"古鲁和我一起开心地笑了起来。

"在星灵界，前世的朋友能轻易相认，"圣育克铁斯华以悦耳如笛的声音继续说，"他们欣喜庆祝不朽的友谊，了解爱是永生不灭的，即使这个事实在面对令人伤心迷惘的生离死别时经常受到怀疑。

"星灵界人具有的直觉能力能穿透帷幕而看到人类在地球上的活动，但人类无法看到星灵世界，除非他的第六感略有发展；成千上万的地球居民曾经短暂地瞥见星灵界的人或星灵世界[6]。

"在喜兰亚洛加的漫长星灵日夜中，先进的居民大多处于清醒的极喜状态，他们协助解决宇宙政府的复杂问题，并救赎那些漂泊浪子——仍牵绊于尘世的灵魂。喜兰亚洛加居民在睡眠中偶有星灵梦境，他们的意识通常沉浸在清醒的最高'非细考'极喜境界中。

"星灵界所有区域的居民依然有精神上的痛苦，像在喜兰亚洛加这类星球上的高等星灵界人，其敏锐的心智会因为错误行为或误解真理而感到强烈痛苦。这些进化的灵魂努力调整自己的一举一念以符合完美的灵性法则。

"星灵界人之间的沟通完全藉由心灵感应和视觉感应，毋须像地球居民那般忍受文字及言语造成的混淆与误解。就像电影银幕上的人在一连串由光线组成的动画中演出却未真正呼吸一样，星灵界的人也在智能的引导协调下以光的影像移动及工作，而不需吸取氧气中的能量。人类必须仰赖固体、液体、气体及能量维生，但星灵界人主要依靠宇宙光。"

---

6 地球上纯真无邪的儿童有时也能看到仙子优美的星灵形体。透过酒精及毒品的使用——此为所有经典禁止的行为——人的意识变得错乱，因而能看到在星灵冥府的骇人形体。

"我的上师，星灵界的人需要吃东西吗？"我以心智、情感、灵魂，全部的官能汲取他令人惊叹的解说。超意识对真理的理解永远真实不变，瞬间感官体验及印象从来都只是暂时或相对的真实，很快就会在记忆中失去其鲜明性。古鲁的话是如此深刻地印记在我生命的卷轴上，任何时候，只要进入超觉意识状态，我就可以清楚地再度体验这个神圣经历。

"星灵界土壤上盛产如光线般散发光辉的蔬菜，"他答道，"星灵界人食用蔬菜，并饮用来自壮丽光泉及星灵溪流的甘露；就像在地球上，看不见的人物图像可以从虚空中被掘取，并在电视仪器上显像，随后再被释回太空一样，那些上帝所造、飘浮在星灵界虚空中的隐形星灵蔬菜及植物蓝图，也可在星灵星球上经其居民的意念凝聚成形。藉着相同的方式，星灵界的人以其丰富不羁的想像力化现出一座座满布芬芳花卉的花园，之后再将其释回虚空化为无形。虽然住在像喜兰亚洛加这种天堂般星球上的灵，几乎已无任何饮食必要，但起因界里接近完全解脱的灵更为高等，他们无条件存在，除了啜饮极喜甘露之外完全无需进食。

"已由尘世解脱的星灵界人，不时会在星灵界各处遇见他们在不同过往人世中所结识的众多亲友、父母及配偶们[7]，因此他们无法再分辨应特别关爱谁。藉此他学会以神圣平等心关爱每个人，如同上帝的孩子或上帝在个体上的表现。虽然他们所爱的人随着最近一世发展的新特质而或多或少有外貌的改变，星灵界人能以其精准的直觉认出所有在其他界域中曾经有过的至亲好友，并欢迎他们来到星灵新家。由于宇宙万物的每个组成原子皆具无法抹灭的天赋独立特征[8]，星灵界的朋友不论作何

---

7 佛陀曾被问道为何要以平等心爱一切众生，"因为，"这位伟大导师回答，"一切众生从无始劫以来的轮回中，皆曾互为手足亲眷。"

8 从原子到人类，进入所有被造生命的八个基本特质为：地、水、火、风、以太、

装扮仍会被认出，就像世间演员不论如何变装仍可经仔细观察而被发现一样。

"星灵界上的寿命远比地球上的长。以地球上的时间标准计算，正常的高等星灵界人平均寿命为五百至一千年。就像某些红杉木比多数植物多活几千年，或像某些瑜伽行者活至数百岁，即使多数人寿命不超过六十岁，星灵界上同样也有某些人比一般星灵寿命活得更久。星灵界访客住期长短依其物质界业果的重量而定，该业力会在特定时间内将他们吸引回世间。

"星灵界人在脱离其光体时并不需要痛苦地与死亡搏斗，但许多人想到要抛弃其星灵形体而成为更微细的起因体时，会有些不安。星灵世界没有不情愿的年老、疾病、死亡，这三项恐惧是地球的咒咀，地球人类让自己的意识相信自身几乎等同那副需不断藉助空气、食物、睡眠才能存活的脆弱躯壳。

"伴随肉身死亡的现象是呼吸停止及肉体细胞瓦解；生命粒子是构成星灵界生命能量的基本单位，一旦消散则造成星灵生命的死亡。肉身死亡时，人失去其肉体意识，但开始意识到他在星灵界的细微星灵体。星灵生命在寿终时刻经历星灵死亡，从而将星灵界的生死意识转化成在物质界的生死意识。受星灵界与物质界束缚的循环交替是所有未解脱者无可避免的命运。经典对天堂与地狱的定义，有时会撩起人更深于潜意识的一连串关于愉快的星灵界及令人失望的人间世界的漫长记忆。"

"亲爱的上师，"我问道，"可否请您进一步描述在人世间、星灵界及起因界里的重生有何差别？"

"具个体化灵魂的人基本上具备起因体，"古鲁解释，"该体是三十五个'意念'(idea) 所构成，这些意念依上帝意旨成为

觉识 (manas)、菩提智慧 (buddhi)、个性或我执 (ahamkara)。（参见薄伽梵歌第七章四节。）

基础或起因的心思力量，然后祂由此形成具十九种要素的细微星灵体及十六种要素的浊重物质界体。

"星灵体的十九种构成要素分为心理、情感及生命粒子三方面。这十九种要素包括智能、自我、情感、心识（感官意识）、五种知识媒介——视、听、闻、尝、触五种感官的细微对应；五种行为媒介——繁衍、分泌、谈话、行走、手艺等执行能力的心理对应；及生命力的五个媒介——能够执行身体成形、吸收、排泄、新陈代谢、循环等功能的能力。由十六种浊重化学要素组成的物质界体即使死亡，由十九种要素构成的细微星灵体也会继续存在。

"上帝在自身中计划出各种构思并投射成不同梦境，从而迸现**宇宙梦幻之女**，她以巨大、变幻无穷的相对现象彩妆自己。

"在起因体的三十五个意念类别中，上帝精心安排人十九种星灵及十六种物质对应的错综复杂性。祂藉由凝聚先是细微、之后浊重的振动力，制造出人的星灵体，最后才制造出物质形体。根据相对法则，**原始的单纯**变成了令人迷惑的万千变化，故起因宇宙及起因体异于星灵宇宙及星灵体；同样的，物质宇宙及物质界体在特征上亦有别于其他创造形式。

"肉身是造物主凝聚梦境并将之具体化的结果。人世间永远有二元现象：疾病与健康、痛苦与欢乐、失去与获得。人类在三度空间的物质界中受到限制及阻抗，一旦疾病或其它因素严重动摇求生意念，死亡随之来临，肉体的沉重外衣被暂时卸下；但是，灵魂仍困于星灵体及起因体内[9]。欲望是结合三体的凝聚力量，欲望未得满足时的动力，是人类一切奴役的根源。

"物质欲望根源于自我意识及感官享乐，相对于星灵界依恋或起因界觉受引起的欲念力量，感官经验产生的冲动及诱惑

9　"体"象征所有灵魂的包装，无论浊重或细微。"三体"乃**天堂鸟**的樊笼。

力更为强大。

"星灵界欲望主要围绕在以振动表现的乐趣。星灵界人享受天上幽雅灵妙的乐音，并沉醉于光幻化无穷所呈现的万物景致。星灵界的人也能以闻、尝及触觉感受光，因此，他们在星灵界的欲望，与其以光的形式、凝聚的意念或梦境所促成一切物体及经验的能力息息相关。

"起因界欲望的满足全然透过觉受。只受困于起因体而几乎已解脱的灵视整个宇宙为上帝梦境意念的实现，他们只需动念就能化现任何一切。因此，起因界的人认为肉体感官或星灵乐趣带来的享受，对纤细敏锐的灵魂是粗糙而令人窒息的。起因界人的欲望可经由瞬间化现而得到满足[10]，在起因界里，那些领悟身上披的只是起因体薄纱的灵，能像造物主一样化现诸界天。由于万物是由宇宙梦境建构而成，起因界里着薄衫的灵拥有广证的法力。

"灵魂原不可见，只有在其单一或多个形体存在时才能加以辨识；只要有形体存在，即表示有未得满足的欲望使其得以存在[11]。

"只要人的灵魂仍困于一、二或三层界体容器内，被无明与欲望的软木塞紧紧密封，他就无法与圣灵大海合而为一。当死亡之锤粉碎浊重的物质身器时，另外两层包覆物——星灵及起因体——仍在，阻止灵魂有意识地加入遍地存在的**宇宙生命**。以智慧通达无欲境界即能生出力量瓦解剩下的两层身器，此时，浮现出的微渺人类灵魂终能解脱而与**无量辽阔**合而为一。"

10　就像巴巴吉曾帮助拉悉利·玛哈夏断灭他潜意识中在某个前世想要一睹皇宫面貌的欲望，见第三十四章。

11　"耶稣说：'尸首在哪里，鹰也必聚在那里。'"——路加福音第十七章三十七节。无论灵魂受到物质肉体、星灵体，或起因体的束缚，欲望之鹰——捕食人性感官弱点或星灵及起因界执着妄念——也会围聚起来囚禁灵魂。

我请求神圣的古鲁进一步描述玄秘高深的起因世界。

"起因世界的微妙难以言喻,"他说。"要了解它,人必须具有如此巨大的专注力,能够闭眼想像整个浩瀚无垠的星灵宇宙及物质宇宙——那个发光气球与固体吊篮——仅存于意念之中。任何人只要能以超人的专注力将这两个充满复杂性的宇宙转换或化解为纯粹意念,就能抵达起因界,站在心识与物质熔合的交界上,并以意识的形式觉受所有创造物——固体、液体、气体、电、能量、一切存有、神祇、人类、动植物、细菌,就好像当人闭上眼睛时仍能感到自身存在,即使身体的存在只是意念所及而非肉眼所见。

"任何人类想像得到的,起因界的人皆能实现它。最富创造力的人类智能可以——仅仅在头脑里——想像的范围涵盖各种极端想法,想像从一个星球到另一个星球,或跌落无底深渊,或像火箭般飞升至银河穹苍,或像探照灯般在银河繁星中闪闪发亮。但在起因界的人更为自由,他们可以毫不费力地瞬间转念为物,不受任何物质、星灵障碍,或业力拘束。

"起因界的人明白,物质宇宙并非主要由电子建构,星灵宇宙基本上也非由生命粒子构成,两者在实质上皆由**上帝意念**的最细微粒子所创,并经由摩耶幻相裁剪分割——此相对法则的明显介入使万物与其造物主分离。

"在起因世界的灵魂视彼此为喜悦圣灵的个体表现,他们周遭只有他们意念的事物。起因界的人认为其身体及思想的区别仅在于意念的差异,就好像人闭上眼睛可以观想眩目的白光或朦胧的蓝色薄雾一样,起因界的人只要聚念就能视、听、闻、尝、触,他们以宇宙之心的力量创造或解体任何事物。

"在起因界,死亡与重生皆存于意念。身于起因体的灵只享用永恒新知的美味神馔,他们啜饮宁静清泉,漫步于不留痕迹的觉受土地，或漂游在至喜境界的无尽汪洋中。他们发光的意念身躯在**无极**苍穹怀抱中，飞速游经圣灵所创造的数万亿星球、清新泡沫般的诸界天、智慧繁星，及布满黄金星云的光谱梦境！

"许多灵在起因界天停留数千年，在达到更深层的极喜境界后，解脱的灵撤离微小的起因体而以整个辽阔的起因宇宙为身，所有意念的独立漩涡——能力、爱、愿力、喜悦、和平、直觉、宁静、自制及专注力的个体波浪，尽皆融入永恒欢喜的**至喜汪洋**。如此的灵不再需要以独立波浪的意识感受喜悦，而能融入**唯一宇宙大洋**所有永恒欢笑与欣喜悸动的浪潮中。

"灵魂从三界体破茧而出后即永远脱离相对法则而成为无可名状的**永恒存在**[12]。看那**无处不在**的彩蝶，无数日月星辰就刻印在其蝶翼上！灵魂扩展至圣灵之后，即独自保持在那无光之光、非暗之暗、无念之念的境地，并在上帝创造宇宙之梦境里沉醉于其极喜中。"

"解脱的灵！"我插口惊叹。

"当灵魂最后脱离三界体的束缚幻觉时，"上师接着说，"它便与**无极**合而为一而不失其个体特质。基督在其诞生为耶稣之前即已达到最终解脱，他在人世间从死亡到复活经过三天，象征他过去经历的三个阶段，他已从中获得完全复活于圣灵的力量。

"未进化的人必须经历人世、星灵及起因界无数次轮回后才能脱离三界体。已达最终解脱的大师可以选择降生世间为先知，以带领众生回归上帝，或可以像我一样选择住在星灵界。

12　"得胜的，我要叫他在我神殿中作柱子，他也必不再从那里出去（即不再轮回）……得胜的，我要赐他在我宝座上与我同坐，就如我得了胜，在我父的宝座上与他同坐一般。"——启示录第三章十二及二十一节

星灵界救主担负星灵界居民的部份业果[13]，藉此帮助他们终结星灵界轮回循环，继而永久地进入起因界域。解脱的灵也可以进入起因界以帮助该界域的灵缩短停留于起因体的时间，进而达到**完全解脱**。"

"**复活者**，我想知道更多关于迫使灵魂返回三界的业力。"我想，我可以永不倦怠地倾听这位无所不知的上师。他在世期间，我从未能像现在这样一次汲取他如此多的智慧，这是我第一次获得清晰明确的洞悉，能看透生死棋盘上如谜般的间隙。

"人必先完全清除他在物质界的业或欲望才有可能持续停留在星灵界，"古鲁以振奋的语气解释道。"有两种灵住在星灵界域：那些尘世业果未尽除而必须再次住进浊重肉身以偿还业债者，在物质肉体死亡后可被归类于星灵界的暂时访客，而不是长驻居民。

"尘世业债未赎者在星灵界死亡后无法进入以宇宙意念为基础的高等起因界，而必须在物质界及星灵界来回穿梭，依次意识到其十六种浊重要素构成的物质界体及包含十九种微细要素的星灵体。然而，在世间灵性未开发的人于每次肉体死亡后大多处在死亡睡眠的深层昏迷状态，几乎毫无意识到美丽的星灵界。这样的人在星灵界休息后即返回物质尘世继续学习，经过屡次往返停留，他们渐渐习惯微细结构的星灵界域。

"相对而言，一般或长期定居于星灵界的居民已永久断灭物质欲望，故不须再回到尘世的浊重振动波中。这样的灵只需清偿他们在星灵界及起因界的业果，一旦其星灵体死亡后，他们进入更加微妙精细至极点的起因界。在一段由宇宙律法决定的停留期间后，这些进化的灵返回喜兰亚洛加或类似的高等星

---

13 圣育克铁斯华意指，正如在人世期间他偶尔会承受病苦重担以减轻弟子的业债，他在星灵界担任救主的任务使他得以承担喜兰亚洛加居民部份星灵界业债，从而加速其发展以进入更高等的起因界。

灵星球，再度诞生为星灵体以清偿其星灵业债。

"我的孩子，现在你可以更清楚地了解我是依天命而复活，"圣育克铁斯华接着说，"特别来拯救由起因界返回星灵界转世的灵，而非由地球前来星灵界的灵。来自地球的灵若仍存有丝毫物质业果，无法进入像喜兰亚洛加那样高等的星灵星球。

"多数世人未能从静坐获得的内观中学会欣赏星灵生活的高等喜悦及优势，故死后仍想返回世间有限且不完美的享乐；同样的，许多星灵界人在其星灵体正常瓦解时未能看到起因界更高层次的灵魂喜悦，却仍想着较为粗浊艳丽的星灵快乐，而渴望重返星灵天堂。这些灵必须先清偿其沉重的星灵业果才能在星灵体死后不间断地住于起因意念世界，从而与造物主间仅微薄地分离。

"只有当灵魂不再眷恋于体验美不胜收的星灵宇宙，也不再受返回该界的诱惑，他才能留在起因界，以清偿其起因业债或过去欲望的种子，受禁梏的灵终能突破无明三重阻碍的最后一关，从起因体的最终坛罐中脱出，而与**永恒**合一。

"现在你明白了吗？"上师的微笑多么迷人！

"承蒙师恩，我明白了。我的喜悦与感激，言语无以形容。"

我从未在歌曲或故事中获得如此启迪人心的知识，虽然印度经典记载了起因与星灵世界，以及人的三个界体，但与我这位复活的上师亲口真言相比，那些经文显得多么遥远空泛！对他而言，那个"从来不曾有一个旅人回来过的神秘之国"[14]确实不适用！

"人类三体的贯通性透过其三重性质以各种方式表现出来，"伟大古鲁继续说。"地球人类在清醒状态时多少意识到

14　《哈姆雷特》（第三幕第一场）。

此三体的存在。一个人专注于视、听、闻、尝、触的感官觉受时，主要透过其物质界体运作；他在想像或决意时，主要运作的是其星灵体；当他思考与深入自省或冥思时，其起因存在得以表现，习惯接触其起因体的人常有广大无边的天才奇想。就此意义而言，人可概略分为'物质人'、'能量人'及'知性人'。"

"人每天大约有十六个小时的时间视自己等同于其物质界身，然后进入睡眠状态，在睡眠中若有梦境则仍处于其星灵体，此时他可以像星灵界的人般轻易创造任何物体。若人进入无梦的深度睡眠，他能够在这数小时内将其意识——即'我'的感知觉受——转移至起因体，这样的睡眠可恢复活力。人在作梦时只触及其星灵体而非起因体，这样的睡眠无法让精神完全恢复。"

圣育克铁斯华阐述奥义时，我一直钟情地观察他。

"天使般的古鲁，"我说，"您的身体与我最后在普里道院为之哀悼的遗体看来一模一样。"

"噢，是的！我这个新身体完全复制旧体，我可以随心所欲化现这个形体或使其消失，甚至比我在人世间时更频繁。现在，我可以使形体立即消失，并瞬间以光的形式在星球间穿梭，或甚至从星灵界至起因界或至物质界宇宙。"圣洁的古鲁微笑说道。"虽然你这几天移动快速，我毫无困难在孟买找到你！"

"师父啊，您过世时我多伤心！"

"啊呀！我哪里死了？有些矛盾吧？"圣育克铁斯华目光闪烁着爱与诙谐。

"当时你只是在人间作梦，在那儿看到我的梦境形体，"他继续说，"然后你埋葬那梦中的身体形像。现在我更精微的身体——你眼前所见，甚至紧紧抱住的这个肉身！——在上帝另一个更为精细的梦中星球上复活了。有一天这个更精微的梦境身体及梦境星球也会消失，它们并非永恒，所有梦幻泡影最后在觉醒的碰触下终究会破灭。我的孩子瑜伽南达，要分辨梦境与**实相**啊！"

我对此吠檀多[15]的复活观念深感惊奇，对于先前在普里对上师亡体产生怜悯之情自觉惭愧。我终于明白古鲁一直全然觉醒于上帝意识之中，对于自己在人世间的生死及目前的复活，他所觉受的只不过是宇宙梦境中神圣意念的相对现象罢了。

"瑜伽南达，现在我已告诉你有关我生、死与复活的实相，别再为我哀伤，而是到各地宣扬我复活的事迹——我从先前上帝所梦的人类地球，复活在星灵体灵魂居住的另一个上帝的梦境星球！这个消息将为那些在梦境中哀痛难抑、害怕死亡的世人心灵注入新希望。"

"是的，上师！"我多么乐意与别人分享上师复活为我带来的喜悦！

"我在尘世间要求的标准极高，并不适合多数人的性情。我经常过度苛责你，而你通过了考验，你的爱穿透一切斥责的乌云，"他温柔地接着说，"今天我也是来告诉你：我绝不再面露严厉的谴责眼光，我不会再责骂你了。"

我多么想念我伟大古鲁的斥责啊！每个斥责都曾是保护我的守护天使。

"我最亲爱的上师，训斥我千百万次——现在就责骂我吧！"

"我不会再责备你了。"他圣洁的声音在严肃中带着笑意。"只要我们两个仍在上帝的摩耶梦幻内形体各异，你我就会一同展开笑颜。最后我们将在**宇宙至爱**中合而为一，我们的微笑

15　生与死只是相对的意念。《吠檀多》指出，上帝是唯一**真实**，万物或各独立存在体皆为摩耶幻相。此一元论哲学在商羯罗对《奥义书》的评注中有最精辟的论述。

就是祂的微笑，我们一致的喜悦歌声将遍及永恒，传播至每一个与上帝意识合一的灵魂！”

圣育克铁斯华还告诉我一些在此无法透露的事情。在孟买饭店房间与他独处的两个小时内，他回答了我所有疑问。几项他在一九三六年六月这一天所作的世界预言都已应验。

“我要离开你了，我心爱的！”随着上师这句话，我感觉他在我环抱的手臂中融化消失。

“我的孩子，”他的声音清澈明亮，在我的灵魂深处回荡。“任何时候，只要你进入'非细考三摩地'并呼唤我，我会以血肉身躯出现你面前，就像今天这样。”

圣育克铁斯华说完这个神圣的允诺后随即消失眼前。此时传来宛若乐音的隆隆声响，像云发出的语声般重述：“告诉大家，任何觉证'非细考三摩地'而明白尘世原为上帝一场梦境的人，皆可来到喜兰亚洛加这个更细微的梦中星球，并在那里看到我复活的身躯，与在地球期间的身体无异。瑜伽南达，告诉大家！”

我不再为别离而忧伤，这份因上师去世而长久掠夺我内心平静的哀痛惋惜之情，现已在赤裸的羞愧心下消失无踪。极喜像泉涌般贯穿无穷尽、新张的灵魂毛孔，它们尘封已久，如今因极喜洪流而洁净绽放，我的诸多前世在灵眼观中像电影一般接连播放，神圣上师亲临而在我周遭洒下的宇宙圣光，溶化了我过去的善恶业果。

在我自传的这个章节里，我遵照古鲁的指示传扬这个喜悦之音，虽然它再次困惑一个冷漠疏离的世代。人们太清楚卑躬屈从，绝望亦非陌生之词，但这些都是刚愎乖僻之物，并非人的真正命运。从他立下誓愿那一天起，他就走向通往解脱的道路。他听信"汝乃尘土"的阴郁悲观论调已经太久，而忽视无法压制的灵魂。

我不是唯一有此殊荣目睹古鲁复活的人。

圣育克铁斯华有一名年迈女弟子，广受爱戴的她被众人以"尊母"(Ma) 称呼。她住在普里修道院附近，上师生前经常于晨间散步时路过她家与她闲谈。一九三六年三月十六日傍晚，尊母前来修道院要见她的古鲁。

"您不知道吗？上师一个礼拜前就去世了！"当时已住持普里修道院的塞巴南达尊者伤心地告诉她。

"不可能的！"她带着笑容反驳。

"不，"塞巴南达重述丧礼的细节。"跟我来，"他说，"我带您到前花园上师下葬的坟前。"

尊母摇摇头。"他不可能已经下葬！今天早上十点钟他还像往常一样路过我家门口，我在大白天的户外跟他聊了几分钟呢！

"'今天傍晚请到修道院来，'他告诉我。

"我来了！恩典赐我这个白发老妪！永生不朽的古鲁要我明白今早探望我的是他真正超越凡躯之身！"

惊讶的塞巴南达在她面前跪了下来。

"尊母，"他说，"您卸除了我内心多么沉重的悲痛！他复活了！"

第四十四章　与圣雄甘地在沃达

　　"欢迎到沃达 (Wardha)！"圣雄甘地的秘书玛哈地夫·德赛 (Mahadev Desai) 亲切地招呼布列慈女士、莱特先生和我，并赠送几卷手织棉布作为礼物。我们三人在八月的一个清晨刚抵达沃达火车站，很高兴能离开满是灰尘的闷热车厢。我们将行李交由牛车托运，然后与德赛先生及他的两名同伴巴巴萨贺·德序慕克 (Babasaheb Deshmukh) 及品格尔 (Pingale) 博士一同坐进一辆敞篷汽车。驶过一小段泥泞乡村路，我们来到印度从政圣人的修道院"玛甘瓦地" (Maganvadi)。

　　德赛先生立即带我们到一间书房，圣雄甘地正盘腿坐在里面。他一手握笔，一手拿着小纸片，脸上露出和蔼迷人的灿烂笑容。

　　"欢迎！"他用潦草的印地文写着。那天是星期一，他的每周禁语日。

　　虽是初次见面，我们热情地微笑相视。圣雄甘地曾于一九二五年亲临兰栖学校，并在访客留言簿上留下一段亲切的颂辞。

　　这位只有百磅重的瘦小圣者，其身、心、灵皆散发出健康气息。柔和的棕色双眸流露出智慧、真诚及辨察力；这位机智的政治家是千百次法律、社会及政治斗争的胜利者。世界上没有任何其他领导者可以像甘地这样，在印度数以千万未受教育的人民心中占有如此稳固的地位，群众自发性地以举世知名的称号——圣雄，即"伟大灵魂"[1]，来称颂他。独独为了他们，

1　他的本名是默罕达斯·卡兰昌德·甘地 (Mohandas Karamchand Gandhi)，他从未自称"圣雄" (Mahatma)。

甘地永远只穿着广为漫画家笔绘的那条腰布，象征他与受到压迫的赤贫大众无异。

"若有任何需要，住在修道院的人随时任你使唤。"当德赛先生带我们走出书房前往客房时，圣雄以他特有的礼貌递给我这张匆匆写下的字条。

我们的向导带领我们穿过果园及花圃，来到一栋有格子窗户及瓦片屋顶的建筑。前院有一口二十五英呎宽的水井，德赛先生说那是提供家畜饮水用的；近旁有一架水泥制的滚轮打谷机。我们每人的小卧室都证实只放了少到不能再少的陈设——一张手编绳床。以白浆水粉刷过的厨房里，水龙头与煮饭用的火炕各据一角。耳边传来纯朴的田园乐音——乌鸦及麻雀的叫声、牛鸣声及凿子削砌石块的敲击声。

看到莱特先生的旅游日记，德赛先生翻开一页写下圣雄甘地的忠实追随者（不合作主义者）均须遵守的"不合作主义"[2]誓言：

> "非暴力、诚实、不偷窃、禁欲、无恒产、身体劳动、控制味觉、无惧、平等尊重所有宗教、抵制英货（使用国产品）、释放贱民。追随者皆应以谦恭之心誓言遵守此十一条。"

（次日，甘地亲自签署此页，并注明日期：一九三五年八月二十七日。）

抵达两小时后，同伴和我受邀进午餐。圣雄已坐在道院门旁的拱廊下，隔着庭院与书房相对。大约二十五个赤足的不合作主义者蹲坐在铜制杯盘前，共同祈祷吟唱后开始供餐，大铜锅里装盛着淋上印度奶油(ghee)的烤面饼(chapatis，无发酵的

2　不合作主义(Satyagraha)，梵文直译为"信守真理"之意，是甘地领导的著名非暴力运动。

全麦面饼）、水煮蔬菜切块 (talsari) 以及柠檬酱。

圣雄吃了烤面饼、水煮甜菜、一些生菜及柳橙，在他盘上一角还有一堆味道极苦、以净血作用闻名的苦楝叶。他用汤匙舀起一些放在我盘上，我和着水一口吞下，想起小时候母亲强迫我吞下这种不美味的药草。然而甘地慢慢地嚼食苦楝叶浆，一点也不排斥。

由这件小事，我注意到圣雄有随意志分离其心及感官的能力，我回想起数年前他经历一次广为报载的盲肠手术。当时他拒绝麻醉，在手术过程中与弟子轻松闲聊，平静的笑容说明他并没有注意到痛苦的感觉。

那天下午我有机会与甘地一位著名的女弟子晤谈，她是一位英国海军上将的千金玛蒂莲‧史莱德 (Madeleine Slade) 女士，现名为密拉‧班 (Mira Behn)[3]。她的面容坚定而平静，以完美的印地语热心地告诉我她的日常活动。

"农村重建工作是很值得的！我们一群人每天清晨五点就去服务附近村民并教导他们基本的卫生知识，着重于清洁公厕及茅草盖顶的泥土屋。由于村民不识字，只能透过实际示范的方式学习！"她开心地笑着说。

我赞赏地望着这位出身名门的英国女士，她那真实的基督徒谦卑情怀使她能够从事通常只有"贱民"阶级才做的清扫工作。

"我一九二五年来到印度，"她告诉我。"在这块土地上

---

3 她出版了一些圣雄甘地写的信函，信中透露她的古鲁教导她的自律训练（《甘地写给一名弟子的信》 *Gandhi's Letters to a Disciple*; Harper & Bros.，New York，1950）。

在后来的一本书中（《心灵朝圣》 *The Spirit's Pilgrimage*; Coward-McCann，N.Y.，1960），史莱德女士提到曾有许多人陆续到沃达拜访甘地。她写道："事隔多年，很多访客我已记不得了，但至今我仍清楚记得两个人：知名的土耳其女作家赫梨黛‧爱蒂‧韩南 (Halide Edib Hanum) 以及美国ＳＲＦ的创办人瑜伽南达尊者。"（编按）

我有'回家'的感觉，如今我再也不想重回昔日的生活及喜好了。"

我们讨论了一些有关美国的情况。"我一直很欣喜也很惊讶，"她说，"看到许多造访印度的美国人对灵修方面深感兴趣。"4

很快地，密拉·班的双手在纺纱车 (charka) 上忙了起来。由于圣雄的努力，如今在印度乡村各地随处可见纺纱车。

午餐时间，摄于圣雄甘地在沃达的修道院
瑜伽南达尊者正在读一张甘地刚写给他的字条（当天为星期一，甘地固定于每周一持禁语戒）。第二天，1935 年 8 月 27 日，甘地请求瑜伽南达尊者为他传科里亚瑜伽法门。

4　史莱德女士让我想起另一名杰出的西方女性——玛格丽特·伍卓·威尔森 (Margaret Woodrow Wilson) 女士，伟大的美国总统威尔森之长女。我在纽约与她晤面，她对印度深感兴趣，之后她到旁地遮里 (Pondicherry) 愉快地追随一证悟上师奥洛宾督·果栩尊者 (Sri Aurobindo Ghosh) 的修行之路，在那里度过她生命最后五年。

甘地在经济及文化上有充分的理由鼓励振兴农村工业，但他不建议断然拒绝一切现代化发展。机器、火车、汽车及电报在他伟大的一生中扮演了重要角色！五十年来献身公益，牢里牢外，每天与政治世界里的实务细节及严酷现实搏斗，而这些只有增加他内在的平衡，使他心胸更宽阔、更明智，也更能以幽默的角度欣赏无奇不有的人性大观。

到了六点，我们三人应邀至巴巴萨贺·德序慕克家共进晚餐。七点晚祷时刻我们已回到玛甘瓦地，登上屋顶，那里已有三十名不合作主义追随者成半圆形围坐在甘地身边。甘地蹲坐在一张草席上，一只古老的怀表摆在面前。夕阳余晖将最后一道光芒照射在棕榈及榕树上，夜声与蟋蟀鸣响悠悠奏起，我沉醉在此静谧的气氛中。

肃穆的唱诵由德赛先生带领，团体也跟着齐唱，接着是梵歌朗读。圣雄示意要我作结束前的祷告，此刻，思绪与心愿如此圣洁一致！在沃达屋顶伴着初夜星光静坐的那一晚是我永恒的回忆。

甘地准时于八点钟结束禁语，生活中庞大的工作量令他分秒必争。

"欢迎，尊者！"圣雄这次的招呼不是透过纸笔。我们刚从屋顶下楼到他的书房，房内只简单摆着几张方形坐垫（无座椅），一张矮桌上放着几本书、一些纸和几枝普通的笔（非钢笔），一座不起眼的时钟在角落滴答作响，四周弥漫虔诚宁静的气氛。甘地脸上绽放出深邃迷人、几乎不见齿的笑容。

"几年前，"他解释，"为了争取时间处理书信，我开始进行每周一天的禁语。如今这二十四小时已成为不可或缺的灵粮，定期禁语并不是折磨，而是一种祝福。"

我由衷认同[5]。圣雄询问我有关欧美的情况，我们讨论了印度及国际局势。

"玛哈地夫，"德赛先生进房时，甘地对他说，"明天晚上请为尊者安排在市政厅作瑜伽专题演讲。"

我向圣雄道晚安时，他体贴地给我一瓶香茅油。

"尊者，沃达的蚊子是一点都不懂'不伤害'[6]的！"他笑着说。

次日一早我们三人的早餐是加了糖蜜及牛奶的全麦粥。十点半时我们被唤去修道院门廊和甘地及其追随者共进午餐，当日午餐有糙米、不同的蔬菜及小豆蔻子。

中午我在修道院内四处散步，走到一片有几只温驯母牛吃草的牧地。甘地对保护母牛有一份特别的情感。

"对我而言，母牛象征整个次于人类的世界，将人的怜悯心扩展至超越其同类，"圣雄解释。"透过母牛，人类得以了解自己与所有生命一体。对我而言，古代先知尊奉母牛为神的理由十分明显：在印度，母牛是最佳比照物，她提供丰饶物产，不仅供应牛奶，还促成农作收成；母牛是一首怜悯的诗篇，人们在这种温和的动物身上感受到怜悯。她也是数千万人的第二个母亲，保护母牛即是保护上帝所造的所有无语万物；因为没有言语，较低阶生物的恳求更为有力。"[7]

正统印度教徒每天都必须进行某些仪式。其中，布陀仪式

---

5 我在美国多年间一直定期禁语，令访客及助理们十分惊愕。

6 无害、非暴力是甘地信念的基石。他受到耆那教的影响甚深，耆那教徒尊崇"不伤害"(ahimsa)为根本美德。耆那教是印度教的一支，西元前六世纪由与佛陀同时代的摩诃吠罗（Mahavira，意为伟大英雄）广为传播。愿摩诃吠罗看顾他那许多世代之后的英雄弟子甘地！

7 甘地以优美的文笔写过千百种主题。关于祷告他曾写道："它提醒我们一件事：没有上帝的支持我们是无助的。若无祷告，或对'缺乏上帝祝福，最大的人为努力也尽皆无效'的明确认知，任何努力皆不完全。祷告是对谦卑的召唤，它唤醒自我净化及内在探索。"

(Bhuta Yajna) 是一种供献食粮给动物界的仪式。这种仪式象征人了解他对于较低阶生物的责任，这些生物的自我认知，直觉地局限于身体（一个同样折磨人的幻觉），而缺乏人类独具、追求解脱的理性。

布陀仪式从而强化人援助弱小的意愿，如同人类相继在无数高等、无形灵的关怀下得到抚慰般，人类对于大自然滋养生命的献礼——遍存于陆、海、空中——同样具有回馈的义务。自然界、动物界、人类及星灵界天使间不能传达的进化障碍，尽在日常仪式无声的爱中被克服。

另外两种每日进行的仪式为"庇堤利"(Pitri) 及"尼利"(Nri)。庇堤利是对祖先奉献供品的仪式，象征人明白自己对祖先的亏欠，是他们累积的智慧照亮了今日人类。尼利是供献食物给陌生人或穷人的仪式，象征人当前的义务——对当代人应尽之责。

午后我到甘地提供给小女孩的修道院主持一场街坊尼利仪式，十分钟的车程有莱特先生为伴。长曳的鲜艳纱丽服上是一个个花朵般的娇小脸蛋！我在户外以印地语[8]简短演说，结束之际，天空突然降下倾盆大雨，莱特先生和我在笑声中躲进车内，在层层银亮的雨幕中疾驶返回玛甘瓦地。如此飞溅四溢的热带滂沱大雨！

重回客房时，明显的简朴气息及圣雄随处显现的自我牺牲精神再度令我震撼。甘地在婚后不久就誓愿身无恒产，他放弃每年为他带来超过两万美元的大规模律师业务，而将他所有财产分给穷人。

---

8 印地语属于印度—阿利安语系，主要源自梵文字根，是北印度首要地方语。
印度斯坦语 (Hindustani) 是西印地 (Western Hindi) 语言中最重要的一支，它同时可用梵文天城体 (Devanagari) 字母及阿拉伯字母书写，其分支语言乌都语 (Urdu) 为伊斯兰教徒及北印度的印度教徒所使用。

圣育克铁斯华曾委婉调侃人们对"出家"所持有的普遍误解。

"乞丐无财富可抛，"上师会说。"如果有人哀叹：'我的事业失败，妻子离我而去，我要舍弃一切出家为僧。'他指的是什么样的世俗牺牲？不是他舍弃财富爱情，是它们抛弃了他呀！"

而像甘地这样的圣人，不只在物质上作了实质牺牲，还抛弃了更难割舍的利己动机及私人目标，将其最深处的心灵与人类洪流融为一体。

圣雄卓越不凡的夫人卡丝特贝 (Kasturbai) 并不反对他没有为妻小留出部份家产。甘地与夫人在青少年时就结婚了，生下四个儿子后，两人即立誓禁欲[9]。在他们极具戏剧性的共同生活中，卡丝特贝像一名恬静的女英雄；她追随丈夫入狱，并参与他持续三周的绝食，一直全心分担丈夫永无止尽的责任。她曾赞颂甘地如下：

> 感谢你，让我有此殊荣成为你终身伴侣及助手。感谢你，给我举世最完美的婚姻——建基在梵行 (brahmacharya，自我控制) 而非性欲上。在你为印度奋斗的一生中，谢谢你认定我与你地位相等。谢谢你不同于那些沉迷于赌博、竞赛、女人、饮酒、歌唱，或对妻小倦怠的丈夫，就像小男孩很快厌腻童玩般。我多么感恩，你不像那些成天剥削他人劳力以累积自身财富的丈夫。

---

9 甘地在其所著的《我对真理实验的经历》(*The Story of My Experiments with Truth*; Ahmedabad: Navajivan Press，1927-28，in 2 vols.) 一书中以极为坦率的态度叙述自己的生平。这本自传的摘要亦出现在《圣雄甘地——他的亲身经历》(*Mahatma Gandhi，His Own Story*; New York: Macmillan Co.，1930) 一书中，该书由安德鲁斯 (C. F. Andrews) 主编，约翰·海恩斯·贺姆 (John Haynes Holmes) 作序。

　　许多自传书籍中充满知名人物及多采多姿的事件，却几乎对内心的分析及发展阶段只字未提。读者放下这样的书籍时总感到不尽满意，彷佛觉得："此人认识许多名人，却从没认识自己。"这种反应在读甘地自传时是不可能发生的，他以编年史上罕见求客观忠于真理的态度，暴露自己的缺点与妄念。

我多么感谢你将上帝与国家置于贿赂之上，还有你对自己信念的勇气及对上帝完全而绝对的忠诚。我多么感恩能有一位重视上帝及国家尤胜于我的丈夫。感谢你对我个人及年轻时种种缺点的宽容，那时我埋怨并抗拒你将我们的生活模式从富裕变为贫简。

小时候，我住你父母家里，你的母亲是一位伟大贤良的妇女，她培育、教导我如何做一名勇敢而不畏艰难的妻子，如何保有她儿子——我未来夫婿——的爱及尊重。随着岁月过去，你成为印度最受敬爱的领袖，我不曾遭受任何在丈夫登上成功阶梯后妻子担忧被抛弃的恐惧，这样的情况在其他国家泛泛可见。我知道，我们的夫妻关系至死不渝。

深受敬慕的圣雄动辄募款数百万，多年来卡丝特贝负责管理这笔公众基金。印度民间流传许多趣闻，大意是丈夫都很怕妻子穿金戴银去参加甘地的聚会，因为当圣雄为受压迫者请愿时，他那神奇的口才总能令金镯钻链不自禁地从贵妇身上落入募捐篮里！

有一天，负责公款会计的卡丝特贝无法解释四卢比的支付款项，甘地照常公开稽核，毫不留情地指出夫人在帐目上有四卢比的差额。

我经常在课堂中对我的美国学生讲述这个故事。一天傍晚，一位女士在讲堂上诉出其愤愤不平。

"不管圣雄不圣雄，"她大声说，"如果他是我丈夫，让我受到这种不必要的公然侮辱，我肯定让他鼻青脸肿！"

经过一番对于美国妻子与印度妻子的善意诙谐谈笑后，我进一步作出更全面的解释。

"甘地夫人并没有视圣雄为她的丈夫，而是有权训诫她的古鲁，即使只是微不足道的过失。"我指出。"卡丝特贝被公开指责后不久，甘地因政治指控被判入狱。当他平静地与妻子道别时，她在甘地足前跪下。'师父，'她谦卑地说，'如果我有冒犯之处，请您原谅我。'"

在沃达当天下午三点钟，我依约前往这位圣人的书房，他能将自己的妻子变成坚定的信徒实为罕见奇迹！甘地抬起头来，绽放令人难忘的笑容。

"圣雄，"我蹲坐在他身旁一张无软垫的坐席上。"请告诉我您对'不伤害'（ahimsa）的定义。"

"避免在思想或行为上伤害任何生物。"

"多美好的理想！但世人总是会问：一个人不该杀死眼镜蛇以保护孩子或自身吗？"

"我无法杀死眼镜蛇而不违反我的两个誓言——无惧及不杀生。我宁愿尝试以内在爱的感应力量使蛇平静下来，而不能为了迎合环境而降低我的标准。"甘地以他迷人的坦率接着说："我必须承认，如果真的遇到眼镜蛇，我可能无法冷静继续这个对话！"

我谈到放在他桌上几本西方最近出版的饮食书籍。

"是的，饮食在不合作运动中是很重要的，就像在其他情况下一样，"他轻声笑着说。"因为我对不合作运动者提倡彻底禁欲，我一直努力寻找最适合独身者的饮食。要控制生育本能前必先征服味觉，半饥饿或失衡饮食均非解决之道。克服内在对食物的贪恋之后，不合作主义者必须继续遵循合理素食以获取必要的维生素、矿物质、热量等。透过内、外兼具的饮食智慧，不合作主义者的生殖液体很容易被转变为整个身体所需的能量。"

圣雄和我相互交换关于优质肉类替代品的知识。"酪梨非常好，"我说，"我在加州的总部附近有许多酪梨园。"

甘地神情好奇地说："不知它们能不能在沃达生长？不合

作主义者会很感谢能有新食物。"

"我一定会从洛杉矶寄一些酪梨苗来沃达。"接着我说:"鸡蛋是一种高蛋白食物,不合作主义者禁吃吗?"

"无受精的蛋可以。"圣雄笑着回忆道:"多年来我不赞同蛋品的摄取,即使现在我自己也不吃蛋。我一个媳妇曾因营养失调而生命垂危,医师坚持要她吃蛋。我不同意,建议医生给她一些蛋类的替代食品。

"'甘地先生,'医师说,'无受精的蛋不含促成新生命的精子,不涉及杀生。'

"我于是欣然同意让媳妇吃蛋,她很快就康复了。"

前一晚甘地曾表达想要接受拉悉利·玛哈夏的科里亚瑜伽传法。圣雄宽阔的胸襟及求知精神深深感动我,他对上帝的追求就像孩子一般展现纯真的接受力,如同耶稣对孩童的赞扬:"……在天国的,正是这样的人。"

我承诺的授课时间已到,几位不合作主义者进入房间——德赛先生、品格尔博士及其他几名想要学习科里亚技巧的人。

我先教这个小班瑜伽体能运动,想像身体分为二十个部位,以意念依次导引能量至每一部位。很快地,每个人就在我面前像部人体马达般振动了起来。观察甘地身体二十个部位的振动现象十分容易,几乎随时都能一览无遗!他很瘦,却非过度饥瘦,身体的皮肤光滑而无皱纹[10]。

接着我将科里亚瑜伽解脱法门传给他们。

圣雄虔心研读世上所有宗教,耆那教经典、新约圣经及托尔斯泰的社会学著作[11]是甘地非暴力信念的三个主要来源。他曾

---

10 甘地经历过许多长短期的禁食,健康状况极佳。印度 Navajivan Publishing House 出版了甘地三本有关饮食的书:《饮食及饮食改革》(*Diet and Diet Reform*)、《自然疗法》(*Nature Cure*),及《健康之钥》(*Key to Health*)。

11 甘地亦曾仔细研读梭罗 (Thoreau)、路斯金 (Ruskin) 及马志尼 (Mazzini) 这三位

说明自己的信念如下：

我相信圣经、可兰经及波斯古经[12]皆如同吠陀经来自上天启示。我相信古鲁制度，但这个时代千百万人必须在没有古鲁的情况下前进，因为要找到绝对纯洁与完美知识的结合至为稀罕。但我们不需对于未能明白自己宗教信仰的真义感到绝望，因印度教与其他伟大宗教一样，其基本义理恒常不变，能轻易被理解。

我像每一个印度教徒一样相信上帝及其唯一性，也相信重生与救赎……我对印度教的情怀如同我对自己妻子的情感一样难以言述。世上没有任何女人比她更能影响我，她并非毫无缺点，我敢说她的缺点比我注意到的更多，但一种牢不可破的联结始终存在；就像我对印度教的感情一样，即使它并不完美且有所局限。没有任何事物比梵歌乐音或突西达斯 (Tulsidas) 的《罗摩耶纳》更令我欢喜，当我想像在我生命的最后一刻，梵歌会是我的慰藉。

印度教不是一种排外的宗教，它包含让信徒崇拜世上所有先知的空间[13]，而不同于人们对传教性宗教的平常认知。无疑地，这个宗教吸收了许多不同宗派，但它的吸收具有渐进而潜移默化的特质。印度教告诉人们要依照自己的信仰或法 (dharma)[14]崇拜上帝，并与所有宗教和平共处。

对于基督，甘地曾写道："我确信，如果耶稣此时活在人间，

西方作者的社会学观点。

12　Zend-Avesta，这部圣典是琐罗亚斯德 (Zoroaster) 在西元前一千年左右献给波斯。

13　印度教独异于世界各宗教之处，在其非始于单一伟大的创始者，而是源自非个人的吠陀经典，因此印度教提供信徒将古今各地先知纳入崇拜对象的机会。吠陀经典不仅规范敬神礼仪，还制定所有重要的社会习俗，致力引领人一切行为与神圣法则保持和谐关系。

14　dharma 是关于"法则"的广义梵文字；遵循法则或自然正义，或任何时刻一个人在所处情况下的固有义务。经典对这个字的定义为"宇宙自然法则，依法而行者可免于苦难堕落。"

他会祝福很多或许从未听闻其名的人……正如经上记载：'凡称呼我主啊，主啊的人，不能都进天国；惟独遵行我天父旨意的人才能进去。'[15]耶稣以其一生做为典范，教导人类皆应追求的宏伟理想及单一目标。我相信他并不专属基督教，而是属于全世界所有国家及民族。"

在沃达的最后一晚，德赛先生安排我在市政厅演讲。厅内一直到窗台边挤满了前来聆听瑜伽专题的约四百名听众，我先以印地语，接着以英语演说。我们一行人回到修道院时，隐约望见晚间的圣雄，平静地专注于书信中。

清晨五点起床时仍见夜色徘徊，但乡村生活早已开始活跃。先是一辆牛车停在修道院门旁，接着是一位农民头顶重物在摇晃中力图平衡。早餐后我们三人向甘地行告别礼，这位圣人凌晨四点即起床早祷。

"尊敬的圣雄，再见了！"我跪下礼触圣足。"印度在您的护佑下会平安无恙！"

沃达田园居多年过后，大地、海洋与天空皆因世界大战而蒙尘。在所有伟大领导者中，惟独甘地提出务实的非暴力方法来替代武力强权。圣雄以非暴力手段抚平怨怼、铲除不公，并一再证实其有效。他以这些话说明他的信条：

> 我发现生命在毁灭中依旧存续，因此宇宙间必定有高于毁灭的法则。只有在这样的法则下，井然有序的社会才能被理解，生命也才有价值。
>
> 如果那是生命法则，我们必须从每日的存在中去领悟它。无论哪里有战争或遇到敌手，以爱致胜。我发现爱的必然法则在我生命中作了解答，那是毁灭性法则不曾办到的。
>
> 在印度，我们对此法则的运作在可能的最广范围内呈现众所

---

15 马太福音第七章二十一节。

目睹的例证。我并非声称非暴力主义已深入印度三亿六千万人民心中，但我确信在令人难以置信的短时间内，它已比任何其它教条更深入人心。

一个人要经过相当艰苦的训练过程才能达到非暴力的心理状态。这是一种讲究纪律的生活，像军人生活一般，只有在身、口、意适当协调时才能达此完美状态。如果我们决心让真理及非暴力法则成为生活的法则，任何问题皆能迎刃而解。

世界政治事件的残酷进展无情地指出一个事实——缺乏精神层面的远见将使人民灭亡。科学——若非宗教——唤醒了人类对一切物质事物的隐约不安或甚至不真实感，人若不回到**源起**——内在的圣灵，如今到底还能去哪儿呢？

回顾历史，我们可以很合理地说，人类的问题并未从蛮力的使用获得解决。第一次世界大战制造的恐怖业力像令全球战栗的雪球般持续扩大，终酿成第二次世界大战。只有四海一家的温情可以融化当前血腥业力的巨大雪球，否则它将会演变成第三次世界大战，成为二十世纪邪恶的三位一体！不用人类理性而用丛林逻辑来解决纷争只会让地球回归丛林原貌；若非以兄弟共存，则必定在残酷中共亡。上帝慈爱地允许人类发现原子能的释放并非为了如此的丑行！

战争与罪恶从来无济于事。在爆炸烟雾中化为乌有的数十亿美元足够创造一个新世界，一个几乎免于疾病且彻底远离贫穷的世界。不是充满恐惧、混乱、饥荒、瘟疫、骷髅之舞的地球，而是一块遍布和平、富饶及丰富知识的辽阔大地。

甘地非暴力的声音唤起人类最高良知。就让各国结盟的对象不再是死亡而是生命，不再是破坏而是建设，也不再是仇恨而是爱的创造性奇迹。

"人于任何伤害下皆应宽恕，"《摩诃婆罗多》经上言。"古

圣雄甘地的印地文手稿

圣雄甘地拜访瑜伽真理梵行学校，一所结合瑜伽训练的高中，位于印度兰栖。他在访客留言簿中亲切地写下上面这段文字。他说：

"这所学校令我印象深刻，我对这所学校进一步鼓励纺车的使用寄予厚望。"

1925 年 9 月 17 日　　　　默罕达斯·甘地　亲署

人曾言，人类之所以延续乃因宽恕。宽恕至为神圣，宇宙因宽恕结合一体。宽恕为强者之力；宽恕乃牺牲；宽恕乃心静。宽恕及温柔为沉着者之特质，象征永恒美德。"

非暴力是爱与宽恕法则的自然衍生物。"如果人在正义之战中必需丧失生命，"甘地表示，"那就必须像耶稣一样，准备流自己而非他人的血，如此世间血流终将减少。"

终有一天史诗会歌咏印度不合作主义者以爱制恨、以柔制暴，宁愿被无情地屠杀也不愿武装自己。在某些历史性的场合中，敌人看见这些人珍视他人生命胜于自身，因此深感震撼而羞愧地弃械而逃。

"即使需要长远的时间，我都宁愿等待，"甘地说，"也不愿意以血腥手段争取国家自由。"圣经警告我们："凡动刀的，必死在刀下。"[16] 圣雄曾写道：

> 我自称为国家主义者，但我的国家主义扩及全世界，包括世上所有国家[17]；我的国家主义包含全世界福祉。我不希望我的印度耸立在他国的废墟之上，也不要印度剥削任何一个人。我希望印度强壮起来并得以其力量影响他国，目前欧洲没有一个国家能够如此，它们并不扶助其它国家。
>
> 威尔森总统叙述他美好的十四项要点，但却说："最后，如果我们为和平所做的努力失败，我们仍有军事力量为后盾。"而我说："我们的军备已经失效，现在让我们寻找一个新方法，让我们尝试用爱与上帝的力量，那是真理。"一旦达成，我们将别无所求。

圣雄训练成千上万名忠实的不合作主义者（发愿遵守本章前段所提之十一条严格誓约者），他们继而散播讯息，耐心教育印度民众了解非暴力对于灵性及最终对物质的助益，并提供人民非暴力的武器——对付不公的不合作政策，宁愿忍受侮辱、坐牢、死亡也不愿诉诸武力。无数不合作主义者英勇受难的榜样获得世界共鸣，透过这些事迹，甘地戏剧性地描绘出非暴力的实际本质，其不经战争而和解纷争的神圣力量。

经由非暴力手段，甘地为他的国家赢得的政治让步，比任何国家领袖非得经由枪弹赢取的还要多。根绝一切错误及罪恶的非暴力方法，不但显著地被应用在政治领域，也应用于印度微妙复杂的社会改革。甘地及其追随者消除了许多印度教徒及

---

16 马太福音第二十六章五十二节。圣经中多处暗喻人类轮回的其中一处。（见第十六章注20）生命中许多复杂现象惟透过公平的果报法则才能解释。

17 "人当荣耀的不是爱自己的国家，而是爱全人类。"——波斯谚语

伊斯兰教徒之间存在已久的世仇，成千上万的伊斯兰教徒视圣雄为领袖，贱民视他为凯旋无畏的斗士。"如果重返人世，"甘地写道，"我希望生为贱民阶级中的一份子，我才能藉此更有效率地为他们服务。"

圣雄实为"伟大灵魂"，但能敏锐洞察而献予他此头衔的是千百万未受教育者。这位温和的先知在其国土上广受尊敬，卑微的农民亦能起而呼应甘地高挑战性的理想。圣雄全然相信人与生俱来的高尚本质，不可避免的失误从未使他的理想破灭。"不合作主义者即使被敌人欺骗二十回，"甘地写道，"他仍然愿意相信第二十一回，因为对人性的绝对信任是其信念的核心。"[18]

"尊敬的圣雄，您是一位不平凡的人，但您不能期望世人都像您一样。"一位评论家曾如此论道。

"难以理解的是我们的自欺行为，自认为身体能够被改善，却认为不可能唤醒灵性的潜在力量，"甘地回答。"我致力展现一个事实：如果我拥有任何此般力量，我像诸位一样只是孱弱凡躯，自始至今从无任何不平凡之处。我是一个简单的人，像任何其他凡夫一样易于犯错；不过，我承认我有足够的谦卑，能坦承错误并重新来过。我也承认我对上帝及祂的仁慈有坚定信念，并对真理及爱有永无止尽的热情，但这难道不是每一个人都潜藏具备的吗？"他接着说，"如果我们能在现象世界里有新发现与发明，就非得在灵性领域中宣告破产吗？难道不可能让例外倍增，而使它们成为规则吗？人总是一定要先如野兽

18　"那时彼得进前来，对耶稣说：'主啊，我弟兄得罪我，我当饶恕他几次呢？到七次可以么？'耶稣说：'我对你说，不是到七次，乃是到七十个七次。'——马太福音第十八章二十一至二十二节。我深切祷告希望能了解这段毫无妥协的建言。"主啊，"我反驳，"有可能吗？"圣洁的声音终于回复，祂带来让人谦逊的巨大光芒："噢！人们！我每一天宽恕你们每一个人多少次呢？"

才有可能近人性吗？"[19]

美国人清楚记得引以为傲的威廉·潘恩 (William Penn) 非暴力实验，他成功创立十七世纪宾夕法尼亚殖民区，那里"无堡垒、无军人、无民兵，甚至没有武器"。在新移民与印地安人之间残酷的边界战争及屠杀中，独有宾夕法尼亚的贵格会教徒未受干扰。"其他人或被置死，或被集体屠杀，但贵格教徒却平安无事。在所有贵格会教徒中，没有一名妇女受到袭击，没有孩童被杀害，也没有男子受到酷刑。"当贵格会教徒最终被迫放弃州政府时，"战争爆发，一些宾夕法尼亚人被杀，但只有三名贵格会教徒死亡，这三人因为悖离信念而携带武器自卫而亡。"

"诉诸武力的大战争（第一次世界大战）并未带来安宁，"富兰克林·罗斯福指出，"胜利与失败皆无成果，世界应已学到教训。"

"人多利器，国家滋昏。"老子教导。"杀人之众，以悲哀泣之；战胜，以丧礼处之。"（译注：分别节取于老子《道德经》第五十七及第三十一章。）

"我所奋力争取的不次于世界和平，"甘地宣称。"如果非暴力的不合作主义准则使印度民运成功，这将赋予爱国主义或甚至生命本身新的含义，如果容许我抱持所有的谦卑这么说。"

在西方世界视甘地的计划为不切实际的梦想而打发淡忘它

---

19 有一次罗杰·巴森 (Roger W. Babson) 请问伟大的电机工程师查理斯·史坦梅兹 (Charles P. Steinmetz)："哪一方面的研究在未来五十年中会得到最大的发展？""我认为最大的发现将是灵性方面，"史坦梅兹答道。"历史清楚告诉我们，在人类发展中有一股最巨大的力量，但我们只是不经心地对待它，从未像研究物质力量般认真地研究这股力量。总有一天人类会明白物质不能带来快乐，并对人类创意及能力几无助益。那时全世界的科学家会将实验对象转向上帝、祈祷以及灵性力量，迄今这方面几乎未曾被碰触。当这一天来临，人们会看见，在一个世代内的进步远胜于过去四个世代。"

之前，先深思那位在加利利 (Galilee) 的上师对不合作主义的定义：

　　"你们听见有话说：'以眼还眼，以牙还牙。'只是我告诉你们，不要与恶人作对。有人打你的右脸，连左脸也转过来由他打。"[20]

　　甘地的新时代在优美精确的宇宙时间安排下，延伸至已被两次世界大战蹂躏殆尽的世纪。上天在记录他一生的花岗岩纪念墙上亲手撰写：此为人类手足不应再相互残杀的一记警钟。

20　马太福音第五章三十八至三十九节。

悼念圣雄甘地

"他是实至名归的国父,却遭狂徒所害。千百万人因光明顿失而哀悼……那一度照亮这片土地的光非比寻常,在世界的目睹下,那份光明将在这片国土上延续千年。"一九四八年一月三十日圣雄甘地在新德里被刺杀后不久,印度总理贾沃赫拉·内荷鲁 (Jawaharlal Nehru) 发表上述悼文。

五个月之前,印度刚和平地获得国家独立,七十八岁的甘地任务终告完成。他知道自己时刻将至,"阿帕,把所有重要文件拿来,"悲剧发生的那天早上,甘地对他的侄孙女说道。"我今天必须回覆,也许不会有明天了。"甘地在写作中也曾多次暗示其最终命运。

三颗子弹停留在甘地快速丧尽精力的虚弱身体内,在圣雄缓缓跌落地面时,他以传统印度教徒举起双手致意的姿势默表宽恕。甘地一生在各方面都表现其十足天真的艺术天份,而在他死亡的那一刻展现了最高艺术,他一生无私的牺牲奉献让这最后的慈爱手势成为可能。

"也许未来数世代,"亚伯特·爱因斯坦在颂扬圣雄的赞辞中写道:"人们将会难以相信这样一个人曾经以血肉之躯活在世间。"发自罗马梵谛冈的一封电文写道:"该刺杀事件在此地引起极度悲伤,人们悼念甘地为具有基督教美德的使徒。"

所有为了完成特定义行而降世的伟人,其一生都伴随着象征意义。甘地为使印度统一而造成的戏剧性死亡,更加强调他带给这个分崩离析、不团结世界的讯息。他曾以预言性的话语陈述该讯息:"世人开始有非暴力的思想,这个思想将延续下去,它是世界和平的先兆。"

第四十五章　孟加拉邦"喜悦尊母"

"先生，在您没见过尼尔玛拉·戴薇 (Nirmala Devi) 之前千万别离开印度。她至为圣洁，远近驰名，大家称呼她'阿难达·莫依·玛'（Ananda Moyi Ma，字义为'充满喜悦之尊母'）。"我的外甥女爱蜜欧·伯斯 (Amiyo Bose) 恳切地望着我。

"当然！我非常想见这位女圣者。"我续道："我读过有关她证悟上帝、境界高深的报导，《东方与西方》期刊曾在几年前刊载过有关她的短文。"

"我见过她，"爱蜜欧继续说道，"她最近访问过我住的小镇占舍普尔 (Jamshedpur)。阿难达·莫依·玛在一名弟子的恳求下到一名垂死病患的家中。她站在他的床边，当她的手触摸那人的前额时，他临终挣扎的喉鸣声刹时停止，疾病瞬间消失，那人完全康复，他惊喜异常。"

几天后我听说这位极喜尊母暂住在加尔各达包瓦尼普区一位弟子家中，莱特先生和我立即从我父亲加尔各达的家中出发。当车子驶近包瓦尼普的房子时，我的同伴和我看到一幕不寻常的街景。

阿难达·莫依·玛站在一辆敞蓬车上，为大约百名弟子祝福，她显然正要离开。莱特先生把福特车停在稍远处后，陪同我徒步走向那安静的人群。女圣者看到我们，随即下车朝我们的方向走来。

"父亲，您来了！"在以孟加拉语热情地说完这句话后，她将手臂环绕在我的颈部并将头靠在我肩上。我刚在不久前告诉莱特先生我与这位女圣者素不相识，因此眼前这个别开生面的欢迎画面令他觉得十分有趣；上百名信徒也带着些惊讶，目不转睛地盯着这感性深情的一幕。

我立即觉察到这位圣者处于极高的三摩地状态，她完全忘却外在的女性装扮，只知自己为永恒不变的灵，她是在那样的意识境界中欢喜地迎接另一名上帝的虔诚信徒。她牵着我的手走进车内。

"阿难达·莫依·玛，我耽误你的行程了！"我阻止她。

"父亲，多少世代了！这是我此生[1]第一次见到您！"她说道。"请您先别离开。"

我们一起坐在后座，极喜尊母很快进入不动的入定状态。她半开半合的美丽双眸上翻不动，凝视内在广阔的至喜天堂。弟子们温和地唱颂："无上圣洁尊母！"

我在印度发现许多证悟上帝的人，但从未遇过如此崇高的女圣人。她温柔的面容散发出难以形容的喜悦光辉，"极喜尊母"之名由此而来。她没戴面纱，长发披散在后肩上，前额以檀香油膏涂上红点象征灵眼——她内在永恒开启的第三眼。娇小的脸庞及手足与她的灵性深度形成强烈对比！

当阿难达·莫依·玛还在定境中时，我向近旁的女弟子提出一些问题。

"极喜尊母在印度各地旅行，在许多地方弟子达数百名，"那名弟子告诉我。"她勇敢的尝试带来许多人们冀求的社会改革，虽属婆罗门阶层，这位圣人并没有种姓阶级的分别心。我们这群人总是和她一起旅行，照顾她的生活起居，我们必须像母亲般看顾她，她完全不关心自己的身体。如果没人给她食物，她就不吃，也不要求，即使将食物放在她面前，她也不去碰它，为了避免她从世间消失，我们这些弟子必须亲手喂她。她经常入定数天，很少呼吸，也不眨眼。其主要弟子之一是她的丈夫

1　阿难达·莫依·玛于一八九六年出生于东孟加拉翠普拉 (Tripura) 区的魁欧拉 (Kheora) 村。

柏拉拿斯 (Bholanath)，许多年前，在他们婚后不久，他就发誓持禁语戒。"

这位弟子指向一位肩膀宽阔、五官出色，有着长发白胡的男子。他安静地站在群众中，以弟子恭敬的姿势双手合十。

沐浴在**无极**中的阿难达·莫依·玛出定了，现在她集中意识于物质界。

"父亲，请告诉我您住在哪里。"她的声音清晰悦耳。

"目前我住加尔各达或兰栖，但很快就要回美国。"

"美国？"

"是的，印度女圣人在那里会受到灵修者的诚挚欢迎。你愿意去吗？"

"如果父亲能带我去，我就去。"

这个回答让她身旁的弟子们紧张了起来。

"我们当中至少二十个紧随极喜尊母到各地旅行，"其中一位坚定地告诉我。"没有她我们活不下去。她去哪儿，我们就跟到哪儿。"

想到人数骤然增多的现实因素，我不得已放弃这个计划！

"请你至少和弟子们到兰栖来，"我在告别时对圣人说。"你自身就是个圣洁的孩子，你会喜爱我学校那些小朋友的。"

"父亲带我到哪儿，我都乐意去。"

不久之后，女圣人依约来访，兰栖学校列队欢迎。年轻孩子们最期盼节庆——既不用上课，还有数小时的音乐及压轴盛宴！

"荣耀归阿难达·莫依·玛！"圣者一行人进入校门时，数十个热情的小嗓子不断欢呼。纷飞的金盏花、铙钹的铿锵声、活泼的海螺吹奏声以及轻快的击鼓声！极喜尊母带着笑容漫步在阳光遍洒的校园内，她的心中永远有一座可携带的天堂。

"这里真美，"我带阿难达·莫依·玛走进园内主要建筑

瑜伽南达尊者与阿难达·莫依·玛及其夫婿柏拉拿斯在加尔各达会面。

时，她和蔼地说道。她坐在我身边像个孩子般微笑着，人们会觉得她是最亲密的好友，但一种不可捉摸的距离感随时围绕着她——那是遍在的**万灵主宰**与世隔离的矛盾现象。

"请告诉我一些关于你的故事。"

"父亲知道一切，何必重述呢？"她显然觉得短暂的住世经验不值一提。

我笑了起来，温和地再度要求。

"父亲，没什么好说的。"她优雅地摊开双手表示歉意。"我的意识从未与这个短暂肉身结合。我[2]来这地球前，父亲，'我是一样的'；当我是个小女孩时，'我是一样的'；当我成长为女人，'我是一样的'；当我出生的家庭作主把我这个肉身嫁掉时，'我是一样的'；而父亲，如今在您面前，'我还是一样的'；即使在此之后，永恒殿堂里的宇宙万物绕着我舞出婆娑变化，'我仍将是一样的'。"

阿难达·莫依·玛进入深层冥思状态，身体像雕像般静止不动，她早已遁入不断召唤她的国度里。停滞的黑色双眸似无生命，当圣人的意识自肉体移开时，通常会出现这种神情，此时肉体只是个没有灵魂的泥团。我们坐着一起入定，大约一小时后，她愉快地笑着回到这个世界。

"阿难达·莫依·玛，"我说，"请跟我到花园来，莱特先生要拍几张照片。"

"当然，父亲所愿即为我所愿。"当她为拍照摆姿势时，明亮的双眼依然散发出圣洁的光辉。

用餐时间到了！阿难达·莫依·玛蹲坐在毯子上，一名弟子在她身旁喂她。圣人就像婴儿般顺从地把弟子送到嘴边的食

---

2 阿难达·莫依·玛并不自称"我"，而用谦虚的遁辞譬如"这个身体"或"这小女孩"或"您的女儿"自称。她也从不称人为其"弟子"，她以众生平等的智慧将宇宙圣母圣洁的爱广赐所有人类。

物咽下，极喜尊母显然分辨不出咖哩及甜点味道有何不同！

黄昏时，圣者一行人在纷飞洒落的玫瑰花瓣中离开，她举起双手祝福那些小男孩，他们脸上绽放出经她轻易唤醒的爱的光芒。

"你要尽心、尽性、尽意、尽力，爱主你的神。"基督宣告众人，"此为首诫。"[3]

抛开一切不重要的执着，阿难达·莫依·玛一心忠贞于神。这位拥有赤子之心的圣人非以学者拘泥细节的态度，而是以坚定信念解决人类生命独一的问题——建立与上帝合一的关系。

如今人们已忘记这个真正的单纯，而被千百万种争论所困惑。世人拒绝一心敬爱造物主，却对慈善事业的表面殿堂毕恭毕敬以掩饰其无神观，这些人道行为有其善德，因它暂时移转人对自己的注意力，但它还是无法让人免除其生命首要责任——即耶稣所说的首诫。人在吸入第一口由**唯一恩赐者**[4]不吝给予的空气时，就承担了敬爱上帝的修道义务。

另有一次，在她造访兰栖学校后，我有机会再度见到阿难达·莫依·玛。她与一群人几个月后在塞伦波尔火车月台上候车。

"父亲，我要去喜马拉雅山了，"她告诉我。"一些善心人为我们在德拉敦 (Dehra Dun) 盖了一所静修院。"

当她上车时，我惊叹地发现这位女圣者不论在人群中、火车上、进食中，或静默地坐着，她的视线从未离开上帝。

我心中仍旧回荡着她无限甜美的声音：

"看哪，自始至终与**永恒**合一，'我永远一样'。"

3　马可福音第十二章三十节。

4　"很多人感到须创造一个更新、更美好的世界，与其老去想这样的事，更应集中心念于'那'，冥思于此，才有全然和平的希望。追求上帝或**真理**是人类的责任。"——阿难达·莫依·玛

第四十六章　从不进食的女瑜伽行者

"先生，今早我们要去哪里？"莱特先生开着福特车，他将视线从路面移开，足以在须臾间对我眨眼表示疑惑。每天他几乎都难以预测接下来在孟加拉邦的新发现。

"上帝的旨意，"我虔诚回答，"我们正要前往探访世界第八大奇迹——以空气为餐的女圣人！"

"继泰瑞莎·纽曼之后的奇迹。"莱特先生笑着说，但渴望的心依旧，他甚至加快车速，看来旅游日记又有新题材可写了，绝对异于一般旅客的游记内容！

不久前才告别兰栖学校的我们，天未亮就起身。除了秘书和我之外，同行者还有三位孟加拉的朋友，我们呼吸着令人振奋的空气，就像大自然的晨间美酒般令人陶醉。我们的司机小心翼翼地行驶于早起的农夫和双轮牛车之间；由套着牛轭、双肩隆起的阉牛缓慢拉着的双轮牛车，倾向和按汽车喇叭的不速之客争道。

"先生，我们想知道更多有关这位戒食圣人的故事。"

"她叫吉利·芭拉 (Giri Bala)，"我告诉同伴。"多年前我从博学的史提地·拉尔·南第 (Sthiti Lal Nundy) 先生口中第一次听闻有关她的事迹。他经常到我们位于嘎帕路的家，指导我弟弟毕胥努。"

"'我相当了解吉利·芭拉，'史提地先生告诉我。'她运用某种瑜伽方法使她活着不需进食。在纳瓦巴甘遮 (Nawabganj) 靠近宜佳浦尔 (Ichapur) 处[1]，我曾是她的近邻。我特别注意观察她，但从未发现能证明她饮食的证据。我的好奇心

1　在孟加拉邦北部。

高到我最后拜访柏德望的邦主[2]，请求他进行调查。邦主听了非常惊讶，邀请她去皇宫。她同意接受测试，住在邦主家中一个上锁的小房间达两个月之久；后来她又回皇宫访问二十天；接着是达十五天的第三次测试。邦主亲自告诉我，这三次严密的观察让他对圣者不需饮食的状态深信不疑。'

"史提地先生告诉我的故事存在我心中至少二十五年了，"我总结道。"在美国时，有时候我会想，在我有机会与这位女瑜伽行者[3]见面之前，不知岁月的洪流是否已将她吞没。她现下应该很老了，我甚至不知她住哪里或她是否依然健在，但几个小时后，我们将抵达普鲁里亚 (Purulia)，她的弟弟住在那里。"

十点半之前我们已与其弟兰巴达·戴 (Lambodar Dey) 相谈甚欢，他是普鲁里亚的一名律师。

"是的，姐姐还健在。她有时会住在我这里，但目前她在我们比兀尔 (Biur) 的老家。"兰巴达先生怀疑地看了福特车一眼。"尊者，我想不出有任何一部汽车曾经深入内陆远至比兀尔，你们改搭颠簸的牛车可能会比较好。"

对于这辆"来自底特律的骄傲"，大家异口同声保证没问题。

"这辆福特车来自美国，"我告诉律师。"剥夺它亲近孟加拉核心的机会将是个遗憾！"

"愿幸运之神[4]与你们同行！"兰巴达先生笑着说。接着他客气地说："如果你们真的到了那儿，我相信吉利·芭拉会乐意接见你们。她年近七十，但一直都很健康。"

"先生，请告诉我她完全不食的传闻是否绝对属实？"我

---

2 比杰·昌德·玛韃巴陛下 (H.H. Sir Bijay Chand Mahtab) 已经过世，他的家族无疑地仍保有大邦主三次检验吉利·芭拉的纪录。

3 原文 yogini 意为"女瑜伽行者"。

4 原文 Ganesh 为"障碍清除者"，幸运之神。

直视他的眼睛，那对掩饰不了的灵魂之窗。

"是真的。"他的眼神坦率、毫无保留。"五十多年来我从没见她吃过一口食物。如果世界末日突然降临，也不会比看见姐姐进食更令我惊讶！"

我们对这两件不大可能发生的宇宙大事开怀地笑了起来。

"吉利·芭拉从来不曾找隐僻之所修行瑜伽，"兰巴达先生继续说道。"她一直都住在亲朋好友身边，他们现在早已习惯她的奇特状态。如果吉利·芭拉突然决定要进食，所有人都会被吓倒！姐姐守寡后依习俗自然停止了社交活动，但我们在普鲁里亚及比兀尔的一些人全都知道她确实是一位'不寻常'的女性。"

这位圣人的弟弟流露出诚意，我们衷心向他道谢后即启程前往比兀尔。路上我们停靠一家店享用咖哩及乳吉士面包，引来一群小顽童围拢观看莱特先生依印度传统、简单以手就食[5]的模样。大家胃口大开填饱肚子原来是为当时尚未知的劳苦午后作准备。

我们朝东前进，驶经烈日照晒的稻田后进入孟加拉邦的柏德望区。道路两旁是茂密的菜田；八哥及颈部有条纹的夜莺在巨伞般展开的树枝上竞鸣。不时有牛车往来，牛车轴及装上铁箍的木轮嘎吱嘎吱的行进声，与汽车轮胎行驶于城市间气派的沥青路面的咻咻声，在我心中形成强烈对比。

"迪克，停车！"我喝然叫停，福特车在晃荡中应声煞住。"那棵果实累累的芒果树正高声呼唤我们呢！"

我们五人像孩子般箭步跃向掉满一地芒果的树下，芒果树慷慨落下许多成熟的果实。

5　圣育克铁斯华曾说："上帝赐给我们美好大地的果实，我们喜欢看食物、闻食物、尝食物——印度人还喜欢碰触食物！"如果用餐时无他人在场，听食物也无妨！

"多少默默长成的芒果，"我引述道，"空把幽香遗留荒地。"（译注：作者改述英国诗人汤玛斯·格雷〈乡村墓园挽歌〉〔Thomas Gray, "Elegy Written in a Country Churchyard"〕诗中名句：多少默默盛开的花朵，空把幽香遗留荒漠。）

"敬爱的尊者，美国没有这般景象，是吧？"我的孟加拉学生萨里序·玛真达 (Sailesh Mazumdar) 笑了起来。

"没有，"我承认，满腹芒果满足了我。"我在西方多么想念这种水果啊！印度教徒的天堂少了芒果是很难想像的！"

我拾起一块石头往上一抛，一颗丰美的芒果从最高的树枝上落下。

"迪克，"我利用一口接一口品尝神仙美馔的空档问他，果实被热带太阳晒得暖暖的。"摄影器材都在车上吗？"

"是的，先生，都在行李箱中。"

"如果吉利·芭拉确实是圣者，我想在西方发表有关她的故事。一位具有如此启示力量的印度女瑜伽行者不应生死无人间——就像大多数的这些芒果一样。"

半小时后我依然在宁静的林中散步。

"先生，"莱特先生说，"我们必须在日落前抵达吉利·芭拉住处，才能有足够光线照相。"他笑着继续说："西方人多为怀疑论者，若没照片，我们不能期望他们会相信这位女士！"

此智慧之言没得争论；我放下诱惑，返回车内。

"迪克，你是对的，"车子急驰时我叹道，"我在西方现实主义的祭坛上献祭这芒果天堂。照片是一定要有的！"

路况愈来愈糟——凹凸不平的车辙、突起的硬土块——令人遗憾的旧时缺点！偶尔我们必须下来帮忙推车，好方便莱特先生操控车子。

"兰巴达先生说的对，"萨里序承认，"不是车子载我们，是我们载车子！"

我们沿途上车下车劳苦折腾，所幸眼前不时出现淳朴古雅的农村景象转移了我们的疲惫感。

"车子行驶于林荫中，蜿蜒穿越在未遭破坏的原始村落间林立的棕榈树丛。"莱特先生于一九三六年五月五日的旅行日记中写道。"这些以茅草盖顶的泥屋门上各装饰了一个神的名字，非常迷人。许多幼小的裸身孩童原本天真无邪地四处嬉戏，看到这辆不用牛拖的黑色大车大胆穿越他们的村庄时，孩子们都暂停嬉戏，不是盯着它看就是仓皇跑开。妇女们只在树荫下窥视，而男人们则懒洋洋地躺在路边树下，漠不关心的神情中难掩好奇。所有村民固定在一处大池塘快乐地沐浴（村民穿着衣服沐浴，洗完后用干布包覆身体，再脱掉湿衣），妇女用大铜罐装水带回家。

"路引领我们兴致昂扬地翻山越岭；我们沿途颠簸摇晃，涉水越过几条小溪，绕过尚未完成的堤道，滑行穿越干涸的砂质河床，终于在下午五点左右接近我们的目的地比兀尔。这个受茂密林叶庇护的小村庄位于班库拉 (Bankura) 区的内地，听说雨季时溪流泛滥，路上泥浆飞溅宛如蛇吐毒液般，观光客无法进入。"

"我们向一群刚结束圣堂礼拜（位在孤独旷野）正要返家的信徒问路，十几个衣衫简陋的孩子们紧贴着车身，热心指引我们通往吉利·芭拉住处的路。"

"车子驶向枣椰树丛庇荫下的一簇泥屋，但抵达前，车子瞬间以危险角度倾斜，颠簸震荡；我们沿着狭窄小径绕过林木及池塘，越过田垄，路上坑坑洞洞、轮辙深陷。车子在灌木丛中窒碍难行，到小土丘时已完全无法前进，我们只得下车把泥块移开，然后谨慎缓慢地继续前进。突然牛车道上一簇灌木丛挡在路中央，我们绕道沿着陡峭岩壁行驶时不慎落入一座干涸蓄水池中，经过一番铲掘挖除终于救出车子。一次又一次，路面看似无法通行，但朝圣之旅不能中断。当数百名儿童与父母在旁聚神观看时，热心的少年们拿来铲子帮忙铲除障碍（幸运之神庇佑！）。

"不久我们又沿着这两条古老的轮辙前进，妇女们在泥屋门前张着大眼凝望，男人们紧随车旁及车后，孩子们则蹦蹦跳跳地壮大了这个行列。我们的车子大概是第一辆横越此路的汽车，'牛车工会'在此一定是无所不能！我们引起多大的骚动啊——一个由美国人当驾驶的团体开着轰轰作响的汽车闯进内地的村落要塞，侵犯了当地自古以来的清静与神圣！

"车子停在一条窄巷里，我们发现距离吉利·芭拉老家已近在百呎之内。在漫长的艰辛跋涉后终于目标在望，令人兴奋的成就感油然而生。我们接近一栋由砖泥盖成的两层楼大建筑，睥睨四周的泥屋，这栋房子正在整修中，四周围着典型的热带竹架。

"我们站在这位蒙神恩赐'永不饥饿'的女圣人家门口，门敞开着；大家虽热切期盼但仍掩住兴奋之情。村民们无论老少、裸身或着衣，不断有人瞪大眼睛望着我们，妇女多少较淡漠但同样好奇，男人及小男孩们看到如此空前的场面都毫不羞涩地紧跟着我们。

"不久一个矮小的身影出现在门口——吉利·芭拉！她身上裹着一件黯淡的金色丝衣，像传统印度妇女一般含蓄犹豫地向前走来。她在额前头巾半掩下凝视我们，藏在头巾后的双眼就像余火未尽的亮光；她那自我证悟、完全不受世俗贪恋污染的慈容深深吸引我们。

"她柔顺地朝我们走来并默许我们拍照及摄影[6]，还害羞地耐心忍受我们在拍照时要求的姿势调整及灯光安排。最后我们拍下多张照片，为后人记录下这位举世唯一为人所知逾五十年未饮食的妇人。（当然泰瑞莎·纽曼自一九二三年也未进食。）吉利·芭拉站在我们面前，表情似慈母般温柔，身上包覆着宽袍，只露出脸庞与低垂的双眼、双手及小脚。她的面容流露出罕见的平静与纯真——稚嫩的宽唇颤颤然，闪闪发光的细长双眼下是深具女性气质的鼻子及自然真切的微笑。"

莱特先生对吉利芭拉的印象和我一样；灵性的气质包围着她，就像她闪亮柔和的面纱。圣人以在家居士对出家人致意的传统礼仪对我合掌礼敬，纯真的魅力及恬静的笑容远胜甜言蜜语的接待，先前大家一路上的疲劳困顿尽被忘却。

这位娇小的圣人盘腿坐在阳台上，虽然身上可见岁月的痕迹，她并不衰老，橄榄色的肌肤依然洁净具光泽。

"尊母"，我以孟加拉语对她说，"二十五年来我一直期待这一刻殊荣！我从史提地·拉尔·南第先生口中得知您的圣迹。"

她点头认同，"是的，他是我在纳瓦巴甘遮的好邻居。"

"这些年我虽然远渡重洋，但我从未忘记有朝一日要来探望您的计划。您在此默默演出的庄严戏剧应让早已遗忘内在灵粮的世人知悉。"

圣人扬眼一望，微笑表示平静的兴趣。

"尊父最清楚了，"她柔顺地答道。

我很高兴她不觉得被冒犯，瑜伽修行者对公开自身事迹的想法会如何反应是难以预料的。通常他们会尽量回避，只求默

6　圣育克铁斯华在塞伦波尔主持最后一次冬至庆典时，莱特先生也曾为他拍摄影片。

吉利·芭拉，不进食的圣者

她使用某种瑜伽技巧，从以太、太阳，及空气中引导宇宙能
量进入她体内。"我从不生病，"圣者说。"我睡得很少，
因为睡着和醒着对我而言是一样的。"

默深入灵性追求。当公开生平事迹以助益求道者心灵的时机来
临时，他们会得到一股内在认同的力量。

"尊母，"我继续说道，"请原谅我向您请益许多问题。
您只需回答那些您愿意回答的问题，我也会了解您的沉默。"

她和蔼地摊开双手，"像我这样一个无足轻重的人若能给
您满意的答覆，我很乐意回答。"

"喔，不，绝非无足轻重！"我诚恳地反驳。"您是一位
崇高的人物。"

"我是众生的卑仆。"她接着打趣地说道："我喜欢煮饭给大家吃。"

对一个不进食的圣人来说，这是一个奇怪的消遣！我心想。

"尊母，请您亲口告诉我——您完全不靠食物生活？"

"没错。"她静默一会儿，经过一番费力心算后，她接着说："从我十二岁四个月到目前六十八岁——超过五十六年时间——我滴食未进、滴水未沾。"

"您从来都不想吃吗？"

"如果我对食物有欲望，我应当会吃的。"她简单、堂堂地陈述这个自明的公理——在这镇日绕着三餐打转的世界无人不晓！

"但您的确有吃东西！"我的声调带有抗议的味道。

"当然！"她立即会意地微笑。

"您的养分来自空气与阳光的细微能量[7]，以及经由延髓为您身体充电的宇宙能量。"

"尊父明白。"她再次认同，神情温和平静。

"尊母，请告诉我关于您早年的生活。印度各地甚至海外的兄弟姊妹都会很想知道。"

---

7 "我们吃进的是辐射能，食物充满能量量子，"克里夫兰的吉欧·魁尔 (Geo. W. Crile) 博士于一九三三年五月十七日在孟菲斯市 (Memphis) 医学会议上演讲，他的部份演说内容报导如下：

"这种经由阳光进入食物的重要辐射能为体内电路——神经系统——释出电流。魁尔博士说，原子群为太阳系组，原子是满载太阳辐射能的媒介，就像许多圈状弹簧。当无数原子能量被当成食物吃进人体，这些绷紧的媒介，即原子群，会在身体的原生质中被释放，辐射能由此提供新的化学能量——新电流。'你的身体是由这样的原子构成的，'魁尔博士说道。'它们是你的肌肉、头脑及感官，比如眼睛和耳朵。'"

总有一天科学家会发现人如何直接依靠太阳能维生。"叶绿素是目前自然界唯一所知具有'阳光捕捉器'功能的物质，"威廉·劳伦斯 (William L. Laurence) 在《纽约时报》中写道。"叶绿素'捕捉'阳光能量并储存在植物体内，少了它没有生命能存在。我们从储存太阳能的植物或以植物维生的动物肉品中获取生命所需能量；而取自煤矿或石油的能量是百万年前植物叶绿素捕捉而来的太阳能量。我们是透过叶绿素的媒介而依靠太阳存活。"

吉利·芭拉放下惯有的含蓄，渐渐放松而愿意深谈。

"好吧。"她的声音低沉稳重。"我出生在这丛林地区，童年除了永不满足的食欲外不值一提。

"我九岁左右就订婚了。

"'孩子，'家母时常警告我，'努力控制你的贪欲。当你婚后与夫家陌生亲戚同住时，如果你整天没事只会吃，他们会怎么看待你呢？'

"她预言的灾难应验了。我住进纳瓦巴甘遮夫家时才十二岁，我婆婆早、中、晚都羞辱我贪吃的习惯。但她的责骂实为掩饰下的祝福，唤醒我沉睡的灵性倾向。一天早上她狠毒地嘲讽我。

"'我会很快证明给你看，'我脱口驳斥，'只要我还活着，我决不再碰食物。'

"婆婆嘲笑我：'是哟！'她说道，'一个不吃过量就活不了的人，如何能不靠吃生存？'

"我无法回应她这番说辞，但暗自下定决心。我到一个隐蔽处寻求天父。

"'主啊，'我不断祈祷，'请给我一位可以教导我倚靠您的光而非仰赖食物而活的古鲁。'

"一种深度的法喜降临全身，在赐福的杳冥意识下，我走向纳瓦巴甘遮的恒河岸石梯，路上我遇见夫家的祭司。

"'敬爱的先生，'我信任地说道，'恳请慈悲，教导我如何不靠食物生活。'

"他望着我没有回答，最后他以安慰的语气说道，'孩子，'他说，'傍晚到庙里来，我为你举办特别的吠陀仪式。'

"这样含糊的回答不是我所追寻的，我继续朝石梯前进。早晨的阳光穿透水面，我在恒河中净身，彷佛为了一场神圣的传法仪式。我穿着湿衣离开河岸，在白日的刺目下，我的上师化现在我面前！

"'爱徒啊，'他慈爱地说道，'我就是上帝为了实现你的迫切祷告而派来的古鲁。祂深受你不寻常的祷告感动！从今起你将靠星灵光而活，无限的电流将为你补充身体原子的能量。'"

吉利·芭拉陷入静默，我拿起莱特先生的笔纸将几个词译成英文供他参考。

圣人继续她的故事，温和的声音勉强听见。"此地石梯早已废弃，但我的古鲁在我们周围罩上一层保护的柔光，以免前来沐浴的人打扰我们。他传授我一种生命能量控制法，可以使身体免于依赖尘世浊重的食物，该技巧包括一些咒语[8]的使用及一般人较无法做的呼吸练习。单纯只用该技巧，无药物或魔法。"

美国记者曾不经意地教了我采访的程序，我仿其手法请教吉利·芭拉许多我认为世人可能会有兴趣的问题。她一点一滴地透露以下讯息：

"我从来没生小孩，许多年前我成为寡妇。我睡得很少，因为睡着和醒着对我来说是一样的。我晚上静坐，白天做家务，很少感觉到不同季节的天候变化。我没有生过病或遭遇过任何病痛，只有当意外受伤时才有轻微痛感。我不须排泄，能够控制心跳及呼吸。我经常在灵眼观中看到我的古鲁及其他伟大灵魂。"

"尊母，"我问道，"为何您不教别人不靠食物生存的方

8　能引起灵性振动的强力咒语。梵文 mantra（咒语）字义为"思想的工具"，代表"万物以听不见的完美声音呈现的一面；一旦按音节发声，咒语形成一种宇宙术语。"（《新韦式国际大辞典》，第二版）。声音的无限能量来自"嗡"，即圣经上所说的"话语"（Word）或**宇宙发动机**的原创音。

法？"

我热切地希望世上千百万饥民从此有救，但希望很快破碎。

"不。"她摇摇头。"古鲁严格禁止我泄漏秘密，他不希望打乱上帝创造万物的剧本。如果我教众生不进食而活，农民不会感谢我的！遗留地面的甜美果实也会枉费。苦难、饥荒、疾病都是我们业力的鞭子，终究会驱使我们追寻生命的真义。"

"尊母，"我缓慢地说，"您独被挑出可以不靠进食而活的目的为何呢？"

"为证明人属**灵**。"她的脸上闪着智慧的光。"为显示人类藉由灵性的进步可以逐渐学到凭藉**永恒之光**而非食物而活。"[9]

圣人目光收摄，陷入深度冥思状态，原本柔和的眼神变得毫无生气，她释出一种气息声，那是止息入定的前奏。有一段时间，她遁入无人提问的境地——内在的喜悦天堂。

热带的黑夜已经降临，明明灭灭的小煤油灯照在许多静静蹲坐在黑影中的村民脸上，疾飞的萤火虫与远处小屋的油灯，在柔和的夜里交织出一幅诡异的明亮画面。又到了痛苦的离别时刻——一段缓慢冗长的旅程正等着我们。

---

9 吉利·芭拉的不食境界为一种瑜伽法力的显现，此记载于帕坦加利的《瑜伽经》第三章三十一节。她运用某种呼吸法影响脊椎微细能量聚集的第五中心——喉轮 (vishuddha chakra)。位于颈椎的喉轮在喉咙后面，控制第五元素——遍存于身体细胞原子内部空间的以太 (akash)，集中心念于此轮可使人只靠以太的能量维生。

泰瑞莎·纽曼不靠浊重的食物维生，但她未曾练习科学的瑜伽方法以达此不食境界，其解释仍隐藏在复杂的个人业因中。在转世成为一个泰瑞莎·纽曼或一个吉利·芭拉之前，他们已经过诸多忠诚奉献上帝的前世，他们同为显化上帝的桥梁，但表现于外的方式各异。在基督徒圣者中，活着不必进食者（身上也同时有圣痕）为叙丹的圣李维那 (St. Lidwina of Schiedam)、瑞恩特蒙圣恩的伊丽莎白 (Blessed Elizabeth of Rent)、西耶那的圣凯萨琳 (St. Catherine of Siena)、多明尼克·拉萨里 (Dominica Lazarri)、弗里诺蒙圣恩的安琪拉 (Blessed Angela of Foligno)，以及十九世纪的路易丝·拉脱 (Louise Lateau)。弗卢的圣尼可拉斯 (St. Nicholas of Flüe)（十五世纪隐士克劳斯教士〔Bruder Klaus〕，他对团结的殷切呼吁，拯救了瑞士邦联），也曾二十年未进食。

　　"吉利·芭拉，"圣人睁开眼睛时我说，"请给我一小块您纱丽服的布条作为纪念。"

　　她很快取出一块巴拿纳斯丝绸，当她将丝布平放手上时突然伏地对我顶礼。

　　"尊母，"我恭敬地说道，"应当让我礼触您的圣足啊！"

第四十七章　回到西方

"我曾经在印度和美国教过许多瑜伽课程，但我必须承认，身为一个印度人，我特别欢喜教授英国学生课程。"

我伦敦课堂上的学生总能会意地笑，没有政治动乱能干扰我们的瑜伽平静。

印度现在是一个神圣的回忆。一九三六年九月我到英国履行十六个月前答应再度到伦敦演讲的承诺。

英国对永恒的瑜伽讯息接受度也很高，新闻记者和摄影师涌进我在格罗夫纳宅第 (Grosvenor House) 的住处。大不列颠世界宗教团体协会 (The British National Council of the World Fellowship of Faiths) 于九月二十九日在怀菲德公理会教堂 (Whitefield Congregational Church) 举办一场会议，会中我就"宗教团体的信念如何拯救文明"这个重要议题发表演说。在克思顿厅 (Caxton Hall) 八点钟的演讲吸引了大批听众，致连续两晚，因人数多而被挤出的听众在温莎屋 (Windsor House) 礼堂等待第二场九点半的演讲。随后几周瑜伽课程人数激增，莱特先生不得不安排将上课场地移至别厅。

英国人坚毅的个性令人钦佩地表现在对灵性的追求上。我离开后，伦敦的瑜伽学生忠诚地成立一个ＳＲＦ中心，在惨烈的战乱年代仍然每周聚集静坐。

在英国停留数周的经历令人难忘，在伦敦游览数日后转往美丽的乡间，莱特先生和我驾着忠实可靠的福特车拜访英国历史上伟大诗人与英雄的墓园及出生地。

我们一行人在十月底搭乘百瑞门号 (Bremen) 从南安普敦港 (Southampton) 启程航向美国。当纽约港庄严的自由女神像出现眼前时，每个人的情绪都异常兴奋激动。

曾经在古老土地上跋山涉水的福特车虽有些磨损，但依然坚固有力，现在它准备要进行跨洲之旅前往加州。一九三六年年底前，我们终于抵达华盛顿山中心。

每年十二月二十四日，洛杉矶中心皆举办八小时团体静坐共修会（灵性圣诞）[1]以庆祝年终节日，次日举办盛宴（社交圣诞）。这一年的庆典被扩大举行，许多好友及学生从远方城市前来迎接我们这三位世界旅行者返乡。

圣诞晚宴包括了为此欢喜场合而远从一万五千哩外带回的珍馐美味：来自喀什米尔的古奇菇 (gucchi)、罐装的甜汁饼 (rasagulla)、芒果浆、咸脆饼 (papar)，还有可作为冰淇淋天然香料的印度露兜树 (keora) 花精油。晚上大家围聚在高大闪亮的圣诞树旁，近旁的壁炉霹霹啪啪地响着燃烧芳香柏木的声音。

礼物时间来临！礼物来自世界遥远的角落——巴勒斯坦、埃及、印度、英国、法国、意大利。在国外每个转接站，莱特先生不辞辛劳地仔细清点行李，以免这些要给美国爱徒的宝物落入宵小手中。来自耶城圣地以神圣橄榄树做成的牌匾、来自比利时及荷兰的精致蕾丝及刺绣、波斯地毯、细工织成的喀什米尔披肩、麦索尔香味长存的檀香木盘、印度中央省份的希瓦"牛眼"石、印度古王朝钱币、镶珠宝的花瓶及杯子、缩小画、织锦挂毡、焚香及香水、有图案的印度棉布、漆器、麦索尔的象牙雕刻、形状特殊的尖趾波斯拖鞋、雅致而发人深省的古老

---

1 自一九五〇年起，每年十二月二十三日ＳＲＦ皆会举行全日静坐。全世界的ＳＲＦ会员每年也会在圣诞期间，挪出一天于自家或各地聚会所及中心举行全天深度静坐及祷告会。很多人见证他们经由这个由帕拉玛罕撒·瑜伽南达起创的年度仪典获得极大的灵性助益及祝福。

　　帕拉玛罕撒尊者也在华盛顿山中心创办祷告会（为ＳＲＦ全球祷告会〔Worldwide Prayer Circle〕的核心），祷告会每日为寻求解决难题的人祈祷。(编按)

手稿、丝绒、锦缎、甘地帽、陶器、高顶丝帽、铜器、祷告用的毯子——来自三大洲的战利品！

我逐一地分送那些大量置放在树下、包装精巧的礼物。

"吉娜玛塔 (Gyanamata) 师姐！"我拿起一个长盒送给这位如圣人般容貌甜美并已深入证悟的美国女士，我不在时，她负责管理华盛顿山中心。她从软纸包装里拿出一件金色纱丽服，那是巴拿纳斯出产的丝绸。

"谢谢您，先生，我亲眼见识了印度的华美。"

"狄更森 (Dickinson) 先生！"下一个包裹里放的是我在加尔各达市集买的礼物。"狄更森先生会喜欢这个礼物，"当时我想。爱徒狄更森先生从一九二五年华盛顿山中心成立以来，每年都来参加圣诞晚会。

在这第十一年的节庆中，他站在我面前解开长方盒上的缎带。

"银杯！"，他抑制激动的情绪，凝视着这个礼物——一只饮水高杯。他坐在较远处，显然处于眩惑的状态。我关爱地微笑看他一眼，继续扮演圣诞老人。

惊叹声不断的晚会在感谢所有礼物**唯一赠予者**的祷告声中结束，接着是团体合唱圣诞歌曲。

不久之后，狄更森先生与我闲聊。

"先生，"他说，"请让我谢谢您送的银杯，圣诞夜当晚我无法用言语表达。"

"那个礼物是特别为你买的。"

"我等待那只银杯已有四十三年了！说来话长，这件事我一直深藏于心，"狄更森先生觍腆地望着我。"故事的开始极具戏剧性：那时我差点溺毙。在内布拉斯加州 (Nebraska) 的一个小镇，哥哥在嬉戏时把我推进十五英呎深的游泳池里，那时我只有五岁。就在我即将二度下沉之际，突然出现一道炫目多彩的光，遍布虚空，在这之中有一人带着宁静的眼神及令人放心的微笑。当我的身体第三度下沉时，哥哥的一位同伴将一棵很高的细柳树压得很低，好让我拼命猛抓的手构得着，男孩们把我抬到岸上成功地急救。

"十二年后，我是个十七岁的年轻人，我与母亲到芝加哥游访。那是一八九三年九月，盛大的世界宗教大会 (World Parliament of Religions) 正在进行。母亲和我走在一条主要街道上，这时我又看到那道强烈闪光。隔着几步路远，我看到有个人悠闲走着，他就是多年前我在幻影中看到的那个人，他朝着一间大礼堂走去并消失在门内。

"'妈妈，'我大叫，'他就是我溺水时看到的那个人！'

"母亲和我迅速进入那栋建筑物，那人坐在讲台上。我们很快得知他是来自印度的维威克南达尊者[2]。在他作完一场启发人心的演讲后，我上前去见他，他亲切地对我微笑，彷佛我们是老朋友般。当时我还年轻，不知如何表达情感，但在内心我希望他能做我的导师，他觉察我的心念。

"'不，我的孩子，我不是你的古鲁。'维威克南达美丽的双眸直视我。'你的老师日后会出现，他会给你一个银杯。'他停了一下后，笑着继续说道：'他将会为你灌注更多的祝福，比你目前所能接受的更多。'

"几天后我离开芝加哥，"狄更森先生继续说，"之后我再也没见过伟大的维威克南达，但是他所说的每一句话，皆烙印在我最深的意识中。许多年过去，没有导师出现。一九二五年一个晚上，我深深地祈求上帝派遣一位古鲁给我，几个小时

2　Swami Vivekananda，他是像基督一般的上师——罗摩克里希那·帕拉玛罕撒——的大弟子。

后，轻柔的旋律将我从睡梦中唤醒，天人乐团带着笛子及其他乐器出现在我面前，在空气中充满神圣乐声后，天使们逐渐消失。

"隔天傍晚，我第一次参加您在洛杉矶此地的课程，那时我就知道我的祷告已被应许。"

我们在静默中微笑相视。

"到现在我成为您科里亚瑜伽弟子已经十一年，"狄更森先生继续说道，"有时我会想起银杯的事，我几乎已说服自己维威克南达的话只是一种隐喻。

"但在圣诞夜，当您亲手交给我在树旁的那只小盒时，我看到——生平第三次——同样的耀眼闪光。下一分钟眼前我所注视的正是四十三年前[3]、维威克南达预言古鲁将会送我的礼物——一只银杯！"

---

3 狄更森先生于一八九三年九月遇见维威克南达尊者——帕拉玛罕撒·瑜伽南达出生于当年一月五日。维威克南达显然知道瑜伽南达已转世，并预知他将前往美国教导印度哲学。

狄更森先生于一九六五年（虽已八十九岁高龄，身体仍很硬朗且很活跃）在ＳＲＦ洛杉矶总部举行的一个仪式中，受封"瑜伽迦耶"（Yogacharya，意为瑜伽之师）的尊称。

他经常与帕拉玛罕撒尊者长时间静坐，从未错过一日三次的科里亚瑜伽练习。

在瑜伽迦耶·狄更森于一九六七年六月三十日过世之前两年，他曾在一次对ＳＲＦ修道士所作的演说中，提到一件他忘了向帕拉玛罕撒尊者提起的有趣细节。瑜伽迦耶·狄更森说："我在芝加哥走向讲台想要与维威克南达说话，在我开口向他致意之前，他说：'年轻人，我要你离水远一点！'"（编按）

第四十八章　在加州茵欣尼塔

　　"这是给您的惊喜，先生！在您出国期间，我们盖了这座茵欣尼塔静修院，作为欢迎您'回家'的礼物！"林先生、吉娜玛塔师姐、杜尔加·玛(Durga Ma)及其他几名虔诚弟子微笑地引领我进入大门，走上树荫步道。

　　我看到一栋突出峭壁的建筑像艘白色大邮轮般，面对蔚蓝海洋。刚开始我惊讶地说不出话来，接着是"哦！""啊！"，最后是言语无法表达的喜悦和感激。我检视修道院——十六间特别大的房间，每一间的布置皆很雅致。

　　庄严的大厅有着与天花板等高的落地窗，从厅内望出是绿草、海洋与天空拼成的祭坛——翠绿、乳白与天蓝色彩交织的交响乐。厅内大壁炉的上方挂着基督、巴巴吉、拉悉利·玛哈夏及圣育克铁斯华的照片，我感到，他们正默默祝福着这座宁静的西方修道院。

　　大厅的正下方，两个静坐洞穴就建于峭壁内，面对无尽的穹苍与大海。园子内有几处可作日光浴的角落，石板路通往幽静的凉亭、玫瑰园、尤加利树丛及一座果园。

　　"愿英勇良善的圣人之灵来此（修道院的一个门口挂着这样一句出自波斯古经(Zend-Avesta)的'住家祷文'）；愿他们与我们携手共进，赐予我们疗愈善德的祝福之礼，像地一样广，像天一样高。"

　　"在加州茵欣尼塔市的这一大片地产是詹姆士·林赠予ＳＲＦ的礼物。林先生自一九三二年一月接受传法以来，一直是忠诚的科里亚瑜伽修行者。他是一位责任繁重的美国商人（担任庞大的石油产业总裁及世界最大互惠式火险公司董事长），尽管繁忙，但林先生仍然每天抽空进行长时间的深度静坐。由于他一直过着平衡的生活，他已在三摩地中达到不受动摇的定境。

我在印度及欧洲停留期间（一九三五年六月至一九三六年十月），林先生[1]发心地与我在加州的通信对象密谋，不让建盖茵欣尼塔修道院一事走漏一点风声。多愉悦的惊喜！

我在美国的早年，曾为寻求一处海边修道院的用地而走遍加州海岸，每当我找到合适的地点，总会出现某些障碍来阻挠

帕拉玛罕撒·瑜伽南达与詹姆士·林——后来的迦拿卡南达尊者（见第二十一章照片）。师徒在 1933 年于 SRF-YSS 的洛杉矶国际总部静坐。"有人说：'西方人不会静坐'，那是不正确的，"瑜伽南达说，"自从林先生第一次接受科里亚瑜伽，我从未见他不是处于内心与上帝意识交流的状态。"

1　在帕拉玛罕撒尊者过世后，林先生（法名拉札西·迦拿卡南达〔Rajarsi Janakananda〕）继任为SRF—YSS会长。在提到他的古鲁时，他说："能与圣者为伴真是人间天堂！在我一生的经历中，我最珍惜的就是帕拉玛罕撒尊者赐给我的祝福。"

　　林先生于一九五五年圆寂。（编按）

我。望着茵欣尼塔这片阳光普照的土地，我谦卑地看到圣育克铁斯华很久以前所说的"海边修道院"预言的实现[2]。

几个月之后——一九三七年复活节，我在这座新落成的修道院草坪上举行首次的复活节日出祈祷会。就像古波斯僧侣般，数百名学生以虔敬的惊叹，凝望着这每日奇迹——在东方天空苏醒的日出火典。太平洋在西边隆隆响着庄严的赞美声，远方一艘白色帆船及独翔的海鸥几乎微不可见。"基督，你复活了！"他不只随着春阳而升，也在圣灵的永恒曙光中重生！

帕拉玛罕撒尊者及翡依·莱特（Faye Wright），后来的达雅·玛塔尊者（见第二十一章照片），1939 年摄于 SRF 茵欣尼塔静修院。达雅·玛塔尊者于 1931 年进入 SRF 修道院后不久，古鲁告诉她："你是我未来的积蓄。当你出现时，我知道上帝的许多虔诚信徒会跟随这个修行法门。"他曾经钟爱地评论道："我的翡依，她将成就许多好事！……我知道我可以透过她运转，因为她的接受度很高。"

2　见第十二章第 147 页。

　　快乐的几个月飞逝，我在茵欣尼塔唯美的景致下，完成一项计划很久的工作——*Cosmic Chants*（暂译：《宇宙颂》）[3]。我为许多印度歌曲填上英文歌词并谱上西方音符，包括商羯罗的颂词〈无生无死〉(No Birth, No Death)、梵词〈赞颂梵天〉(Hymn to Brahma)、泰戈尔的〈谁在我心灵殿堂？〉(Who is in My Temple?)，以及一些我自己的作品：〈我永远属于祢〉(I Will Be Thine Always)、〈超越梦境之地〉(In the Land Beyond My Dreams)、〈献上我灵性的呼唤〉(I Give You My Soul Call)、〈倾听我灵魂之歌〉(Come, Listen to My Soul Song)、〈在那无声殿堂〉(In the Temple of Silence)。

　　我在歌词本的序言中提到，我首次对西方人如何对东方颂歌引起广大回响的难忘经历。场合是一九二六年四月十八日在纽约卡内基厅 (Carnegie Hall) 举办的一场公开演讲。

　　四月十七日我向一名美国学生艾尔文·汉席克 (Alvin Hunsicker) 透露：“我打算让观众唱一首古老的印度歌〈噢！美丽的上帝！〉(O God Beautiful)”[4]

　　汉席克先生提出异议，认为东方歌曲不易被美国人了解。

3　由ＳＲＦ出版。亦有多首 *Cosmic Chants* 歌曲的录制，由瑜伽南达尊者亲自唱诵。这些出版品读者皆可在ＳＲＦ购得。（编按）

4　由古鲁那那克 (Guru Nanak)（译注：锡克教创始者）所作的〈噢！美丽的上帝！〉歌词如下：

> 美丽的上帝！噢！美丽的上帝！
> 丛林中，祢满目翠绿；
> 山峰中，祢雄壮高峻；
> 江河中，祢川流不息；
> 大海中，祢宏伟浩瀚；
> 对服务者，祢是奉献；
> 对爱慕者，祢是爱情；
> 对悲伤者，祢是怜悯；
> 对瑜伽士，祢是至喜；
> 美丽的上帝！噢！美丽的上帝！
> 在祢足前，噢！我敬拜！

SRF 茵欣尼塔静修院的上空鸟瞰景致。该院俯瞰太平洋，周围广地为修道院宿舍及 SRF 会员静修中心，附近为一所 SRF 礼拜堂。

1940 年帕拉玛罕撒·瑜伽南达摄于 SRF 茵欣尼塔静修院，该院座落于峭壁上，俯瞰太平洋。

"音乐是世界语言，"我答道。"在此首灵性升华的颂歌里，美国人不会感受不出灵魂的渴望。"

第二天晚上，虔诚颂歌〈噢！美丽的上帝！〉出自三千个嗓子逾一个小时，亲爱的纽约客，不再冷漠，你们的心灵随着一首简单的喜乐赞歌而翱翔。那晚灵疗发生在那些以爱唱诵上主圣名的信徒身上。

一九四一年我造访ＳＲＦ波士顿中心，该中心负责人路易士医师 (Dr. M. W. Lewis) 安排我住进一间布置典雅的套房。"先生，"路易士医师微笑说道，"您初抵美国那几年，您在这个城市住的是没有卫浴的单人房，我想要您知道波士顿以具有非常舒适的一些公寓而自豪！"

在加州愉快的数年光阴在频繁的活动中疾逝。一九三七年ＳＲＦ在茵欣尼塔成立共修社区[5]，该社区为弟子提供多面向训练的许多活动，以符合ＳＲＦ的宗旨，并栽种蔬果供长住茵欣尼塔及洛杉矶各中心的会员使用。

"他由一血脉造出万族的人。"[6]"四海一家"一词意义深远，人必须扩大怜悯心，将自己视为世界公民。能真正体会"我的美国、我的印度、我的菲律宾、我的欧洲、我的非洲"等含意的人，将不会缺乏过快乐、有益人生的视野与体验。

虽然圣育克铁斯华的肉身不曾住过印度以外的任何国家，他深知此四海一家的真义："世界是我的家园。"

---

5 现为活动频繁的修道院中心，其建筑包括最初建盖的隐修苑、男女修道士居住的修道院、膳食设备，及供会员及访客短期停留的静修所。成排白柱面对靠公路旁的广地，柱顶冠上金属做成的金色莲花。在印度艺术里，莲花象征脑部宇宙意识中心 (sahasrara)，即"光之千瓣莲花"。

6 使徒行传第十七章二十六节。

第四十九章　一九四○至一九五一年

　　"我们学习到静坐的价值，明白没有任何事可以扰乱我们内在的平静。在过去几星期的聚会中，我们听到空袭警报及定时炸弹爆炸声，但我们的学员仍然聚集在一块儿，全然投入美好的祈祷聚会。"

　　此来自ＳＲＦ伦敦中心负责人所写的勇敢讯息，是美国加入二次大战之前几年，我从饱受战火蹂躏的英国及欧洲收到的许多信件之一。

　　《东方智慧系列》(*The Wisdom of the East Series*) 的知名主编——伦敦的坎莫宾博士 (Dr. L. Cranmer-Byng) ——于一九四二年寄给我的来信中写道：

　　"当我读《东方与西方》期刊[1]时，我明白我们似乎相隔甚远，显然住在两个不同的世界。美好、纪律、宁静、详和的感觉从洛杉矶传来，进入我的心港，就像一艘满载圣杯祝福及抚慰的船只，驶向被围困的城市。

　　"宛如梦中所见，我看到您的棕榈树丛及依山傍海的茵欣尼塔礼拜堂，特别是虔诚的男女会友组成的这个大团体——一个气氛和谐、各个投入创意工作并在冥思中滋养性灵的社区……问候所有会友，一名等待曙光的小兵敬书于了望台。"

　　一九四二年，由ＳＲＦ工作人员建盖的"世界宗教礼拜堂"(Church of All Religions) 于加州好莱坞落成并举行祝献典礼。一年后加州圣地牙哥成立另一所礼拜堂，一九四七年在加州长堤市又成立另一所[2]。

1　该期刊现称《Self-Realization》。

2　位于加州长堤市 (Long Beach) 的礼拜堂于一九六七年因人数增长而停用，该年

世界上最美的建筑物之一，位于洛杉矶太平洋帕利塞德
(Pacific Palisades) 的一处花园仙境，一九四九年被赠予ＳＲＦ。
该园占地十英亩，像座天然的圆形露天剧场，四周围绕着青翠
山丘。天然大湖宛如一颗蓝玉镶在群山围成的冠冕中，"湖畔
圣祠"(Lake Shrine) 之名由此而来。园内一栋古雅的荷兰风车屋
设有一间宁静的礼拜堂，一座靠近低洼花园的大水车悠闲地拍
打出水舞旋律。来自中国的两座大理石雕像——佛陀及观音（圣
母在中国化现观音相）——使园内更添庄严；一座与真人等高
的基督雕像立于山丘瀑布上方，其宁静的面容及飘逸的长袍在
夜里特别明亮。

位于湖畔圣祠的甘地世界和平纪念园于一九五〇年落成祝
献，该年也是ＳＲＦ在美成立卅周年[3]。来自印度的甘地部份骨
灰，被安放在具千年历史的石雕骨灰座内。

位于好莱坞的ＳＲＦ印度中心[4]于一九五一年成立，加州副
州长古得文·奈特 (Goodwin J. Knight) 及印度总领事奥胡贾 (M.
R. Ahuja) 与我共同主持祝献仪式。该地的印度厅礼堂可容纳两
百五十个座位。

各中心的初访者经常想进一步认识瑜伽，有时我会听到这
样的疑问："有些团体说，要成功学习瑜伽不能透过印刷品，
而必须有老师在旁指导，这种说法正确吗？"

在原子时代，瑜伽的教导应透过像"ＳＲＦ课程"[5]的方式，

礼拜堂移至较为宽广的加州富勒顿 (Fullerton)。（编按）

3　值此三十周年庆，一九五〇年八月二十七日我在洛杉矶主持一场圣典，为五百
　　名学生进行科里亚瑜伽传法。

4　该印度中心毗邻一所礼拜堂，此修道院中心由虔诚弟子奉献时间与精力为人道
　　服务，并依循瑜伽南达尊者的法要毕生追求证悟。（编按）

5　这套供学员在家研习的教材可透过ＳＲＦ国际总部订阅，该团体由帕拉玛罕
　　撒·瑜伽南达创办，目的在传扬科里亚瑜伽的静坐科学及灵修生活。（见第
　　三十四章注９。）（编按）

帕拉玛罕撒·瑜伽南达

摄于1950年8月20日SRF湖畔圣祠落成典礼，该圣祠位于加州太平洋帕利塞德。

SRF 湖畔圣祠与甘地世界和平纪念园

位于加州洛杉矶太平洋帕利塞德、占地十英亩的湖畔圣祠，于 1950
年 8 月 20 日落成，由帕拉玛罕撒·瑜伽南达主礼祝献。1949 年帕拉
玛罕撒尊者于现场督导园艺栽种及建设工作期间，有时会在上图右方
那艘船屋中停留。下图中两个中间梁柱之间可见一座石雕骨灰座，里
面安奉圣雄甘地的部份骨灰。湖的对岸是风车教堂（见上图）。SRF
湖畔圣祠每周的礼拜活动、静坐及课程，皆对大众开放。

加州副州长古得文·奈特先生（中间者），与瑜伽南达尊者及罗斯（A. B. Rose）先生在1951年4月8日摄于SRF印度中心落成典礼，该中心毗邻SRF加州好莱坞礼拜堂（见下图）。

SRF好莱坞礼拜堂（世界宗教礼拜堂）

否则解脱生死的科学将会再度局限于特定的少数人。如果每个学生身边都有一名深具神性智慧的古鲁，那的确是无价的恩典；但这世上"罪人"充斥而圣者罕见，如果不能依据真实瑜伽行者所写的练习方法在家学习，广大众生如何获得瑜伽的帮助？

若不依此方法，"一般人"只有被忽视而无法亲近瑜伽知识，这并非上帝为新时代所作的计划。巴巴吉承诺导护所有忠实的科里亚瑜伽士达其**目标**[6]。不只是少数十几人，这世间需要千千万万名科里亚瑜伽士，共同实现人们努力重建自己原为天父之子的关系后，所能期待的和平盛世。

在西方建立ＳＲＦ——酝酿灵性蜜汁的蜂巢——是圣育克铁斯华及摩诃神化身巴巴吉交付我的任务。这项圣务的完成过程并非一路平顺。

"说真的，帕拉玛罕撒尊者，这一切值得吗？"一天晚上，圣地牙哥礼拜堂负责人洛依得·肯奈尔医师 (Dr. Lloyd Kennell) 简洁地问我这个问题。我明白他话中含意："您在美国快乐吗？对那些受误导者散播错误讯息、亟欲阻碍瑜伽的传播，您看法如何？还有那许多的理想破灭、痛心疾首，以及无法领导的中心负责人和不受教的学生呢？"

"受祝福者是上帝真正试验的人！"我回答。"祂没忘记偶尔要在我身上加重担。"然后我想起所有信仰坚定者，他们的爱、奉献与体谅照亮美国的心灵。我和缓地强调："但我的回答是肯定的，千万次肯定！当我看见唯一持久的凝聚力——灵性——更进一步地拉近东西方距离时，我知道一切都值得，尤胜过我所梦想。"

6　帕拉玛罕撒·瑜伽南达告诉东西方学生，他在此世结束后仍会继续守护所有科里亚瑜伽士（研习ＳＲＦ课程并曾经接受科里亚瑜伽传法的学员；见第三十四章注9）的灵修进展。这个美好的承诺在他圆寂后得到证实：许多科里亚瑜伽士来信表示获得上师无所不在的引导。（编按）

　　那些关切西方的印度伟大上师了解当代情况。他们明白，只有当所有国家能够吸收东、西方长处时，国际事务才能获得改善。各据东西半球的双方，需要汲取彼此最好的部份。

　　在世界各地旅行的过程中，我悲哀地看到许多苦难[7]：在东方，人们受苦主要在于物质层面；而在西方，悲惨多属于心理或精神层面。所有国家均感受到文明不平均所带来的痛苦结果。若能仿效像美国这样的西方国家对物质效率的实际掌握，印度及许多东方国家会获益广大；相对的，西方人须对精神生活基础有更深的了解，特别是印度自古发展出与神有意识交流的科学方法。

　　世界文明均衡的理想并非妄想，印度有数千年时间曾是灵性之光与物质丰饶兼具的土地，过去两百年民生贫乏只是她悠久历史中业力显现的一个阶段。几世纪以来，世界上的一句谚语是："富庶如印度"[8]。物质及精神的丰沛是宇宙律法或自然

7　"那声音包围我像是大海掀起巨浪：
　　'是否你的土地已尽失，
　　　像破碎的瓦片？
　　　看哪，因你逃避我，一切都逃避你！⋯⋯
　　　所有我从你身上取走的，
　　　并非是要害你，
　　　是要你能从我怀里寻得。
　　　一切你童稚懵懂的心
　　　幻想以为损失，我都已为你收存在家里。
　　　起来，握紧我的手，来！'"
　　　　　——法兰西斯·汤普生 (Francis Thompson)《天犬》(*The Hound of Heaven*)

8　历史记载，印度到十八世纪前一直是举世最富有的国家。附带一提，印度文学或传统也未有史料证实目前西方历史理论中认为早期阿利安人从其它欧亚地区"入侵"印度的推论，不难理解这些学者无法确定这段虚构路程如何发生。吠陀经的内部证据指出，印度自亘古以来即是印度教徒的根源地，此稀有、值得一读的著作——《印度梨俱吠陀》(*Rig-Vedic India*) 由阿比那斯·川达·多斯 (Abinas Chandra Das) 所作，于一九二一年由加尔各达大学出版。多斯教授认为印度人移民至欧亚各地时，阿利安语及民俗也随之传播，比如立陶宛语在很多方面和梵文极为相似。哲学家坎特 (Kant) 对梵文一无所知，当他看到立陶宛语

的科学结构时大感惊讶，他说："它具有一把能解开语文学及历史所有谜题的钥匙。"

圣经上也提到印度的富饶，旧约历代志下第九章二十一节及十节告诉我们，"他施 (Tarshish) 船只"为所罗门王运来"金、银、象牙、猿猴、孔雀"，又从俄斐 (Ophir，孟买海岸的 Sopara) 运来"檀香木和宝石"。西元前第四世纪希腊使节梅格士廷斯 (Megasthenes) 为后人留下印度富庶景象的详细描述。西元第一世纪普林尼 (Pliny) 告诉我们，罗马人每年花费五千万塞斯特斯 (sesterces，罗马币单位，相当于五百万美金) 自印度进口货品，在当时是一股庞大的海上势力。

中国旅行家也曾生动记述丰富的印度文明，其教育普及和政府廉能的盛况。西元第五世纪中国高僧法显告诉我们，印度人快乐、诚实、富足。见山缪·毕尔 (Samuel Beal) 的《西方世界的佛教史记》（*Buddhist Records of the Western World*；伦敦 Trubner 出版）（印度对中国人而言是"西方世界"！）以及汤姆士·瓦特斯 (Thomas Watters) 的《玄奘印度行脚——西元六二九年至六四五年》(*On Yuan Chwang's Travels in India*，A.D. 629-45；Royal Asiatic Society 出版)。（译注：此两本英文著作皆译自玄奘的《大唐西域记》。）

十五世纪，哥伦布实际上是为了寻找一条通往印度的贸易捷径而发现新大陆。欧洲有好几个世纪觊欲拥有印度的出口品——丝、细布（透明纤薄，有"细织的风"〔woven air〕及"隐形薄雾"〔invisible mist〕之誉）、印花棉织品、锦缎、刺绣、地毯、餐器、盔甲、象牙及其雕品、香水、焚香、檀香、陶器、药品、软膏、靛蓝染料、米、香料、珊瑚、金、银、珍珠、红绿宝石及钻石。

葡萄牙及意大利商人对于维查耶那伽尔帝国 (Vijayanagar；西元一三三六至一五六五年) 的繁华盛况也多有着墨。阿拉伯使节拉札克 (Razzak) 如此形容当时首都的辉煌景象："眼不曾见、耳不曾闻，世间未有任何地方能与之相比。"

印度在她悠久的历史中首度于十六世纪完全陷入非印度人的统治。土耳其的巴贝尔 (Baber) 于西元一五二四年入侵印度，建立穆斯林王朝。新帝王在此古老的土地上立基后并无耗尽印度原有的富庶；然而，丰饶的印度却因内部分化而在十七世纪成为欧洲列强觊觎的目标，英国终以统治强权出现。印度于一九四七年八月十五日和平独立。

像许多印度人一样，我有一个"现在才能讲"的故事。在一次世界大战期间，有几名我在大学期间认识的年轻人怂恿我带领革命运动。我婉拒并告诉他们："杀害我们的英国弟兄对印度毫无助益，她不会借由枪弹、而是透过灵性力量获得自由。"然后我警告这些朋友，他们所倚赖的那几艘载满武器的德国船舰将在孟加拉钻石港 (Diamond Harbor) 被英军拦截。但这些年轻人依然按照计划进行，结果出了状况一如我所预见。这些朋友几年后从狱中被释放，放弃暴力信仰，其中几人加入甘地理想的政治运动，最后他们看到印度在一场和平"战役"中赢得胜利。

令人惋惜的是，印度后来分裂为印度及巴基斯坦，在印度境内几处所发生的几个短暂血腥事件，皆因经济因素而非出于宗教狂热（一个经常被世人误认为重要原因的次要因素）。如今印度教徒及穆斯林和睦相处，一如往昔。两种不同信仰的巨大族群同时成为喀比尔 (Kabir: 1450-1518) 大师"无教条"理念下的信徒，至今他有数百万名追随者。在穆斯林阿克巴大帝的统领下，最大的信仰自由遍存于全印度，即使今日百分之九十五心思单纯的纯朴人民也没有任何严重的宗教冲突现象。真正的印度——这个了解并追随圣雄甘地的印度，并

帕拉玛罕撒·瑜伽南达于 1950 年 7 月摄于加州茵欣尼塔市的 SRF 静修院

正义 (rita) 的结构表现，上帝及其现象界的女神——繁茂的大自然——从不吝啬。

印度经典明示，人被吸引到这个特定的世间是为了能在接续的每一世中，更完整地学习**灵**如何透过物质环境而作无数的表达，同时又能凌驾该环境之上。东西方以不同方式学习这个伟大真理，彼此应乐于分享各自的发现。上帝无疑地必乐见祂的地球子民努力促进一个没有贫穷、疾病、无明的世界文明；人类遗忘其神性资源（误用其自由意志的结果[9]）是一切苦难的根源。

所有被归咎于社会——一个拟人化的抽象概念——的弊病，更具体现实地成为每个人的责任[10]。乌托邦社会理想必先于个人心灵萌芽才能使社会道德开花结果；内在革新会自然地带来外在改变，一个改变自己的人将能改变千万人。

经过时间考验的世界各经典同具启发人向上的一致本质。我一生中最快乐的时光之一是为《Self-Realization》期刊阐述新约部份内容，我炽烈地恳求基督引导，让我能够领受他的话中

非由几个焦躁不安的大城所构成，而是一个由七十万个宁静村庄组成的国家，这些村庄以古老的地方议会 (panchayats) 制度自治，单纯而公正。这个不久前才重获自由的国家今日所面临的难题，有朝一日必定能够由那些印度从未停止出现的伟人们解决。

9　"爱与不爱都出于自己所愿，
　　正因自由地爱，所以自由地服务；
　　我们也据此决定站稳或坠落。
　　有些不顺从的人坠落了，
　　从天上坠入地狱深渊，
　　从何等幸福的高处，跌入何等大的苦难！"
　　　　　　　——米尔顿 (Milton)《失乐园》(Paradise Lost)

10　现象界借由上帝编导的圣剧 (lila) 或"娱乐戏剧"而存在，此为万物与造物主之间的相互作用之一。人能够奉献给上帝的唯一礼物只有爱，而它足以唤起祂排山倒海的慷慨大量。"因你们通国的人，都夺取我的供物。万军之耶和华说，你们要将当纳的十分之一，全然送入仓库，使我家有粮，以此试试我，是否为你们敞开天上的窗户，倾福与你们，甚至无处可容。"——玛拉基书第三章九至十节。

真义，二千多年来他的话有很多已被严重地误解。

　　一天晚上我在默祷时，我在茵欣尼塔静修院的起居室突然布满蓝色蛋白石般的璀灿光辉，我看见圣洁的主耶稣光芒四射地出现眼前，他看起来很年轻，大约二十五岁，胡须稀疏，黑色长发中分，头上有一圈闪亮的金色光环。

　　我凝望他那双永恒玄妙、变化无穷的眼睛，其所表达的每个圣意，我以直观觉受其中所传达的智慧。从他充满荣光的眼神中，我感受到维系大千世界的那股力量。一只圣杯在他嘴边出现，飘到我的唇上，然后返回他身边。一会儿之后，他说了些优美的话，因内容非常个人，我将之珍藏心中。

　　一九五〇至一九五一年多数时间我待在加州靠近莫哈维沙漠 (Mojave Desert) 一个宁静的隐修处，我在那里翻译薄伽梵歌并写了一本详细评注[11]介绍各种不同瑜伽法门。

　　印度最伟大的经典两次[12]明确指出一种瑜伽法门（薄伽梵歌中唯一提到的瑜伽方法，其与巴巴吉简单命名为"科里亚瑜伽"的方法相同），由此提供务实且具道德意义的教理。在幻梦世界的大海中，呼吸是幻相的特有风暴，它生出个体波浪的意识——形形色色的人及所有其它物质形体。了解到仅靠哲学及道德知识不足以让人从单独存在的痛苦梦境中觉醒，克里希那圣主指出一种瑜伽行者能够藉以掌控自身肉体并随意志将其转换为纯能量的神圣科学。此瑜伽技巧的可能性并非超出现代科学家——原子时代先驱——的理论理解范畴，所有物质皆已被证

11　*God Talks With Arjuna: The Bhagavad Gita — Royal Science of God Realization*（暂译：《神与阿朱那的对话：薄伽梵歌——自我证悟的皇家科学》），由ＳＲＦ出版。薄伽梵歌是印度最受钟爱的经典，内文为圣主克里希那（象征圣灵）与其爱徒阿朱那（象征理想弟子的灵魂）的对话：字字句句皆超越时空限制，为所有真理追求者的灵修圭臬。该经典的中心讯息为：人可以透过爱上帝、智慧，及不执着的正行获得解脱。

12　薄伽梵歌第四章二十九节及第五章二十七至二十八节。

实能被还原至能量的形态。

印度经典颂扬瑜伽科学，因它适合普罗大众。的确，世间偶有不使用正式瑜伽方法仍能解开呼吸玄秘的人，就像那些以超凡力量全心奉献上帝的非印度教神秘主义者。天主教、伊斯兰教及其它宗教皆有圣者被证实能进入全身不动的止息入定状态（有种子三摩地）[13]，无人可不经此状态而进入觉受上帝的阶段。（当圣者达到最高定境的非细考三摩地后，他们就永远与神合一而永不退转——无论处于呼吸或止息的状态，也不论是否正常作息或寂然不动。）

十七世纪天主教神秘主义者劳伦斯修士(Brother Lawrence)告诉我们他是在望着一棵树时第一次觉证上帝。几乎每个人都见过树，但鲜少有人因此看到树的**创造者**。无论东方或西方宗教，皆有一些"全心全意的圣者"(ekantins)，不费力地即拥有上帝无法抵挡的虔诚力量，多数人完全无法唤起这样的力量。然而一般人[14]并非因此与神性交流无缘，为了忆起灵魂来处，他们需要的正是科里亚瑜伽、每日遵守道德戒律，以及真切祈求的能力："主啊，我渴望认识祢！"

因此瑜伽最吸引人之处即在于透过一种每日可行的科学方法，而非超越一般人情感所能表达的奉献热衷来亲近上帝。

印度几位伟大耆那教老师被称为"渡津者"(tirthakaras)，因为他们揭示道路，引领迷惑的众生渡过并跨越轮回（业力之轮，生死循环）的风暴之海。轮回（梵文为 samsara，字义为随现象界变化而漂流）诱导人选择抵抗力最小的路线；"岂不知

13　见第二十六章。在天主教神秘主义者中亦曾有人被目睹处于有种子三摩地的定境，阿维拉圣女德瑞莎即为一例。她的身体在定境中完全不动，修女院里惊讶的修女们无法改变她的姿势或唤醒她。

14　"一般人"必须由某时、某地开始其灵修的生命。老子说："千里之行始于足下。"佛陀也说："莫轻小善，以为无福！水滴虽微，渐盈大器。"

与世俗为友的，就是与神为敌。"[15] 人必须先战胜恶魔，或自身邪恶的业力，或不断驱使他懦弱屈从于世间幻相的行为，才能成为上帝的朋友。认识因果铁律有助于热衷的慕道者从该定律的束缚中找出最终解脱之道；在宇宙幻相中，心灵受幻相迷昧而生出的欲望是人类受业力奴役的根源，因此瑜伽行者致力于心的掌握[16]。人一旦抛开业力无明的层层斗篷，即能看见自己最初的本质。

解开与呼吸密切关联的生死之谜，是人在世间旅居的唯一目的。止息即不灭，印度古代先知了解这个真理，因此掌握唯一线索——呼吸，从中发展出一套精确而合乎科学的止息法。

倘若印度对世界无其它贡献，单是科里亚瑜伽就足以作为皇家献礼。

圣经上有几段经文揭示，希伯来先知深谙上帝巧妙地以呼吸结合人身与灵魂，创世纪写着："神用地上的尘土造人，将生气吹在他鼻孔里，他就成了有灵的活人"[17]。人的肉身由化学及金属物质组成，此也存在于"地上的尘土"中。对未证悟的人而言，若无透过呼吸（气体能量）将生命能流由灵魂传至身体，肉身绝不可能从事活动或出现能量及动作。以五种微细 生

15　雅各书第四章四节。

16　"灯火在无风的角落稳定燃烧，
　　　彷佛瑜伽行者之心境，
　　　远离一切情感风暴，照亮虚空，
　　　日常冥思训练使心境无波，
　　　当**自性**冥思于内并得慰借，
　　　当它明白无可言喻的喜悦，
　　　超越一切感官，只对灵魂透露！
　　　当它明白最终真理，自此坚守不移、
　　　迄立不摇，无任何珠宝可比，
　　　以此'宁静'之心，任何至深苦难亦不能屈，
　　　因断除外缘，他是完美的瑜伽行者。"
　　　　　——薄伽梵歌第六章十九至二十三节（译自亚诺所译的英文版）

17　创世纪第二章七节。

印度驻美大使宾内·兰江·森（Binay Ranjan Sen）先生与瑜伽南达尊者在 1952 年 3 月 4 日——伟大瑜伽行者瑜伽南达辞世前三天——摄于 SRF 洛杉矶国际总部。

在 3 月 11 日的葬礼悼词中，森大使说："如果今天在联合国有一位像帕拉玛罕撒·瑜伽南达这样的人，世界也许会比现在更好。就我所知，对于连系印度与美国的人民，无人比他成就更多，也无人比他奉献更大。"

命能量 (prana) 运行于人体内的生命能流，是遍在的灵魂"嗡"振动波的表现。

　　源自灵魂而在肉体细胞上反映出具生命的逼真现象，是人执着于肉身的唯一原因，显然人不会热衷于一团泥块。人类错认自己等同肉身，因为源自灵魂的生命能流藉呼吸传导至肉体，其力量之强使人误以果为因，以为身体本具生命而对其产生爱慕之心。

　　人的意识状态是对其身体及呼吸的感知；其潜意识状态，活跃于睡眠中，与其精神暂时脱离身体与呼吸有关；超意识状态是脱离"'存在'取决于身体与呼吸"的幻相[18]。上帝不依赖呼吸而存在，以祂的形象而造的灵魂只能在止息状态中首次意识自性的存在。

灵魂与身体之间的呼吸系绳一经进化的业力切断，此称为"死亡"的猝然变迁随之出现，身体细胞回归其自然无力的状态；然而对于科里亚瑜伽行者而言，呼吸系绳是藉由科学的智慧随意志切断，而非粗暴的业力干扰使然。瑜伽行者透过亲身体验已明白其本质不朽，不需要**死亡**给的明白暗示：人被不当地建议去仰赖其肉身。

每个人一世接一世地朝其内心理想人物的目标前进（以其自身的步伐速度，纵使如何不规律），死亡，无法中止此前行的进展，而只是提供人更适合的星灵界环境以净化其污。"你们心里不要忧愁……在我父的家里，有许多住处。"[19]若说上帝组织这个世界的巧思已尽，或谓下一个世界除了弹奏竖琴外祂已无法提供更挑战的事物满足我们的兴趣，这确实不可能。

死亡并非存的终结或生命的最后出口，死亡也不是进入永生的门槛。逃避**自性**而耽溺于世间欢乐者不会在星灵界的纤细魅力中寻得其**自性**，在那里他只是对善美合一的境地累积更微细的觉受及更敏锐的反应。奋勇苦斗的人们必须在浊重尘世的铁砧中，锤打烁炼出灵性原貌的不朽黄金，手捧着辛苦得来的宝贵黄金作为贪婪的**死亡**唯一接受的礼物，而从无数人身轮回中获得最后解脱。

18　"你决不会真正享受世间，除非大海在你血脉中奔流，除非你披上天堂外衣，戴上群星冠冕，参透自己为举世唯一嗣子，更甚者，世人皆与你同为唯一嗣子；除非你能在神国中歌唱且欢喜，如看守黄金的守财奴，或如掌握权杖的君王……除非你熟悉世代以来神的方式，就像你对生活中某些细节了若指掌；也除非你洞悉那混沌空无之境，世界由彼而生。"——汤玛斯·特拉赫恩 (Thomas Traherne)《百年沉思》(*Centuries of Meditations*)

19　约翰福音第十四章一至二节。

有好几年，我在茵欣尼塔及洛杉矶教授帕坦加利的《瑜伽经》及其它印度哲学的深奥经典。

"上帝为何结合灵魂与身体？"一天晚上，课堂上一名学生问我。"祂创造这出万物进化的宇宙戏剧目的为何？"无数人问过类似问题，哲学家也曾努力探究，却从未能完整回答。

"在**永恒**的探索中保留一些奥秘吧，"圣育克铁斯华曾经微笑说道。"人有限的理解能力如何领会**无生无极**难以想像的初衷？[20]人具辨识力的官能牢栓于现象界因果律，在**无始无因**的上帝谜团之前倍感困惑。然而，虽然人的理解力无法探究万物之谜，上帝最终将亲自为忠诚爱徒解答每一个奥秘。"

真诚渴求智慧者在开始其探索时，欣然于谦卑地从神圣纲要的基础知识学起，而不会贸然要求生命的"爱因斯坦理论"的精确数理图表。

"从来没有人在任何时间看见神（凡夫在宇宙幻相的相对性——'时间'概念[21]——中无法领悟**无极**），只有在圣父怀里的**独生子**（映现的基督意识或投射于外的完美智慧，为表达**唯一**的多样性而发自'怀里'或**无生神性**最深处。此基督意识或**完美智慧**乃透过"嗡"的振动波引导所有结构性现象），将祂

20　"耶和华说，我的意念，非同你们的意念；我的道路，也非同你们的道路。天怎样高过地，照样我的道路高过你们的道路，我的意念高过你们的意念。"——以赛亚第五十五章八至九节。但丁在《神曲》中披露：

　　"我来到祂的光所照耀最明亮之天上，
　　看到重返人间者无能也无法重述之事物；
　　愈接近向往之地，智慧愈深入，
　　非记忆所能追溯。
　　虽如此我要将圣境珍藏心中，
　　作为吟诵的题材，直到此诗篇完成。"

21　地球每日自转——从白天到黑夜，又从黑夜到白天——此循环在提醒人世间万物的幻相特质或其相对性。（黎明与黄昏因是一天中昼夜变化、平衡的时刻，被认为有益于静坐。）揭开宇宙幻相二元质性的帷幕，瑜伽行者觉照超越物质世界的**合一性**。

帕拉玛罕撒·瑜伽南达——"最后的微笑"

摄于瑜伽南达尊者圆寂（即摩诃三摩地，瑜伽行者临终在清楚意识下抛离身躯）前一个小时。当天为1952年3月7日，尊者在加州洛杉矶一场欢迎印度大使宾内·森的宴会上。

这张照片捕捉了尊者慈爱的笑容，上师似乎正对着千万名朋友、学生，及弟子一一道别祝福，早已凝望永恒的双眼仍充满对人性的温暖及宽容。

死亡对这位无可比拟的上帝虔诚信徒不具瓦解力量，他的遗体呈现永恒不朽的非凡现象（见第556页）。

表明出来（付诸外形或显现）。"[22]

"我实实在在的告诉你们，"耶稣解释，"子凭着自己不能作什么，惟有看见父所作的，子才能作。父所作的事，子也照样作。"[23]

上帝在现象界显现祂本具的三种特质，于印度经典中以梵天神代表造物主、毗希奴代表保存者、希瓦神代表毁灭—革新者。这三位一体的活动不断透过宇宙万物的振动波来展现。由于绝对的上帝超越人理解能力所及，虔诚的印度教徒以三位一体的庄严化身来崇拜祂[24]。

上帝表现于宇宙的创造—保存—毁灭的面向，并非其最终或甚至非其基本性质（宇宙万物只是祂的一出戏，一个具有创意的娱乐）[25]。即使人掌握了三位一体的所有奥秘，也无法掌握祂的真正本质，因为祂的外在特质，如同在合乎法则的原子游移中所展现的，仅是表现祂而未揭露祂。上帝的最终质性只有当"子升天见父"[26]才能为人所知；解脱的人超越具振动波的界域，而进入**无振动**的太初。

所有伟大先知在遇到人们请求揭开最终奥秘时都静默不答。当彼拉多 (Pilate) 问道："真理是什么呢？"[27]，基督并未作答。像彼拉多这样的主知主义者提出的虚饰卖弄的大问题，很少是

22　约翰福音第一章十八节。

23　约翰福音第五章十九节。

24　与三位一体的**实相**——撒特、塔特、嗡，亦即圣父、圣子、圣灵——的概念不同。梵天、毗希奴、希瓦三位一体代表上帝在塔特或圣子（具振动波的宇宙万物中所蕴含的基督意识）方面的呈现；此三位一体的"配偶"或能量（shaktis，性力）为"嗡"或圣灵的象征，是透过振动波支撑宇宙的唯一造因力量。（第十四章注 3 及第二十章注 2。）

25　"噢！主啊！……祢创造了万物，并且万物是因祢的旨意被创造而有的。"
　　——启示录第四章十一节

26　约翰福音第十四章十二节。

27　约翰福音第十八章三十八节。

出自迫切的探索精神。这样的人语带空洞的傲慢，认为不坚持灵性价值[28]是"思想开阔"的表现。

"我为此而生，也为此来到世间，特为给真理作见证。凡属真理的人，就听我的话。"[29]基督在这简单几句话中寓意深广。上帝之子以其生命"作见证"，他在体现真理之外若还进一步阐述其义，实为慷慨的重覆之举。

真理并非理论，不是哲学的思辨体系，也非智识的洞察，真理与实相精确谋合，真理是人真实本质不可动摇的知识——以灵魂而存在的**自性**。耶稣毕生中的一言一行皆证实他明白其存在真理——其源头为上帝。完全与无所不在的基督意识合一，他才能说出如此简要的真言："凡属真理的人，就听我的话。"

佛陀也曾拒绝透露玄学最高真相，只轻淡地指出人们应在短暂住世期间力求道德圆满。中国玄学家老子正确地教导世人："知者不言，言者不知。"上帝最终的奥秘是无法被"公开讨论"的，解读上帝密码是一门艺术，人无法相互传达，这里只有上帝是唯一的导师。

"你们要安静，要知道我是神。(Be still， and know that I am God.)"[30] 从来不要夸示祂的无所不在，人只能在纯然的寂静中才能听见神。**初始音**以具创造性的"嗡"振动波响彻宇宙，对于与神性意识调和的人，该**初始音**能立即将神性 (Itself) 转为可被理解的话。

28　"爱**美德**，唯独她自由无束；
　　她教你如何攀登
　　直到比天钟更高之处；
　　或者，就算**美德**虚弱不堪，
　　上天也会亲自向她俯弯。"
　　　　——米尔顿 (Milton)《可慕思》　（原名：*Comus* 为酒宴之神）

29　约翰福音第十八章三十七节。

30　诗篇第四十六章十节。瑜伽科学的目的在于达到内在静寂的境界以使人真正"认识上帝"。

吠陀经就人类可理解的范围内阐述万物存在的神圣目的。先知们教导：每个人皆是上帝所创的灵魂，会在回复**绝对真我**之前独特展现**无极**的特质，每个人就像钻石的不同琢面，各具神圣个体性，但同受上帝恩宠。

印度这个世界各国的兄长所累积的智慧是全人类的遗产，如同一切真理，吠陀经蕴含的真理属于上帝而非印度。那些具有纯洁心器、能够领受吠陀深层神性智慧的先知们，是人类家族的成员，为了服务全人类而降生于此世间，而非其它星球。在真理的领域，种族或国家的划分是无意义的，唯一的评定是灵性是否有合宜的接受度。

上帝是爱，祂创造宇宙万物的计划全根源于爱。此纯然的想法，不是比博学的论理更能抚慰人心吗？每一个参透**实相**核心的圣者皆证实，神圣的宇宙计划不仅存在，而且美丽并充满喜悦。

上帝对先知以赛亚透露其意念如下：

> "我口所出的话（创造性的"嗡"）也必如此，决不徒然返回，却要成就我所喜悦的，在我所命定的事上必然亨通。你们必欢欢喜喜而出来，平平安安蒙引导。大山小山必在你们面前发声歌唱，田野的树木也都拍掌。"（以赛亚书第五十五章十一至十二节。）

"你们必欢欢喜喜而出来，平平安安蒙引导。"二十世纪饱受压力的人们渴望地听着这个美妙的承诺，只有勇于重获神性本质的人能够完全了解其中真理。

科里亚瑜伽在东西方扮演的神圣角色才正要起步，但愿全人类明白，一个明确而具科学精神、能够解决人类一切不幸的自悟方法确实存在！

世上千万名科里亚瑜伽士就像散落各地的闪亮珠宝，我经常在对他们传送爱的念力时感恩地心想：

"主啊，祢给了这个出家人一个大家庭！"

帕拉玛罕撒·瑜伽南达：一位超越生死的瑜伽行者

一九五二年三月七日，在加州洛杉矶一场欢迎印度大使宾内·森 (Binay R. Sen) 的宴会中，帕拉玛罕撒·瑜伽南达于结束演讲后进入摩诃三摩地 (mahasamadhi：瑜伽行者临终在清楚意识下抛离身躯)。

这位伟大世界明师于生于死皆展现瑜伽 (证悟上帝的科学方法) 之价值。他辞世几周后，不变的面容仍闪耀着永恒不朽的神圣光辉。

洛杉矶林茵纪念公园 (Forest Lawn Memorial-Park，这位伟大上师的遗体暂放处) 葬仪主管哈利·罗 (Harry T. Rowe) 先生寄给SRF一封公证信函，内容节录于下：

"帕拉玛罕撒·瑜伽南达的遗体未显现任何腐化迹象，这是我们经验中最异于寻常的案例……即使死后二十天，他的身体也未出现任何分解现象……他的皮肤无发霉征兆，肉体组织亦未发生皮革样化 (干燥化)。就我们所知，如此完美的遗体保存状态是殡葬纪录史上独一无二的案例……接到瑜伽南达的遗体时，葬仪人员预期将透过玻璃棺盖观察到肉体逐渐腐坏的惯常迹象，但在我们日复一日的观察下这具遗体却没有任何改变，我们的讶异也随之而增。瑜伽南达的遗体显然处于永恒不变的超凡状态……

"他的遗体未曾散发腐化异味……三月二十七日，在灵柩铜盖正位之前，瑜伽南达的遗体外观与三月七日完全相同。他在三月二十七日那天看起来与死亡当天晚上同样容光焕发且未受腐化侵蚀，三月二十七日我们仍无任何理由宣称该遗体经历任何可察见的肉体分解现象。由于这些原因，我们再次声明，帕拉玛罕撒·瑜伽南达是我们经验中的独特案例。"

印度政府于一九七七年为纪念帕拉玛罕撒·瑜伽南达摩诃三摩地二十五周年而发行纪念邮票。该邮票同时附有政府出版的说明页，其部份内容如下：

"帕拉玛罕撒·瑜伽南达的一生，完整体现敬爱上帝与服务人类的理想……虽然他毕生多在印度国外度过，他在我们伟大圣者中仍然有其一席之位。他的志业持续发扬光大，吸引各地人们往圣灵的朝圣之路前进。"

古鲁承传

在ＳＲＦ—ＹＳＳ里，印度传承上师为所有忠实修练科里亚瑜伽的会员担负起精神福祉的责任。这其中，伟大化身巴巴吉 (Mahavatar Babaji) 为至尊古鲁。"我的形体化身将一直停留世间，"他承诺，"直到这个特定的世界周期结束。"（见第三十三章及三十七章）。

一九二〇年伟大化身巴巴吉告诉帕拉玛罕撒·瑜伽南达："你是我选派到西方传播科里亚瑜伽的人。证悟上帝的科学方法终将传遍世界各地，并透过人们对无极天父超凡的个人觉照，帮助世界各国和谐共处。"

Mahavatar 意为"伟大化身"或"神圣化身"；Yogavatar 意为"瑜伽化身"；Jnanavatar 意为"智慧化身"。

Premavatar 意为"爱的化身"——由帕拉玛罕撒·瑜伽南达的大弟子拉札西·迦拿卡南达（詹姆士·林）于一九五三年为其上师追赠的头衔（见第三十五章注24）。

梵文名称的发音重点

以下以相近的英文字母举例说明梵文发音。uh 的发音同 sofa 的 a 音；ah 的发音同 father 的 a 音。括弧中的字母 (uh)(i) 只部份发音。

Bhagavan Krishna（薄伽梵·克里希那）
　　发音似：Bhuh-guh-vahn Kr(i)sh-nuh（波诃嘎梵 克里希那）
　　　　v 的发音介于 v 及 w 之间

Mahavatar Babaji（伟大神化身 巴巴吉）
　　发音似：Muh-hah-vuh-tahr Bah-bah-jee（摩诃阿瓦塔 巴巴吉）

Yogavatar Lahiri Mahasaya（瑜伽化身 拉悉利·玛哈夏）
　　发音似：Yog-ah-vuh-tahr Lah-hi（同 his 的 hi 音）-ree Muh-hah-shy(uh)（瑜伽阿瓦塔 拉悉利 玛哈夏）

Jnanavatar Swami Sri Yukteswar（智慧化身 圣育克铁斯华尊者）
　　发音似：Gyahn-ah-vuh-tahr Swah-mee Shree Yook-taysh-wuhr（迦南阿瓦塔 司瓦密 遂瑞 育克铁斯华）

Premavatar Paramahansa Yogananda（爱的化身 帕拉玛罕撒·瑜伽南达）

发音似：Praym-ah-vuh-tahr Puh-ruh-m(uh)-hung-s(uh) Yog-ah-nun-d(uh)（普瑞玛阿瓦塔 帕拉玛罕撒 瑜伽南达）

Paramahansa 中的 han 音为鼻音，类似英语的 hung 音，带有轻微鼻音 n，g 不发音。

SRF宗旨与理想

基于创办者帕拉玛罕撒·瑜伽南达之理念
会长　梅娜里尼·玛塔尊者

为传播能使个人直接体验上帝的明确科学方法及知识至世界各地。

为阐扬生命之目的在于透过自我努力使人类有限之凡夫意识进化为上帝意识，并依此目的于世界各地建立 SRF 礼拜堂祈与上帝交融，同时鼓励于住所及内心设立个人的上帝殿堂。

为揭示耶稣基督所教导的原始基督教义及薄伽梵·克里希那所教导的原始瑜伽教义，两者完全和谐且本质一致，并显示这些真理准则是一切真实宗教的共同科学基础。

为指出一切真实宗教信仰终将走向相同的神圣大道：一条符合科学且每日虔诚冥思上帝的大道。

为使人类由三重苦难中解脱：肉体疾病、心理失衡及灵性无知。

为鼓励"生活简朴，思想崇高"，教导"同为上帝子女"是人类一体的不朽根基，并藉此传播四海一家的博爱精神。

为证实心于身之上、灵于心之上。

为以善制恶、以喜制哀、以仁慈制残暴、以智慧制无知。

为结合科学与宗教，藉由明了两者基本原则一致而使之结合。

为倡导人们对东西方文化及精神的认识并使双方最佳特质得以交流。

为以众生为大我的精神服务人类。

永恒的正义法则

一九四七年新独立印度的国旗为深橙、白、深绿三色横条旗，深蓝色法轮取自西元前三世纪阿育王所建的鹿野苑石柱上的设计。

法轮被选为正义永恒法则的象征，同时也伴随对世界最杰出君主的光荣记忆。"他四十年的统治期，史上无人可比，"英国历史学家洛林森 (H. G. Rawlinson) 写道。"他曾在不同时期被提出来与马可·奥勒利乌斯（Marcus Aurelius [译注：罗马帝国五贤帝时代最后一个皇帝]）、圣保罗、君士坦丁大帝相比……早在基督之前两百五十年，阿育王已勇于表达他对于一场成功战役的结果感到恐惧与懊悔，并特意放弃用战争作为其政策手段。"

阿育王继承的领土包括印度、尼泊尔、阿富汗及俾路支斯坦。这位史上最早的国际主义者派遣宗教与文化特使，带着许多礼物与祝福抵达缅甸、锡兰、埃及、叙利亚，以及马其顿。

"孔雀王朝的第三代君主阿育王……为史上伟大哲学君王之一，"学者马森·奥尔瑟 (P. Masson-Oursel) 评述道。"无人像他一样，结合了能力与善举、正义与仁爱。他是其所处时代的鲜活代表，他呈现给我们的是一位相当现代化的人物。在长期统治期间，他的成就在我们看来似乎仅是前瞻者的宏愿抱负：在享受所能拥有的最大物质权力之际，他致力发展和平。远超越他所拥有的广大领土，他了解许多宗教一直抱持的愿望——世界秩序，一种拥抱全人类的秩序。"

"法（Dharma，或宇宙法则）致力于众生灵的幸福。"留存至今的石刻令文及石柱上的文字，是阿育王对其辽阔帝国臣民的慈爱劝告：幸福根源于道德与虔敬。

渴望曾拥抱这片土地几千年的繁荣显赫能再现，现代印度在新国旗上表达了对阿育王的敬意与怀念——一位"诸神皆爱"的君王。

帕拉玛罕撒·瑜伽南达的
科里亚瑜伽教理的相关资源

SRF致力于免费协助全球的真理慕道者，有关各礼拜堂与全世界各静修中心每年的公开演说、课程、静坐、共修会、静修苑时间表，及其它相关活动，欢迎查询SRF国际总部网站：

www.yogananda-srf.org

Self-Realization Fellowship

3880 San Rafael Avenue，Los Angeles，California 90065，USA

电话：1-323-2252471（美国）

SRF 课程

Self-Realization Fellowship Lessons

帕拉玛罕撒·瑜伽南达对瑜伽静坐技巧与灵修生活原则所给予的个别指导与传授。

如果您深受《一个瑜伽行者的自传》中所描述的灵性真理吸引，我们邀请您订阅研习"SRF 课程"。

为了让真诚的慕道者有机会学习、并练习此书所介绍的古老瑜伽静坐技巧（包括科里亚瑜伽科学），帕拉玛罕撒·瑜伽南达原创这份可在家研习的系列教材。该课程亦包括他对如何达到均衡身、心、灵福祉的实际指导。

"SRF 课程"只酌收象征性费用（以支付印刷与邮资）。所有学员皆能在练习上得到 SRF 男女僧修士的免费个别指导。

编注："SRF课程"完整版目前仅有英文、德文及西班牙文三种语言。

帕拉玛罕撒·瑜伽南达其它著作

下列书目，目前皆只有英文版，若有兴趣者可洽询出版单位SRF：

Self-Realization Fellowship
3880 San Rafael Avenue，Los Angeles，California 90065，USA
电话：1-323-225-2471 • 传真：1-323-225-5088
网址：www.yogananda-srf.org

帕拉玛罕撒·瑜伽南达其他有声出版品

Beholding The One in All	Awake in the Cosmic Dream
Songs of My Heart	Be a Smile Millionaire
The Great Light of God	To Make Heaven on Earth
One Life Versus Reincarnation	Removing All Sorrow and Suffering
In the Glory of the Spirit	Follow the Path of Christ, Krishna, and the Masters
Self-Realization: The Inner and the Outer Path	

SRF 其他出版品

The Holy Science
　　圣育克铁斯华尊者 (Swami Sri Yukteswar) 著

Only Love: Living the Spiritual Life in a Changing World
　　达雅·玛塔尊者 (Sri Daya Mata) 著

Finding the Joy Within You: Personal Counsel for God-Centered Living
　　达雅·玛塔尊者著

Enter the Quiet Heart: Creating a Loving Relationship with God
　　达雅·玛塔尊者著

God Alone: The Life and Letters of a Saint
　　吉娜·玛塔 (Sri Gyanamata) 著

"Mejda": The Family and the Early Life of Paramahansa Yogananda
　　萨南达·拉尔·果栩 (Sananda Lal Ghosh) 著

Self-Realization（季刊杂志，由帕拉玛罕撒·瑜伽南达创刊于 1925 年）

免费简介手册：《不可思议的潜在力量》

　　由帕拉玛罕撒·瑜伽南达所教导的科学静坐方法，包括科里亚瑜伽及他对均衡灵修生活各个层面的指导，均涵括在 "SRF 课程" (Self-Realization Fellowship Lessons)。如需进一步资讯，请来函索取免费手册《不可思议的潜在力量》(Undreamed-of Possibilities)。

———————

　　另有一详列 SRF 所有出版品及影音系列的完整目录可供索取。

　　（编注：《不可思议的潜在力量》及 SRF 出版目录，目前仅有英文版。）

CPSIA information can be obtained
at www.ICGtesting.com
Printed in the USA
LVOW03s0854170817
545344LV00023B/952/P